史學與思想

劉家和 著

華藝學術出版社

目錄

第一篇	《史記》與漢代經學	1
第二篇	對於中國古典史學形成過程的思考	25
第三篇	三朝制新探	47
第四篇	論古代的人類精神覺醒	65
第五篇	先秦儒家仁禮學說新探	89
第六篇	關於戰國時期的性惡說	107
第七篇	論先秦時期天下一家思想的萌生	125
第八篇	關於殷周關係研究的回顧與思考	139
第九篇	歷史的比較研究與世界歷史	163
第十篇	史學的求真與致用問題	173
第十一篇	儒家孝道與家庭倫理的社會化	187
第十二篇	論司馬遷史學思想中的變與常	211
第十三篇	史學在中國傳統學術中的地位 ——與古代印度、古代希臘的比較思考	225
第十四篇	論通史	247
第十五篇	論歷史理性在古代中國的發生	263
第十六篇	關於歷史發展的連續性與統一性問題 ——對黑格爾曲解中國歷史特點的駁論	287
附錄一	對於歷史的敬意 ——劉家和先生訪談錄	313
附錄二	「豈非天哉」的三重解讀	329

第一篇
《史記》與漢代經學

　　司馬遷的《史記》作於漢武帝時代，正值經學在中國歷史上開始崛起的時期。作為一部既能在相當程度上反映時代學術水平，又能從一定角度上反映時代精神面貌的傑作，《史記》自然會與當時的經學有著頗為密切的關係，至於這種關係的性質以及具體情況如何，則自班彪、班固父子以下，學者的見解實多分歧。如果想詳細地、逐點地討論前人爭論過的具體問題，那在一篇文章中是做不到的，因此，以下可分為幾個主要問題來作一些討論。

一、關於司馬遷對於經學的基本態度問題

　　《史記》對於經學所持的態度，是貶抑？還是重視？這是涉及二者之間關係的性質的問題。

　　東漢初期，班氏父子在論述司馬遷時，是把他視為離經叛道者的。班固說他，「又其是非頗繆於聖人。論大道，則先黃老而後六經；序游俠，則退處士而進奸雄；述貨殖，則崇勢利而羞賤貧。此其所蔽也」[1]。班固的說法源出於其父，不過班彪的話說得更重，竟說司

---

[1] 班固：《漢書‧司馬遷傳》第九冊（北京：中華書局，1964），頁2737-2793。

馬遷「此其大敝傷道,所以遇極刑之咎也」[2]。當然,有類似看法的也不止班氏父子。班彪同時代人博士范升曾向光武帝「謹奏左氏之失凡十四事。時難者以太史公多引左氏,升又上太史公違戾五經、謬孔子言及《左氏春秋》不可錄三十一事」[3]。范升所說具體內容已不可知,而其對手陳元上書光武帝說:「臣元竊見博士范升等所議奏《左氏春秋》不可立及太史公違戾,凡四十五事。按升等所言前後相違,皆斷截小文,媟黷微辭。以年數小差,掇為巨謬,遺脫纖微,指為大尤。抉瑕摘衅,掩其弘美。所謂小辯破言,小言破道者也。」[4] 不論范、陳二人爭論的是非如何,有一點可以肯定:在東漢初年,司馬遷的《史記》是否離經叛道,這已是學者爭論的問題了。

對於班氏父子的說法,宋代的沈括、晁公武皆有辯難,而清人梁玉繩的辯駁尤為針鋒相對。梁氏說:「夫史公考信必於六藝,造次必衷於仲尼。是以孔子儕之《世家》,老子置之《列傳》。尊孔子曰至聖,評老子曰隱君子,六家指要之論歸重黃老,乃司馬談所作,非子長之言;不然,胡以次李耳在管晏下,而窮其弊於申韓乎?固非先黃老而後六經矣。《游俠列傳》首云『以武犯禁』,又云『行不軌於正義』,而稱季次、原憲為獨行君子。蓋見漢初公卿以武力致貴,儒術未重,舉世任俠干禁,嘆時政之缺失,使若輩無所取材也。豈退處士而進奸雄者哉?《貨殖列傳》與《平準書》相表裡,敘海內土俗物產,孟堅《地理志》所本。且掘冢、博戲、賣漿、胃脯,並列其中,鄙薄之甚。三代貧富不甚相遠,自井田廢而稼穡輕,貧富懸絕,漢不能挽移,故以諷焉。其感慨處乃有激言之,識者讀其書因悲其遇。安得斥為崇勢利而羞貧賤耶?況孟堅於史公舊文未嘗有所增易,不退處士,不羞賤貧,何以不立逸民傳?又何以仍傳《游

---

[2] 范曄:《後漢書・班彪列傳》第五冊(北京:中華書局,1965),頁1325。
[3] 同上書,頁1229。
[4] 《後漢書・鄭范陳賈張列傳》。

俠》、《貨殖》？」⁵ 梁氏詞鋒之利，可以使班氏語塞。不過，梁氏所說三條本身仍有待於分析。

第一、「猶考信於六藝」⁶，「造次必中於仲尼」⁷，這都是司馬遷自己的話。司馬遷作《史記》，基本上也實踐了自己的話。考信於六藝，這是他在選擇與解釋歷史材料時的一個標準；折中於仲尼，這是他在說明歷史進程時的一個標準。當然，他在考信於六藝時，對六藝本身即有自己的理解；他在折中於仲尼時，對孔子本人也是有他自己的理解的。關於這一層意思，以下將有兩節作專門的討論。這裡只想說明，班氏簡單地說司馬遷不推崇孔子、不重視經學，是不對的；同樣，梁氏簡單地駁斥班氏，也難以使認識深入一步。因此有進一步具體分析的必要。

第二、司馬遷作《游俠列傳》，對於能救人之急而不自矜的游俠與設財役貧、侵凌孤弱的豪強作了區別，對游俠頗為稱讚與同情⁸。在他的眼中，游俠比「以術取宰相卿大夫」的儒生還要高尚一些。司馬遷反對公孫弘之類的儒生，這是無疑問的。但這也並不證明他就完全反對儒學本身。

第三，司馬遷在《貨殖列傳》中對「賢人所以富者」是取肯定態度的，而且說過「富者，人之情性，所不學而俱欲者也」這樣的話。梁氏為他的辯護是無力的。不過，班氏父子把這也說成司馬遷是非謬於聖人的罪行之一，那也是不對的。孔子本人曾說：「富而可求也，雖執鞭之士，吾亦為之，如不可求，從吾所好。」⁹ 又「子適衛，冉有僕。子曰：庶矣哉。冉有曰：既庶矣，又何加焉？曰：富之。曰：

5　梁玉繩：《史記志疑》卷 36（北京：中華書局，1981），頁 1487-1488。
6　見司馬遷：《史記・伯夷列傳》第七冊，卷 61（北京：中華書局，1959），頁 2121。「猶考信於六藝」。
7　見《史記・孔子世家》第六冊，卷 47，頁 1947。「中國言六藝者折中于夫子」。
8　司馬遷《自序》說，游俠，「仁者有乎」，「義者有取焉」。
9　《論語正義》，頁 140。

既富矣,又何加焉?曰,教之。」[10] 可見,儒者對自己的標準是:可以發財、求富,但不能取不義之財;對於一般人民的標準是:先富之,再教之,富先於教。孟子見梁惠王,聽到的第一句問話就是:「亦將有以利吾國乎?」於是他對梁惠王說:「王亦曰仁義而已矣,何必曰利?」理由是,恐怕王帶頭言利,弄得「上下交征利,而國危矣」[11]。可是也正是孟子,他多次談到「制民之產」的問題,認為只有使人民富足起來,然後才可能興禮樂教化。他遵循的仍是孔子的思想。司馬遷的《貨殖列傳》表彰了編戶之民經營農牧工商而致富者,贊成「倉廩實而知禮節,衣食足而知榮辱」[12] 的說法,這是他的主張的一面;還有另一面見於《平準書》中,在那裡他表彰慷慨輸財的卜式而貶斥專門與民爭利的桑弘羊之流,此篇之末說到元封元年小旱,武帝下令官兵求雨,「卜式言曰:縣官當食租衣稅而已,今弘羊令吏坐市列肆,販物求利。烹弘羊,天乃雨。」[13] 所以司馬遷主張的也是:在上者不應與民爭利以至損民以自利,而人民則必富而後始可言禮義。這基本上與孔孟的主張是一致的,說不上是離經叛道。

從以上三點分析來看,司馬遷與其父談在學術見解上的確有所變異,即從尊黃老之說轉而尊儒。現在再就太史公父子見解轉變的背景與條件作一個簡要的說明如下。

漢高祖居馬上得天下,一向輕儒。不過他很想從秦之速亡中吸取經驗教訓,所以陸賈向他陳述儒家仁義之理的重要性以後,他對孔子和儒生表示了一定的尊重[14]。但是要漢高祖真懂得什麼是儒學那是很困難的,他看了叔孫通為了尊顯皇帝威嚴而創立的朝儀,心裡

---

[10] 同上書,頁 287。
[11] 《孟子正義》,頁 21-26。
[12] 《史記・貨殖列傳》第十冊,卷 129,頁 3255。
[13] 《史記・平準書》第四冊,卷 30,頁 1442。
[14] 《史記・酈生陸賈列傳》第八冊,卷 97,頁 2699。

很舒服地說:「吾能為此。」[15]這也就是他據自己的文化水平所能體會到的儒者的用處。當然還有一個原因,即漢初經大亂之後,經濟凋敝,百廢待興,統治者一時也無暇顧及儒家的六藝之學。

漢高祖以後直到文景時期,漢統治者採用了黃老之道。黃老之道主清靜無為,這既適應於當時經濟狀況和與民休息的需要,又簡易而便於為統治者(如惠帝、呂后、文帝、周勃、灌嬰、竇太后、景帝、周亞夫等)所奉行。

到漢武帝時,情況發生了很大變化。從經濟情況來看,漢初「自天子不能具鈞駟,而將相或乘牛車,齊民無藏蓋」[16],「至今上(武帝)即位數歲,漢興七十餘年之間,國家無事,非遇水旱之災,民則人給家足;都鄙廩庾皆滿,而府庫餘貨財。京師之錢累巨萬,貫朽而不可校;太倉之粟,陳陳相因,充溢露積於外,至腐敗不可食」[17]。清靜無為的黃老之道使漢初社會與國家由貧而富,但同時有另一方面的後果,即「當此之時,網疏而民富,役財驕溢,或至兼并;豪黨之徒,以武斷於鄉曲。宗室有土公卿大夫以下,爭于奢侈,室廬與服,僭于上,無限度。」[18]於是在黃老之道的推行過程中就準備了否定它自身的條件。

其實,在黃老與法術之間,本來就有著某種內在聯繫。司馬遷在《老子韓非列傳》中以老、莊、申、韓並列,最後又指出:「申子卑卑,施之於名實,韓子引繩墨,切事情,明是非,其極慘礉少恩,皆原於道德之意。」[19]這正道出了二者之間的思想上的聯繫。試看《韓非子·主道》篇,不難發現,人君的「虛靜」、「無事」完全是一種「執其契」、「操其符」的南面君人之術;人君的無為原來就是建立在臣下有為的基礎之上。因此,毫不足奇的是,漢景帝在奉行

---

[15] 同上書,頁2723。
[16] 《史記・平準書》第四冊,卷30,頁1417。
[17] 同上書,頁1420。
[18] 同上書,頁1420。
[19] 《史記・老子韓非列傳》第七冊,卷63,頁2156。

黃老之道的同時，不僅曾經重用「學申、商刑名」、「為人陗直刻深」的鼂錯[20]，而且也用郅都這樣的酷吏來對付豪強、貴族。《史記・酷吏列傳》就是從鼂錯、郅都開始寫起的。到漢武帝時期，酷吏就更多了。司馬遷對於酷吏中具體的人的邪正污廉，給予了不同的具體評價；但是他更擔心的是酷吏將帶來吏治的敗壞以致造成政治危機。他說：「法令者，治之具，而非制治清濁之源也。昔天下之網嘗密矣，然姦偽萌起，其極也，上下相遁，至於不振。」[21]這講的是秦代的歷史教訓，賈誼早已作過透徹的分析了。司馬遷對賈誼的《過秦論》是銘記在心的，他自己又親眼看到：「自溫舒等以惡為治，而郡守、都尉、諸侯二千石欲為治者，其治大抵盡放溫舒，而吏民益輕犯法，盜賊滋起。……於是作『沈命法』，曰：『群盜起，不發覺，發覺而捕弗滿品者，二千石以下至小吏，主者皆死。』而後小吏畏誅，雖有盜不敢發，恐不能得，坐課累府。府亦使其不言，故盜賊寖多，上下相為匿，以文辭避法焉。」[22]這當然是一種使他憂慮的危險徵兆。

　　司馬談主要生活於文景時期，所見的主要也是黃老之道的積極的一方面，因而推崇黃老，這是很自然的。司馬遷則生活於武帝時期，看到了黃老之道所生的反面效果，因而改變了父親的主張，這也是很自然的。

　　司馬遷轉而崇儒，也與思想受了董仲舒的影響有關。至於他與董仲舒這樣的經師的不同，以下將有所論述。

二、《史記》引經主要為今文或古文問題

　　司馬遷是一位偉大的史學家，他的崇儒首先表現在他的史學實踐上。這就是上文所說的「考信於六藝」與「折中於仲尼」。因為漢代經學有今古文學之分，司馬遷的考信與折中所依據的是今文說

---

[20] 《史記・袁盎鼂錯列傳》第八冊，卷101，頁2745。
[21] 《史記・酷吏列傳》第十冊，卷122，頁3131。
[22] 同上書，頁3151。

或古文說，就成為學者們長期討論的一個問題。這一節先討論司馬遷在考信於六藝方面的經學傾向問題。

這一問題的提出，始於漢代的班固，而爭論最盛則在經學甚盛的有清一代。這裡先簡略地介紹一下前人的爭論，然後再談個人的見解。

《尚書》是司馬遷編撰《史記》時所依據的最重要材料之一，而他所用的《尚書》是今文還是古文的問題，學者爭論也最多。班固說：「孔氏有古文《尚書》，孔安國以今文讀之，因以起其家。……而司馬遷亦從孔安國問故。遷書載《堯典》、《禹貢》、《洪範》、《微子》、《金縢》諸篇，多古文說。」[23]

對於班固的說法，清代學者的見解不一。臧琳認為：「《史記》載《尚書》今文為多，間存古文義。其詁訓多用《爾雅》，馬融注及偽孔傳往往本之。」他以《堯典》為例，一條條地證明《史記》所引《尚書》的文字為今文而非古文[24]。段玉裁進一步對《尚書》（不包括偽古文）通篇地作了今古文字的辨析。他也認為：「馬班之書皆用歐陽、夏侯字句，馬氏偶有古文說而已。」並稱「玉裁此書，詳於字而略於說」[25]。班氏以為《史記》引《尚書》「多古文說」，而臧、段二氏只認為「間存」或「偶有」古文說，所以見解顯然不同。孫星衍作《尚書今古文注疏》，不滿於段氏「僅分別今古文字」（按段氏實際不僅分別今古文字，也有辨今古文說處，不過詳字略說而已），而著意分別《尚書》今古文說，他以為：「司馬氏遷從孔氏安國問故，是古文說。」[26]陳壽祺、喬樅父子致力於經今古文說之辨，於今文經說用功尤勤。陳壽祺一方面很讚賞段玉裁的《史記》引《尚書》文字依今文之說，另一方面又指出《史記》引《尚書》「實有

---

[23] 《漢書・儒林傳》第十一冊（北京：中華書局，1964），頁3607。
[24] 《經義雜記・五帝本紀書說》條，載《皇清經解》第一冊，卷202，頁836。
[25] 《古文尚書撰異》，引文見此書序，載《皇清經解》第四冊，卷567，頁1。
[26] 引文見《尚書今古文注疏》序及凡例，載《皇清經解》第五冊，卷725，頁1。

兼用古文者」。不僅於此,他還指出,「今文《尚書》中有古文」。為什麼會這樣呢?他解釋說:「司馬子長時,《書》唯有歐陽,大小夏侯未立學官。然則《史記》所據《尚書》,乃歐陽本也。」至於今文《尚書》中有古文,他以為伏生所傳今文書中宜即兼有古文文字[27]。其子喬樅以為:「按遷嘗從孔安國問《尚書》。孔氏家世傳業,安國、延年皆以治《尚書》為武帝博士。安國得壁中書後,始治古文,先實通今文《尚書》。則遷之兼習古今文,從可知矣。」[28] 總之,臧琳、段玉裁以為《史記》用今文而間存古文說,陳壽祺、喬樅父子基本同意此說,又指出《史記》亦間有引古文文字處。他們立論皆有證據,是可信的。唯孫星衍據司馬遷問故於孔安國而斷言《史記》為古文說,失之武斷,不能成立。

《詩經》是《史記》的另一重要文獻依據。那麼,《史記》所引《詩經》是今文還是古文呢?陳壽祺說:「兩漢毛詩未列於學。凡馬、班、范三史所載,及漢百家著述所引,皆魯、齊、韓詩。」[29] 這就是說,司馬遷所引為今文《詩》。陳喬樅繼承父業,完成《三家詩遺說考》。他認為,「孔安國從申公受《詩》為博士;至臨淮太守。見《史記‧儒林傳》。太史公嘗從孔安國問業,所習當為魯詩」[30]。這就又把《史記》所引定為今文家之魯詩。皮錫瑞說:「今文三家《詩》、《公羊春秋》,聖人皆無父感天而生,為一義。古文毛詩中間大段遺漏所謂傳記。即《五帝德》、《帝繫姓》之類,太史公據之作《三代世表》,自云『不離古文者近是』。是以稷、契有父,父皆黃帝子,乃古文說。故與毛詩、左氏合,與三家《詩》、《公羊春秋》不合。太史公作殷、周《本紀》,用三家今文說,以為簡狄吞玄鳥卵,姜嫄踐巨人跡;而兼用古文說云:殷契母曰簡狄,

---

[27] 《左海經辨》中《今文尚書中有古文》、《史記用今文尚書》、《史記採尚書兼古文》等條。《皇清經解》第七冊,卷1251,頁199-200。

[28] 《今文尚書經說考‧今文尚書敍錄》,載《皇清經解續編》第四冊,卷1079,頁911。

[29] 陳壽祺:《三家詩遺說考自序》,《皇清經解續編》第四冊,頁1178。

[30] 陳喬樅:《三家詩遺說考‧魯詩遺說考自序》,《皇清經解續編》第四冊,頁1178。

有娀氏之女，為帝嚳次妃；后稷母有邰氏女，曰姜嫄，為帝嚳元妃。是亦合今古文義而兩言之。」[31] 這就又是說《史記》雜採古今了。

至於《春秋》以及與之有關的三傳，自然也是《史記》所引據的重要文獻。不過，司馬遷所引是今文或古文的問題，前人未作具體討論。如有討論，那麼肯定也會有分歧意見，而且也會有認為他雜採今古的說法的。

現在開始談談個人的看法。我認為，《史記》引用經書的文字和所取的解說為今文或古文的問題，其本身是很複雜的。為了解決這種複雜的問題，前人設立了一些劃分今古文的標準。這些標準是有價值的，但是又不能被絕對化。例如前人根據司馬遷曾從孔安國問故這一事實，便設立了《史記》引《書》為古文說（如班固、孫星衍）或兼今古文說（如陳喬樅）的標準，設立了引《詩》為今文魯詩的標準（如陳喬樅）。這種標準的價值在於，它提出了一種可能的條件。可是，只有這一條件顯然是不夠的。實際上當前人在應用這一標準時，還有一個在他們看來是不言而喻的條件，即漢儒守師說、重家法。而這一點也恰恰需要具體分析。漢初伏生傳《尚書》，有弟子歐陽生、張生，張生又傳夏侯氏。武帝時，歐陽尚書立博士。至宣帝時，大夏侯（勝）、小夏侯（建）尚書又立博士。夏侯勝受業於族父夏侯始昌，又問於歐陽氏；夏侯建受業於族父夏侯勝，又從師於歐陽氏。結果大小夏侯又分為二家[32]。如果漢儒真的嚴守師說，怎麼會有許多分分合合？學術流派的分合，本是學術發展過程中的正常現象。試看《漢書・儒林傳》，因「改師法」而未能補博士缺的，亦僅孟喜一人而已。可是孟喜的弟子以後還當上了博士。可見孟喜未被重用實際與其個人人品不佳有關。那末漢儒為什麼高談師法呢？看來不過是為了標榜自己是「真正老王麻子」，以便獵取官祿罷了。

---

[31] 《經學通論・詩經・論詩齊、魯、韓說，聖人皆無父，感天而生；太史公、褚先生、鄭君以為有父，又感天，乃調停之說》條。皮錫瑞：《經學通論・詩經》（北京：中華書局，1954），頁40。
[32] 見《漢書・儒林傳》，又見《漢書・眭兩夏侯京翼李傳》。

司馬遷時代的經師都沒有真正嚴守師法（如他們自我標榜的那樣），司馬遷並非經師，也無意補博士缺，當然更無嚴守一家師法之必要。所以，他從師問學，自然會受到影響，我們所能確定的僅僅是這種可能性，而得不出他嚴守師法的結論。又例如，從司馬遷時《書》唯有歐陽立於學官這一事實出發，陳壽祺便得出他引《尚書》為歐陽本的標準。但是這個標準也不能絕對化。司馬遷時，諸經立於學官者皆為今文。因此，他考信於六藝時候，自然有採用今文的較大的可能性。不過，也不能說，除今文經與經說以外，當時就沒有先秦古文典籍與傳說的存在。所以，連陳壽祺本人也認為《史記》採《尚書》兼今古文。他說：「遷非經生，而好鉤奇，故雜臚古今，不肯專守一家。《魯周公世家》載《金縢》，其前周公奔楚事乃古文家說，其後成王改葬周公事乃今文說，此其明證矣。」[33]

其實，只要對《史記》的引經略作具體分析，我們就不難發現，司馬遷既未墨守於當時已立於學官的經和經說，又未嚴守任何師法。例略如下：

（1）《五帝本紀》引《尚書·堯典》，基本為今文經。但是司馬遷既不滿於「《尚書》獨載堯以來」，又不滿於「百家言黃帝，其言不雅馴」；於是他引用了「儒者或不傳」的「孔子所傳宰予問《五帝德》及《帝繫姓》」，並說「總之不離古文者近是」[34]。如果株守今文尚書，那就不可能寫《五帝本紀》。《五帝德》、《帝繫姓》（此二篇先秦古文資料在司馬遷死後又被收入《大戴禮記》中）保存了黃帝以下的世系傳說。此篇還引了《左傳》，亦屬於古文。

（2）《夏本紀》引《尚書》之《禹貢》、《皋陶謨》、《甘誓》，基本皆為今文經。但是也引用了《帝繫姓》、《五帝德》的文字。

---

[33] 《左海經辨·史記採尚書兼古文》。載《皇清經解》第七冊，頁200。
[34] 《史記·五帝本紀》第一冊，卷1，頁46。

（3）《殷本紀》引《尚書》之《湯誓》、《高宗肜日》、《西伯戡黎》，基本皆為今文經並用《尚書大傳》說，但又引《逸周書‧克殷解》；引《詩‧商頌‧玄鳥》，承認「天命玄鳥」之說，但又取契有父（帝嚳）說。

（4）《周本紀》引《尚書》之《牧誓》、《呂刑》、《泰誓》皆為今文經並取《尚書大傳》說，但是又博採《逸周書》之《克殷解》、《度邑解》以及《國語》、《左傳》；引《詩‧大雅‧生民》，承認棄母履大人跡說，又言棄有父。

（5）《三代世表》主要據《五帝德》、《帝繫姓》，兼取《尚書》。在當時流傳的一部分古文資料中，「黃帝以來皆有年數，稽其曆譜牒（諜）終始五德之傳，古文咸不同，乖異」[35]。他對不可信的古文並不迷信。

（6）《十二諸侯年表》主要據《春秋曆譜牒》和《左氏春秋》、《國語》。他在此篇序中首次承認《左傳》為解《春秋》之書。

（7）《魯周公世家》引《尚書》之《金縢》，兼取今古文說，引《費誓》基本為今文，但又大量引據《左傳》、《國語》。

（8）《宋微子世家》引《尚書》之《微子》、《洪範》，基本皆為今文經，以為正考父作《商頌》以美宋襄公亦為今文韓詩說；但此篇亦大量引據《左傳》。他說，「襄公既敗於泓，而君子或以為多，傷中國闕禮義，褒之也。宋襄之有禮讓也」[36]。所用既是今文韓詩說，又是今文《公羊傳》說。可是他記宋襄公泓之戰的歷史，完全依據《左傳》，筆下至少毫無褒意。

通過上述例證，我們還可以看出，司馬遷兼採今古文並非出於簡單的獵奇的愛好。因為，一則，司馬遷引經並非從主觀上願意或不願意引某書出發，而是首先要看能說明某一時代歷史的究竟是些

---

[35] 《史記‧三代世表》第二冊，卷13，頁488。
[36] 《史記‧宋微子世家》第五冊，卷38，頁1633。

什麼文獻。黃帝以下至堯以前，他不得不用古文的《五帝德》、《帝繫姓》，春秋時期，他又不得不主要據《左傳》，《國語》。這就是說，他引書有無法選擇的一面。二則，當今古文資料並存時，他又非從獵奇或師法出發。他對於「近是」的古文，取之，甚至作《仲尼弟子列傳》時也採用了孔氏古文的弟子籍；而對於「乖異」的古文，則不取之。他的確重視今文《尚書》，但是《殷本紀》中竟然未引《盤庚》，《周本紀》中竟然未引周初諸誥。他為什麼不引用這些極為寶貴而重要的材料？看來因為這些篇目太難懂，當時今文經師未能解釋通，甚至解釋有「乖異」（段玉裁即曾指出漢代《尚書》今文說有「乖異」處，見《古文尚書撰異》）處。總之，在有選擇餘地時，不論古文或今文，凡其說乖異者，他皆不選。三則，他既兼引今古文，在一定條件下，也就不得不兼容並包，信以傳信，疑以傳疑。例如，他既從今文韓詩說，以為契、稷皆感天而生，又從古文《帝繫姓》說，以為此二人皆有父。這看來是留下了矛盾，實際是並存了古代的兩種傳說，古代有生於圖騰說或感天神而生說，同時古人又有重血緣而明譜系的傳統。儘管兩種說法都很不可靠，但兩種說法反映的古代傳統本身則是真實的。試看《聖經・新約》第一章《馬太福音》一開頭就開列著耶穌的家譜，從亞伯拉罕直到耶穌母親的丈夫約瑟，共四十二代；同時又說明耶穌之母瑪利亞是童貞女，從上帝聖靈而孕育了耶穌。兼存古代傳說，並非《史記》或其他中國古史所特有。

如果用司馬遷自己的話來概括他引書兼容並包的方法，那就是：「厥協六經異傳，整齊百家雜語。」[37]這是否說明司馬遷引書是雜家式的？不是。他引六經時協其異傳，整齊百家雜語時「考信於六藝」。這就說明也是「折中於仲尼」的。但是他又有自己的特色：一則，與當時株守一經及一家之說而拒斥他說的陋儒不同，司馬遷對儒家諸經之間的態度是開放的；二則，與董仲舒的罷黜百家、獨尊儒術

---

[37] 《史記・太史公自序》第十冊，卷130，頁3319-3320。

的態度不同，司馬遷主張兼容百家，只不過以儒家的六經為最高標準來整齊百家，所以對百家的態度也是開放的。

三、司馬遷與董仲舒今文經學在思想上的異同

以上談了《史記》在引據和解釋典籍的層次上與當時經學的關係。現在再就學術觀點的層次談談《史記》與當時經學的關係。那麼，當時經學主要研討的是什麼問題呢？漢武帝在策問董仲舒時說：「蓋聞善言天者，必有徵於人；善言古者，必有驗於今。故朕垂問乎天人之應，上嘉唐虞，下悼桀紂，寖微、寖滅、寖明、寖昌之道。」[38] 漢武帝提出的問題，出於漢統治者從理論上總結歷史經驗以鞏固其統治的需要；而他所提出的，也正是當時在理論上尚未解決的問題，即天人之際與古今之變兩個問題。現在分別討論如下。

第一，關於古今之變的問題，也就是人類歷史如何演變的問題。

在漢代經學興起以前，這個問題就已經提出好久了。孔子說：「殷因於夏禮，所損益可知也；周因於殷禮，所損益可知也。其或繼周者，雖百世可知也。」[39] 這就是說，當前一朝的治變為亂的時候，下一朝就要加以損益或變革以求治；當下一朝的治再轉為亂的時候，更下一朝又要加以損益以求治。如此在因循與損益過程中一治一亂地走下去，這大概就是孔子自以為百世可知的歷史演變方式了。孟子說，「天下之生久矣，一治一亂。」[40] 看來這是他對孔子說法的概括，也是他自己對歷史演變方式的看法。不過，孟子又加了一條：「五百年必有王者興。」[41] 這樣就多了一個五百年一回轉的具有神秘色彩的圈子。孟子以後，鄒（騶）衍「稱引天地剖判以來，五德轉移，治

---

[38] 《漢書‧董仲舒傳》第八冊，頁2513。
[39] 《為政》，《論語正義》，頁39。
[40] 《孟子‧滕文公下》，焦循：《孟子正義》，《諸子集成》第一冊，頁263。
[41] 《孟子‧公孫丑下》，同上書，頁183。

各有宜，而符應若茲。」[42] 鄒衍書已不傳，其說略見於《呂氏春秋・有始覽・應同》。這就是，「黃帝之時，天先見大螾大螻。黃帝曰：土氣勝。土氣勝，故其色尚黃，其事則土。及禹之時，天先見草木秋冬不殺。禹曰：木氣勝。木氣勝，故其色尚青，其事則木。及湯之時，天先見金刃生于水。湯曰：金氣勝。金色勝，故其色尚白，其事則金。及文王之時，天先見火，赤烏銜丹書集於周社。文王曰：火氣勝。火氣勝，故其色尚赤，其事則火。代火者必將水，天且先見水氣勝。水氣勝，故其色尚黑，其事則水。水氣至而不知，數備將徙於土。」[43] 這種說法比孟子的「一治一亂」和「五百年必有王者興」更系統化、更神秘化了。鄒衍五德終始說中有著一種戰國時期的以力取勝與除舊布新的精神，所以採用了以木克土、金克木、火克金，水克火，土克水的相代嬗的演變方式，但總的體系仍是一種圈子。五行相勝說在秦漢時期曾經盛行。秦始皇正式宣布秦為水德以代周[44]。漢文帝時即有人提議，至武帝時（太初元年）正式宣布漢為土德以代秦[45]。

　　以董仲舒為代表的今文經學家對於歷史演變的解釋，雖然受到五行相勝說的某種影響，但實際上是與之不同的。董氏在回答漢武帝冊問道是否有變化時說：「道者，萬世亡弊。弊者，道之失也。先王之道必有偏而不起之處，故政有眊而不行。舉其偏者以補其弊而已矣。三王之道所祖不同，非其相反，將以救溢扶衰，所遭之變然也。故孔子曰：『無為而治者其舜乎。』改正朔，易服色，以順天命而已，其餘盡循堯道，何更為哉？故王者有改制之名，無變道之實。然夏上忠、殷上敬、周上文者，所繼之救當用此也。孔子曰：『殷因於夏禮，所損益可知也；周因於殷禮，所損益可知也。其或繼周者，雖百世可知也。』此言百王之用，以此三者矣。夏因於虞，而獨不言所損益者，其道如一，而所上同也。道之大原出於天，天

---

[42] 《史記・孟子荀卿列傳》第七冊，卷74，頁2344。
[43] 《呂氏春秋》，《諸子集成》第六冊，頁126-127。
[44] 《史記・秦始皇本紀》第一冊，卷6，頁237-238。
[45] 《史記・封禪書》第四冊，卷28，頁1402。

不變,道亦不變。是以禹繼舜,舜繼堯,三聖相受,而守一道,亡救弊之政也。故不言所損益也。由是觀之,繼治世者其道同,繼亂世者其道變。今漢繼大亂之後,若宜少損周之文致,用夏之忠者。」[46] 這一段話有三層意思:一則,天不變,道不變,故歷史實無變;所謂變,只是舉偏補弊,把偏離於道之弊糾正並返回於道上來。二則,既是救弊,便沒有五行相勝說的前後相反。三則,把孔子三代因循損益之說神化為教條,認為一切歷史的變都不會超出三代的圈子,於是五行的圈子為三代的圈子所代替。

為了神化其事,董仲舒又把他的三代圈子展開為三統說或三正說。他說:「三正以黑統初,正日月朔於營室,斗建寅。天統氣始通化物,物見萌達,其色黑。」[47]「正白統者。曆正日月朔於虛,斗建丑。天統氣始蛻化物,物始芽,其色白。」[48]「正赤統者,曆正日月朔於牽牛,斗建子。天統氣始施化物,物始動,其色赤。」[49] 他認為,夏為黑統,以正月(建寅)為歲首;殷為白統,以十二月(建丑)為歲首;周為赤統,以十一月(建子)為歲首。十一月(冬至所在月),陽氣在地下開始萌動,植物的根株是紅色的;十二月,植物在地下萌芽,其色白。正月,植物芽始出地面,其色黑。這樣他就給夏殷周三代的三正、三統、三色找出了似為科學而實為神學的理論根據[50]。他還構造出一個大的推衍體系。例如,周以本代及前二代夏、殷為三代,以三代前自黃帝至舜的五朝為五帝,以黃帝以前的神農氏為九皇。那麼,代周者,將以自身及前二代殷、周為三代。黜夏為五帝之一,再上黜黃帝為九皇。如此等等[51]。由此又可看出,董氏三統說與鄒氏五行說還有兩個重要差別:第一,董氏三統、

---

[46] 《漢書・董仲舒傳》,頁3518-3519。
[47] 蘇輿:《春秋繁露義證》(北京:中華書局,1992),頁191。
[48] 同上書,頁193。
[49] 同上書,頁194。
[50] 夏、殷、周歲首推移的次序與三代相傳次序相反,《白虎通・三正》解釋說:「天道左旋,改正者右行,何也?改正者,非改天道也,但改日月耳。日月右行,故改正亦右行也。」陳立:《白虎通疏正》(北京:中華書局,1994),頁364。
[51] 見《春秋繁露・三代改制質文》。

三正之變，只是同一個道在不同階段的展現形式之不同（具體化為同一植物根芽在不同階段的顏色不同），不是一物為另一物所代替。第二，董氏三統說中，沒有以十月（建亥）為歲首的一統；這樣他就把以十月為歲首的秦代排除在正統之外。以後劉歆作《世經》，就正式把秦當作閏統。儒家經學的正統說容納不了反儒的秦王朝，這與五行說承認秦佔一德，漢繼秦為土德不同。以後到劉歆《世經》中又以周為木德，木能生火，漢繼周為火德[52]。這就是繼承了董仲舒不予秦為正統的方法。

司馬遷在解釋歷史演變時，既沒有引用五行相勝說，又沒有引用三統、三正說；大概因為它們都神秘化而遠於人事。但是也引用了董仲舒的說法。例如，「太史公曰：夏之政忠，忠之敝，小人以野。故殷人承之以敬，敬之敝，小人以鬼，故周人承之以文。文之敝，小人以僿。故救僿莫若以忠。三王之道若循環，終而復始。周秦之間（閒），可謂文敝矣。秦政不改，反酷刑法，豈不謬（繆）乎？故漢興，承敝易變，使人不倦，得天統矣。」[53]這裡既承認夏、殷、周三代忠、敬、文三種政教的承敝易變的關係，又把秦置於三王之道以外加以批評，顯然受了董仲舒經學的影響。但是，司馬遷說：「秦取天下多暴，然世異變，成功大。傳曰，法後王。何也？以其近己，而俗變相類，議卑而易行也。學者牽於所聞，見秦在帝位日淺，不察其終始，因舉而笑之，不敢道。此與以耳食無異，悲夫。」[54]秦取天下多暴，是事實；其成功大，也是事實。漢基本上繼承了秦制，這就是法後王。這仍然是事實。怎能拋開這些事實對秦採取「舉而笑之」的態度呢？司馬遷把這種對秦的態度嘲笑為「與耳食無異」，應該說這就是對於不予秦為正統的學者（當然首先是董仲舒）的不指名的批評。這是司馬遷不同於董仲舒者之一。又如，司馬遷在比較三代諸侯與高祖功臣侯者異同時指出，同是諸侯，三代諸侯那麼

---

[52] 《漢書・律曆志下》第四冊，頁1023。
[53] 《史記・高祖本紀贊》第二冊，卷8，頁393-394。
[54] 《史記・六國年表序》第二冊，卷15，頁686。

多，歷時又那麼長久，而漢初受封的功臣侯者百餘人，僅經百年，至武帝太初時僅剩下五個，「餘皆坐法隕命亡國，耗矣」。於是他深有感慨地說：「居今之世，志古之道，所以自鏡也，未必盡同。帝王者，各殊禮而異務。要以成功為統紀，豈可緄乎？」[55] 這就是說，由於時移世異，古今情況已有很大不同；所以用古作為鏡子照照還是有益的，要求今就像古一樣那就是不可能的。因此，司馬遷說漢代用夏之忠，那只是說以之為借鑑，而決非漢代又回到了夏的情況。在這裡，司馬遷是司馬遷、董仲舒是董仲舒，「豈可緄乎？」這是司馬遷不同於董仲舒者之二。總之，司馬遷看歷史的演變，從事實而不是從經學或五行說公式出發，同意歷史的演變有某種循環的特徵，而並不認為客觀的歷史真的就是在封閉的圓圈中循環的。

第二，關於天人之際的問題。在古代，不少思想家都用天人關係來解釋人世間的盛衰與禍福，有時候還用這種關係來解釋歷史演變的原因。

在儒家典籍中，是有以天人關係解釋歷史演變的傳統的。在《尚書》中，王朝的更替往往被說成為「皇天上帝，改厥元子」[56]。天為什麼會改換「元子」（即天子）呢？這是為了把這個天子的地位從無德者的手中奪回來，轉給有德者的手中。夏代先王曾經有德，所以得了天命即王位；夏代末王失去了德，天就命令有德者商湯革了夏代的命。商湯以有德得天命，至其末王又失去了德，於是天又命令周文王、武王革了商代的命。《尚書・周書》中有許多篇都反覆講這個道理。周統治者意識到天命是會轉移的，因而也是不易把握的。怎樣才能知道天命的動向呢？「天棐忱辭，其考我民。」[57] 看看民心就知道天命的動向了。《孟子・萬章上》引真古文《尚書・泰誓》說：「天視自我民視，天聽自我民聽。」[58] 說的也就是這個意思。所以，

---

[55] 《史記・高祖功臣侯者年表序》第三冊，卷18，頁878。
[56] 《尚書正義》，頁212。
[57] 《尚書正義》，頁199。
[58] 《孟子正義》，頁380。

在《尚書・周書》中，把天看作能賞善罰惡的主宰者或上帝，這個認識的水平並不算太高；可是，把天命看作民心的反映，這種認識中就已經具有水平甚高的理性因素了。

孟子對《尚書》中的上述思想作了進一步的發揮。萬章問孟子說，堯把天下傳給了舜，有此事嗎？孟子回答說，天子不能拿天下給別人，舜得天下是天給的，怎見得是天給的呢？堯在位時用舜作副手，這就是薦舜於天。舜祭祀，神接受，舜辦事，「百姓安之」。這就是「天與之，人與之」。堯死以後，人民擁護舜而不擁護堯的兒子。這樣就是天把天下給予舜了，萬章又問，有人說，禹的德行就不行了，天下不傳賢而傳子，對嗎？孟子回答說，不對，「天與賢則與賢，天與子則與子」。因為禹也曾薦益於天，可是禹死後，人民不擁護益，而擁護禹的兒子啟。所以啟得天下也是天給予的。益為什麼不能得到人民擁護呢？孟子說，舜做過堯的副手二十八年，禹做過舜的副手十七年，「施澤於民久」，而堯、舜的兒子又都不肖，所以舜、禹能得人民擁護；而益只做過禹的副手七年，「施澤於民未久」，禹的兒子啟又賢能，所以益得不到人民的擁護。先前的國君的兒子賢或不肖，被薦者作副手的時間長短，這都不是人力所能決定的。「莫之為而為者，天也；莫之致而至者，命也。」所以傳賢或傳子都決定於天、於命[59]。這樣，孟子就又給天加上了一種偶然性的解釋。不過，就連這些偶然性，最終也要由人民的擁護這一決定因素來實現。所以，在孟子看來，天命和民心是一致的；他以天命解釋歷史的演變，實際即是以人心向背來解釋歷史的演變。

鄒衍的陰陽五行說，講的也是天人關係問題。他的五行相勝說，是以木克土、金克木、水克金、水克火、土克水的形式表示一種不依人的意志為轉移而人只能適應它的天命。他的五行相生說，是講「禨祥度制」[60]因而「大祥而眾忌諱，使人拘而多所畏」[61]的，其說大體

---

[59] 同上書，頁 379-382。
[60] 《史記・孟子荀卿列傳》第七冊，卷 74，頁 2344。
[61] 《史記・太史公自序》第十冊，卷 130，頁 3289。

可見於《呂氏春秋・十二紀》或《禮記・月令》中。這種思想產生的背景大概是，戰國社會劇變而爭戰酷烈，舊體制的破壞勢成命定，不以人的意志為轉移了。秦始皇正式宣布秦得水德，「剛毅戾深，事皆決於法，刻削毋仁恩和義，然後合五德之數」[62]。看來他是在自覺地適應以水克火的天命，而不再顧忌人心了。實際上他也是認為人心不足畏的。

漢代秦以後，儒家講天人關係，大體分為兩支：今文《尚書》家講《洪範》主要以五行說災祥；而陸賈、賈誼等則又注意以人心解釋天命，因為他們在總結秦亡的經驗時重新認識到了人心的重要性，到了董仲舒的手裡，二者又合而為一。他的春秋公羊說，既以人心解釋天命，又以五行相生、相勝說來講災祥。他對漢武帝說：「臣謹按《春秋》之中，視前世已行之事，以觀天人相與之際，甚可畏也。國家將有失道之敗，而天乃先出災害以譴告之。不知自省，又出怪異以警懼之。尚不知變，而傷敗乃至。以此見天心之仁愛人君。而欲止其亂也。自非大無道之世者，天盡欲扶持而全安之，事在強勉而已矣。」「故治亂廢興在於己，非天降命不可得反，其所操持悖謬，失其統也。臣聞天之所大奉使之王者，必有非人力所能致而自至者，此受命之符也。天下之人同心歸之，若歸父母，故天瑞應誠而至。」「詩云：『宜民宜人，受祿於天』。為政而宜於民者，固當受祿於天。」[63] 董仲舒把天說成人格化的上帝，上帝是愛護人君的，會對人君給以警告以至獎懲，而最後獎懲的標準還在於人君是否能得民心。這實際是把孟子的說法作了宗教神學化的加工，本質上還是儒家以人心解釋天命的思想。董氏以天人感應之說講災祥，備見《春秋繁露》書中，成為以後史書中《五行志》的濫觴，這裡不多說了。

司馬遷對於天人之際的解釋，與董仲舒有同也有異。一方面，司馬遷相信災祥，與董仲舒有相似處。《史記・天官書》前面的絕

---

[62] 《史記・秦始皇本紀》第一冊，卷6，頁238。
[63] 《漢書・董仲舒傳》。

大部分都是古代天官理論或占星學理論，大概是司馬談從唐都那裡學來又傳給司馬遷的。「太史公曰：自初生民以來，世主曷嘗不曆日月星辰，及至五家三代，紹而明之。內冠帶，外夷狄，分中國為十有二州。仰則觀象於天，俯則法類於地。天則有日月，地則有陰陽；天有五星，地有五行；天則有列宿，地則有州域。三光者，陰陽之精，氣本在地，而聖人統理之。」[64] 這是司馬遷對上文所引天官理論的總結和提要，說明天官理論的核心在於天地，亦即天上人間之間的對應與相通。司馬遷承認天地或天人之際的對立與相通，就與董仲舒有了一個基本的共同點，但是，司馬遷不贊成以天官理論胡亂解釋歷史，他在《自序》中說：「星氣之書，多雜譏祥，不經。推其文，考其應，不殊，比集論其行事，驗于軌度以次，作天官書第五。」[65] 所以，《天官書》中，自從「太史公曰」以下，都是他以史書記載與天官理論相核驗的推文考應之作。他對春秋時期，只舉了很少的例證，而對於秦滅六國、項羽破秦、漢之興、平城之圍、諸呂作亂、吳楚之亂等等，都列舉了星象的先兆，並說「此其犖犖大者，若至委曲小變，不可勝道。由是觀之，未有不先形見而應隨之者也。」為什麼要有這種天人之際的理論呢？司馬遷說：「日變修德，月變省刑，星變結和。凡天變過度，乃占。國君強大，有德者昌，弱小飾詐者亡。太上修德，其次修政，其次修救，其次修禳，正下無之。」所以，這種理論旨在利用天變警戒人君，使之改過、修德。其目的與董仲舒也是一致的。不過，儘管如此，司馬遷與董仲舒仍然有很大的不同。司馬遷的態度是：對於天官災祥理論，必須以歷史事實去檢驗之，能核實者（儘管這也是偶合）才承認之。他的方法是歸納的、實證的。董仲舒則是盡力作天人之際的比附[66]，其方法是演繹的、玄想的。所以，如果說董仲舒為漢代今文經學的神學化奠定了基石，那麼司馬

---

[64] 《史記‧天官書》第四冊，卷 27，頁 1342。
[65] 《史記‧太史公自序》第十冊，卷 130，頁 3306。
[66] 事見《春秋繁露》書中，恕不舉例。

遷則在一定程度上作了以後興起的古文經學的先導。儘管司馬遷在相信災祥說的內容上頗有與今文經學一致的地方。

另一方面，司馬遷講天人之際，還有與董仲舒頗為異趣的地方。董仲舒對於皇天上帝的賞善罰惡的性質是充分肯定的，而司馬遷對此卻將信將疑，甚至疑多於信。他說：「或曰：『天道無親，常與善人。』若伯夷、叔夷，可謂善人者非耶？積仁潔行如此而餓死，且七十子之徒，仲尼獨薦顏淵為好學，然回也屢空，糟糠不厭，而卒蚤夭。天之報施善人，其何如哉？盜跖日殺不辜，肝人之肉，暴戾恣睢，聚黨數千人，橫行天下，竟以壽終，是遵何德哉？此其尤大彰明較著者也。若至近世，操行不軌，專犯忌諱，而終身逸樂富厚，累世不絕。或擇地而蹈之，時然後出言，行不由徑，非公正不發憤，而遇災禍者，不可勝數也。余甚惑焉。儻所謂天道是耶？非耶？」[67] 由於對賞善罰惡的天人之際的懷疑，司馬遷對天及天人之際提出了一種新的理解。

司馬遷在論秦的興起時說：「秦始小國，僻遠。諸夏賓之，比於戎翟。至獻公之後，常雄諸侯。論秦之德義，不如魯衛之暴戾者；量秦之兵，不如三晉之強也。然卒并天下，非必險固便、形勢利也。蓋若天所助焉。」[68] 又說：「說者皆曰：『魏以不用信陵君故，國削弱，至於亡。』余以為不然。天方令秦平海內，其業未成，魏雖得阿衡之佐，曷益乎？」[69] 秦暴戾而終於因天助而得勝，就像《伯夷列傳》中所說壞人得好報一樣，那麼，這個天又是什麼樣的天呢？其實，司馬遷對助秦的「天」已經作了分析和回答。他說，「是（春秋中期）後，陪臣執政，大夫世祿，六卿擅晉權，徵伐會盟，威重於諸侯。及田常殺簡公而相齊國，諸侯晏然弗討，海內爭於戰功矣。三國終之卒分晉，田和亦滅齊而有之。六國之盛自此始。務在強兵並敵，謀

---

[67] 《史記‧伯夷列傳》第七冊，卷61，頁2124-2125。
[68] 《史記‧六國年表序》第二冊，卷15，頁685。
[69] 《史記‧魏世家贊》第六冊，卷44，頁1864。

詐用而從衡短長之說起,矯稱蠭出,誓盟不信,雖置質剖符,猶不能約束也。」[70]山東各國內部及各國之間的爭權奪利,本來都為了營其私利,而結果在鬥爭中削弱了自己的力量並破壞了彼此間的團結,終於為秦的征服與兼併掃清了道路。為秦兼併掃清道路的本是山東六國的人的行為,怎能說是天呢?因為他們的本來目的不是為秦掃清道路,掃清道路是莫之為而為、莫之致而至的違反他們本來目的的客觀後果,所以這就是天是命了。司馬遷在分析秦楚之際形勢變化之快並比較先秦統一之難與漢高祖統一之易的時候說:「秦既稱帝,患兵革不休,以有諸侯也。於是無尺土之封,墮壞名城,銷鋒鏑,鉏豪傑,維萬世之安。然王跡之興,起於閭巷,合從討伐,軼於三代。鄉秦之禁,適足以資賢者為驅除難耳。故憤發其所為天下雄,安在無土不王。此乃傳之所謂大聖乎。豈非天哉,豈非天哉!」[71]秦本為維護自己的統治而不立諸侯,結果卻為漢高祖的統一掃清了道路。這也是莫之為而為、莫之致而至的事,所以豈非天哉?司馬遷所說的這種天,如果換用黑格爾的話來說,就叫做「理性」或「普遍的東西」。黑格爾說:「熱情的特殊利益,和一個普通原則的活潑發展,所以是不可分離的:因為「普遍的東西」是從那特殊的、決定的東西和它的否定所生的結果。特殊的東西同特殊的東西相互鬥爭,終於大家都有些損失。那個普遍的觀念並不捲入對峙和鬥爭當中……它驅使熱情去為它自己工作,熱情從這種推動裡發展了它的存在,因而熱情受了損失,遭了禍殃——這可以叫做「理性的狡計」(the cunning of reason)。」[72]每一個個體或特殊者都在為自己的利益而熱情地鬥爭著,而站在背後的普遍者、理性或天卻假手於個體間的熱情的鬥爭去實現天自己的計劃,個體的自覺的努力卻使其自身轉變為天的不自覺的工具。司馬遷在兩千餘年以前對天人之際的認識,就已經接近於黑格爾的理解,實在是難能可貴的。用這樣的天人之

---

[70] 《史記・六國年表》第二冊,卷15,頁685。
[71] 《史記・秦楚之際月表序》第三冊,卷16,頁760。
[72] 黑格爾著,王造時譯:《歷史哲學》(北京:三聯書店,1956),頁72。

際來解釋歷史的發展，其深度遠遠超出漢代經學水平之上了。

不過，司馬遷的這種天人之際的思想卻有其經學的來源。在《尚書》裡，天假手於商湯以伐桀、假手於周武王以伐紂，是假手善人以伐惡；人是天的自覺工具，有天人之間的同一而無對立。在《左傳》中，又有了這樣的記載：蔡侯般是一個弒父而篡位的人（襄公三十年）[73]，十二年後，楚靈王把他召到申，殺了他又派兵圍蔡。晉國的韓宣子問叔向楚是否能勝利，叔向說楚能勝利，因為「蔡侯獲罪於其君，而不能其民，天將假手於楚以斃之。」而楚靈王也不是好人，所以叔向又說：「天之假助不善，非祚之也，厚其凶惡，而降之罰也。」[74] 楚靈王滅蔡，只是為了自己兼併的目的，天卻假手於他，一則懲罰蔡侯般，二則為他自己的滅亡準備條件。楚靈王作了天要他做的事，在這一點上天人一致；可是他個人的目的與天的目的又是不同的，這一點上天人又相對立。但是，最終天還是利用楚靈王而實現了天的目的，楚靈王只不過是天的一個熱情的而又不自覺的工具。以上曾經說到司馬遷多引《左傳》，現在又可以看出，他的這一傑出的天人之際的見解，顯然也是受了古文經的影響的。當然，司馬遷的見解比《左傳》又進了一步。《左傳》只說到天假手罪人以罰惡人，而《史記》則已經看到天假手懷有自私目的的人去推動歷史的發展了。

---

[73] 《春秋左傳正義》，頁 2011。
[74] 同上書，頁 2060。

第二篇
對於中國古典史學形成過程的思考

　　在世界史學的園地裡，中國古典史學無疑是一朵自有異彩的奇葩。要闡明中國史學對於世界史學已經作出的貢獻，我們不能置我國古典史學於不顧。同時，作為一種傳統，我國古典史學對於後世以至當代史學不可能沒有多方面的、人們意識或不曾意識到的影響。因此，要發展我們當前的史學和史學理論，以求對世界史學作出更多的貢獻，我們也不能不對中國古典史學從理論上進行深入反省。這種反省既可以結合縱向的前後歷史階段的比較來作，也可以結合橫向的與外國古代史學的比較來進行。本文試就中國古典史學形成過程作一些分析。

　　中國古典史學，就現在所知，濫觴於商代。大量甲骨卜辭的發現，證明商代已有記載史事的豐富資料，它們是歷史撰述的依據。《尚書・多士》記載了周王對「殷遺多士」的訓話，其中講到了殷人先祖湯革夏命的事，並說「惟爾知，惟殷先人有冊有典。殷革夏命。」可見，殷人曾有歷史記載，這是當時殷人和周人所共知而無疑的。至於殷人記錄歷史的自覺的程度，由於文獻不足，現在難以具論。至少在西周初期，人們對於歷史的自覺意識已經在文獻中明顯地反映出來了。我認為，自殷、周之際起，至司馬遷作《史記》止，這是中國古典史學形成的時期。它的發展大體可以分為三個階段。

一

　　以史為鑒的階段。這一階段的代表性著作是《尚書》中的《周書》。

　　人類從能製造工具開始，就知道積累經驗。即使在原始時代，每一代人的行為和思想都不是從零開始，而是一方面繼承著前人的經驗，另一方面又在實踐中一步步地改進舊經驗，使之成為新經驗，而傳給下一代。這是人類社會的客觀的歷史過程，也是人們自發地運用其歷史知識（最原始的意義上的歷史知識）的過程。人類即使在原始社會也有對歷史知識的自發需要，許許多多原始共同體都有豐富的口頭傳說或史詩，就是這種需要存在的明證。

　　隨著文明的開始，人們有了文字。文字為人們記憶和傳播經驗提供了前所未有的重要工具，幫助人們克服了對異時和異地的人傳播經驗的困難。文字為歷史的記錄提供了可能性，為歷史從客觀過程轉化為認識過程（即史學發展過程）提供了可能性。不過，當人們用文字記錄原始時代的傳說或史詩的時候，所記錄成文的仍然不是真正的歷史著作。

　　真正的歷史著作產生於人們對歷史記錄的功能的自覺的認識。在中國古代，這個自覺的認識就是，認識到歷史的記錄可以用為借鑒。

　　《尚書》中的《康誥》、《酒誥》、《召誥》、《多士》、《無逸》、《君奭》、《多方》、《立政》等篇都討論了殷代或夏、殷兩代的盛衰、興亡。為什麼要講這些往事呢？《酒誥》：「王（指當時攝居王位的周公旦）曰：封（即衛侯康叔），予不惟若茲多誥。古人有言曰：人無於水監，當於民監。今惟殷墜厥命，我其可不大監撫於時。」周公代表周王室封弟康叔於衛，衛是殷人的故土。殷人因酗酒而亡國，所以周公告誡康叔不可不以此為借鑒。他還引用了前人的名言：人不必以水為監（即鑒、鏡子）來照自己，而應當把人當鏡子來照自己。《召誥》：「我不可不監於有夏，亦不可不監於有殷。我不

敢知曰,有夏服天命,惟有歷年。我不敢知曰,不其延。惟不敬厥德,乃早墜厥命。我不敢知曰,有殷受天命,惟有歷年。我不敢知曰,不其延。惟不敬厥德,乃早墜厥命。今王嗣受厥命,我亦惟茲二國命。」這也是告誡成王,必須以夏作為鏡子,也必須以殷作為鏡子。夏、殷兩代本來可以維持多久,這無法回答。兩代因為不敬德,所以早亡了。周繼承夏、殷,受的也就是夏、殷所受的「天命」。《詩‧大雅‧蕩》歷述殷統治者的各種暴政,用來教育周人以殷為鑒。此詩篇末又說:「殷鑒不遠,在夏后之世。」周人應當以殷為鑒,殷本來也應當以夏為鑒。這就是說,每一代都應以前代的歷史為鑒。

周人為什麼會產生這樣自覺的以史為鑒的意識呢?殷、周的力量對比本來是懸殊的,直至殷亡以後,西周早期,周仍稱殷為「大國殷」[1]、「天邑商」[2]、「大邦殷」[3]。而自稱「小國」[4]、「小邦周」[5]。可是結果卻是殷的崩潰、周的興起。這種巨大而鮮明的變化甚至使作為勝利者的周人也感到震驚,因而激發了他們對歷史進行反省的自覺。殷曾強大過,可是現在崩潰了。在此以前,夏曾有過類似的過程。這時周又走到了夏和殷早期的位置上,周人對此怎能無所反省呢?他們越是感到夏、殷兩代歷史變化的無情,也就越想用以為鑒,以便認識自己所處的境地。

以史為鑒的史學是從當時人的現實需要出發的,不過需要只為這種史學的產生提供了一個方面的條件。要使這種需要成為同時是可能的,那還必須有認識方面的進展。

一則,以史為鑒的出發點是人的需要、人的熱情,然而以史為鑒的實現卻有賴於事物的另一極,即人的理智(Reason)、人對歷史的冷靜的反省和如實的陳述。

---

[1] 見《召誥》。
[2] 見《多士》。
[3] 見《召誥》、《康王之誥》。
[4] 見《多士》。
[5] 見《大誥》。

周對殷無疑是仇恨的,「文丁(即殷紂的祖父大丁)殺季歷(周武王的祖父)」[6]「紂囚西伯(即武王之父周文王)羑里」[7]。周對殷顯然有殺祖囚父之仇。但是當他們克殷之後,周統治者謀求長治久安的熱情又驅使他們冷靜地思考殷人的歷史。《尚書》中有多篇說到「殷先哲王」的統治的賢明。例如,《尚書·酒誥》:「王(指居攝之周公)曰:封,我聞惟曰:『在昔殷先哲王,迪畏天,顯小民,經德秉哲。自成湯咸至于帝乙(紂之父),成王畏相,惟御事厥棐有恭,不敢自暇自逸』。」周公對殷先王的知識顯然來自歷史。這裡的殷先哲王一直包括到紂的父親帝乙,所以紂的祖父大丁(亦即殺了周公祖季歷的文丁)也被列在其中。周公並沒有因仇恨的感情而竄改歷史的記錄。又如《無逸》:「周公曰:嗚呼,我聞曰:『昔在殷王中宗(《史記·殷本紀》認為是太戊,據甲骨文則是祖乙),嚴恭寅畏,天命自度,治民祗懼,不敢荒寧。肆中宗之享國七十有五年。其在高宗(武丁),時舊勞於外,爰暨小人。作其即位,乃或亮陰,三年不言。其惟不言,言乃雍,不敢荒寧,嘉靖殷邦,至於小大,無時或怨。肆高宗之享國五十有九年。其在祖甲,不義惟王,舊為小人。作其即位,爰知小人之依,能保惠於庶民,不敢侮鰥寡。肆祖甲之享國三十有三年。自時厥後立王,生則逸。生則逸,不知稼穡之艱難,不聞小人之勞,惟耽樂之從。自時厥後,亦罔或克壽,或十年,或七八年,或五六年,或三四年』。」這些話顯然來自歷史,周公轉述時對於殷先王的肯定或否定都取如實態度。

周人既然要從殷人的成敗中汲取經驗和教訓,以殷人的歷史為鑒,他們就必須盡可能以殷人的實際經驗為借鑒,否則就不是以史為鑒,而是以史自欺了。周人作為當時的新興力量,不是像殷紂那樣迷信天命、以史自欺的人。他們能夠把仇恨殷人的激情轉化為反省殷人歷史的理智。他們以史為鑒的自覺目標是求善,而他們在史

---

[6] 見《晉書·束晳傳》、《史通》之《疑古》、《雜說》引古本《竹書紀年》。
[7] 見《史記·殷本紀》,亦見《周本紀》。

學上不曾意識到的任務卻是求真。他們自覺地追求的是史中的價值，他們自發地追求的是史中的真理。

二則，要以史為鑒，人們必須首先集中注意於歷史上的具體事件、具體人物，越是真人真事，活龍活現，可供後人借鑒的內容也就越豐富，價值也就越高。可是，作為具體的歷史事件或人物，歷史上的和當代的自然總是各不相同的。周代的統治者很喜歡以殷代以至夏代的國君和他們的行事為鑒，夏、殷的國君們以及他們的行事自然與周人是不同的。

值得思考的是，周人是否能夠從與自己相異的人和事得到借鑒？他們又是憑藉什麼樣的認識上的進展才能實現這種借鑒的？對於這些問題，我們可以從《尚書》中找到作答的資料。例如，《尚書‧多士》：「王若曰：爾殷遺多士，弗吊，旻天大降喪於殷。我有周佑命，將天明威，致王罰，勅殷命，終於帝。……我聞曰：上帝引逸，有夏不適逸。則惟帝降格，向於時夏。弗克庸帝，大淫泆有辭。惟時天罔念聞，厥惟廢元命，降致罰。乃命爾先祖成湯革夏，俊民甸四方。自成湯至於帝乙，罔不明德恤祀。亦惟天丕建，保乂有殷。殷王亦罔敢失帝，罔不配天其澤，在今後嗣王，誕罔顯於天。矧曰其有聽念於先王勤家，誕淫厥泆，罔顧於天顯民祇。惟時上帝不保，降若茲大喪。」這是周公以周王的名義告誡被征服的殷人的話，大意是，天意要亡殷，周滅殷只是執行天命。從前夏不從天命，天要亡夏，就讓殷的先祖成湯革夏。成湯以下直至帝乙，歷代殷王能遵天命。以後紂不遵照先王的辦法，不敬天勤民，所以天又降罰於殷。這樣就在夏代末王桀和殷代末王紂之間，成湯和周武王之間找到了共同性。所以，在《召誥》裡對夏、殷的滅亡下了同樣的結論：「惟不敬厥德，乃早墜厥命。」

至於國家的興盛，《尚書‧君奭》記周公對召公說：「我聞在昔，成湯既受命，時則有若伊尹格于皇天。在太甲，時則有若保衡。在太戊，時則有若伊陟臣扈格於上帝，巫咸乂王家。在祖乙，時則有若巫賢。在武丁，時則有若甘盤。率惟茲有陳，保乂有殷，故殷

禮陟配天，多歷年所。……惟文王尚克修和我有夏，亦惟有若虢叔，有若閎夭，有若散宜生，有若泰顛，有若南宮括。……亦惟純佑，秉德，迪知天威。乃惟時昭文王，迪見冒聞於上帝，惟時受有殷命哉。武王惟茲四人，尚迪有祿。」在這裡，殷王成湯、太甲、大戊、祖乙、武丁不同於周文王、武王，殷王所用的伊尹（保衡即伊尹）、伊陟、臣扈、巫咸、巫賢、甘盤也不同於周王所用的虢叔、閎夭、散宜生、泰顛、南宮括。這都是異。但是，上述殷王是「哲王」，上述周王也是「哲王」，上述殷臣是賢臣，上述周臣也是賢臣；殷哲王用賢臣以興，周哲王也用賢臣而興。這就又都是同。

由此可見，周人要做到以史為鑒，不僅要由求善而求真，而且也必須從異中看到同，從特殊中看到一般。看來周人以殷為鑒的史學只是自發地由異而見同、由特殊而見一般。不過，他們的這種不自覺的狀態正好說明：歷史事實的記錄雖然從特殊開始，而其發展成為史學則不可避免地有待於從特殊中體現出一般。

三則，周人以史為鑒是從疑天開始的。《尚書》「周書」各篇中有信天的一面，也有疑天的一面。周人在其對被征服者發布的文告中是信天的，如在《多士》、《多方》中，周人明確地說他們之所以革殷的命是受了天命；如果不表示信天，他們代殷為天子的行為就失去了理論的根據。周人在其對內部發布的文告中則有許多明確的疑天之辭。例如，「天棐（非）忱辭，」（《詩・大雅・大明》云：「天難忱斯，」）「迪知上帝命越天棐忱」[8]。「天畏（威）棐忱」[9]。「若天棐忱」、「天命不易，天難諶」、（《詩・大雅・蕩》云：「天生蒸民，其命匪諶。」）「天不可信」[10]。忱、諶都是誠、信的意思。總之認為天不可信，沒有定準。在內部談天不可信，是提醒自己人不要麻痺大意。周人已經逐漸強大起來，構成對殷的

---

[8] 此二句見於《大誥》。
[9] 見《康誥》。
[10] 此三句見於《君奭》。

威脅，殷紂還說「我生不有命在天」[11]，結果紂滅亡了。歷史證明，迷信天命是不行的。

周人有天命不可靠的認識，是以史為鑒的結果。另一方面，越是感到天命不可靠，就越是要從人事上尋找成敗得失的契機，從而越發重視以史為鑒。

尤其值得指出的是，周人並沒有把疑天和信天絕對地分離開來，他們在向被征服者宣揚天命的時候也並未完全說假話。因為他們在講天命的時候是和民心結合起來講的。《大誥》說「天棐忱辭」，接著就是「其考我民」。《康誥》說「天畏棐忱」，接著就是「民情大可見」。抽象的天命，看不見，摸不著，把握不住，但是「天視自我民視，天聽自我民聽」[12]，「民之所欲，天必從之」[13]。天命一通過民情來反映，就變得很具體了，也可以把握得住了。《尚書》中多次講到夏、殷的滅亡，其原因都是統治者未能保民，從而也就未能敬天，結果自然失去天命。於是本來已經不可信的天命又轉而可信了。「皇天無親，惟德是輔」[14]，這是周人對天命的認識的概括。從前一句來看，皇天並不一定專門照顧誰，是「棐忱」，「不可信」的；從後一句來看，天又有其準則，即幫助有德的人，這又是可信的。

那麼這個「皇天」到底是什麼呢？根據《尚書》、《詩經》的資料來看，周人還是把他等同於上帝的。可是，如果我們實事求是地加以分析，就不難發現，這個「皇天」實際上又是在歷史進程中起作用的人心在天上的投影，因此，周人可以一面以史為鑒，一面又可大談天命。其實對於他們來說，可以為鑒的歷史上的人事是直接的，而被認為高高在上的「皇天」已經是間接的了。

---

[11] 見《尚書・西伯戡黎》。
[12] 見《孟子・萬章上》引《尚書》。
[13] 見《左傳・襄公三十一年》，又《國語・鄭語》引《尚書》。
[14] 見《左傳・僖公五年》引《尚書》。

二

以史為法的階段。這一階段的代表性著作是《春秋》。

所謂以史為法，自然不是以史書作為法律。董仲舒倡導「春秋決獄」（《漢書・藝文志》有《公羊董仲舒治獄》十六篇），那是把《春秋》的意義加以過度誇張，同時也把它明顯地庸俗化了。我們說《春秋》具有以史為法的特點，是因為它在史事的陳述中同時展示出一系列道德規範和判斷是非的標準。

司馬遷說：「故有國者不可以不知《春秋》，前有讒而弗見，後有賊而不知。為人臣者不可以不知《春秋》，守經事而不知其宜，遭變事而不知其權。為人君父而不通於《春秋》之義者，必蒙首惡之名。為人臣子而不通於《春秋》之義者，必陷篡弒之誅，死罪之名。其實皆以為善，為之不知其義，被之空言而不敢辭。夫不通禮義之旨，至於君不君、臣不臣、父不父、子不子。夫君不君則犯，臣不臣則誅，父不父則無道，子不子則不孝。此四行者，天下之大過也。以天下之大過予之，則受而弗敢辭。故《春秋》者，禮義之大宗也。夫禮禁未然之前，法施已然之後；法之所為用者易見，而禮之所為禁者難知」[15]。《春秋》所起的正是禮義的作用。

從以史為鑒到以史為法有以下幾個方面的發展和變化。

一則，以史為法是對於以史為鑒的揚棄。因為，一方面，不論以史為鑒或為法，都是要使今人和後人從史得到啟發和教益，也可以說以史為法是一種特殊的以史為鑒；另一方面，以史為鑒時所取的是歷史上客觀存在的人和事，而以史為法時所要立的卻是史家用以論史的主觀的準則。

以史為鑒和以史為法都重視史學的價值，不過《春秋》已經以為「以史為鑒」尚未充分發揮史學的價值，史學家必須在客觀史事的基礎上作出主觀的發揮，然後才能充分體現史的功用。孟子說：「晉

---

[15] 見《史記・太史公自序》。

之《乘》、楚之《檮杌》、魯之《春秋》一也。其事則齊桓、晉文，其文則史。孔子曰：『其義則丘竊取之矣』。」[16]又說：「世衰道微，邪說暴行有作，臣弒其君者有之，子弒其父者有之。孔子懼，作《春秋》。《春秋》，天子之事也。是故孔子曰：『知我者其惟《春秋》乎，罪我者其惟《春秋》乎』。」[17]孔子修《春秋》時所取的「義」，就是用一定的名分作為標準來衡量歷史人物的是非並予以褒貶。因為這是要為天下正名，所以孟子說這是「天子之事也」。

現在就《史記・孔子世家》所舉的兩個例子做些分析。其一是「吳、楚之君自稱王，而《春秋》貶之曰『子』。」按照孔子所堅持的名分，當時天下只能有一個王，就是周王。吳、楚之君雖自稱王，但不是合法的王，所以仍然只能依其原爵稱子，其二是「踐土之會實召周天子，而《春秋》諱之曰『天王狩於河陽』。」按《左傳》僖公二十八年記：是會也，晉侯（文公）召王，以諸侯見，且使王狩。仲尼曰：『以君召君，不可以訓』。故書曰『天王狩於河陽』。」總之，孔子修《春秋》從求善出發，然後辨名分之是非以存「真」。結果他所求的「真」往往不是事實的真而是名分的真了[18]。

二則，上文說到，《尚書》周書作者以史為鑒，是藉具體的殷代興亡的史事作為周人具體行為之鑒，在以具體的、各異的史事為鑒時認識到古今的共同性，即認識上由異而同，由特殊而一般。孔子修《春秋》，意在以史為法，所以與前一階段不同。孔子在修《春秋》前已經有了一個關於禮義的思想體系。他說：「我欲載之空言，不如見之於行事之深切著明也。」[19]可見他修《春秋》就是要在敘述歷史上具體行事的時候貫徹自己關於禮義的思想。因此，他的認識途徑是以同概異，以一般繩特殊。

---

[16] 見《孟子・離婁下》。
[17] 見《孟子・滕文公下》。
[18] 劉知幾曾批評孔子這樣書法不是「實錄」(《史通・惑經》)。不過，這不是說《春秋》全非實錄。
[19] 《史記・太史公自序》引孔子語。

由於《春秋》既不細載歷史事件的具體過程，又不另有論贊性的文辭表示褒貶，而往往用短短的一兩句話記述一件史實同時在遣詞造句上表示褒貶，所以《左傳》、《公羊傳》、《穀梁傳》在解《春秋》經[20]的時候，都很注意研究和概括它的體例。雖然從漢代直到清朝，學者們在研究《春秋》三傳的體例和書法上眾說紛紜，歧義很多，但是如果不遵從《春秋》中概括出一套十分精密的體例的幻想，（董仲舒早已知道「春秋無達辭」，要求《春秋》書法體例天衣無縫是不切實際的，更不必說此書在傳世中還有了許多變動。）那麼還是可以明顯地看出它是有義例的。

唐儒趙匡說：「故褒貶之指在乎例（諸凡例是），綴述之意在乎體。所謂體者，其大概有三，而區分有十。所謂三者，凡即位、崩薨、卒葬、朝聘、盟會，此常典，所當載也，故悉書之，隨其邪正而加褒貶，此其一也。祭祀、婚姻、賦稅、軍旅、蒐狩、皆國之大事，亦所當載也。其合禮者，夫子修經之時悉皆不取，故公（羊）、穀（梁）云：常事不書，是也。其非者及合於變之正者，乃取書之，而增損其文，以寄褒貶之意，此其二也。慶瑞災異，及君被殺被執，及奔放逃叛，歸入納立，如此並非常之事，亦史策所當載，夫子則因之而加褒貶焉，此其三也。此述作之大凡也。」[21]這裡所說的「體」，就是孔子修《春秋》時用以選材和立意的一般標準。「例」則是指對各類問題分別使用不同的書法的具體標準。例如，一個大夫被殺，由於書法不同，表示的褒貶就不同。《春秋》隱公四年記：「衛人殺州吁於濮。」《公羊傳》解釋說：「其稱人何？討賊之辭也。」《穀梁傳》解釋說，「稱人以殺，殺有罪也。」《春秋》僖公七年記：「鄭殺其大夫申侯。」《公羊傳》解釋說：「稱國以殺者，君殺大夫之辭也。」《穀梁傳》解釋說，「稱國以殺大夫，殺無罪也。」稱人稱國只有一字之差，而含義卻有有罪無罪之別。說衛國人殺州吁，

---

[20] 《左傳》是否解經，在漢代即有肯定和否定二說，這裡且不論及，這裡只是說今本《左傳》中已有解經的文字。

[21] 見陸淳《春秋啖趙集傳纂例》卷一，「趙氏損益義」條，十區分從略。

意思是說衛國人都主張殺州吁，所以表示州吁有罪該殺。說鄭國殺其大夫申侯，則只是說鄭國國君個人殺了申侯，被殺者就不一定有罪或者至少是殺非其罪。至於國君被殺，稱國稱人都表示國君無道，只有指出某人「弒其君」的時侯才表示殺君者有罪而君本身無罪。如《春秋》文公十八年記：「莒弒其君庶其。」《公羊傳》解釋說：「稱國以弒君者，眾弒君之辭。」《春秋》成公十八年記：「晉弒其君州蒲。」《穀梁傳》解釋說：「稱國以弒其君，君惡甚矣。」《春秋》文公十六年記：「宋人弒其君杵臼。」《左傳》解釋說：「書曰宋人弒其君杵臼，君無道也。」這裡「國」不再指國君，而與國人相當。國人都認為國君該殺，當然是君無道了。

由此可見，《春秋》的以史為法就是從一般原則去認識特殊的史實並按類別以統一的書法（遣詞造句）去評述不同的具體事情。

三則，如果說前一時期的《尚書》在不少情況下還假借「天意」來說明歷史因果，那麼在《春秋》裡幾乎不能發現什麼直接說到天意的地方。在《春秋》裡記錄了各種各樣的自然的異象或災害，而且盡可能記載具體發生的時間（年、時、月、日），其所記災異有：日食、地震、震電，山崩、星異（如隕星、彗星之類）、火災、大水、大雨雹、大雨雪、無冰、雨木冰（即霧淞）、不雨、大旱、螽（蝗蟲）、螟（蛾幼蟲，食苗心）、飢（飢荒）、多麋（麋毀農田作物）、蜮（一種蛀穀的害蟲）、蜚（一種食稻害蟲）、蟘（一種食苗葉的害蟲）、隕石、霜、無麥（麥無收成）等等。《春秋》只如實記錄發生了何種現象，卻從來不說某個災異是天對人的懲戒或天對某個事件的預示。《左傳》、《公羊傳》對一些災異作了天意的解釋，那與《春秋》本身無關。

《春秋》不強調天意，這與它自身的特點有關。《春秋》意在以史為法，其主題自然是辨人事之是非，明善惡之褒貶。把自然界的罕見現象或災害說成天意，並把這些解釋為天對人的獎懲，這最多只能起某種一般的勸善警惡的作用，而不能具體說明天對何種善

惡予以何種獎懲。而且，孔子修《春秋》，本來就是要以經常存在的、有常的禮義為標準從事褒貶，而不是要依靠帶偶然性的、無常的自然的災異來作警誡。因為如果要依靠自然的災異來表示天意的褒貶或獎懲，那麼必然會有大量的人事是找不到天意（即自然）的相當的反應的。這樣做在客觀上反而會起不利於以史為法的作用。

孔子修《春秋》時不講天意，這並不足以說明他已經清醒到了完全不信天意或天命的程度。在《論語》裡，我們可以看到他並非完全不信天命。不過，他不相信那些以「怪力亂神」之類的方式來表示的不可靠的天命。而是把天命納入人事之中，把當時社會上的君臣、父子、夫婦長幼等一系列的禮義倫常當作天然之理或天命。與孔子同時而稍早的鄭子產曾說：「夫禮，天之經也，地之義也，民之行也」[22]。孔子與子產在對天命的認識上很相近，他自己也曾說：「夫禮，先王承天之道，以治民之情」[23]。這就是說，他認為，他修《春秋》所據的禮義本身就體現了天道，因此，他也不須另外再講什麼天命了。

《春秋》繼承了《尚書‧周書》把天命人事化的傳統，它一方面把《尚書》中的外在於人的天命進一步作了排斥，另一方面又讓體現禮義的天命更全面地深入它自身之中。

三

以史立言的階段。這一階段的代表性著作是司馬遷的《史記》。

一般地說，每一部歷史著作（即非資料匯編性的作品）都是其作者所立的言。《尚書‧周書》就殷的盛衰作了評述，以供借鑒，這也就是立言。不過，《尚書》只是就引以為鑒的具體歷史人物或事件進行評述，而沒有對歷史的發展提出一套系統的見解。《春秋》重在褒貶，更是孔子借史事以立言。不過，《春秋》對歷史人物或

---

[22] 《左傳》昭公二十五年游吉引子產語。
[23] 《禮記‧禮運》引孔子語。

事件所作的是批評而不是解釋，它所表示的是對人事的善惡的見解而不是關於歷史發展本身的見解。司馬遷作《史記》的目的是「亦欲以究天人之際，通古今之變，成一家之言。」[24]《史記》中有許多可以使後人從中汲取經驗教訓的歷史事實，亦即有以史為鑒的內容；《史記》中也有對人事的褒貶，也可以說有以史為法的內容。不過，司馬遷作《史記》的意思已不限於引用歷史上的個別事件以為後來者鑒，也不限於通過對具體人物的褒貶而使讀史者得到一個為人的準則，而是要就從黃帝開始到當時為止的歷史提出一個系統的一家之言，以便讀者從他的見解中得到啟發和教益。

司馬遷以史立言的史學比以前的史學又有了以下幾方面的變化和發展。

一則，司馬遷想以《史記》成一家之言，所以首重求真。班固儘管很不贊成司馬遷的觀點，但也說：「自劉向、揚雄，博極群書，皆稱遷有良史之材，服其善序事理，辨而不華，質而不俚，其文直，其事核，不虛美，不隱惡，故謂之實錄。」[25] 可是當司馬遷竭力求真的時候，他發現，歷史上的真不是凝固不變的。上古三代時曾經是真的事，到秦漢時已完全不真；上古三代時不可能為真的事，到秦漢時又已變成真實。歷史的真，只有從變化中把握，所以他強調「通古今之變」。

凡是認真考察歷史的人都會感到歷史的變化，只是由於背景條件的不同，人們的感受深淺不同，對待變的態度也不一。殷周之際的歷史有變化，可是從《尚書·周書》中能看出的只是殷周代興的變化。春秋時期的歷史又有變化，可是孔子修《春秋》的目的之一就是要對那些變化加以貶斥，因為他認為那些變化不合禮義。戰國至秦漢時期歷史有了更巨大的變化，司馬遷意識到了，而且採取了肯定的態度。

---

[24] 見《漢書·司馬遷傳》。
[25] 見《漢書·司馬遷傳》。

司馬遷把夏、商、周三代的諸侯與漢高祖功臣封侯者作了對比。他發現，三代諸侯不僅很多，而且其中許多延續了千年以上；漢初封的功臣侯到漢武帝太初年間，歷時只有百年，可是尚存的只有五個，「餘皆坐法隕命亡國，耗矣。」察其原因，一方面是漢代的侯國富庶，繼封者變得驕奢淫逸；另一方面，漢天子的法網也比三代密得多了，對諸侯不能容忍。他說：「居今之世，志古之道，所以自鏡也，未必盡同。帝王者各殊禮而異務，要以成功為統紀，豈可緄乎？觀所以得尊寵及所以廢辱，亦當世得失之林也，何必舊聞？」[26]治史是為了取得借鑒，歷史條件變了，古代可以引以為鑒的事情到後來也可能變得毫無借鑒的價值。所以，以史為鑒也要有具體的歷史條件的分析。

司馬遷對從戰國至秦統一時期的巨大歷史變化基本上也持肯定的態度。他說：「秦既得意，燒天下《詩》、《書》，諸侯史記尤甚，為其有所刺譏也。《詩》、《書》所以復見者，多藏人家，而史記獨藏周室，以故滅。惜哉，惜哉！獨有《秦記》，又不載日月，其文略不具。然戰國之權變亦有可頗採者，何必上古。秦取天下多暴，然世異變，成功大。傳曰『法後王』，何也？以其近己而俗變相類，議卑而易行也。學者牽於所聞，見秦在帝位日淺，不察其終始，因舉而笑之，不敢道，此與以耳食無異。悲夫！」[27]秦燒《詩》、《書》、史籍，造成文獻上的無可挽回的損失，固然可惜，然司馬遷認為《秦記》雖粗略也不無可取。他深知秦取天下靠暴力，但並不像其他學者那樣對秦取譏笑和鄙視的態度，而是肯定秦能因世異而變法，所以「成功大」。「學者牽於所聞」，以原先的固定的禮義標準來衡量秦，當然會對秦持譏笑否定的態度。司馬遷認為這些學者評論歷史，猶如用耳朵吃食物一樣，連一點味道都沒有品嘗出來，說的都是外行話。司馬遷否認有一成不變的論史標準，而主張根據已經變

---

[26] 見《史記・高祖功臣侯者年表・序》。
[27] 見《史記・六國年表・序》。

化了的歷史條件來評價具體歷史時期的事件和人物。這是歷史主義思想在古代史學中的閃耀。

總之,由於看到了變在歷史進程中的重大意義,在司馬遷看來,不論以史為法還是以史為鑒,都不能從某一種凝固的東西出發。那麼,在古今之變中有沒有相通的東西呢?司馬遷對這一問題也力圖找出答案。他說:「夏之政忠。忠之敝,小人以野,故殷人承之以敬。敬之敝,小人以鬼,故周人承之以文。文之敝,小人以僿(徐廣曰:一作薄),故救僿莫若以忠。三王之道若循環,終而復始。周秦之間,可謂文敝矣。秦政不改,反酷刑法,豈不繆乎?故漢興,承敝易變,使人不倦,得天統矣。」[28] 這就是說,夏忠、殷敬、周文都曾是歷史上的真,也都曾是善,但是,它們在歷史上一一轉化為敝,轉化為其自身的消極面、為非善,從而為克服這種非善的新善所代替,於是從前的真不復為真。在司馬遷看來,這種轉化在古今之變中是相通的。他認為:「三王之道若循環」,並非歷史的循環論。他認為,漢承六國與秦之敝而易變,有夏政以忠的特點。但漢與三代(尤其與遙遠的夏)的不同,司馬遷是看得很清楚的。他沒有說漢又回到了夏的歷史階段的意思。

二則,司馬遷希望通過修史書而成一家之言,這個一家之言遠遠不是只憑以「太史公曰」的形式寫些論贊就可以表達出來的。司馬遷寫人狀事,往往如長幅畫卷,氣象萬千,使人閱之如身臨其境,而「太史公曰」不過是畫卷上的簡短題句,結合整個畫卷,它有畫龍點睛的作用;當然,離開整個龍體,這種點睛之筆再神奇也是徒勞的。

作為一個傑出的歷史學家,司馬遷的一家之言是在寫史而不是在評史中陳述出來的。孔子修《春秋》,對歷史上的人事進行褒貶,這也是一種立一家之言。不過,孔子的褒貶只是他自己的倫常思想

---

[28] 見《史記・高祖本紀》。

或精神的表達或展現。他把歷史當作自己借題發揮的材料（皮錫瑞曾經明確地指出了這一點），而沒有通過再現歷史的精神來展現自己的精神。而通過再現歷史的精神來展現自己的精神，這正是作為史學家的司馬遷所刻意追求的目標。

哲學家往往以邏輯上的概念、判斷和推理作為工具來論證自己所理解的歷史精神，他們向人們展示的歷史精神照例是抽象的。歷史學家與此不同，他們要靠陳述最具體的歷史事實來展示最生動的歷史精神，靠陳述作為一個有機整體的各方面的歷史事實來展示某一時代的一般歷史精神。對於歷史學家來說，如果不能從具體事實中把握生動的歷史精神，那也就不能理解某一時代的一般歷史精神）同樣，如果不能對某一時代的一般歷史精神有一個總的理解，那也不可能從具體歷史事實中看出生動的歷史精神來。所以，一個傑出的歷史學家對於歷史的認識，照例總有一個從具體到抽象和從抽象到具體的過程（不論其本人是否自覺或其自覺的程度如何），而這個過程也正是形成一家之言的過程。

司馬遷用以表述自己的一家之言的方法是，通過寫具體的人和事以展現時代的一般精神。在《史記》中，戰國以下的重要歷史人物幾乎都寫得栩栩如生，每人都有其個性，其中一些人物的心理特徵寫得十分深入具體。即以漢高祖劉邦的部下而論，張良和陳平同為謀士而風格不同，樊噲、周勃、灌嬰等同為戰將而性情各異。不過，劉邦部下除張良以外都出身社會下層，他們所共有的平民習氣在《史記》中表述得也很具體。這些布衣卿相連起碼的禮節都不懂，上朝時「群臣飲酒爭功，醉或妄呼，拔劍擊柱」[29]。司馬遷在《高祖本紀》中把劉邦這位布衣天子的為人和個性寫得淋漓盡致，又把劉邦手下的布衣卿相的特點生動地描繪出來，這正說明了當時歷史的一大特點，即平民的興起和勝利。其實司馬遷在寫戰國的歷史時已經注意到寫平民出身的人物了。「游說則范雎、蔡澤、蘇秦、張儀，

---

[29] 見《史記・劉敬叔孫通列傳》。

徒步而為相；征戰則孫臏、白起、樂毅、廉頗、王翦等，白身而為將。此已開後世布衣將相之例」[30]。司馬遷也寫戰國時的貴族，如齊孟嘗君、趙平原君、魏信陵君，他用最生動的事例告訴讀者，這幾位名公子的最大的一個共同特點是能從平民中起用傑出的人才。他描寫這些公子能夠放下貴族架子而禮賢下士；同時還說明，如果他們不能放下架子就不能得人。例如，「平原君（趙勝）家樓臨民家。民家有躄者，槃散行汲。平原君美人居樓上，臨見，大笑之。明日，躄者至平原君門，請曰：『臣聞君之喜士，士不遠千里而至者，以君能貴士而賤妾也，臣不幸有罷癃之病，而君之後宮臨而笑臣，臣願得笑臣者頭。』平原君笑應曰：『諾』。躄者去，平原君笑曰：『觀此豎子，乃欲以一笑之故殺吾美人，不亦甚乎！』終不殺。居歲餘，賓客門下舍人稍稍引去者過半。平原君怪之，曰：『勝所以待諸君者未嘗敢失禮，而去者何多也？』門下一人前對曰：『君之不殺笑躄者，以君為愛色而賤士，士即去耳。』於是平原君乃斬笑躄者美人頭，自造門進躄者，因謝焉。其後門下乃復稍稍來。」[31]一個最具體的小故事說明了當時歷史上一個普遍性的大趨勢：貴族勢力已經「無可奈何花落去」，平民勢力正在「一枝紅杏出牆來」。以歷史上的特殊展現歷史上的一般，使一般即見於特殊之中，這正是司馬遷成其史學家的一家之言的傑出之處。

　　三則，司馬遷在天人之際的問題上的認識比以前又有了巨大的進展，並且富有創造性地成了一家之言。

　　學者們常常列舉司馬遷不信天或天命的實例來證明他的「天人之際」思想與董仲舒的天人感應說的不同。這的確不無道理。董仲舒講天人感應，認為天予善人以善報，予惡人以惡報，把天說成對人事信賞必罰的有意志的主宰。司馬遷則不然，他寫列傳，首列伯夷、叔齊，並就伯夷、叔齊行善而餓死的事發表感慨說：「或曰：『天

---

[30] 見趙翼《廿二史箚記》卷二，「漢初布衣將相之局」條。
[31] 見《史記・平原君虞卿列傳》。

道無親，常與善人。」若伯夷、叔齊，可謂善人者非邪？積仁絜行如此而餓死。且七十子之徒，仲尼獨荐顏淵為好學。然回也屢空，糟糠不厭，而卒蚤夭。天之報施善人，其何如哉？盜蹠日殺不辜，肝人之肉，暴戾恣睢，聚黨數千人橫行天下，竟以壽終。是遵何德哉？此其尤大彰明較著者也。若至近世，操行不軌，專犯忌諱，而終身逸樂，富厚累世不絕。或擇地而蹈之，時然後出言，行不由徑，非公正不發憤，而遇災禍者，不可勝數也。余甚惑焉，儻所謂天道，是邪？非耶？」[32] 這一段懷疑天道的話充滿了他對自身經歷的不平之氣，無疑是出自內心的、真誠的。不過，他對占星術之類東西有許多也是相信的，這類的例子在《史記・天官書》中並不算少。古人不能完全擺脫迷信，這本不足為怪，我們也不應以此來責怪司馬遷。他能對賞善罰惡的天道有所懷疑，這已經很出色了。

值得注意的是，司馬遷在懷疑賞善罰惡的天的同時，又深信另一種天。

秦滅六國，統一海內，是大事，司馬遷曾以天意解釋之。他論述戰國形勢時說：「及田常殺簡公而相齊國，諸侯晏然弗討，海內爭於戰功矣。三國終之卒分晉，田和亦滅齊而有之，六國之盛自此始。務在強兵並敵，謀詐用而從衡短長之說起。矯稱蜂出，誓盟不信，雖置質剖符猶不能約束也。秦始小國僻遠，諸夏賓之，比於戎翟，至獻公之後常雄諸侯。論秦之德義，不如魯衛之暴戾者，量秦之兵不如三晉之強也，然卒并天下，非必險固便形勢利也，蓋若天所助焉」[33]。他還說：「說者皆曰魏以不用信陵君故，國削弱至於亡。余以為不然。天方令秦平海內，其業未成，魏雖得阿衡之佐，曷益乎？」[34] 他覺得自己似乎無法解釋秦為何能以一個偏遠落後的小國終於統一海內，所以歸之於天。但其實他已說明，六國之間「務在強

---

[32] 見《史記・伯夷列傳》。
[33] 見《史記・六國年表・序》。
[34] 見《史記・魏世家・贊》。

兵並敵,謀詐用而從衡短長之說起。矯稱蜂出,誓盟不信,雖置質剖符猶不能約束也。」正因為如此,信陵君雖曾存韓、救趙並一度率其他五國之兵打敗秦軍,但他根本無法消除六國的矛盾,也就無法挽回六國必亡的總趨勢。

秦很快滅亡,漢代之而起,這又是大事。司馬遷又以天解釋之。他說:「秦既稱帝,患兵革不休,以有諸侯也,於是無尺土之封,墮壞名城,銷鋒鏑,鉏豪傑,維萬世之安。然王跡之興,起於閭巷,合從討伐,軼於三代,鄉秦之禁,適足以資賢者為驅除難耳。故憤發其所為天下雄,安在無土不王?此乃傳之所謂大聖乎,豈非天哉,豈非天哉!非大聖孰能當此受命而帝者乎?」[35] 這一段裡有些不得不為漢高祖捧場的話,但也不全是捧場。漢高祖起於閭巷,沒有任何憑藉,本來是沒有可能得天下的。可是秦為了鞏固自己的統治,不封諸侯,墮壞名城,銷毀兵器,打擊豪強,而其結果卻是在客觀上為漢的興起排除了阻礙,掃清了道路。漢的興起,竟然靠了秦的幫助。這當然不是秦的目的,秦不過是起了一種不自覺的工具作用。秦不得不為漢掃清道路,這真是「豈非天哉?」所以。在司馬遷看來,六國各自為自身的利益而互相矛盾和鬥爭,結果為秦的統一掃清了道路,這是天命;秦為自身的利益而消除地方割據勢力,結果為漢的興起掃清了道路,這又是天命。總之,那種不依人的主觀意志為轉移而必然出現的趨勢就是天命。

不過,這種不依人的意志為轉移的天與董仲舒的天不同,因為司馬遷的天並不在人以外。為漢掃清道路的是秦為其自身利益而採取的行動,為秦統一掃清道路的是六國為其自身利益而採取的行動。儘管六國和秦都成了歷史的不自覺的工具,但是他們的行動的動機都是為自身謀利益的。不僅六國和秦如此,司馬遷認為,整個人類社會的歷史也如此。「太史公曰:夫神農以前,吾不知已。至若《詩》、《書》所述虞夏以來,耳目欲極聲色之好。口欲窮芻豢之味,身安

---

[35] 見《史記‧秦楚之際月表‧序》。

逸樂，而心誇矜埶能之榮，使俗之漸民久矣，雖戶說以眇論，終不能化。故善者因之，其次利道之，其次教誨之，其次整齊之，最下者與之爭。夫山西饒材、竹、榖、纑、旄、玉石；山東多魚、鹽、漆、絲、聲色；江南出柟、梓、薑、桂、金、錫、連、丹沙、犀、瑇瑁、珠璣、齒革；龍門、碣石北多馬、牛、羊、旃裘、筋角；銅、鐵則千里往往山出棋置；此其大較也。皆中國人民所喜好，謠俗被服、飲食、奉生、送死之具也。故待農而食之，虞而出之，工而成之，商而通之，此寧有政教發徵期會哉？人各任其能，竭其力，以得所欲。故物賤之徵貴，貴之徵賤，各勸其業，樂其事，若水之趨下，日夜無休時，不召而自來，不求而民出之。豈非道之所符，而自然之驗邪？」[36]他認為，人們都有自己的欲望，都為滿足自己的欲望而任其能、竭其力，而其結果是社會經濟的發展。他認為這是符合於道的，其自身即是自然的體現。而「道之所符」、「自然之驗」也就是人們只能因之、利道之而不能與之爭的天。

　　《尚書》認為，「皇天無親，惟德是輔。」這是把天解釋為善的保佑者或者人對善的企求在天上的投影。孔子把禮義當作「天經地義」，認為禮義即是天，司馬遷繼承了《尚書》和孔子的傳統，即沒有離開人來說天；同時他對前人的傳統又有所否定，即認為人們謀求自身利益的欲望也就是天，天正是通過人們謀求自身利益的行為來顯示其存在的。天並不賞善罰惡，而只是利用充滿欲望並為此而行動的人作為自己的工具，來實現人本來不曾預期的目的。「天下熙熙，皆為利來；天下攘攘，皆為利往。」人們主觀上都在為自己的利益而奔忙，客觀上卻在為個人不曾意識到的一個總趨勢而努力。因此，司馬遷所理解的天具有矛盾的性質：一方面，它即寓於人的欲望和行為之中；另一方面，它又不依人的意志為轉移，高居於人的意識以上。司馬遷在這裡已經達到令人驚嘆的認識深度。至於這種矛盾的性質，那是不能要求兩千多年前的司馬遷作出回答的。

---

[36] 見《史記・貨殖列傳》。

以上就《尚書》、《春秋》、《史記》論述中國古典史學形成的三個階段，沒有涉及《左傳》、《國語》、《戰國策》等重要歷史著作。這絕對不意味這些著作在中國古典史學形成過程中沒有重要地位和作用。在這些歷史著作中，有些內容上繼《尚書》的遺緒，有些內容闡發《春秋》的精神，又有些內容下開《史記》的先河，它們的內容是豐富的，也是複雜的。因此，本文只取三部有代表性的歷史著作來討論。

從《尚書》到《史記》的發展，已經包孕了後世中國史學主要傳統的各種萌芽。以史為鑒、以史為法、以史立言，總之，以史經世，成了中國後世史學中沿襲和發展的傳統。史學中的善與真的關係問題，古今之變的問題，天人之際的問題，也都成為後世史學所重視和討論的問題，中國史書編纂的體裁，到《史記》也有了一個基本的輪廓。《史記》的相當完備而周到的體裁，也可視為中國古典史學形成的一個標誌。關於這一點，本文暫不作具體討論。

中國古典史學的形成過程既然包孕了傳統史學的多方面的萌芽，我們對於它的分析和思考自然是十分必要的。本文所提供的思考本身可能沒有太多的意義，但願它能引起更深刻的思考的發表。

第三篇
三朝制新探

　　有一種見解認為，在古代西方，政治體制是多種多樣的，其中唯獨沒有專制君主制；而在古代東方，政治體制則只有一種，即專制君主制。最先明確提出此說的人，看來是亞里士多德。

　　亞里士多德認為古希臘城邦的君主不擁有專制的王權，這一點完全是無可非議的。因為古希臘城邦中的王權總是在不同程度上受到其他權力制約的，具體地說，那就是在國王以外通常還存在一個貴族或長老的議事會和一個公民大會。國王與兩個會議並存，這在歷史上本來是一種很自然的正常現象——它無非就是前一歷史時期（即軍事民主制時期）的軍事首領和兩個會議並存現象的延續和發展。

　　中國上古時期是否也有國王和兩個會議並存的現象呢？在文獻裡似乎不易發現像希臘以至羅馬典籍所記那樣的比較明確的說明。不過，能夠證明上述現象曾經存在的證據還是有的，在我看來，三朝制度就很可以說明一些問題。

　　在說明三朝以前，首先應該討論一下「朝」。什麼是「朝」？「旦見君謂之朝」[1]。這是一個很簡明也符合實際的回答。由於見君通常

---

[1] 《左傳》成公十二年：「百官承事，朝而不夕。」孔穎達疏。

都在旦[2]，人們逐漸又把「朝」用作晉見國君的專門術語。不過，如果作進一步的探索，我們就會發現，在古代，「朝」並不僅限於指在下位者謁見在上位者，而是具有更廣泛的含義。試以《春秋》三傳為例，我們可以看到「朝」實際表示以下三種不同情況。

一則，諸侯見王、大夫見國君曰朝。西周時諸侯有朝周王的制度，「諸侯時朝乎天子，天子之郊，諸侯皆有朝宿之邑焉」[3]。當時，諸侯「一不朝則貶其爵，再不朝則削其地，三不朝則六師移之」[4]。春秋初期（周桓）「王奪鄭伯（莊公）政，鄭伯不朝。秋，王以諸侯伐鄭，鄭伯禦之。」[5]周討鄭失敗，諸侯朝王的制度不行。不過，在春秋時期，齊桓、晉文之流的霸主還把朝王當作號召諸侯的一種手段。所以，諸侯朝王仍不時有之。至於大夫朝見國君，則是常事，毋庸贅言。

二則，「諸侯相見曰朝」[6]。而且，據說「諸侯五年再相朝，以修王命，古之制也」[7]。《春秋》和《左傳》中對於魯君朝其他諸侯和其他諸侯朝魯的事大概每一次都作了記載，對於其他諸侯之間的互相朝見，尤其是對於諸侯朝見齊、晉、楚等霸主，也有很多記載。諸侯互朝，自然以小國朝大國為多，但是大國朝小國的情況也是有的。例如，「齊侯、鄭伯朝于紀，欲以襲之。紀人知之」[8]。當時，齊是大國，鄭是強國，紀是一個弱小國家。齊君朝紀懷著滅紀的陰謀，紀國也清楚地知道。儘管如此，齊君以大國諸侯朝小國之紀君並非違反禮制之舉。又如，有一次，滕侯和薛侯同時朝魯，互爭優先地位。薛侯的理由是，薛國受封在先。滕侯的理由是，薛侯和周天子不同姓，而滕和魯都是周王的同姓（姬），所以不能在薛之後。

2　《說文》：「朝，旦也」。
3　見《公羊傳》桓公元年。
4　見《孟子・告子下》。
5　見《左傳》桓公五年。
6　見《穀梁傳》桓公九年，僖公五年。
7　見《左傳》文公十五年。
8　見《左傳》桓公五年。

魯隱公派人去說服薛侯,主要論點是「周之宗盟,異姓為後。寡人若朝于薛,不敢與諸任(薛侯的同姓)齒」。結果,「薛侯許之,乃長滕侯」[9]。滕、薛都是小國,在朝魯時的地位由是否與魯侯同姓而定;魯是大國,如果朝薛,在原則上也不能與薛的同姓國爭先。這就說明,諸侯不分大小,互相朝見的原則是平等的。

三則,居上位者召集居下位者議事亦曰朝。《春秋》三傳中屢次說到國君「朝諸大夫」[10]、「朝國人」、「朝眾」[11]。這些朝,嚴格說來都是召集會議。董仲舒說:「朝者,召而問之也。」[12]這是有道理的。

從以上三種情況來看,朝實際就是不同種類的集會[13]。既是集會,就要有會場。於是這類的會場也稱為朝。《禮記‧曲禮下》:「君命大夫與士肄,在官言官,在府言府,在庫言庫,在朝言朝。」鄭玄注云:「官謂板圖文書之處也,府謂寶藏貨賄之處也,庫謂車馬兵甲之處也,朝謂君臣謀政事之處也。」官是文獻檔案庫,府是財貨庫,庫是武器庫,君臣在這些地方只討論有關具體問題。唯獨朝是君臣討論政事的地方。

中國最古的君臣、君民集會之朝,大概是明堂。關於明堂的具體制度,前人有種種不同說法,看來最後只能靠考古發掘的材料來定論。不過,明堂是一處多用的集會場所,對於這一點從漢代的賈逵、服虔、盧植、蔡邕到清代的惠棟、阮元大體都是沒有分歧的。《天亡 銘文》「王凡」(汎)三方」,《靜 銘文》「射于大池」,大概都是在明堂舉行的。明堂作為上古遺跡,到戰國時期還存在。

---

[9] 見《左傳》隱公十一年。
[10] 見《公羊傳》僖公二年,《穀梁傳》宣公二年,《左傳》昭公五年。
[11] 見《左傳》僖公十五年,昭公十四年,定公八年,哀公元年。
[12] 見《春秋繁露‧諸侯》。
[13] 甚至國君不一定參加的集會,也可以稱為「朝」。如《禮記‧王制》:「司徒修六禮以節民性……命鄉簡不帥教者以告。耆老皆朝于庠。」鄭玄注云:「耆老,致仕及鄉中老賢者。朝猶會也。」

齊宣王曾問孟子：「人皆謂我毀明堂，毀諸？已乎？」[14]可見當時它已是沒有實際用途的擺設了。隨著國家機構的逐漸複雜化和不同階級或階層的權力地位的變化，君臣、君民議事之處在周代分為三朝。

三朝的所在地都在天子或諸侯之宮的前部。《周禮・考工記・匠人》記載匠人營建王宮的藍圖是：「左祖右社，面朝後市」。現在我們在北京所見的明清故宮基本上仍然是按照這個藍圖設計的。故宮前部為朝（內城正陽門內無市），後面神武門外至鼓樓有市，左面是太廟（今勞動人民文化宮），右面是社稷壇（今中山公園）。不過，明清故宮以太和、中和、保和三大殿為朝，都在午門以內，這卻與古代頗不相同。

在周代，以國君所居之處為起點，三朝由內而外分布如下：

一、內朝，又稱燕朝。《周禮・夏官・太僕職》云：「王眂燕朝，則正位，掌擯相」。鄭玄注云：「燕朝，朝于路寢之庭。王圖宗人之嘉事則燕朝」。《禮記・文王世子》云：「庶子之正于公族者，教之以孝弟、睦友、子愛，明父子之義、長幼之序。其朝于公內朝，則東面北上。臣有貴者以齒。」[15]鄭玄注云：「內朝、路寢庭。」[16]「寢，寢也，所寢息也。」[17]而「路寢者，生人所居」[18]。所以，路寢也就是國君的正式居室，內朝就在居室前面的庭院中進行。內朝的內容原本不是政治性的，而是禮儀性的。內朝為國君圖宗人嘉事之所，嘉禮內容有以下六種：（1）「以飲食之禮親宗族兄弟」；（2）「以婚冠之禮親成男女」；（3）「以賓射之禮親故舊朋友」；（4）「以饗燕之禮親四方之賓客」；（5）「以脤膰之禮親兄弟之國」（鄭玄注云：「脤膰，社稷宗廟之肉，以賜同姓之國，同福祿也」）；（6）「以

---

[14] 見《孟子・梁惠王下》。

[15] 《禮記正義》，《十三經注疏》，頁1407。

[16] 鄭玄根據什麼說內朝或燕朝在路寢庭呢？孔穎達疏云：「知路寢庭者，以下出其在外朝司士為之。按《周禮》司士掌管路寢門外之朝，則知此內朝是路寢庭朝也。」

[17] 見《釋名・釋宮室》。

[18] 見《禮記・雜記下》「路寢庭」鄭玄注。

賀慶之禮親異姓之國」。鄭玄注云：「異姓，王婚姻甥舅。」[19] 從嘉禮的六方面內容看，內朝不僅是禮儀性的處所，而且帶有濃厚的血緣關係的特色。因為參加者基本都是國君同姓的宗人和異性的婚姻甥舅，而且入朝時所立的位置也不是根據政治地位的高下（以爵），而是根據年齡的長幼（以齒）。孟子說，「朝廷莫如爵，鄉黨莫如齒。」[20] 如果以孟子所說的原則來衡量，內朝原本沒有多少政治意義上的朝廷的氣味。內朝的這種特點並不是偶然的，從原始社會晚期的部落首領變成早期國家的君主，總是要在一定程度上保存原始的、以血緣關係為基準的禮儀。

二、治朝，又往往有外朝、內朝之稱，很容易引起混亂。任啟運說：「對燕朝而言，則治朝在外。對外朝而言，則治朝在內。合三朝而言，則治朝在中。故治朝或謂之內，或謂之中，或謂之外也」[21]，解釋最為簡明[22]。治朝的具體地點，在路門（路寢庭即內朝之門名路門，亦稱畢門，約當於明清故宮之午門）之外，中門（周天子之中門稱應門，諸侯之中門稱雉門，說見《禮記・明堂位》，約當於故宮之端門）之內，東為太廟，西為社稷。

治朝為周代天子和諸侯每日上朝和公卿大夫辦事的地方。《周禮・天官・大宰職》：「（大宰）王視治朝，則贊聽治。」鄭玄注云：「治朝在路門外，群臣治事之朝。王視之，則助王平斷。」《周禮・天官》：「宰夫之職，掌治朝之法，以正王及三公、六卿、大夫、群吏之位，掌其禁令（鄭玄注云：『治朝在路門之外，其位司士掌焉，宰夫察其不如儀』），敘群吏之治，以待賓客之令，諸臣之復，萬民之逆（鄭玄注云：『玄謂復之言報也，反也。反報于王。謂于朝庭奏事。自下而上曰逆，逆謂上書』）。」《周禮・夏官・司士職》云：「正朝儀之位，辨其貴賤之等。王南鄉，三公北面東上，

---

[19] 見《周禮・春官・大宗伯職》。
[20] 見《孟子・公孫丑下》。
[21] 《朝廟宮室考》，見《皇清經解續編》卷136。
[22] 按《禮記・文王世子》孔穎達疏中已有類似說明。

孤東面北上，卿大夫西面北上，王族故士、虎士在路門之右，南面東上，大僕、大右、大僕從者在路門之左，南面西上（鄭玄注云：『此王日視朝事于路門外之位』）。司士擯（鄭玄注云：『詔王出揖公卿大夫以下朝者』）、孤卿特揖，大夫以其等旅揖，士旁三揖。王還，揖門左，揖門右。大僕前（鄭玄注云，『前正王視朝之位』）。王入，內朝皆退」（鄭玄注云：『王入，入路門也。王入路門，內朝朝者皆退，反其官府治處也。王之外朝，則朝士掌焉。』按這裡相對於外朝，而稱治朝為內朝）。」《周禮・夏官・大僕職》云：「大僕掌王之服位，出入王之大命（鄭玄注云：『服，王舉動所當衣也。位，立處也。出大命，王之教也。入大命，群臣所奏行』），掌諸侯之復逆。王視朝，則前正位而退；人，亦如之。（鄭玄注云：『前正位而退，道王，王既立，退居路門左，待朝畢。』）」從《周禮》以上記載看，治朝是君臣每日見面的地方，他們在這裡舉行儀式，也相互交流情況和意見（當然在君臣間的討論有著不平等的特點）。國君在大宰協助下在這裡裁斷事情，群臣也在這裡辦理公事。《左傳》閔公二年追記季孫氏之祖季友得名的由來說：「成季之將生也，桓公使卜楚丘之父卜之。曰：『男也，其名曰友，在公之右；間于兩社，為公室輔……』」兩社指周社（魯之社稷）與亳社（在魯太廟之前），作為公室輔佐者經常在兩社之間為國家治事。兩社之間就是治朝之所在。治朝在周代為國家政治統治的中心，這應該是沒有問題的。

但是，《禮記・玉藻》說，諸侯「朝服以日視朝于內朝（鄭玄注云：『此內朝，路寢門外之正朝也。天子諸侯皆三朝』）。朝辨色始入（鄭玄注云：『群臣也。入，入應門也』），君日出而視之，退適路寢聽政，使人視大夫，大夫退，然後適小寢釋服」。這就是說，每天黎明時大夫們從應門進入治朝，日出時國君從路門出到治朝，於此君臣相見。不過，國君出來只是「視之」，隨即退回路寢聽政。等大夫們都退了，無人再到路寢向國君奏事，國君就再退到小寢，脫去朝服，換上便服。這個說法與以上所說有幾點不同之處：第一，治朝之朝只是每天例行的儀式，而沒有實際的政治內容；第二，君

臣議事不在路門之外的治朝,而在路門之內,內朝反而成為有重要政治意義的地方;第三,君臣議事之處也並非在舉行內朝的路寢之庭,而是在路寢之內。由此看來,《玉藻》的說法和上引《周禮》的說法不可能同時都符合實際。在我看來,兩種說法大概反映的是不同歷史時期的情況。那麼,哪種說法符合周代較早時期的情況呢?這就要結合具體的歷史文獻來考察。

在現存古代文獻中,記述宮廷朝會情形最詳細者當首推《尚書‧顧命》。周成王病篤,召見太保奭(即召公)等,囑咐他們冊立並輔佐元子釗。成王死後,元子釗受冊命於太廟[23]。冊命儀式結束後,「諸侯出廟門俟,王出在應門之內。大保率西方諸侯入應門左,畢公率東方諸侯入應門右,皆布乘黃朱。賓稱奉圭兼幣曰:『一二臣衛,敢執壤奠。』皆再拜稽首。王義嗣德答拜。大保暨芮伯咸進,相揖,皆再拜稽首曰:『敢敬告天子,皇天改大邦殷之命,惟周文武誕受羑若,克恤西土。惟新陟王畢協賞罰,戡定厥功,用敷遺後人休。今王敬之哉。張皇六師,無壞我高祖寡命。』王若曰:『庶邦侯、甸、男、衛,惟予一人釗報告,昔君文武丕平富,不務咎,底至齊,信用昭明于天下,則亦有熊羆之士,不二心之臣,保義王家,用端命于上帝。皇天用訓厥道,付畀四方,乃命建侯樹屏,在我後之人。今予一二伯父,尚胥暨顧,綏爾先公之臣服于先王。雖爾身在外,乃心罔不在王室。用奉恤厥若,無遺鞠子羞。』群公既皆聽命,相揖,趨出。王釋冕,反喪服」。這就是周康王即位後在治朝和諸侯及大臣相見的全部儀式和內容。在這裡,新王和諸侯相互重新確認君臣關係,相互勉勵對方恪盡其職。論內容,這種朝會是政治性的;論儀式,它還保留有一定的平等的性質,如君臣互相施禮等。

治朝與內朝不同,為議政之所,這種規矩直到春秋晚期在人們觀念中還是很清楚的。《國語‧魯語下》記:「公父文伯之母如季氏,

---

[23] 此次冊命典禮的地點是路寢還是太廟,歷來學者見解不同。王國維認為地點在太廟,合於古禮,亦合於金文中所云錫命在大廟、太室或某宮的事實。說見王國維:《觀堂集林》,頁 50,58。

康子在其朝,與之言,弗應。從之及寢門,弗應而入。康子辭于朝而入見,(韋昭注云:『辭其家臣入見敬姜也』)曰『肥也不得聞命,無乃罪乎?』曰:『子弗聞乎?天子及諸侯合民事于朝(韋昭注云:『言與百官考合民事于外朝也』),合神事于內朝(韋昭注云:『神事,祭祀也,內朝在路門內也』),自卿以下,合官職于外朝(韋昭注云:『外朝,君之公朝也』),合家事于內朝(韋昭注云:『家,大夫,內朝,家朝也』)。寢門之內,婦人治其業焉。上下同之。夫外朝,子將業君之官職焉;內朝,子將庀季氏之政焉。皆非吾所敢言也。』」這裡所說的外朝,是相對於路門以內的內朝而言的,所以實際就是治朝。從來的傳統都是,天子、諸侯的治朝是討論民事、公事的地方,卿大夫的外朝也是辦公事的地方,只有內朝才是討論祭祀和本宗族事務的地方。而婦女只能管內朝之後寢門以內的事情。內外有別,自天子至卿大夫,上下同之。所以,《禮記·玉藻》所說的內朝聽政,絕不是周初以來的傳統制度,而是後來發展中的變態。

　　三、外朝,《周禮·秋官·小司寇》:「小司寇之職,掌外朝之政,以致萬民而詢焉。一曰詢國危,二曰詢國遷,三曰詢立君。(鄭玄注云:『外朝,朝在雉門之外者也。國危,謂有兵寇之難。國遷,謂徙都改邑也。立君,謂無冢適選于庶也』)其位,王南鄉,三公及州長、百姓北面,群臣西面,群吏東面。小司寇擯以敘進而問焉,以眾輔志而弊謀(鄭玄注云:『擯,謂揖之使前也。敘,更也。輔志者,尊王賢明也。』孫詒讓《周禮正義》:『《說文·攴部》云:敘,次第也。《廣雅·釋詁》云:更,遞也。謂自三公以下,各以爵秩尊卑次第更遞進而問之。云輔志者王賢明也者……謂以眾論輔助王之志慮,贊其決斷,即使眾尊王賢明,示不專己也』)。」又《周禮·秋官·朝士職》:「朝士掌建邦外朝之法,左九棘,孤卿大夫位焉,群士在其後;右九棘、公侯伯子男位焉,群吏在其後;面三槐,三公位焉,州長眾庶在其後。左嘉石,平罷民焉,右肺石,達窮民焉。帥其屬而以鞭呼趨且辟,禁慢朝、錯立、族談者。」

據上引《周禮》及鄭注，知外朝在雉門之外，不過，東漢經學家有天子五門、諸侯三門之說。諸侯三門者，外庫門，中雉門，內路門。天子五門者，鄭眾云：「外曰皋門，二曰雉門，三曰庫門，四曰應門，五曰路門」；而鄭玄「謂雉門三門也」[24]，則庫門應為二門。鄭玄關於外朝所在地的說法有自相矛盾之處。孫詒讓指出，此處「注云『外朝，朝在雉門之外者也』者，依後鄭五門三朝之說，三詢之外朝當在庫門之外，此云在雉門外，與閽人、朝士注不合，疑誤沿先鄭五門雉門在庫門外之說偶失刊易也」（孫詒讓《周禮正義》，頁 742）。不過，鄭玄的這一對於他自己來說是偶然失誤的說法，客觀上倒是正確的。看來天子五門說是錯誤的。戴震說：「禮說曰：天子五門：皋、庫、雉、應、路，諸侯三門：皋、應、路。失其傳也。天子之宮，有皋門，有應門，有路門。路門一曰虎門，一曰畢門，不聞天子庫門、雉門也。諸侯之宮，有庫門，有雉門，有路門，不聞諸侯皋門、應門也。皋門，天子之外門，庫門，諸侯之外門；應門，天子之中門，雉門，諸侯之中門。異其名，殊其制，辨等威也。天子三朝，諸侯三朝；天子三門，諸侯三門。其數同，君國之事，侔體合也。朝與門無虛設也」[25]。按戴氏的說法，外朝在中門（天子應門、諸侯雉門）之外，外門（天子皋門，諸侯庫門相當於北京故宮之天安門）之內。這個說法是有道理的。因為，如按鄭玄說，諸侯外朝當在庫門之外，而這是很難解釋得通的。金鶚說：「外朝之門謂之皋門，皋與郊聲相近，宮之有皋門猶國之有郊門，可見其與外朝相應矣。且皋之為言，告也。外朝詢萬民，所以告之。故外朝門謂之皋門。……外朝門謂之庫門，庫藏兵革以備非常，外朝詢國危、國遷，亦為非常之事，其義正相應矣。夫然，外朝在庫門內，斷斷然矣。」[26]

皋門（庫門）以內應門（雉門）以外的外朝，在平時是國人可

---

[24] 見《周禮‧天官‧閽人職》鄭玄注。
[25] 見《戴東原集‧三門三朝考》。
[26] 《求古錄禮說》「諸侯外朝在庫門之外辨」條，見《皇清經解續編》卷 667。

以隨便出入的地方。《周禮・秋官・大司寇職》:「以嘉石平罷民（鄭玄注云:『嘉石，文石也。樹之外朝門左。平，成也。成之使善』），凡萬民之有罪過而未立于法，而害于州里者，桎梏而坐諸嘉石，役諸司空。重罪旬有三曰坐，期役;其次九日坐，九月役;其次七日坐，七月役;其次五日坐，五月役;其下罪三日坐，三月役。使州里任之，則宥而舍之。以肺石達窮民（鄭玄注云:『肺石，赤石也。窮民，天民之窮而無告者』），凡遠近惸獨老幼之欲有復于上而其長弗達者，立于肺石，三日，士聽其辭，以告于上，而罪其長。正月之吉，始和布刑于邦國都鄙，乃懸刑象之法于象魏，使萬民觀刑象，挾日而斂之。」國人有罪過者，在這裡受到懲教;國人之孤苦無告而有言不得申者，在這裡可以上達自己的苦情;這裡（象魏在應門或雉門兩側）也是向國人公布國家刑法的地方。《周禮・秋官・朝士職》:「凡得獲貨賄、人民、六畜者，委于朝，告于士，旬而舉之，大者公之，小者庶民私之。」（鄭玄注云:『俘而取之曰獲。委于朝十日，待來識之者。人民，謂刑人、奴隸逃亡者。』）這裡也是招領失物或逃奴的地方。從以上這些情況來看，外朝這個地方本身就具有濃厚的民間氣息。

在非常時期，國君在外朝召集國人，徵詢意見，決定國家大計。這在歷史上是有實例的。

首先，關於詢國危。《左傳》僖公十八年（公元前642年）記:「冬，邢人、狄人伐衛，圍菟圃。衛侯以國讓父兄子弟及朝眾，曰:『苟能治之，燬請從焉。』眾不可，而後師于訾婁。狄師還。」在邢人、狄人嚴重威脅下，衛君（文公燬）朝國人，準備讓賢。國人不同意，決定出兵迎戰，結果狄人退兵。又《左傳》定公八年（公元前502年）記，衛靈公與晉國為盟，受了晉國大夫的凌辱。「衛侯欲叛晉，而患諸大夫。王孫賈使次于郊。大夫問故，公以晉詬語之，且曰:『寡人辱社稷，其改卜嗣，寡人從焉。』（杜預注云:『便改卜他公子以嗣先君，我從大夫所立。』）大夫曰:『是衛之禍，豈君之過也？』公曰:『又有患焉，謂寡人「必以而子與大夫之子為質」。』大夫曰:

『苟有益也，公子則往，群臣之子敢不皆負羈絏以從？』將行，王孫賈曰，『苟衛國有難，工商未嘗不為患，使皆行而後可』。公以告大夫，乃皆將行之。行有曰，公朝國人，使賈問焉，曰『若衛叛晉，晉五伐我，病何如矣？』皆曰：『五伐我，猶可以能戰。』賈曰：『然則如叛之，病而後質焉，何遲之有？』乃叛晉。晉人請改盟，弗許。」[27] 衛靈公想叛晉，可是得不到大夫們的支持，最後朝國人，問能否堅決抗晉。國人態度堅決，衛就決定叛晉。在這次危機中，衛國國人的意見比大夫們的意見起了更大的作用，又《左傳》哀公元年（公元前494年）記：「吳之入楚也（在定公四年，公元前506年），使召陳懷公。懷公朝國人而問焉，曰：『欲與楚者右，欲與吳者左。』陳人從田，無田從黨。（杜預注云：『都邑之人，無田者隨黨而立。不知所與，故直從所居，田在西者居右，田在東者居左』）逢滑當公而進（杜預注云：『當公，不左不右』）曰：『臣聞國之興也以福，其亡也以禍。今吳未有福，楚未有禍；楚未可棄，吳未可從。而晉，盟主也。若以晉辭吳，若何？』公曰：『國勝君亡，非禍而何？』對曰：『國之有是多矣，何必不復？小國猶復，況大國乎？臣聞，國之興也，視民如傷，是其福也；其亡也，以民為土芥，是其禍也。楚雖無德，亦不艾殺其民。吳日蔽于兵，暴骨如莽，而未見德焉，天其或者正訓楚也，禍之適吳，其何日之有？』陳侯從之。」[28] 陳國長期受強鄰楚國的威脅，這時又受新強鄰吳國的壓力，何去何從，涉及陳國安危。陳懷公朝國人，希望國人用站隊的方式表決。由於缺乏思想準備，國人不知怎樣做才好，站隊結果不能說明民意。最後通過逢滑和國君的討論，陳國決定不站在吳國一邊。逢滑的身分在《左傳》中沒有說明。《史記‧陳杞世家》說，勸陳懷公不應吳召的是大夫，但所陳述的理由與《左傳》所記逢滑的話不同（梁玉繩《史記志疑》已經指出）。即使逢滑是大夫，那麼這一次有關陳國安危的大計是在朝國人的場合中決定的。

---

[27]　《求古錄禮說》「諸侯外朝在庫門之外辨」條，見《皇清經解續編》卷667，頁2142。
[28]　《求古錄禮說》「諸侯外朝在庫門之外辨」條，同上書，頁2155。

其次,關於詢國遷。《尚書·盤庚中》:「盤庚作,惟涉河以民遷,乃話民之弗率,誕告用亶其有眾,咸造勿褻在王庭[29]。盤庚乃登進厥民[30]。」然後他講了一篇話,對人們曉以利害。《盤庚中》所記為盤庚遷殷以前的動員性的講話,從講話的內容和口氣看,它的聽眾都是沒有貴族身分的普通國人。「古我先後,既勞乃祖乃父,汝共作我畜民。」所以這些人的祖先從來也是都處於這種地位的。不少學者把「畜」解釋為牲畜,因而「畜民」就是奴隸。不過,如果真是奴隸,盤庚還有什麼必要把他們召集到王庭來談遷國的事呢?孫星衍說:畜音近好,《祭統》云:『順于禮,不逆于倫,是之謂畜。』注云:『畜謂順于道教。』」[31]這就把「畜民」解為「好民」或「順民」。這樣解釋看來比較符合通篇文義。《盤庚上》則是盤庚在已經遷到殷以後的一篇講話。當時眾民不習慣新居地,出現不滿情緒,其中也有殷王的「眾戚」表示不滿,於是「王命眾,悉至于廷」。然後作了一篇講話。從講話的內容和口氣看,它的主要對象是其祖先就和先王共過事的貴族或「眾戚」。這兩次召集眾民到王廷,雖然集會的地點是否是在外朝之地(或者商代是否有了三朝在地點上的區分)現在仍不清楚,但從集會的性質看,那是和周代的外朝相當的。

最後,關於詢立君。《左傳》僖公十五年(公元前645年)記,秦晉之間發生戰爭,晉君惠公被俘。不過秦國準備與晉媾和,釋放晉君。「晉侯使郤乞告瑕呂飴甥,且召之。子金(瑕呂飴甥之字)教之(指郤乞)言曰:『朝國人而以君命賞。且告之曰:孤雖歸,辱社稷矣,其卜貳圉(晉惠公之子)也。』眾皆哭。晉于是乎作爰田。呂甥曰:『君亡之不恤,而群臣是憂。惠之至也,將若君何?』眾曰:『何為而可?』對曰:『征繕以輔孺子。諸侯聞之,喪君有君,君臣輯睦,甲兵益多。好我者勸,惡我者懼,庶有益乎』。眾悅,晉于是乎作州兵」。郤乞依照呂甥的辦法,召集國人傳達晉惠公的意

---

[29] 偽《孔傳》:造,至也,眾皆至王庭無褻慢。
[30] 偽《孔傳》:升進,命使前。
[31] 見《尚書今古文注疏·盤庚》疏。

思，一則賞賜國人，再則就立其子為君的問題徵求國人的意見。這是特殊情況下詢立君的一個實例，也是詢國危並討論對策的一次外朝。又如，公元前 520 年，周景王死，其庶子王子朝爭立，反對繼位的悼王（在位不及半年而死）與敬王。周王曾要求晉國出兵援助，次年春形勢稍好，就讓晉軍撤回。可是隨後王子朝勢力越來越大，並派使者去爭取晉國。《左傳》昭公二十四年（公元前 518 年）記：「三月庚戌，晉侯使士景伯蒞問周故。士伯立于乾祭。而問于介眾。（杜預注云：『乾祭，王城北門，介，大也』）晉人乃辭王子朝，不納其使（杜預注云：『眾言子朝曲故』）」。兩年以後，晉國出兵驅逐了王子朝，保證了周敬王的王位。這是一次特殊形式的詢立君。王子朝和剛繼位的周敬王爭位，應該支持誰呢？晉人還是依照古代的傳統，派大夫到周去朝大眾於乾祭（如在北門之外，與正規外朝的地點有些不合，不過性質是真正的外朝），聽了大眾的意見，再決定支持誰。這不能不說是對周的民意的某種程度上的尊重。

根據上述三朝的情況，我們可以看出，當時國君的權力不是絕對的，而是相對的和受到一定制約的。內朝是國君的宗教性和禮儀性的活動場所，在這裡，他沒有受到什麼限制，不過也決定不了軍國大事。治朝是國君和貴族、大臣議政的場所，在這裡，國君裁決政事，不過事先要經過討論，所以其權力不能不受到一定的限制。治朝，在某種程度上與希臘或羅馬的長老會議、貴族會議或元老院有相似之處。外朝是國君在最緊急的關頭朝國人的場所，在這裡，平時沒有集會，國君的權力也不會受到任何限制；不過，在緊急關頭必須舉行外朝，因而國君的權力在這種緊急的關鍵時刻還是受到了一定的限制。外朝，在某種程度上與希臘或羅馬的公民大會有相似之處。

中國上古政制有與西方相似之處，這是因為：一方面，不論在中國或西方，最初的文明均由野蠻而來，原始社會晚期廣泛流行的軍事民主制的權力結構都會對早期國家的政制發生重大影響，君主不可能不在相當長的時期裡受到貴族或長老會議及公民大會的制約；另一方面，不論在中國或西方，早期的國家都具有小國寡民的特點，

在這樣的國家裡，公民或國人是構成國家武裝力量的基本成分，當然也就保持了自己的權利和地位，在緊要關頭成為徵詢意見的對象。

值得注意的是，在歷史發展的過程中，中國的情況和古代希臘、羅馬有明顯的不同。在古代希臘，最初各邦都曾有過君主制。後來，一些邦的君主被取消了，一些邦的君主的形式仍然存在。前者例如雅典，公元前七世紀初期，世襲的君主就已經被選舉產生的執政官所代替，執政官中有一位保有君或王的稱號（Archon basileus），實際只掌管宗教和氏族方面的事務，真正的權力由貴族會議（Areopagus）所掌握；公元前六世紀以後，國家大權又逐漸由貴族會議轉入公民大會手中。雅典政制發展的趨向是：由君主制而貴族制，由貴族制（中經僭主制）而民主制。後者例如斯巴達，那裡有兩位王，早在公元前八世紀初，君權就已受到長老會議（Gerusia）的約束，到公元前五世紀，五監察官（Ephors）實際已經成為國家大權的掌握者，王只有領兵出境作戰才有指揮權。在亞里士多德看來，斯巴達的長老會議具有寡頭制的特徵，監察官（每年一選）則具有民主制的因素，所以，斯巴達政制發展的趨向雖與雅典不同，卻也有相似之處。在古代羅馬，最初也有過君主（Rex），公元前六世紀末，共和國建立，君主被廢，元老院（Senate）掌握國家大權。羅馬共和國基本上是貴族政制，不過經過平民貴族鬥爭，到公元前三世紀初期，平民參加的公民大會（Comitia populi tributa）也掌握了一定的權力。所以，羅馬政制發展的趨向也是：由君主制到貴族制，然後在貴族制中又摻入了一定的民主制的因素。至於羅馬帝國時期，君主制的再現和向專制君主制的發展，那是古代社會晚期的事，這裡姑不具論。

在古代中國，不曾有過君主制被廢除的階段。在春秋時期，曾有君權削弱和政權逐漸落入大夫、陪臣之手的現象。孔子說，「天下有道，則禮樂征伐自天子出；天下無道，則禮樂征伐自諸侯出。自諸侯出，蓋十世希不失矣；自大夫出，五世希不失矣；陪臣執國命，三世希不失矣。天下有道，則庶人不議。」又說：「祿之去公室五

世矣，政逮于大夫四世矣，故夫三桓之子孫微矣。」[32] 所指即是政權下移現象。不過，孔子所說主要是魯國的情況，齊、晉也有類似的情況。在其他國家，這種情況則不明顯。值得注意的是，這種在春秋末期看來已成趨勢的現象，到戰國以後忽然反轉過來了。

從戰國時期起，政權逐漸向君主手中集中，這是由於多種歷史條件而形成的一種趨勢。這種趨勢在朝會制度上的反映是：三朝制度消失，國家大計決定於君主所居的內朝之路寢。

以上曾經指出，《禮記・玉藻》所持君臣議政於路寢的說法只能反映較晚時期的情況，這是以歷史事實為根據的。

在春秋時期，內朝還不是君臣議政定謀之正式場所，不過，在內朝議政以至定謀的個別事實已經開始出現。《公羊傳》宣公六年記：晉「靈公為無道，使諸大夫皆內朝，然後處乎台上，引彈而彈之已。趨而避丸，是樂而已矣。趙盾已朝而出，與諸大夫立于朝」（按此朝當然是治朝）。大夫朝君的正式場所應是治朝，晉靈公無道，才使大夫內朝。趙盾已朝而出，與諸大夫立於治朝，因為這是當時正規的朝會所在，也是大夫治事之所在。《左傳》成公六年記：「晉人謀去故絳，諸大夫皆曰：『必居郇瑕氏之地，沃饒而近鹽，國利君樂，不可失也。』韓獻子將新中軍，且為僕大夫。公揖而入，獻子從。公立于寢庭，謂獻子曰：『何如？』對曰：『不可。郇瑕氏土薄水淺，其惡易覯。易覯則民愁，民愁則墊隘，于是有沈溺重膇之疾。不如新田，土厚水深，居之不疾，有汾、澮以流其惡，且民從教，十世之利也。夫山、澤、林、鹽，國之寶也。國饒則民驕佚，近寶公室乃貧。不可謂樂。』公說，從之。夏四月丁丑，晉遷于新田。」這是一次關於遷都的大事，按常規應在外朝討論並徵詢國人意見。諸大夫的意見是遷往郇瑕氏之地，治朝就結束了，晉君（景公）退進內朝，韓厥（獻子）作為僕大夫（即《周禮》中掌管宮廷事務

---

[32] 見《論語・季氏》。

的大僕）跟了進去。晉景公在寢庭即內朝之處和韓厥商量，竟然決定改遷新田。這不能不說是議政定謀從外朝、治朝轉向內朝的一個明顯徵兆。不過，這還不是如《玉藻》所說的在路寢聽政。《左傳》昭公二十六年記：「齊侯（按指景公）與晏子坐于路寢。公嘆曰：『美哉室，其誰有此乎？』晏子曰：『敢問何謂也？』公曰：『吾以為在德』。對曰：『如君之言，其陳氏乎。陳氏雖無大德，而有施于民。豆、區、釜、鐘之數，其取之公日薄，其施之民也厚。公厚斂焉，陳氏厚施焉，民歸之焉……』」[33]君臣坐於路寢談話，《左傳》所記，僅此一次。而這一次對話的地點又很可疑。《韓非子・外儲說右上》說：「景公與晏子游于少海，登柏寢之台而還望其國，曰：『美哉，泱泱乎，堂堂乎，后世將孰有此？』」由此開始對話。《晏子春秋・內篇諫下》說：「景公與晏子登路寢之台而望國，公愀然而嘆。」《史記・齊太公世家》說：「景公坐柏寢嘆曰：『堂堂，誰有此乎』？」可見《左傳》所說的路寢不是國中（都城內）內朝之路寢，而是城外離宮中的柏寢。所以，在春秋時期，是否真有內朝路寢聽政的事，現在仍無確實證據。

戰國以下，國君朝國人的外朝不再見於史乘，路門之外君臣每日相見的治朝也絕跡了。從前外朝、治朝和內朝都是在露天的庭中舉行，朝會時不論君臣、君民都是站著，所謂的位（立）都是立位而不是座位。這種情況到戰國以下也變化了。變化的過程，現在已不清楚。不過，我們從史籍中可以看到變化的確發生了。

《史記・平原君列傳》記平原君趙勝和毛遂等到楚國與楚王談判合縱的事。平原君與楚王從早晨談到中午，不見分曉。「毛遂按劍歷階而上」，一方面對楚王施以威脅，另一方面，也說以合縱對楚之利。楚王乃決定與趙結盟合縱，「毛遂奉銅盤而跪進之楚王曰：『王當歃血而定從，次者吾君（指平原君）、次者遂。』遂定從于殿上」[34]。

---

[33] 見《論語・季氏》。
[34] 《史記・平原君虞卿列傳》第七冊，卷76，頁2368。

又《史記・刺客列傳》記，荊軻奉燕太子丹之使，帶著樊于期之頭及燕督亢之地圖來到秦國，偽裝獻地歸附。「秦王聞之，大喜，乃朝服設九賓，見燕使者咸陽宮。荊軻奉樊于期頭函，而秦舞陽奉地圖匣，以次進至陛。……秦王謂軻曰：『取舞陽所持地圖。』軻既取圖奏之，秦王發圖，圖窮而匕首見。因左手把秦王之袖，而右手持匕首揕之。未至身，秦王驚，自引而起，袖絕。……荊軻逐秦王，秦王環柱而走。群臣皆愕，卒起不意，盡失其度。而秦法，群臣侍殿上者不得持尺寸之兵，諸郎中執兵，皆陳殿下，非有詔召不得上。方急時，不及召下兵，以故荊軻乃逐秦王。」[35] 可見朝會時，秦王坐在咸陽宮的殿上（遇險才驚起），群臣侍立殿上者不得佩帶兵器，手執武器者侍立殿下。這種情況和以前三朝中的任何一個朝都有很大的差別。

平原君和楚王約合縱以及荊軻謀刺秦王（政）的時代距離漢代已經不遠，司馬遷記載楚秦的朝會情況應該比較可靠。漢初，叔孫通起朝儀，使得漢高祖嘗到了當皇帝的尊貴的滋味，那顯然不是春秋以上的三朝制的朝儀，而是以戰國以下的秦楚等國的朝儀為藍圖重新設計出來的。所以，三朝制的終結恰好反映了中國古代專制君主制的發生。

---

[35] 《史記・刺客列傳》第八冊，卷86，頁2534-2535。

第四篇
論古代的人類精神覺醒

　　在我國歷史上，春秋戰國時代（西元前八至三世紀）是一個學術思想十分活躍、文化成就煥發異彩的時期。大體同時，在印度、在希臘，也曾有過一個類似的文化空前繁榮的時代。怎樣認識這樣一次異地同時發生的文化飛躍或突破現象呢？德國哲學家雅斯貝斯（Karl Jaspers, 1883-1963）認為，這時在中國、印度、希臘等地首次出現了許多哲學家，人類開始有了對自身的反省，其精神的潛力遂得以充分展開，因而為人類的歷史帶來了一次突破性進展。由於這一時期在人類歷史上的關鍵性的轉捩作用，他稱之為「軸心時代」[1]。

　　雅斯貝斯的見解引起了學者們的思考和討論[2]。人們對於他的見解當然還可以有自己的分析和評價，不過大概不能否認他所提出的問題的啟發作用。他把當時的人類精神覺醒說成人類歷史上前無古人、後尚未見來者的大轉變，我們對此也盡可有自己的不同見解，不過，我們不能不看到，人類精神的覺醒確為當時歷史的一項十分重要的

---

[1] 雅斯貝斯：《歷史的起源和目的》（*Vom Ursprung und Ziel der Geschichte*, 1949，英譯 *The Origin and Goal of History*, 1953，初版。）本文引據1976年重印本頁1-4。《史學理論》1988年第1期有俞新天、魏楚雄〈關於雅斯貝斯的"軸心期"理論〉一文和此書第一章的譯文。

[2] 參閱許倬雲：《論雅斯培樞軸時代的背景》，載《東西文化研究》，1987年第2輯。

內容，而且對於以後的中國歷史和世界歷史無疑都具有深遠的影響。

在這篇文章裡，所要討論的有以下幾方面的內容：首先說明個人對於古代的人類精神覺醒的內涵的理解，其次則綜合地考察那次人類精神覺醒的歷史條件，然後再比較著重地對古代印度、希臘和中國的人類精神覺醒的特點作一些分析。

一

首先說明一下我對古代人類精神覺醒的內容的解釋。所謂人類精神的覺醒，乃指人類經過對自身存在的反省而達到的一種精神上的自覺。那麼，人類必須經過哪些方面的反省才能達到這種自覺呢？我認為，這應該包括以下三個方面：（1）人類經過對人與自然或天的關係的反省，達到關於自身對外界限（界限是區別之點，也是聯繫之點）的自覺；（2）人類經過對人與人之間的關係的反省，達到關於自身內部結構的自覺；（3）人類經過對以上兩方面反省的概括，進而有對人的本質或人性的反省，達到關於自身的精神的自覺。以上所述的三個方面也可以說是三個層次。因為，當人類還不能把自身從自然界中辨認出來的時候，當然不可能有對自身內部結構的認識；而當人類還不能認識自身的對外界限和內部結構的時候，當然也不可能有對自身的本質或人性的反省。所以，我們所說的古代的人類精神覺醒，就是指人類經過三個方面的反省所達到的三個層次的自覺。

雅斯貝斯認為，不僅原始時代的人沒有能達到精神的覺醒，而且「軸心時代」以前的古代文明的人也未能達到這一點[3]。如果從以上所說的人類精神覺醒的三個方面或層次來看，我們可以更清楚地說明他的見解是正確的。

人類是在學會製造工具的過程中從自然界分離出來的。因為，

---

[3] 參閱《歷史的起源和目的》，頁 24-217。

製造工具的開始意味著改造自然的開始，而改造自然則必有一個與自然相分離以至相對立的具有自己的精神的主體，這就是最初的原始人。不過，這一事實的存在與原始人對於這一事實的認識是兩回事。原始人在實際上是遠遠未能認識到這一點的。原因何在呢？我們知道，在原始人的實際生活中，有製造工具以改造自然的方面，更大量存在適應自然、依賴自然、畏懼自然的方面。就其量而言，後者遠遠大於前者。我們怎麼可能要求那些在生活中大量地依賴自然的原始人去認識到自己是自然的改造者呢？不能忘記，我們說製造工具的原始人已是自然的改造者，這是就其質而明辨人與其他動物的分野的，因而是一種透過現象而觸及本質的說法。我們又怎麼可能要求剛剛告別其他動物界不久的原始人有這樣高度的抽象思維能力呢？人類學家們在許多原始部落中都發現了圖騰制度（Totemism），那裡的人們把某種與自己關係密切的動物以至植物視為自己的親屬，並形成各自的一套相應的儀軌。這正是證明原始人在思想上未能辨明自身和自然的區分的一個典型實例。

原始人既然尚未能辨明人類的外部界限，那也就更難以認清人類本身的內部結構。誠然人並非單個地而是成群地從猿轉變為人的，人一開始便是社會動物，人類之有語言也正是其社會特性的需要和產物，原始人對其血緣群體內部的親屬結構的清晰了解，甚至是未經訓練的現代人也自嘆不如的。不過，原始人不能認識人類的內部結構，其原因也很明顯。人並非作為一個人類整體從自然界分離出來的。人既然成群地從猿轉變為人，那麼群對人的認識就必然有二重的作用：它既正面地是原始人認識社會的依據，又反面地是他們認識社會的界限。恩格斯在論述易洛魁人的氏族時曾指出：「凡是部落以外的，便是不受法律保護的。在沒有明確的和平條約的地方，部落與部落之間便存在著戰爭，而且這種戰爭進行得很殘酷，使別的動物無法和人類相比」[4]。原始人可以按圖騰制度把本非人類的異

---

[4] 《馬克思恩格斯選集》第4卷，頁94。又亞里士多德：《政治學》（Aristotle, The Politics, H. Rackham 英譯，Loeb 本，參閱吳壽彭中譯本）1253a5。

物視為自己的同類，又可以按部落的界限把本為同類的其他人視為異物。在這樣情況下，當然談不到他們有什麼人類的精神覺醒了。

　　文明的發生，無疑是人類歷史上劃時代的一件大事。生產的發展、城市的興起、文字的出現、國家的產生，凡此等等，均足以使人產生人為萬物之靈的自豪感。這些條件，對於人類精神覺醒來說，是必要的，但還不是充分的。

　　踏進文明門檻的人，由於生產的發展和對抗自然的能力的加強，當然不會再甘心與其他動物為伍了。但是，由於當時人在自然面前仍然能力薄弱，人們不可避免地要把自然界的現象或力量當作神或天來崇拜。這樣，在人的精神中，轉化為神或天的自然是同人類疏離了，不過這種疏離有其方位上的特點：並非人類平等地離開自然，而是自然作為天或神高高地升到人類以上。因此，這時的人類精神，一方面發生了與自然的疏離，比原始人前進了一步；另一方面則仍處於作為天的自然的籠罩之下，這又和原始人距離不遠。古代埃及的金字塔、神廟、兩河流域的塔廟等宏偉建築，從今人眼光看來，它們不啻是人類精神在自然面前的最早的示威，然而在當時人們的精神中，它們所顯示的卻是人的渺小和神或天的偉大。在那些欲與蒼穹比高的建築物裡，凸現出了一種相對於自然的人類精神，同時也反映了當時人類精神的一種不自覺的狀態。

　　隨著國家的出現，原先的人的部落界限被打破了，社會內部的階級和階層的結構也複雜起來。這就使人類有可能在更廣闊和複雜的場面中來認識自己的內部結構。試看古巴比倫的《漢穆拉比法典》，我們不難發現，當時立法者對於人的社會關係的認識已經達到了相當高度的水平。這一點確實是原始人無法與之比擬的。可是就在這個《法典》的第七條中明文規定：「自由民從自由之子或自由民之奴隸買得或為之保管銀或金，或奴隸，或女奴，或牛，或羊，或驢，或不論何物，而無證人及契約者，是為竊賊，應處死」[5]。這樣，本

---

[5] 見日知：《古代埃及與古代兩河流域》，頁 96。

是人類的奴隸又與牛羊同列，而不被認為具有人格的人。這又和原始人把本血緣群體以外的人不視為人的現象發生了雷同之處。當然也有差別，那就是區分人與非人待遇的界限和原則有了變化。以前區分的界限在部落，這時區分的界限在本邦[6]；以前區分的原則是血緣的，這時區分的原則是階級的。據文獻記載及考古發現可知，在文明時代之初期，殺俘、人祭等不把人當作人的事例難以勝數。如果說，以後的歷史上也有類似的、甚至更殘酷的人不把人看作人的現象，是一種有意殘殺同類的明知故犯的罪行，那麼，在文明的早期，這類現象則仍然反映了在人與人的關係中的人類精神尚未覺醒的狀態。不能忘記，古人是常把屠殺異邦而同類的人當作莊嚴神聖的宗教典禮來進行的。

人類進入文明時代，一般就有了文字，歷史的記錄也隨之而生，因而不同於前此的「史前」時代。這樣，我們就可能依據歷史記錄來考察當時的人類精神覺醒問題。現在已有較充分的歷史記錄可供考察的是埃及和兩河流域[7]。可是在古代埃及和兩河流域的國王們的年代記裡，我們實際可以大量讀到的主要是兩件大事：一是建築神廟、向神奉獻之類，二是出兵征伐、殺敵擒俘之類。前一類的記錄在莊嚴肅穆的氣氛中顯出人對神的崇拜與依賴，後一類的記錄則在刀光火影裡顯出人怎樣把自己同類的對手不當作人。兩個方面都說明人類精神的覺醒在當時尚未出現。在古代埃及和兩河流域的歷史記錄中還缺乏人對自身的精神的反省[8]。

那麼人類的這種反省開始於何時呢？

西元前六世紀希臘的泰利士（鼎盛年約在西元前 585 年）、印

---

[6] 參閱《漢穆拉比法典》第 280-281 條。

[7] 古埃及與兩河流域編年史見於《埃及古代文獻》（J.H. Breasted, *Ancient Records of Egypt*），《古代亞述和巴比倫的文獻》（D. D. Euchenbill, *Ancient Records of Assyria and Babylonia*），《迦勒底諸王年代記》（D. J. Wiseman, *Chronicles of Chaldaen Kings*）等書。

[8] 參閱《古代近東的歷史觀念》（*The Idea of History in the Ancient Near East*, ed. by R. C. Dentan, Yale University Press, 1955），頁 21、32、55-57。

度的釋迦牟尼（約西元前 566-496 年）和中國的孔子（西元前 551-479 年）的出現，可說是人類的系統的哲學思考的開端，也是人類精神覺醒的明顯標誌。雅斯貝斯由這三位哲人再上推兩個世紀，以西元前八世紀作為其「軸心時代」的起點，是因為考慮到希臘的荷馬和印度的《奧義書》。中國的西周東周之交也在這個世紀，《詩經》中有許多篇（如「變雅」諸篇）都表現出當時人的深思和反省。所以，我們也不妨把三位哲人以前的兩個世紀作為人類精神覺醒的準備階段。

二

在古代印度、希臘和中國大體同時出現了人類歷史上如此重大的變化，這難道是偶然的嗎？雅斯貝斯認為，這是一個值得深思的秘密，前人的解答不是答非所問就是過於簡單化了，他自己則取寧可多思考問題而不急於給答案的態度。因此，在他以後，學者們對這一問題又繼續進行了許多研究和討論[9]。在這篇文章裡，我不準備也不可能對古代印度、希臘和中國當時各自的歷史條件作分別的詳論，而是綜合地考察一下三個古文明當時共同具有的一些基本條件，並試圖分析一下這些背景和人類精神覺醒的關係。

第一，鐵器的使用引起了社會經濟的新發展。鐵器時代的開始在不同地區早晚不同。在東地中海地區開始於西元前十二世紀。希臘的「黑暗時代」（約西元前 1100-800 年）已是早期鐵器時代，而鐵器的大規模使用則在西元前 800 年以後[10]。印度鐵器時代約始於西元前 1000 年，但鐵器的廣泛使用則自西元前一千年代中葉開始[11]。

---

[9] 見《歷史的起源和目的》，頁 13-18。又參閱許倬雲：《論雅斯培樞軸時代的背景》。學者們的討論文章收在《軸心時代文化，其起源及多樣性》（*Kulturen der Achsenzeit, ihre Ursprünge und ihre Vielfalt*, ed. by S. N. Eisenstadt, 1987）中。

[10] 參閱《劍橋考古百科全書》（*The Cambridge Encyclopedia of Archaeology*, 1980），頁 143、196、200。

[11] 參閱《劍橋考古百科全書》，頁 167。塔帕（Romila Thapar），《從族系到國家》（*From Lineage to State, Social Formations in the Mid-First Millennium B.C. in the Gange Valley*,

中國迄今經考古發現的最早鐵器屬於西元前六世紀，但鑄鐵與鍛鐵基本同時出現[12]。

與鐵器的使用相應的是經濟的迅速發展。在印度，鐵器的使用加速了恆河流域的伐林和墾地，鐵鏵犁又有利於耕泥濘的水稻田，於是農業發展，人口增多，手工業和商業相應地發展起來，城市再次（印度河流域文明的城市早已消失）興起[13]。在《佛本生經》裡，有許多關於手工業者、往來於各地之間的商隊和城市的記載，姑不具述。在希臘，手工業和商業發展起來，裝著油、酒、香料、藥膏的精美陶器以及盔甲刀劍等被運銷到東至黑海沿岸西至地中海西部許多地區，希臘經過「黑暗時代」以後，至此又興起了很多城邦[14]。在中國，春秋戰國時期的經濟發展也是空前的。鐵器、牛耕和水利灌溉帶來農業的發展，手工業和商業的發展、商人階級的興起和工商業興盛的大城市的出現，改變了社會經濟的面貌[15]。

鐵器的使用和經濟的發展，擴大了人類對自然的開發深度和廣度，也擴大了人們在地區內和地區間的往來，從而使人有可能由原先的狹小的活動範圍和狹窄的眼界中解脫出來。

第二，早朝的國家通常都由部落聯合而成，因而在相當長的時期裡都有著不同程度的血緣關係的殘餘。在古代印度，國家本從部落發展而來。古印度國家有王國和共和國兩種形式。王國稱為 Janapada，Jana 是部落的一種說法，而 pada 是「腳」的意思，所以二字合成的原義是「部落立足之地」[16]。共和國稱為 Gana 或

1984），頁 68。

[12] 中國社會科學院考古研究所編：《新中國的考古發現和研究》（北京：考古出版社，1984），頁 332-334。又《劍橋考古百科全書》頁 170。

[13] 參閱《從族系到國家》，頁 72-75、頁 90-102。

[14] 參閱哈蒙德：《希臘史》（N. G. L. Hammond, *A History of Greece to 322 B.C.*, 1959），頁 125-131。

[15] 參閱司馬遷：《史記‧貨殖列傳》。

[16] 參閱《從族系到國家》，頁 34。

Samgha，Gana 是部落的又一種說法[17]，而 Samgha 意為共同體。從這兩種國家的名稱可以看到它們還有濃厚的部落共同體的痕跡，實際上血緣關係在印度早期國家中也佔有重要地位[18]。在古代希臘，國家也由部落發展而來。如雅典國家有 4 個部落，12 個胞族，360 個氏族[19]；而多利亞人國家則多由 3 個部落組成。直到西元前五世紀以前，血緣關係在希臘各邦中佔有相當重要地位[20]。在古代中國，從各級統治者到士庶人之中，都有著血緣關係的紐帶存在。「故天子建國，諸侯立家，卿置側室，大夫有貳宗，士有隸子弟，庶人工商各有分親，皆有等差」[21]。從殷代直到春秋時期，宗族在政治、軍事、經濟等方面的重要性，在甲骨文、金文及傳統文獻中都有資料可以為證[22]。從理論上說，國家異於氏族部落的特徵之一即為地域組織之取代血緣組織，這並不錯。但在實際歷史過程中，早期國家中常常都是血緣與地域組織並存，處於一種由前者向後者的過渡狀態，這也是很自然的[23]。

約西元前 800 年代以後的幾個世紀中，血緣關係在印度、希臘和中國都經歷了一個削弱或解體的過程。在印度，由出身決定人的社會地位的情況開始發生動搖[24]；在希臘，人的地位從起初的單由出

---

[17] 關於 Jnan 和 Gana 作為部落的名稱見《古代印度政治觀念和制度述論》（R.S. Sharma, *Aspectes of Political Ideas and Institutions in Ancient India c. 1500-500 B. C.*, 1968），頁 81-93。

[18] 塔帕在《從族系到國家》一書中對血緣關係在早期國家中的作用有詳細論述。

[19] 亞里士多德：《雅典政制》（力野、日知譯本），片斷 5。

[20] 古朗士（Fustel de Coulanges）《古代城邦》（W. Small 英譯本 *Ancient City*，李玄伯中譯本題《希臘羅馬古代社會研究》）一書詳述了血緣關係在早期城邦中的作用。斯塔爾在《個人與共同體》（C. G. Starr, *Individual and Community, The Rise of the Polis 800-500 B. C.*, 1986）中則認為多數學者把希臘史上血緣關係的作用誇大了（見頁 29-30）。不過他也認為荷馬時代是部落和酋長的時代，史詩中的希臘戰士是按部落和胞族組織起來的（見頁 16-18、23）。其實，血緣組織在古希臘早期是存在的，不過不是想像中的那樣純粹而已。

[21] 《左傳》桓公二年。

[22] 參閱陳夢家：《殷墟卜辭綜述》，頁 496-501。童書業：《春秋左傳研究》，頁 119-125。

[23] 何茲全：《關於古代史的幾個理論問題》第一部分，載《歷史研究》，1984 年第 1 期。

[24] 參閱劉家和：《印度早期佛教的種姓制度觀》第二部分，載《北京師範大學學報》，

身來定，發展到由出身加財富來定，以至在某些邦裡出身和財富都不再特別強調[25]；在中國，由出身決定貴賤的情況也有了變化[26]。

血緣組織及其作用，曾經給人以一定的保護或依靠之資，同時又是對人的一種束縛。隨著血緣關係的削弱或解體，人們一方面驚訝地發現自己正在失去過去曾有的天然依託，一方面又欣喜地發現自己開始得到過去難以得到的自由。於是，一個人的存在的價值，開始可以也必須由自己來決定。這對於人類的精神的覺醒來說，無疑是鞭策，也是鼓勵。

第三，西元前八世紀以後的幾個世紀中，在印度、希臘和中國都曾有小邦林立的狀態，存在著種種尖銳複雜的矛盾和鬥爭。在印度，摩揭陀、憍薩羅等邦曾長期進行爭奪霸權的鬥爭，各邦內部情況現雖所知甚少，但從佛經故事中也可以略知社會中矛盾和鬥爭的存在[27]。在希臘，斯巴達、雅典等邦之間的爭霸鬥爭十分激烈，各邦內不同社會集團之間的鬥爭亦很尖銳，如果說修昔底德的《伯羅奔尼撒戰爭史》的主要內容就是這兩種矛盾、鬥爭的交織，那是不會錯的。在中國，春秋時期曾有五霸[28]的爭雄，戰國時期則有七雄的兼併，在各邦內部，國君與卿大夫之間，卿大夫不同集團之間，庶民與貴族之間，也存在著尖銳複雜的矛盾和鬥爭，《左傳》、《國語》、《戰國策》等書中有大量這方面的內容。

在這樣的尖銳複雜的矛盾和鬥爭的背景裡，我們不難發現以下兩個方面的事實。一則，鬥爭正在進行之中，鹿死誰手尚未最後定局，不存在一個已經定於一尊的力量去控制和統治人們的思想，相反，各國的統治者和各種社會力量集團都企圖充分發揮自己的潛力並借助一切可為己用的因素去謀求勝利。於是我們從佛經中可以看

1962 年第 2 期。
[25] 例如雅典。參閱亞里士多德《雅典政策》VII, XLVII。
[26] 見《左傳》昭公三年所記叔向語，三十二年所記史墨語，其中反映春秋時期的重大變化。
[27] 參閱《佛本生經》（*Jataka*, E. B. Cowell 英譯本）No. 30, No. 432, No. 542 等。
[28] 五霸，古有異說，見《白虎通義》卷 1〈號〉篇。然以《荀子・王霸》所論為近是。

到，佛陀率其弟子游行傳道於各邦之間（其實不僅佛教一派如此），甚至受到摩揭陀、憍薩羅等邦的多少已有暴君氣息的國王的禮敬。在希臘，學者們也沒有受到什麼邦界的限制，而且在本邦一般都有講學的自由，一些在本邦實行獨裁的「僭主」，盡管對本邦公民缺乏敬意，而對外邦客人卻樂於優待[29]。中國春秋時期士階層已經興起，孔子曾周游列國，孟子則「後車數十乘，從者數百人，以傳食於諸侯」[30]。戰國各國君主一般都不拒絕縱橫之士的游說，而貴冑達官養士成風[31]。這些都是可以引發人的潛力的外在環境。再則，尖銳複雜的鬥爭引起社會的激烈震盪，曾經為人們所信守的、似乎十分純樸可愛的傳統的東西，越來越變得荒謬和腐朽，從傳統中破土而出的新事物又往往顯得貪婪、卑鄙而無情。鐵器時代的印度當然比早期吠陀時代進步了，可是早期吠陀的樂觀精神卻為後起的悲觀氣息所代替[32]。鐵器時代的希臘詩人希西阿德（Hesiod）在其《神譜》詩中也把歷史看成每況愈下，最初是黃金種族的時代，第二是白銀種族的時代，第三是黃銅種族的時代，第四是英雄種族的時代，最後就是詩人生活的黑鐵種族的時代[33]。在中國的《老子》、《莊子》中，也有類似思想，無須詳述。從一個角度看，歷史是在前進；從另一個角度看，歷史又似乎倒退了。社會變動中的巨大而深刻的矛盾滲入人的心中，打破了先前的精神的穩定平衡狀態，變成了人不得不加以思考的內容。這又可以說是能夠引發人的潛力的內在條件。

以上三點，在我看來，就是古代印度、希臘和中國人類精神覺醒的歷史條件。當然，還有這樣一個問題：古代兩河流域和埃及在進入鐵器時代以後為什麼沒有發生類似突破？這裡不能從它們的具

---

[29] 參閱亞里士多德：《政治學》，1314a1-15。
[30] 見《孟子·滕文公下》。
[31] 見《史記》孟嘗君、平原君、魏公子、春申君等傳。
[32] 參閱巴哈杜爾（K. P. Bahadur）：《印度文化史》卷1（*A History of Indian Civilization*, vol. 1, *Ancient India*, 1979），頁 23-24。
[33] 參閱格羅特：《希臘史》（G. Grote, *A History of Greece*, Everymans Library 本）第一冊，頁 58-59。

體歷史來進行分析和索解，而只從比較中試圖提出一個初步的意見。

到鐵器時代開始的時候，埃及和兩河流域已經有了 2000 年的文明史，那裡已在長期中形成了各自的深深引以自豪的和根深蒂固的傳統。要突破那種傳統的難度，無疑是很大的；何況它們在未能突破之前即已失去政治上的獨立。鐵器時代印度的文明與早先的印度河文明之間，橫著一個野蠻的早期吠陀時代；鐵器時代希臘的初期即是一個野蠻的「黑暗時代」，與先前的愛琴文明間隔開來。因此，傳統的束縛對於它們要比對於埃及和兩河流域小得多了。中國古代文明沒有像印度、希臘那樣的中斷。但是，一則，中國鐵器時代以前的文明史比埃及和兩河流域短一千餘年，相對來說傳統影響不深；二則，中國商周之際曾發生了一次對傳統的變革[34]，在中國歷史上留下了一個調整傳統的傳統。因此，中國在春秋戰國時期能夠產生一次文化上的飛躍或突破。

三

關於古代印度、希臘和中國的人類精神覺醒的特點，以下分三個方面來討論。

首先，在人與天（神）或自然的關係的問題上，人類精神的覺醒在三國都有表現，而又有其各自的特點。

在印度的早期吠陀時代（約西元前 1500-900 年），人們崇拜的神主要是種種自然現象或自然力的化身，而祭神的目的則是為了博得神的歡心，從而得到神的降福。到後期吠陀時代（約西元前 900-600 年），情況逐漸發生變化。在《梵書》文獻中，我們可以看到向神獻祭的規模的巨大與禮儀的繁複以及一個專門的祭司階層——婆羅門的形成。如《百道梵書》中說：「神有兩種：一為天神，一為人中之神，即精通聖學的婆羅門。人中之神（為人們）向天神獻祭，

---

[34] 參閱王國維：《殷周制度論》，《觀堂集林》卷 10。

也就（從人們）獲得祭祀的費用」[35]。婆羅門既成為人神交通的橋梁，也成為人神直接交通的障礙。同時也可以看到作為最大的神或造物主的「梵」的出現，如《百道梵書》云：「天地賴梵以立」[36]。在晚於《梵書》的《奧義書》文獻中，又出現了「梵我一致」的說法。因為宇宙間一切皆生於梵，個人靈魂亦來自梵。由於貪欲，人的靈魂備受輪迴轉世之苦，唯有苦行、節欲才能使靈魂復歸於梵，達到解脫[37]。《奧義書》強調了人的自覺在人神關係中的重要性，這反映出人類精神覺醒的萌芽或開端。

　　西元前六世紀，在印度異說繁興。反對婆羅門教的教派紛起，其中影響最大的是佛教。佛陀認為，人生一切皆苦，而苦因在於「欲愛」；宇宙間一切均屬無常，也不存在一個自我，可是人們卻求長生，求一切，這就不能無苦。佛陀教人消滅痛苦，而前提就是消滅「欲愛」。怎樣才能消滅「欲愛」？那就是按照佛陀的教義來修道。這就是所謂「四諦」的主要內容[38]。早期佛教並不信神。在佛經中的確提到不少神（Deva，從前多譯為「天」），他們住在不同層次的天界，有人所不具有的神通；可是他們亦在「眾生」（Sattva，或譯「有情」，包括「天」或神、人、畜生、餓鬼等）之列，尚在生死輪迴之中（因為所作的「業」不同，來世或為神、或為人，或為畜生、餓鬼等）。在佛經中，「天」或神和人一樣，同是佛陀傳道的對象，只有由佛陀教導而自己覺悟，才能脫離生死輪迴的苦海。佛陀自己從未自稱為神或神的使者，早期佛教徒也沒有把佛陀當作神。「佛陀」這個稱呼本身的意思就是「覺者」。佛陀認為，不能靠神、靠祭祀來求解脫，人只有靠自己的覺醒來救自己。這從形式上來說當然是人類精神覺醒的一種徹底表現。不過，從內容上看，佛陀覺

---

[35] Shatapatha Brahmana, 4, 3, 4, 4, 轉引自巴哈杜爾：《印度文化史》卷1，頁84。
[36] Shatapatha Brahamana, 8, 4, 1, 3, 轉引同上書，頁108。
[37] 參閱同上書，頁111-116。
[38] 參閱東晉・僧伽提婆譯：《中阿含經》卷7，《增一含經》卷17，又見後漢・安世高譯：《佛說四諦經》等。

醒的最大特點是把一切（包括自我）都看透了，看成虛幻，看成空。所以，這不是肯定現實世界的覺醒，而是否定現實世界的覺醒；它不能促進人類的現實生活，而只能引導人們走向對人生的否定。佛教的在形式上很徹底的人類精神覺醒，在內容上卻是走向了其反面。於是，「天」或神雖然被佛陀貶成為「眾生」之一，而佛陀本身在後來卻變成了佛教最大的神，原來曾經反映過人類精神覺醒的佛教，終於仍然引導人們進入了宗教的迷信。

在古代希臘，人們崇敬神，原來也是為了取悅於神以求得到福佑。相傳亞伽門農正準備率領希臘艦隊遠征特洛伊的時侯遇到了狂暴的逆風，最後他不得不以自己的女兒為犧牲去祭神[39]。在荷馬史詩中，神一方面有人所不具備的法力神通、長生不老、相貌非凡等特點，另一方面又有著和人一樣的性格。他們並不一定福善禍淫，而是看人們對他們的態度，對於冒犯了神的人必給以報復，甚至姦淫、偷盜，互相欺詐，他們都幹得出來[40]。所以，當時對神的態度是不敢不信，也不敢全信，這就已經包含了某種懷疑的萌芽。

從西元前六世紀初開始，希臘不斷出現了許多哲學家。他們面臨的問題是：傳統神話中的精神既然不能體現任何永恆的原則或根據，自然也就不能使人在理性的追求中感到滿足。那麼，在這一切都在變化運動的世界上，什麼才是永恆的呢？所以，希臘的哲學家們從一開始就很注意對於始基（Arche，是一個多義詞，有開端、基礎、起源、終極、界限、原則等涵義）的探索。亞里士多德說：「在那些最初從事哲學思考的人中間，多數人都是只把物質性的始基當作萬物的始基。因為，一個東西，如果一切存在物都由它構成，最初都從其中產生，最後又都復歸於它（實體常住不變而只變換它的性狀），在他們看來，那就是存在物的原素和始基。因此，他們便

---

[39] 見 Aeschylus, *Agamemnon*（H. W. Smyth, 英譯，Loeb 本）184 行以下。
[40] 參閱包拉：《希臘的經驗》（C. M. Bowra, *The Greek Experience*, 1957），頁 56-63，又北京大學哲學系外國哲學史教研室編《古代希臘羅馬哲學》，頁 46。

認為沒有什麼東西產生和消失,因為這種本體是常住不變的。」[41] 人不再甘心作為從屬於自然或神化的自然的馴服物,而開始把自然作為外在的對象加以研究。這無疑是人類精神覺醒的明顯表現。當然,古希臘的許多主要具有唯物主義見解的哲學家並未能完全擺脫了宗教和神的觀念,甚至著名的赫拉克利特也還承認神的存在,只不過是把他所說的「邏各斯」(Logos,亦多義詞,大體可以理解為「道」或世界及其存在的規律)理解為神而已[42]。希臘人以宇宙論或自然哲學開闢了哲學史上的首篇[43],也就形成了這樣一個傳統:承認神可以與研究自然並行而不悖,在某種意義上甚至還可以說,研究自然也是為了更好地理解神。

在古代中國,文明的初期曾有一個人類拜倒在神的權威之前的時期。「殷人尊神,率民以事神,先鬼而後禮」[44],這個說法從現已發現的大量甲骨卜辭中得到證實。周武王伐紂代商以後,周人一方面對天仍然取敬畏的態度,另一方面對天也開始有所懷疑。《尚書》裡有「天棐忱辭」、「迪知上帝命越天棐忱」;「天畏棐忱」;「若天棐忱」,「天命不易,天難諶」,「天不可信」等文句,《詩經》裡有「天難忱斯」、「天生蒸民,其命匪諶」等文句[45],都反映出懷疑的思想。值得注意的是,周人在開始疑天的時候,並非像希臘人那樣走上研究宇宙論或自然哲學的道路,而是走上了以人心察天意的道路。《大誥》說:「天棐忱辭,其考我民。」《康誥》說:「天畏棐忱,民情大可見」。這裡顯示出了在人與天或自然的關係的問題上的人類精神覺醒。至於周人的思想之所以走上這樣一條道路,看來與周以小邦而竟取代「天邑商」這一點有關。與其說周是靠天

---

[41] 亞里士多德:《形而上學》,983b。這裡譯文據《古代希臘羅馬哲學》,頁4。
[42] 參閱楊適《哲學的童年》,頁201-210。
[43] 文德爾班認為希臘哲學的開端就是宇宙論時期,見其《哲學史教程》上卷(羅達仁中譯本)。
[44] 《禮記‧表記》引孔子語。
[45] 所引《尚書》分別見《大誥》、《康誥》、《君奭》;《詩經》分別見《大雅‧大明》、《大雅‧蕩》等篇。

命而勝，不如說是靠殷商失去了民心而他們自己得了民心。這樣，他們就自發地把民心看成了天命的依據，看成了比天命更可靠的東西。

　　從西周開始的這個傳統，到春秋戰國時期又有了進一步的發展。以孔子為創始人的儒家幾乎不離開人事而言天。「樊遲問知，子曰：『務民之義，敬鬼神而遠之，可謂知矣』。」[46]又「子路問事鬼神，子曰：『未能事人，焉能事鬼？』『敢問死』。曰：『未知生，焉知死』？」[47]孔子重人輕天的思想，後來在孟子和荀子的學說中又有了發展。孟子進一步把天意和民心結合起來，他引《尚書・泰誓》的話說：「天視自我民視，天聽自我民聽」[48]，這是說天意中見民心；又說：「盡其心者，知其性也；知其性，則知天矣」[49]，這又是說人心中有天理。上述希臘學者開闢的是由研究自然而知天的道路，而孟子走的則是由研究人心而知天的道路。荀子把天徹底視為自然。他說：「大天而思之，孰與物畜而制之？以天而頌之，孰與制天命而用之？」「君子敬其在己者，而不慕其在天者」。「傳曰：萬物之怪書不說。無用之辨，不急之務，棄而不治。若夫君臣之義，父子之親，夫婦之別，而日切磋而不捨也。」「唯聖人為不求知天」[50]。荀子在天人關係問題上不愧為中國古代思想家中的佼佼者，他的反對迷信與人定勝天思想，充分表現出了一種人類精神覺醒。可惜他也未能脫出儒家專注人事的傳統，把對天的研究和思考當作「無用之辨，不急之務」。因而也沒有走上由研究自然而知天的道路。此外墨子，講天志，實際是把自己的在人事問題上的兼愛思想戴上了「天志」的帽子[51]。法家則只講人間利害，而幾乎不說天或自然。先秦諸子中說天或自然最多者為道家，荀子曾批評「莊子蔽於天而不

---

[46] 《論語・雍也》。
[47] 《論語・先進》。
[48] 《孟子・萬章上》。
[49] 《孟子・盡心上》。
[50] 此處所引，均見《荀子・天論》。
[51] 《墨子・天志上》等篇。

知人」[52]，可是從《老子》、《莊子》（尤其《老子》）中也不難看出，他們所理解的天道大多仍然是從人事中悟出來的，而不完全是宇宙論或自然哲學。

總之，古代印度、希臘和中國在天人關係問題上形成了不同的研究傳統，印度形成了宗教研究的傳統，希臘形成了科學研究的傳統，中國形成了人文研究的傳統。

其次，再討論古代印度、希臘、中國在人與人的關係問題上的人類精神覺醒。

在古代印度，自早期吠陀時代之末，即逐漸產生種姓制度。人被分為「再生族」與「一生族」兩大類，再生族中又分為婆羅門、剎帝利、吠舍三等級，一生族即首陀羅等級。共兩大類、四等級。婆羅門教文獻對於人的這種區分給予了神話的也是神聖的論證，說四等級是分別由「原人」（Purusha）或梵天的口、臂、腿和足產生的[53]。這一類的文獻強調的是人的差別與隔離，如果說不同等級之間仍有相通之點，那是在於來世（人可以憑今生行為的善惡在來生托生不同的等級）[54]。在現實生活中，種姓制度很難使人形成人是同類的概念。

西元前六世紀，佛教起而反對婆羅門教，其中很重要的一條就是反對種姓制度。婆羅門教認為，婆羅門生於梵天之口，故地位高。其他種姓出生部位低，故地位也低。佛教認為，人都經過母親十月懷胎而生，根本沒有差別。婆羅門教認為，婆羅門是潔淨的，其他種姓是不潔淨的。佛教認為，人人都有潔淨和不潔淨的時侯，不潔的人洗一個澡，就都可以潔淨。婆羅門教認為，婆羅門最得天神眷顧，死後可以升天，而其他等級無此優越條件。佛教認為，不同種

---

[52] 《荀子・解蔽》。

[53] 此說始見於 Rigveda, x, 90（參閱 *The History and Culture of Indian People*, Vol. 1. *The Vedic Age*, P.385）又《摩奴法論》（Manu-Smriti）I, 31. 中譯見蔣忠新據原文譯本，又參見馬香雪據法譯之轉譯本。

[54] 見《摩奴法論》XII，41-51。

姓的人，可以同乘一只渡船，可以一同得渡，等等[55]。佛教用種種經驗事實證明人和人在自然屬性上是無差別的或平等的，這無疑是在人與人的關係方面的人類精神覺醒的明顯表現。不過，佛教認為，不僅人類平等，而且「眾生」皆平等。怎樣才能說明「眾生」平等或無差別呢？這有兩重意思：一方面，「眾生」都有意識、有情感，有生死輪迴，所以有在苦海中無差別地受苦的平等；另一方面，「眾生」都能因佛陀的教化而覺悟，都能超出生死輪迴而達到寂滅或「涅槃」的最高境界，即有得到所謂解脫的平等。由此可見，佛教的平等從「眾生」作為生或存在講起，最後要由「眾生」轉變為滅或不存在來實現。從本質上說，這不是生的平等，而是滅的平等。而滅的平等實際也就是無的平等或無平等，因此，佛教雖然對種姓制度有相當嚴厲的批判，而實際上並未影響到以後印度種姓制度的存在。

在古代希臘，原來自由人之間也有貴族、平民之分。貴族稱為 Eugeneia（由 eu，「好」和 geneia，「生」合成，意思是好出身或優良血統），他們憑出身在政治上佔有特權[56]。相傳雅典的提修斯改革時，曾把人民分為貴族、農民和手工業者。貴族稱為 Eupatridae（由 eu，「好」和 patridae「父系」合成，意思也是好出身或優良家世），有權「掌管宗教儀式，充任官職，講授法律，解釋天意」，而農民和手工業者則無任何特權[57]。西元前七至六世紀以後，斯巴達、雅典等城邦公民內部的矛盾基本解決，但是人們仍然分為不同的等級，如斯巴達有斯巴達人（公民）、邊民（Perioikoi）、黑勞士（Helot），雅典有雅典公民、外邦人（Metic）、奴隸等。在公民內部，平等成了一條原則，在公民以外，還有無公民權的自由人（如邊民、外邦人）、奴隸，又有著不平等。在這樣複雜的情況下，希臘人在人與人的關係方面的人類精神覺醒出現了。

---

[55] 類似說法多次見於《中阿含經》。又參見東晉・曇無蘭譯：《梵志頞波羅延問種尊經》。
[56] 見亞里士多德：《政治學》，1283b15-19 等。
[57] 見普魯塔克：《希臘羅馬名人傳》（*Plutarch's Lives*, Perrin 英譯，Loeb 本），《梭倫傳》XXV。

在柏拉圖和亞里士多德的著作裡，這方面的覺醒有了比較成熟的表現。他們不像佛陀那樣講無差別的平等，而是對平等進行具體的分析。柏拉圖首先提出：「平等有兩種，而名稱相同；自實際結果言，二者則幾乎常相反」[58]。他所說的二種平等，一指數量上的，一指性質上的。多數人貢獻較小，而少數人貢獻較多，按貢獻給少數人較多而給多數人較少，這就是「政治上的正義或公平」。他認為，兩種平等皆需要，主要要性質上的平等。亞里士多德繼續發揮了這個說法。他認為，寡頭派因其在質上佔有優勢而要求一切方面都佔優勢，平民派則因大家同為自由人而要求一切方面平等，二者認識皆限於一偏。他主張質和量之間應當加以平衡。不過他與柏拉圖不同，比較傾向平民政體[59]。亞里士多德還指出：「友誼中之平等似與公平中之平等不同。在公平範圍內，平等主要指按比例得酬報，而量之平等次之；在友誼範圍內，量的平等佔首位，而按比例得酬報次之」[60]。他認為：「主人與奴隸之間略無友誼可言，奴隸乃有生命之工具，一如工具之為無生命之奴隸。因此，奴隸作為奴隸，與主人無友誼可言，雖則奴隸亦可視之為人。人與其他任一能共享法律及契約之人之間，始可以有公平之餘地，故人與人之間亦可以有友誼」[61]。在自由人之間有兩種性質相反的平等，這是古希臘社會中的第一重現實矛盾。在主人與奴隸之間沒有任何平等（友誼或公平），但又無法完全否認奴隸是人，這是古希臘社會中的又一重矛盾。亞里士多德從理論高度揭示出平等中的矛盾，是當時人類精神覺醒所可能達到的限度。我們不能更多苛責於古人。

在古代中國，春秋以上各邦都有國野兩部分，居於國者為國人，

---

[58] 柏拉圖：《法律篇》（Plato, *Laws*, R. G. Bury 英譯，Loeb 本）757B。

[59] 見《政治學》1280^{a}1-25; 1296^{b}15-23; 1301^{b}31-1302^{a}15。

[60] 亞里士多德：《尼可馬庫斯理學》（Aristotle, *Nicomachean Ethics*, H. Rackham 英譯，Loeb 本）VIII, vii, 3。

[61] 同上書，VIII, xi, 6-7。

居於野者為野人[62]。國人內部又有貴族與一般公民之分[63]。野人在邦禮範圍之外，國人在邦禮範圍之內。國人的等級區分即以禮為準則。

到春秋戰國時期，國人和野人的差別逐漸消失，原先國人內部的等級關係也有很大變化。孔子所說的「禮崩樂壞」，指的就是這種局面。在這種情況下，出現了在人與人的關係方面的人類精神覺醒。這種覺醒首先反映在孔子的仁與墨子的兼愛的主張上。墨子主張的兼愛[64]，為無差別的人類之愛，後來實際未能廣泛實行。孔子所開創的儒家學說，以仁與禮相結合，在中國文化史上起了深刻的影響。仁的概念首先是孔子提出來的。《尚書》、《詩經》裡雖有少數「仁」字，但都不具有以後孔子所賦予它的涵義。孔子對「仁」的最一般的解釋是「愛人」[65]。如果從正反兩方面說，那就是「唯仁者，能好人，能惡人」，「好仁者，無以尚之；惡不仁者，其為仁矣」[66]。只有厭惡不仁，這種仁才具有排中的性質。孔子的仁的實踐原則是：推己及人，由近而遠。他說：「夫仁者，己欲立而立人，己欲達而達人。能近取譬，可謂仁之方也已」[67]。以己所欲，推及於人，這固然是仁的一個方面，但尚未排除以己所欲強加於人的可能。所以孔子在仲弓問仁時又說：「己所不欲，勿施於人」[68]。自己不願他人意志強加於己，也就不能強加於人。由己及人，看來似乎低於佛教的無差別的平等和墨子的無差別的兼愛，其實內容比後兩者更加豐富。因為，在承認人我的區別或對立的同時，又看到了二者之間的可以或必須相通，這正是發現了人我之間的關係即為人與人的關係，這也正是一種領悟了對立統一內容的人類精神覺醒。孟子說：「仁也

---

[62] 關於國野差別，戰國時的孟子仍保有印象，見《孟子・滕文公上》。
[63] 國人內部不同層次，參見《左傳》文公十六年「宋公鮑禮於國人」一節及孔穎達正義。
[64] 見《墨子・兼愛》上、中、下。
[65] 見《論語・顏淵》。
[66] 見《論語・里仁》。
[67] 見《論語・雍也》。
[68] 見《論語・顏淵》。這一條很重要，法國 1793 年憲法中的「人權宣言」第六條也引為道德準則。

者，人也」[69]，又說：「仁，人心也」[70]。仁，就是把人當作人來看，把人當作人來愛。這裡面有人類精神的真覺醒，非佛教無差別的眾生平等所可比擬。當然，儒家的仁和禮又是分不開的。「顏淵問仁。子曰：克己復禮為仁」[71]。關於仁禮關係，歷來異說紛紜，至今仍在討論，這裡只表示我的一個見解：不能同意那種認為禮把仁限制在一定範圍之內的說法，因為沒有見到儒家曾劃定行仁政的範圍。「孟子曰：君子之於物也，愛之而弗仁，於民也，仁之而弗親。親親而仁民，仁民而愛物」[72]。仁的對象範圍是人，不及於物，與佛家眾生平等說不同，但在人的範圍內並無限制。禮是講區別、講層次的。這種區別與層次既未形成對仁的封閉，那麼它們恰好轉化成為仁所歷之而出的階梯。本質上本無差別的仁，由禮的形式有等差地表現出來，這正是中國古代人類精神覺醒的一個特點。

　　印度佛教主張無差別的平等，古希臘學者揭示人類平等中的內在矛盾，而中國儒家則以具有禮的形式的仁使現實的有差別的人同一起來。

　　第三，簡單地探討一下古代印度、希臘和中國在人性問題討論中表現出的特點。

　　在古代印度，人性主要不是作為實證的（Positive）範疇來探討的。在《奧義書》中，現實的人只不過被認為是無常的幻象，而人的靈魂或「神我」又與梵一致，不具人性而有梵性。佛教主張眾生平等，人作為眾生之一種與眾生同有「有情」的特性，人性轉而淹沒於眾生性之中；當佛教宣揚人皆可以得佛之度而超出生死輪迴的時候，人性又直接認同於佛性。以後大乘佛教曾有是否一切人皆有佛性的討論[73]。雖然當時中國佛教徒曾認真地把它當作人性問題來討

---

[69] 見《孟子・盡心下》。
[70] 見《孟子・告子上》。
[71] 見《倫語・顏淵》。
[72] 見《孟子・盡心上》。
[73] 東晉・法顯譯《大般泥洹經》卷 6 云：「此摩訶衍般泥洹經，一切諸惡無不治故。唯

論，其實印度佛教原典討論的仍不是眾生性以外的獨立的人性問題。

在古代希臘，哲學界關於人的討論晚於自然哲學，而且在一定程度上頗受自然哲學的影響。例如，阿那克薩哥拉、恩培多克勒、德謨克里特等都強調人的身心的物質構成，而傾向於以自然來解釋人性。在希臘文中，Physis（相當於英文的 Nature）一詞，先前自然哲學家們用以表示「自然」，自西元前五世紀以下，又被用來表示人的「本性」[74]。於此可見在希臘人思想中人性與自然關係之深。亞里士多德則認為，人性中有對立的兩部分。他曾這樣分析苦與樂：沒有一件事可以永遠使人快樂，因為人的本性有兩部分；一部分以為樂者，另一部分即以為苦，當兩部分平衡時，則無所謂苦樂[75]。人性的兩部分又與靈魂的兩部分有關。他認為，靈魂既包括無理性的部分（如生殖、欲望），又包括理性的部分[76]。在人類本性的兩部分中，有理智的部分處於支配的和高級的地位，所以可以把這一部分認為人之「真我」[77]。人因本性中有理智的一面，所以能組成以公平為原則的城邦；又因本性中有另一面，如無法律和公平原則，人也可能變成最兇殘的野獸，所以城邦又是必要的。因此，他認為：「人在本性上是一種城邦的動物」（Political being，或譯「政治動物」「社會動物」）[78]。

在古代中國，視人為人的仁是孔子首倡的。他也注意到了人的「性相近也，習相遠也」[79]。人有大體相同的本性，而人的差別是因不同的習染而形成的。不過，孔子不願空論人性，所以子貢說：「夫

除一闡提，所以者何？無菩提因故」。而北涼・曇無讖譯《大般涅槃經》卷 5 則認為「一闡提」也可成佛。此二部經大概成書先後不同。

[74] 古思理：《希臘哲學史》卷 2（W. K. C. Guthrie, *A History of Greek Philosophy*, II, *The Presocratic Tradition from Parmenides to Democritus*），頁 351。

[75] 見亞里士多德：《尼可馬庫斯理學》VII, xiv, 8。

[76] 同上書，I, xiiii, 可以下。

[77] 同上書，X, vii, 8-9。

[78] 見亞里士多德：《政治學》，1253a，又《尼可馬庫斯理學》I, vii, 6。

[79] 見《論語・陽貨》。

子之言性與天道，不可得而聞也」[80]。到戰國時代，儒家對人性有了認真的討論。首先，「孟子道性善」[81]。他說：「天下之言性也，則故而已矣，故者以利為本」[82]。「故」通「固」，即固有屬性；利，便也，自然的趨向。人性就是人所固有的自然的趨向。他說：「人性之善也，猶水之就下也」。所指就是自然趨向，這也就是孟子為性所下的定義。進而他又論證性是分類的，告子說：「生也謂性」，這是利用「生」和「性」是同義詞的關係來解釋人性，孟子就反駁說：「然而犬之性猶牛之性，牛之性猶人之性與？」犬、牛、人同有生，但不能同性。「故凡同類者，舉相似也，何獨至於人而疑之？聖人與我同類者。」聖人善，人皆與聖人同類，故皆性善。這裡顯示出了孟子在人為同類的類本性問題上的精神覺醒，他的性善說的具體內容是：「惻隱之心，人皆有之；羞惡之心，人皆有之；恭敬之心，人皆有之；是非之心，人皆有知。惻隱之心，仁也；羞惡之心，義也；恭敬之心，禮也；是非之心，智也。仁義禮智非由外鑠我也，我固有之也。」[83]因此，「人皆可以為堯舜」[84]。孟子認為，人類按其本性是偉大的。人有不善，是由於外在環境影響了人性的發揮。他曾指出，造箭的人唯恐不能殺傷人，造盾的人唯恐不能保全人，這就是職業對人的影響，所以「術不可以不慎也」[85]。荀子的見解與孟子正相反。他認為：「今人之性，生而有好利焉，順是，故爭奪生而辭讓亡焉；生而有疾惡焉，順是，故殘賊生而忠信亡焉；生而有耳目之欲、有好聲色焉，順是，故淫亂生而禮義文理亡焉。然則從人之性，順人之情，必出於爭奪，合於犯分亂理而歸於暴。故必將有師法之化，禮義之道，然後出於辭讓，合於文理，而歸於治。用此觀之，然則人之性惡明矣，其善者偽也」[86]。關於「偽」，荀子說：「不事而自然謂之性。性之好、惡、

---

[80] 見《論語・公冶長》。
[81] 見《孟子・滕文公上》。
[82] 見《孟子・離婁下》。此段文字之傳統解釋不甚貼切。
[83] 以上幾段引文皆見《孟子・告子上》。
[84] 見《孟子・告子下》。
[85] 見《孟子・公孫丑上》。
[86] 見《荀子・性惡》。

喜、怒、哀、樂謂之情。情然而心為之擇謂之慮，心慮而能為之動謂之偽。慮積焉，能習焉，而後成謂之偽」[87]。這就是說，經過心慮或理性的思考和選擇，克服性情的不善，並在行動中養成習慣，叫作偽，所以，偽就是對於性的否定，是人對內在於自身的自然的克服。因為人都有可能改惡從善，所以「塗之人可以為禹」。荀子認為，人就其能克服自己的本性這一點來說是偉大的。「今使塗之人伏術為學，專心一志，思索孰察，加日縣久，積善而不息，則通於神明，參於天地矣。」[88]參於天地，就是人與天地並立為三。荀子多次說人可以參天地，是人類精神覺醒的明顯表現。這裡只是說明孟子、荀子在人性研究中反映出的人類精神覺醒的不同途徑，而不可能對於他們二人的人性說作進一步的深入的剖析和評價。值得指出的是：孟子主張充分發揮人的仁義禮智之心，荀子主張隆禮節欲[89]，所強調的都是倫理的重要。如果說亞里士多德認為「人是城邦的動物」，那麼中國儒家就認為人是倫理的動物了。

總之，分別把人理解為宗教的動物、政治的（城邦的）動物或倫理的動物，這正是古代印度、希臘與中國在人的本質上所達到的各具特點的結論。

以上討論了西元前八至三世紀的印度、希臘和中國的人類精神覺醒的問題。這個問題無疑是人類文化史上第一次高潮中所涉及的問題之一。換一個角度看，我們也可以說，正是由於那一次的人類精神覺醒，才可能產生那一次的文化發展高潮。在那一次文化發展高潮中，形成了印度、西方和中國三個各有特點的文化傳統。它們對直到今天的世界文化都起了並起著巨大的作用。因此，我們可以說，進一步研究西元前八至三世紀的那一次人類精神的覺醒，對於了解世界和中國的歷史，對於了解當前的世界文化，都是有意義的。

---

[87] 見《荀子・正名》。
[88] 見《荀子・性惡》。
[89] 見《荀子・禮論》。

第五篇
先秦儒家仁禮學説新探

關於先秦儒家的仁和禮的學說，近數十年學術界的論著不少。由於不同見解的爭鳴，討論已經達到相當的深度。不過分歧尚未消除，進一步的研討仍有必要。

一

討論先秦儒家仁、禮學說，自然要從孔子開始。那麼，孔子以前是否已經有了仁和禮的概念？這實際就是孔子的仁和禮的學說淵源問題，我們先作一個簡要的考察。

首先說禮。《說文》：「豊，行禮之器也，從豆，象形」。王國維認為，殷墟卜辭中的𧯇、𧯈亦可作豊，即豊之省文。此諸字皆象二玉在器之形。古者行禮以玉，故《說文》曰：「豊，行禮之器，其說古矣。」[1] 這一解釋正符合「器以藏禮」[2]之說。看來當時作為抽象概念的禮尚未從器中分離出來。禮字也很少見於金文中。在戰國以前的彝器銘文中，迄今唯見於《何尊》一次，也很難說就是抽象

---

[1] 見《釋禮》，《觀堂集林》卷6（北京：中華書局，1959），頁291。
[2] 見《春秋左傳正義》，成公二年引孔子語，頁1894。

的禮的概念。在《尚書》中，除成篇較晚的《舜典》、《皋陶謨》裡的禮字不計，見於《金縢》（按此篇問題亦較多）者一次，指的是禮儀；值得分析的是見於《洛誥》和《君奭》的禮字。《洛誥》：「王肇稱殷禮，祀於新邑，咸秩無文。」此節自鄭玄以下，歷來解說紛紜，但大體皆認為周初祭祀曾用殷禮（蔡沈以盛釋殷，不可取），而「咸秩無文」當以王引之以「紊」釋「文」為最切。意即祭祀時，「各有等差，皆次序之，無有紊亂也」[3]。可見周初禮仍寓於祭祀之中，但「等差」、「次序」以至制度的含義亦漸顯露。《君奭》：「故殷禮陟配天，多歷年所。」[4] 殷禮配天，禮仍未離祭祀而言之；不過這裡的「殷禮配天」也已經是殷的體制或王權的一種代用語了。禮字見於《詩經》者，在《小雅》之《楚茨》、《賓之初筵》，在《周頌》之《豐年》、《載芟》中，皆指禮儀，「以洽百禮」，即是以合各種禮儀。而據《小雅・十月之交》所記，周（幽）王卿士皇父在毀了此詩作者的房屋、荒蕪了他的田地以後還說這並不是傷害他，因為禮則然矣。做了害人的事，還說沒有害人，禮當如此。這個「禮」，當然具有制度的涵義了。不過據現有文獻來看，西周時人對禮的概念認識仍不太明確。到春秋時，情況發生了變化。春秋初期，晉大夫師服說：「禮以體政，政以正民。」[5] 他已認識到禮是政治體制的核心。《禮記・禮器》：「禮也者，猶體也。」[6]《釋名》之《釋語言》、《釋典藝》均有「禮，體也」。以體訓禮，由此而出。春秋中期，魯曹劌曰：「夫禮，所以整民也。故會以訓上下之則，制財用之節；朝以正班爵之義，帥長幼之序」[7]。這又說明，禮是一種使人民有區分和等差的秩序。到春秋晚期，被孔子稱為「古之遺直」的晉大夫叔向曾說：「禮，王之大經也」[8]，雖然這句話是他在談喪禮時說的。

---

[3] 見《經義述聞》卷 4（南京：江蘇古籍出版社，2000），頁 98。

[4] 見《尚書正義》，頁 224。

[5] 見《左傳》桓公二年。

[6] 見《禮記正義》，頁 1435。

[7] 見《左傳》莊公二十三年。

[8] 見《左傳》昭公十五年。

被孔子稱為「古之遺愛」的鄭大夫子產曾說:「夫禮,天之經也,地之義也,民之行也。」[9] 這兩位與孔子同時而年長的人已把禮看作天經地義的、人的行為準則。《荀子・大略》:「禮者,人之所履也。」《說文》:「禮,履也」。以履訓禮,由此而出。從西周到春秋,禮的概念的內涵逐漸明晰,而其價值(也許由於禮崩樂壞的反面刺激)也更受到一些人的重視。孔子的禮的學說以此為淵源,當然他又有自己的發展,下文再說。

再來說仁。仁字不見於甲骨文。除戰國時期中山王譽鼎外,亦不見於金文。在《尚書》(偽古文書不計)中,仁字僅於《金縢》一見。周武王病,周公祭禱先王,願代武王死,去侍奉祖先。他說:「予仁若考,能多材多藝,能事鬼神。」「予仁若考」(或句作「予仁若考能」)一句,解說亦多分歧。《史記・魯周公世家》引此,但作「旦巧」二字。王念孫、王引之父子據此,以為「考巧古字通,若而語之轉。予仁若考者,予仁而巧也」[10],不把「若」釋為實詞「順」或「如」,而釋為「而」,正是王氏父子解經高明之處。于省吾先生鑒於「巧」不見於金文,故以孝釋考,云:「予仁若考者,予仁而孝也。」[11] 于先生說自有新意,不過,「仁」字也極少見於金文。所以,司馬遷以「巧」作「考」的訓釋似不可廢。阮元說:「予仁若考者,言予旦之巧若文王也。巧義即佞也。佞從仁得聲而義隨之,故仁可為佞借也。古者事鬼神當用佞,金縢之以佞為美、借仁代佞者,因事鬼神也。故《論語》孔子謂祝鮀之佞治宗廟,即《金縢》仁巧多材多藝能事鬼神之義也。」[12] 阮氏發現佞字古多褒義,《左傳》等書中多有例證,實屬不刊之論;認為此處「仁」字本為「佞」字,亦極具卓識。惜乎對「若考」二字又無所安頓,《魯周公世家》中引書根本沒有「若文王」的說法。我以為,綜合王、阮二家之說,

---

[9] 見《左傳》昭公二十五年鄭大夫游吉引子產語。
[10] 見《經義述聞》卷3,頁88。
[11] 見《雙劍誃尚書新證》卷2(上海:上海書店,1999),頁79。
[12] 見《釋佞》,載《揅經室續集》卷1。

可以得到更合理的解釋。「予仁若考」之「仁」確為「佞」字之代，但這裡「佞」字應釋為「才」。《左傳》成公十三年「寡人不佞」，服虔注：「佞，才也。」又成公十六年「諸臣不佞」，杜預注：「佞，才也。」《國語・魯語上》「寡君不佞」，韋昭注：「佞，才也。」都可為證。而「考」確如王氏所云，為「巧」之代。須知「仁」（即「佞」）與「考」（即「巧」）是同「多材多藝」相契合的。「多材」即是「才」，即是「佞」；「多藝」呢？《論語・子罕》「吾不試，故藝」。鄭玄注：「故多技藝。」藝即技藝。而《說文》：「巧，技也」；又：「技，巧也。」巧技互訓。所以，「多藝」即是「巧」。唯「仁」（佞、才）而「考」（巧、藝），所以才「能多材多藝，能事鬼神」。這樣，我們就可以說《尚書》未見真正的仁字。在《詩經》中，《鄭風・叔于田》形容在狩獵的太叔段「洵美且仁」；《齊風・盧令》又形容一個獵人「其人美且仁」。于省吾先生指出，這兩個人都談不上有任何的仁可言，因「仁與㠯古同字」，而「㠯，古夷字」，據《爾雅・釋言》，「夷，悅也」。故于先生認為，「美且仁」實是「美且夷」[13]。這樣，我們也就可以說《詩經》中未見真正的仁字。在《左傳》中，仁字出現四十餘次，其中在孔子以前談仁者，亦有多次，不過就其含義來看，可以和孔子所說的仁相契合者實在很少。

從以上分析來看，在孔子以前，「禮」的概念已經有了一定的發展，為孔子禮的學說的建立準備了相當多的思想資料；而仁的概念，如果不說是尚未出現，那也是處於相當混沌的階段。那麼孔子在建立自己的仁的學說的時候就沒有任何前人遺留的思想資料嗎？這也不是。趙光賢先生在《論孔子學說中「仁」與「禮」的關係》一文中指出，「孔子的德治思想來源於周公。周公在《康誥》裡教導康叔治理殷民的原則就是『明德慎罰』四個大字」。又說：「德治的實質就是仁治。」[14] 此說確有啟發。按德字見於兩周銅器銘文者

---

[13] 見《澤螺居詩經新證》卷中（北京：中華書局，2003），頁75-76。
[14] 見《北京師範大學學報》，1985年第一期。

很多，與禮、仁二字之罕見成鮮明對比。《說文》:「悳，外得於人，內得於己也。從直從心。」段玉裁注云:「內得於己，謂身心所自得也;外得於人，謂惠澤使人得之也，俗字叚德為之。」德，就是人的內在美德及其外在行為中的外現。《管子‧正》:「愛之，生之，養之，成之，利民不德，天下親之，曰德。」又說:「愛民無私曰德。」這都是德的外現或德政，與行仁政確乎是很近似的。「德」與「仁」有聯繫，當然也有區別。這一點，早在孔子以前，晉大夫韓無忌已有所認識。他說:「恤民為德，正直為正，正曲為直，參和為仁。」[15]「恤，憂也。」[16] 憂民與前述愛民、利民一樣，算是德。但仍不足，還要直道而行（正）並反對斜曲（直），三者合起來，才能算仁。韓無忌所說的仁，仍然沒有達到孔子所說的仁的高度，不過總又靠近了一步。因為他認識到，雖然德和仁都有愛民的含義，但是仁比德還有更為豐富的內容。他所說「正直為正，正曲為直」與孔子的「道之以德，齊之以禮」[17] 也相當近似，可是他未認識到區別德政與仁政的關鍵:德政是把民當作臣民來愛，仁政則把民當作人來愛。

二

現在談孔子的仁、禮學說。

孔子言禮，多就具體問題而發，因此所涉及的禮的層次亦各不同。小之屬於個別事件之禮儀，例如，「子貢欲去告朔之餼羊。子曰:賜也，爾愛其羊，我愛其禮」[18]。大之則總指一代典章制度，例如，「子張問:十世可知也?子曰:殷因於夏禮，所損益可知也;周因於殷禮，所損益可知也。其或繼周者，雖百世可知也」[19]。《太平御

---

[15] 見《左傳》襄公七年。
[16] 見《爾雅‧釋詁》及《說文》。
[17] 見《論語‧為政》。劉寶楠:《論語正義》，《諸子集成》第一冊（北京:中華書局，1954）。以下凡引《論語》只注篇名。
[18] 見《八佾》，《論語正義》，頁59。
[19] 見《為政》，《論語正義》，頁39。

覽》五二二引鄭注云：「世謂易姓之世也。問其制度變易如何。」[20] 鄭玄把這裡的禮理解為三代制度，無疑是正確的。所以，孔子所說的禮，還有高於一代典章制度以上的、所謂「百世可知」的倫常。「（魯）定公問：君使臣、臣事君，如之何？孔子對曰：君使臣以禮，臣事君以忠。」[21]「齊景公問政於孔子。孔子對曰：君君，臣臣，父父，子子。公曰：善哉。信如君不君，臣不臣，父不父，子不子，雖有粟，吾得而食諸？」[22] 孔子不知有民主制的共和國，所以把君臣一倫與父子一倫同樣看作是天倫了。《禮記・哀公問》[23] 記曰：「哀公問於孔子曰：大禮何如？君子之言禮，何其尊也？」孔子說：「丘聞之，民之所由生，禮為大。非禮，無以節事天地之神（《大戴記》作『神明』）也；非禮，無以辨君臣、上下、長幼之位也；非禮，無以別男女、父子、兄弟之親、昏姻疏數之交也。君子以此之為尊敬然。」接著他又說：「古之為政，愛人為大；所以治愛人，禮為大；所以治禮，敬為大……愛與敬，其政之本與？」又說：「為政先禮，禮，其政之本與？」大、小戴禮記所記孔子言論未必皆可信，但是上引一段內容與《論語》相合；所以即使非孔子原文，也是後學陳述了他的思想。

　　從以上引文可以看出，孔子的禮學說的核心理論內容就在於在差別中求和諧，在和諧中存差別。孔子的後期高足，曾被子夏、子張、子游認為「似聖人」的有若[24]說：「禮之用，和為貴。先王之道斯為美。小大由之，有所不行。知和而和，不以禮節之，亦不可行也。」[25] 馬融解釋說：「人知禮貴和，而每事從和，不以禮為節，亦不可行。」後來學者對此章解釋頗多分歧，但馬融所釋大意是對的。用今天的話說就是，禮的功能的最寶貴之處在於可以達到和諧，但是如果一

---

[20] 轉引自劉寶楠：《論語正義》，頁 39。

[21] 見《八佾》，《論語正義》，頁 62。

[22] 見《顏淵》，《論語正義》，頁 271。

[23] 《大戴禮記・哀公問於孔子》同。

[24] 見《孟子・滕文公上》，焦循：《孟子正義》，《諸子集成》第一冊，頁 231。

[25] 見《學而》，《論語正義》，頁 16。

切都是為和而和，忘了禮的節制或差別的一面，那麼和諧也就無法實行。有若在這裡實際是發揮了孔子的和而不同的思想。「子曰：君子和而不同，小人同而不和。」[26]和與同的區分，據《國語・鄭語》所記，西周末年的史伯已開始注意到了；不過《鄭語》這一段有可疑處，現在姑且不論。可以肯定的是，與孔子同時而被孔子稱為「善與人交、久而敬之」[27]的齊大夫晏嬰對和與同的差別已有明確的解釋。其原文見於《左傳》昭公二十年，其大意是，不同味道的材料可以烹成美味的食品，不同的聲音可以合成美好的樂章，不同意見的商討可以得出完美的結論。「若以水濟水，誰能食之？若琴瑟之專一，誰能聽之？」所以：同是無差別的、單調的統一，是不可取的；而和則是有差別的、多樣性的統一，是最好的。

　　有若道出了孔子禮學說的精髓就在「和」上，這就指出了孔子的禮在肯定各種差別的同時不能不有其間的和諧。由此可見，孔子的禮學說，就其自身的邏輯而言，必須有其仁學說才能成立。「子曰：人而不仁，如禮何？人而不仁，如樂何？」[28]這正道出了孔子之禮，不可以無仁。

　　孔子論仁，也因人因事而有不同方面和不同層次的解說。樊遲看來是孔門不太得意的弟子，《論語》記他三次問仁。一次回答是：「仁者，先難而後獲，可謂仁矣。」[29]大概樊遲愛走捷徑。孔子怕他因此不能懂得仁的道理，所以對症下藥。又一次回答是：「愛人。」[30]這一回答含義較廣、層次較高，可惜「樊遲未達」。又一次回答是：「居處恭，執事敬，與人忠。雖之夷狄，不可棄也。」[31]顯然又是針對樊遲特點而發，「愛人」，的確是孔子仁學說的核心內容。但僅此二字，規定性尚嫌不明。所以，「子曰：唯仁者能好人，能惡人。」

---

[26] 見《子路》，《論語正義》，頁296。
[27] 見《公冶長》，《論語正義》，頁101。
[28] 見《八佾》，《論語正義》，頁44。
[29] 見《雍也》，《論語正義》，頁126。
[30] 見《顏淵》，《論語正義》，頁278。
[31] 見《子路》，《論語正義》，頁292。

又說：「好仁者，無以尚之；惡不仁者，其為仁矣。」[32] 這就從正反兩面闡明仁的性質，排除了折中的可能性。孔子在與其高足弟子對話中還說明了仁的實現途徑，更為其仁學說的精義所在。「仲弓（冉雍）問仁。子曰：出門如見大賓，使民如承大祭。己所不欲，勿施於人。」[33] 對子貢則說：「夫仁者，己欲立而立人，己欲達而達人。能近取譬，可謂仁之方也已。」[34] 所以，仁的途徑是從己出發，推己及人。己立立人，己達達人，這是從正面把自己所好推及於人。可是這還不夠，因為尚未排除以己所欲強加於人的可能。所以他又從反面規定，「己所不欲，勿施於人」。這就要求有對人的充分尊重。「出門如見大賓，使民如承大祭」，這本出自古語[35]，孔子引來表示一種對人充分尊重的心理狀態。而「己所不欲，勿施於人」被法國1793年《憲法》中的「人權宣言」引為他們的道德準則，也正因為它確實體現了一種尊重人的精神。

「顏淵問仁。子曰：克己復禮，為仁。一日克己復禮，天下歸仁焉。為仁由己，而由乎人哉？顏淵曰：請問其目。子曰：非禮勿視，非禮勿聽，非禮勿言，非禮勿動。」[36] 據《左傳》昭公十二年引孔子語：「古也有志：克己復禮，仁也。」孔子引用古語在這裡向他最得意的弟子說明仁和禮的關係：仁非禮不立。饒有趣味的是，在《禮記・中庸》裡還引有孔子這樣一段話，「仁者人也，親親為大；義者宜也，尊賢為大；親親之殺，尊賢之等，禮所生也。」這又從另一個方面說明仁和禮的關係：禮由仁而立。當然《中庸》所引是否孔子原話，可以存疑；不過內容是符合孔子思想的。有若說：「其為人也孝弟，而好犯上者，鮮矣；不好犯上，而好作亂者，未之有也。君子務本，本立而道生。孝弟也者，其為仁之本與。」[37] 仁者從自己出發，最近的是父母兄弟，能做到孝弟，就可以進一步推到君臣上下之間，就

---

[32] 見《里仁》，《論語正義》，頁75。
[33] 見《顏淵》，《論語正義》，頁263。
[34] 見《雍也》，《論語正義》，頁134。
[35] 見《左傳》僖公三十三年，《春秋左傳正義》，頁1833。
[36] 見《顏淵》，《論語正義》，頁262。
[37] 見《學而》，《論語正義》，頁3-4。

不會犯上作亂。由己而人，由近而遠，由孝而忠，由父父子子而君君臣臣，這無疑是孔子的思想。對於這個思想，如果從仁的角度來看，它是推己及人的逐步外推的階梯；如果從禮的角度來看，它又是人己之間的層層區別和界限。孔子的仁是有等差的博愛，而不同於墨子的無差別的兼愛；這樣就不能沒有禮的層次來作為階梯。孔子的禮義是以和為貴的（即因差別而和諧的）秩序，與先前「禮不下庶人」[38]的原則不同，不能把禮當作橫亙於人與人之間的鴻溝；這樣，禮的不同層次間的界限，同時又必須是橋樑，而這種橋樑恰恰就是仁。

　　孔子的仁和禮，作為一對概念，其外延的廣袤是相當的。仁是己立立人，己達達人，由己外推並無邊界。「子貢曰：如有博施於民而能濟眾，何如？可謂仁乎？子曰：何事於仁，必也聖乎。堯舜其猶病諸」[39]。仁能推而施於所有的人，就成了聖，就是孔子的仁的最高境界。如果說，孔子的仁只能施於某部分人，而不能施於另一部分人，恐怕在文獻中找不到切實證據。禮原不下於庶人，是有邊界的；而一旦與仁相結合，這個邊界就消失了。孔子不僅主張「事君盡禮」，「君使臣以禮」[40]，還主張「使民如承大祭」[41]；我們不曾見他說有任何人天然即在禮的範圍以外。當然，禮的顯示區分和界限的基本特性並未改變，只不過是作為仁的範圍以內的層次或階梯了。西漢早期還流傳有這樣的古語：「愛由情出謂之仁，節愛理宜謂之義，致愛恭謹謂之禮。」[42]何謂致愛恭謹？不單純是外表儀態問題，首先必須其節得理之宜。所以仁為愛之外推，禮（包含義）為謹遵理宜之節。這正是所謂「禮以行義」[43]。所以我們甚至可以說，孔子的仁和禮的概念的內涵，就其質而言，是相當的：均為愛；就其量而言，也是相當的：均為層次不等的愛。不過，如果進一步把這種量作為

---

[38]　見《禮記・曲禮上》，《禮記正義》，頁1249。
[39]　見《雍也》，《論語正義》，頁133。
[40]　均見《八佾》，《論語正義》，頁62。
[41]　見《顏淵》，《論語正義》，頁263。
[42]　見《韓詩外傳》卷4，第二十四章引「傳曰」。
[43]　見《左傳》僖公二十八年，《春秋左傳正義》，頁1827。

向量（Vector quantity）來考察，那麼仁為愛的外伸，禮為愛的節制，二者就適成相反了。

　　以上是對於孔子的仁和禮的概念以及二者之間的關係的一般分析，沒有涉及孔子以仁、禮為標準論人論事的內容。在實踐中，孔子不輕易以仁許人，他說「我未見好仁者」[44]。因為現實生活中的確很難找到他理想中的純粹的仁者。同樣，他也不輕易以知禮許人，在《論語》中只記他說了一次魯昭公知禮[45]，可是聽到別人批評以後，自己還認了錯。這也因為現實生活中很難找到他理想中的純粹的知禮者。不過，孔子也並非絕對地不許人以仁。對於學生，他說：「回（顏淵）也，其心三月不違仁。其餘則日月至焉而已矣。」[46]又如管仲生活奢侈逾禮，孔子批評他不知禮[47]；可是他輔助齊桓公完成尊王攘夷的霸業，又維護了諸夏的禮，孔子就稱讚他「如其仁，如其仁」[48]。所以，孔子對於仁和禮的概念，作為理想中的目標，是不允許含糊的。而在實踐中，孔子總肯定人們在這個方向上的或大或小的努力和成就，鼓勵人們盡力堅持做下去。曾參在孔門中天資不能算高，有時體會孔子思想卻很深刻。他說：「士不可以不弘毅，任重而道遠，仁以為己任，不亦重乎？死而後已，不亦遠乎？」[49]可見孔子的仁、禮學說，運用到實踐上就是終身的功夫了。

三

　　先秦儒家仁、禮學說，由孔子首創，經孟子、荀子的發展而達到一個更高的階段，體系大備。這裡就討論孟、荀二子是怎樣繼承孔子而又有所發展的。

---

[44] 見《里仁》，《論語正義》，頁77。
[45] 見《述而》，《論語正義》，頁150。
[46] 見《雍也》，《論語正義》，頁118。
[47] 見《八佾》，《論語正義》，頁69。
[48] 見《憲問》，《論語正義》，頁311。
[49] 見《泰伯》，《論語正義》，頁159-160。

事情還須從顏淵問仁這關鍵性的一章談起。孔子說：「克己復禮為仁。一日克己復禮，天下歸仁焉。為仁由己，而由乎人哉？」顏淵問細節，他又說非禮勿視、勿聽、勿言、勿動。學者對於這一段話的解釋，歷來都有分歧。朱熹《集注》說：「仁者，本心之全德。克，勝也。己，謂身之私欲也。復，反也。禮者，天理之節文也。為仁者，所以全其心之德也。蓋心之全德，莫非天理，而亦不能不壞於人欲。故為仁者必有以勝私欲而復於禮，則事皆天理，而本心之德復全於我矣。」又引「程子曰：非禮處便是私意。既是私意，如何得仁？須是克盡己私，皆歸於禮，方始是仁」[50]。這一解釋在以後相當長的時間裡曾佔據主導地位。可是在清朝，卻有許多學者對此持有異議。

首先，毛奇齡在《四書改錯》中指出：「馬融以約身為克己，從來說如此。惟劉炫曰：『克者，勝也。』此本揚子云『勝己之私之謂克』語。然己不是私，必從己字下添之私二字，原是不安。至程氏直以己為私，稱曰『己私』。致朱注謂『身之私欲』，別以己上添身字，而專以己字屬私欲。於是宋後字書，皆注己作私，引《論語》『克己復禮』為證，則誣甚矣。毋論字義無此，即以本文言，現有『為仁由己』己字在下，而一作身解、一作私解，其可通乎？」[51]他認為，把「克己」的己字說成私，再說成私欲，是曲解原文；「克己」不過是約己、抑己，「約己自剋，不必戰勝，況可詁私字也」[52]。毛氏的批評切中程、朱錯誤，故為以後許多清儒所贊成。他認為，把「克己」的己字說成私或私欲，與《論語》此章下文「為仁由己」的己字無法統一，因而自相矛盾。這一點也極有啟發，故為後來許多學者所稱許。

其次，惠士奇在《禮說》中又對「克己」進一步作了他獨到的解釋。他說：「孔子曰『克己』，曾子曰『己任』，一也。《說文》：

---

[50] 朱熹：《四書章句集注》（北京：中華書局，1983），頁131-132。
[51] 《西河合集》，《四書改錯》，清嘉慶十六年金孝柏學圃刻本，卷18，《小詁大詁錯》上「克己」條。
[52] 同上。

克之象，肩也；其義，任也。《詩》云『佛時仔肩』，毛傳曰克，鄭箋曰任，《釋詁》曰勝，蓋能勝其任謂之克。然則苟非己，焉能克？……若無己，則敬失其基，禮失其幹，慎失其籍；墮肢體，黜聰明，離形去智，變為槁木死灰，亦終入於昏昏默默而已矣。」[53] 惠氏從訓詁角度指出，「克」字有勝任之義；從邏輯角度指出，無己，則仁便失去主體，這種見解的確精闢，所以它被以後許多學者所稱引。

我說惠氏見解精闢，並不等於說他的見解就是完滿周到的，對任何學者的精闢見解也不能如此求全責備。惠氏看到並道出前人所未見、未發的方面，卻不能排除前人馬融釋「克己」為「約己」的故訓。從訓詁的角度說，「克己」的克字確有勝任與克勝正反兩義。克字常見於經典，古人訓釋很多。《說文》：「克，肩也。」《爾雅·釋詁》：「剋、肩，勝也；勝、肩，克也。」《爾雅·釋言》「克，能也。」可以概括克字正反二方面含義。由於克字在甲骨文、尤其是金文中多次出現，近世學者對克字原始字形作了許多討論，雖尚無統一結論，但《說文》所作字形的錯誤已無可疑；不過，古文字學家對於克字字義的見解大體仍未出前人已指出的正反二義。一個詞中包含正反二義，這表現出漢語自古即具有辯證的特點。當然，我們也完全不必為克字有正反二義而苦惱。從邏輯的角度說，克字正反二義的確定，也有助於克服「克己復禮」一語釋義中的兩難狀態。如僅依程、朱的解釋，「克己」既是克盡己私，那麼恰如惠士奇所指出的，行仁的主體都消失了，仁將從何談起？如僅依惠氏的解釋，「克己」既是「任己」，那麼，行仁的主體或出發點是找到了，可是任己又將伊於胡底？任意地任己，仁還能存在嗎？《論語·子罕》明言：「子絕四：毋意，毋必，毋固，毋我。」任意擴張自我，仁的目標必將消失，這就是兩難。其實阮元早已有見於此，他說：「顏子克己，己字即自己之己，與下『為仁由己』相同。言能克己復禮，

---

[53] 《禮說》，頁 15-16，文淵閣四庫全書本，卷 4，「克為敏德」條。

即可並人為仁。一日克己復禮,而天下歸仁,此即己欲立而立人,己欲達而達人之道。仁雖由人而成,其實當自己始。若但知有己不知有人,即不仁矣。」[54] 我認為,阮元對孔子克己復禮的思想作了明確的解釋,也許還可以說是作了一定程度的闡發。《論語・衛靈公》:「子曰:君子求諸己,小人求諸人」,「求諸己」,就是要把己建立為行仁的出發點:第一步,有了這個對己的肯定,才有可能推己及人實行恕道。第二步,由對己的肯定推至對人的肯定,這時不約己是不行的,《論語》同篇:「子曰:志士仁人,無求生以害仁,有殺身以成仁。」這就是要求有對己的否定,甚至不惜犧牲一己之生命。經過對己的否定,第三步,又達到對己的肯定,即「成仁」。不過,這一次已經不是單純地對一己的肯定,而是把己肯定在與人和諧的仁禮統一的關係之中。借用阮元的話來說,「即可並人為仁」矣。我作這樣解釋,絕對無意去說明孔子或阮元已經有了否定之否定的理論框架。而只是覺得,當我們用否定之否定的思路去看前人學說的時候,往往可以看得更為清楚一些。

以上費了不少筆墨討論孔子「克己復禮」,尤其是其中的「克己」思想,目的是要為孟子和荀子的思想探明淵源。我認為,孟子的仁、禮學說溯源於以「克己」為「任己」的一路,而荀子的仁、禮學說則溯源於以「克己」為「約己」的一路。要細論孟、荀兩家仁、禮學說,那須各寫專文。在這篇文章裡,只能勾畫一個最簡單的輪廓。

孟子和荀子,作為戰國時期儒家的先後兩大鉅子,都繼承了孔子的仁禮學說。孟子說:「君子以仁存心,以禮存心。」[55] 荀子說:「人主,仁心設焉,知其役也,禮其盡也。故王者先仁而後禮,天施然也。」[56] 可見他們都很重視仁和禮,奉行的都是孔子所開創的仁禮結合的學術傳統。當然,孟子和荀子在仁禮學說上又各有其特點。

孟子對孔子仁禮學說的發展,著重在仁上。《禮記・中庸》引

---

[54] 見《論語論仁論》,載《揅經室一集》卷8。
[55] 見《離婁下》,焦循:《孟子正義》,頁350。
[56] 見《大略》,王先謙:《荀子集解》,《諸子集成》第二冊,頁322。

孔子語：「仁者，人也，親親為大。」孟子說，「仁也者，人也；合而言之，道也。」[57]這對《中庸》釋仁有明顯的繼承，也有其發展。鄭玄在為《中庸》「仁者人也」作的注中說：「人也，讀如相人偶之人，以人意相存問之言。」鄭氏曾多次以「人偶」注經，例如，在《詩·檜風·匪風》「誰能亨魚」一句下，鄭箋云：「誰能者，言人偶能割亨者」。「人偶」又是什麼意思？孔穎達疏云：「人偶者，謂以人思（阮元校勘記：思當作意）尊偶之也。《論語》注：人偶，同位人偶（按後一『人偶』疑為衍文）之辭，《禮》注云：人偶相與為禮，儀皆同也。」孔疏嚴格按照以鄭釋鄭的方法，證明「人偶」就是同位之人，他們在行禮的時候用同等的禮節，相互間以人意相存問或尊偶，即相互以待人之道相對待或相尊重，阮元在《孟子論仁論》中說：「孟子曰：仁也者，人也。此孟子學於子思，得《中庸》之傳也。《中庸》曰：仁者，人也。鄭康成氏以相人偶注之。《孟子》此章『人也』人字，亦當讀如相人偶之人。『合而言之』，謂合人與仁言之，即聖人之大道也。」[58]阮氏的說法是對的。不過，我認為，鄭玄以「相人偶」之「人」解釋「仁者人也」之「人」，不僅可以用於解釋《中庸》此章，而且用來解釋孟子的話更為適合。因為，在《中庸》裡接著「仁者人也」的是「親親為大」，親親只是「相人偶」的很重要但也很具體的一端，而非「相人偶」的一般原則。而《孟子》裡接著「仁也者人也」的是「合而言之，道也」；人而行仁或者仁體現在人身上（即「合而言之」），那恰好是一般的「相人偶」之道，所以說是「道也」。孟子把孔子、子思對仁的解釋發展到了一個新的高度。

　　孟子在仁學方面對孔子的發展，與其人性善的主張有關。《孟子·告子上》：「仁，人心也。」什麼是「人心」呢？孟子說：「人皆有不忍人之心。……所以謂人皆有不忍人之心者，今人乍見孺子

---

[57] 見《盡心下》，《孟子正義》，頁575。
[58] 見《揅經室一集》卷9。

將入於井，皆有怵惕惻隱之心。非所以內交於孺子之父母也，非所以要譽於鄉黨朋友也，非惡其聲而然也。由是觀之，無惻隱之心非人也，無羞惡之心非人也，無辭讓之心非人也，無是非之心非人也。惻隱之心，仁之端也；羞惡之心，義之端也；辭讓之心，禮之端也；是非之心，智之端也。」[59] 又《告子上》中有類似的話，小異處是「恭敬之心，禮也」；此章又斷言，「仁義禮智非由外鑠我也，我固有之也」。在孟子看來，仁出自人的本性或內心，而義、禮、智也莫不如此。在這裡，孟子不過是把禮當作仁的一種表現為辭讓或恭敬的外現，對其意義或價值並無更多的闡發。可以說，孟子是把禮看成了仁的一個不可缺少的附件。

　　孟子的以性善說為背景、以仁為主體的仁禮學說，其運行方向基本上就是由內向外的。孟子引孔子語：「道二，仁與不仁而已矣。」[60] 怎樣區分仁與不仁呢？孟子說：「仁者以其所愛及其所不愛，不仁者以其所不愛及其所愛。」[61] 前者的運行方向是推己及人，由內而外；後者則恰好相反。孟子主張：「君子之於物也，愛之而弗仁；於民也，仁之而弗親。親親而仁民，仁民而愛物。」[62] 這就是以其所愛及其所不愛的由內外推。其中的愛的等差與層次也就是禮，而在孟子的仁禮學說中，這種禮只能是為仁外推提供的階梯。應當指出，孟子並未忽視禮，他很重視人倫實踐中的「父子有親，君臣有義，夫婦有別，長幼有序，朋友有信」[63]。他認為楊朱、墨翟不遵守這種秩序，就痛斥說：「楊氏為我，是無君也；墨氏兼愛，是無父也。無父無君，是禽獸也。」[64] 本來，楊墨主張相反，各為一極，可是用孟子的邏輯來分析楊墨，他們的問題就似異而實同。楊氏除了自己誰也不愛，這就是愛不外推，也就是把本來應當親愛的人也當成陌生的路人了。

---

[59] 見《公孫丑上》，《孟子正義》，頁138-139。
[60] 見《離婁下》，《孟子正義》，頁289。
[61] 見《盡心下》，《孟子正義》，頁561。
[62] 見《盡心上》，《孟子正義》，頁559。
[63] 見《滕文公上》，《孟子正義》，頁226。
[64] 見《滕文公上》，《孟子正義》，頁269。

墨子看起來與楊朱相反，他主張無差別地兼愛一切人，一般應當說是主張愛的外推的。可是依孟子的邏輯，既然愛無等差，那也就分不出對路人的愛與對親人的愛，結果仍然是用對路人的態度來對待親人了。因此，楊墨形式雖然不同，但實質都是以其所不愛及其所愛，因而都是不仁；不仁就是非人，因而都只能算是「禽獸」了。孟子仁禮學說大致特點如此。

荀子對孔子的仁禮學說也有發展，但著重點在禮上。如果說孟子在「仁」和「人」之間建立了一種內在的聯繫，荀子則強調了「禮」和「人」的不可分離的關係。《荀子・非相》：「故人之所以為人者，非特以其二足而無毛也，以其有辨也。夫禽獸有父子而無父子之親，有牝牡而無男女之別。故人道莫不有辨，辨莫大於分，分莫大於禮。」孟子認為人與人之間的基本關係是仁，是「相人偶」，注意的是人與人之間的同位和相通，荀子則認為人與人之間的基本關係是禮，注意的是人們之間的等差和分別。值得指出的是，看起來性質是消極的等差和分別，在荀子看來卻正是使人能群的積極因素。他說，人「力不若牛，走不若馬，而牛馬為用，何也？曰：人能群，彼不能群也。人何以能群？曰，分。分何以能行？曰：義。故義以分則和，和則一，一則多力，多力則強，強則勝物；故宮室可得而居也，故序四時，裁萬物，兼利天下，無它故焉，得之分義也」[65]。人之所以能超越其他動物，從自然界脫穎而出，就靠能群，能群就靠有分，有分就靠禮義。有禮義之分就成為和，因和而有群。應該說，這是孔子的和而不同的思想在人類生成說上的運用和發展。

荀子在禮學說方面對孔子的發展，與其人性惡的主張有關。《荀子・禮論》：「禮起於何也？曰：人生而有欲，欲而不得，則不能無求，求而無度量分界，則不能不爭。爭則亂，亂則窮。先王惡其亂也，故制禮義以分之，以養人之欲，給人之求。使欲必不窮乎物，

---

[65] 見《王制》，《荀子集解》，頁 104-105。

物必不屈於欲,兩者相持而長,是禮之所起也。故禮者養也。……君子既得其養,又好其別。曷謂別?曰:貴賤有等,長幼有差,貧富輕重皆有稱者也。」在荀子看來,禮義所規定的度量分界,是以節人之欲為手段來達到養人之欲的目的;由於人性惡,人的欲望只有經過節制或否定以後才能得到滿足或肯定,相對來說,我們沒有見到荀子對孔子的仁學說有多大的發展。

荀子的以性惡說為背景、以禮為主體的仁禮學說,遵循的是一條約己為仁的途徑,與孟子的任己為仁的純粹的由內外推不同。荀子並非不重視仁,也並非不要仁的外推。以上曾引他這樣一段話:「人主,仁心設焉,知其役也,禮其盡也。故王者先仁而後禮,天施然也。」這可作為證據,關鍵在於,荀子的仁與孟子所說不同,不是人自然而有的本性。他說:「今人之性,飢而欲飽,寒而欲煖,勞而欲休,此人之情性也。今人飢,見長者而不敢先食者,將有所讓也;勞而不敢求息者,將有所代也。夫子之讓乎父,弟之讓乎兄,子之代乎父,弟之代乎兄,此二行皆反於性而悖於情也。然而孝子之道,禮義之文理也。」[66]「仁者愛人」,首先是「親親」[67],可是在荀子看來,這也是人的本性被約束或否定的結果;或者說,沒有對人性的否定便沒有仁。(這裡所說否定,即揚棄,而非簡單的消除)。沒有仁,也就沒有仁的外推。在「仁心設焉」的條件下,的確就是「先仁後禮」。荀子說:「故君子之度己則以繩,接人則用抴。(楊倞注:『抴,牽引也。……或曰:抴當為枻,枻,楫也』)。度己以繩,故足以為天下法則矣;接人用抴,故能寬容因求(楊注:『成事在眾。』王念孫《讀書雜志》荀子第二《因求》條謂求為眾字之誤),以成天下之大事矣」[68]。這就是說,人必須首先以禮義(繩)律己,於是自己設立了仁心,足以作為榜樣;在與人交往中推引(抴)或引渡(枻,即舟楫)出去,就能以寬容的態度依大眾而成事。所以,

---

[66] 見《性惡》,《荀子集解》,頁291。
[67] 見《議兵》、《大略》等篇,《荀子集解》。
[68] 見《非相》,《荀子集解》,頁54。

必先克己、約己，然後才可以為仁。那麼荀子是否認為一旦仁心設立便可以一直外推下去呢？也不是。他說：「親親、故故、庸庸、勞勞，仁之殺也；貴貴、尊尊、賢賢、老老、長長，義之倫也；行之得其節，禮之序也。仁，愛也，故親；義，理也，故行；禮，節也，故成。」[69] 不論仁之殺（等差）還是義之倫，其中皆有節，而這正是禮之序。仁義無節不成，所以仁之每一步外推，同時也就是禮的一次節制；而禮的每一次節制，同時也就是仁的一步推行。「古者先王分割而等異之也，故使或美或惡，或厚或薄，或佚或樂，或劬或勞，非特以為淫泰誇麗之聲，將以明仁之文，通仁之順也。」[70] 王先謙《集解》：「此言先王將欲施仁於天下，必先有分割等異，乃可以明其文而通其順；若無分割等異，則無文不順，即仁無所施矣。」因此，在荀子的仁禮學說裡，我們可以看出，他的仁和禮總是在對立的統一中前進著。

上文分析孔子「克己復禮」的邏輯時曾指出它有三個階段：第一步是己作為人的肯定；經過「由己」而及人，而及人必然克己或約己，即對己的否定，是為第二步；由克己而成仁，即達到己在與人和諧中的再肯定，是為第三步。當然這一邏輯只是以尚未展開的形式統攝在《論語》的簡單語錄裡，孔子作為這一學說的開創者的偉大之處正在於其思想的渾然中包孕了發展的可能性。歷史地看，孟子對於孔子仁禮學說的發展在於上述邏輯的第一階段到第二階段，而荀子的發展則在其第二階段到第三階段。當然這也不是孟子或荀子自己能意識到的；荀子只知道自己與孟子的對立，而不知其間的歷史發展。因此，上述的階段只不過是客觀的歷史邏輯的反映。我以為，先秦儒家仁禮學說的發展，大致如此。

---

[69] 見《大略》，《荀子集解》，頁 324。
[70] 見《富國》，《荀子集解》，頁 116。

第六篇
關於戰國時期的性惡說

在戰國時期的「百家爭鳴」狀態中，有一個引人注目的現象，那就是人性惡的學說的出現以及它的風行一時。最初人們注意到的是荀子的性惡說，後來韓非的性惡說也得到了學者們相當深入的分析和研究。不過，在荀子以前是否有過性惡說或近似於性惡說的思想呢？這一點似乎尚無太多的討論。如果有，荀子性惡說和其前驅者之間的關係又是怎麼樣的？同時，關於荀子性惡說和韓非子性惡說本身以及二者之間的關係，也似乎也還有可以進一步分析的餘地。這些也就是本文所擬討論的問題。

一、戰國早、中期人性惡的思想的萌生

（1）關於《墨子》書中的性惡思想

《尚同上》記：「子墨子言曰：古者民始生，未有刑政之時，蓋其語人異義。是以一人則一義，二人則二義，十人則十義。其人茲眾，其所謂義者亦茲眾。是以人是其義，以非人之義，故交相非也。是以內者父子兄弟作怨惡，離散不能相和合；天下之百姓皆以水火毒藥相虧害，至有餘力不能以相勞，腐朽餘財不以相分，隱匿良道不以相教。天下之亂，若禽獸然。」《尚同中》篇首記有同樣的內容。

墨子在這裡講的是人類的原始狀態，亦即未經改造過的人性的表現。他認為，人的生而具有的本性是惡的，而且惡到了這樣一種程度：「若禽獸然。」為什麼人類會這樣性惡呢？墨子也已給了回答，那就是因為一人一義。簡而言之，那就是人皆有己，並以自己為中心；於是為了一己之私，不惜傷害他人的利益。於是「己」或個人的自我就成了墨子的性惡說中的惡源。

　　墨子何所據而云然？他的這種認識是從戰國時期的激烈的爭奪和兼併環境中得來的。在墨子看來，人性之惡，表現為損人利己。在《非攻上》中，他列舉了從「入人園圃，竊其桃李」，到「攘人犬豕雞豚」、「取人牛馬」，以至「殺不辜人，拖其衣裘」，並指出這是人們公認的損人利己的行為。而在當時的戰國時代，這種損人利己的行為已經發展為大規模的殺人的戰爭。《非攻中》分析了當時戰爭造成的國家財富損失與人民傷亡常常「不可勝數」。「殺人多必數於萬，寡必數於千，然後三里之城、七里之郭，且可得也。」可是統治者「貪伐勝之名，及得之利，故為之。」墨子把這一切看作是本質為惡的人性的充分擴展的結果。

　　出於救世的目的，墨子從兩個層面上提出了自己的主張。在實踐的層面上，他主張「非攻」，以免除人民的傷亡與痛苦；在理論的層面上，他主張「兼愛」，以消除爭奪的禍根。墨子為何不用其前輩學者孔子的「仁」愛，而一定要用「兼愛」呢？從表面上或墨子本人所能意識到的層面上來看，那是因為孔子的「仁」中還不免有一個「己」字，而他自己的「兼愛」則是完全沒有人我之別的。墨子把孔子稱為「別士」，而自稱為「兼士」。他在《兼愛下》中將二者作了一個對比說：「是故別士之言曰：『吾豈能為吾友之身若為吾身、為吾友之親若為吾親？』是故退睹其友，饑即不食，寒即不衣，疾病不侍養，死喪不葬埋。別士之言若此，行若此。兼士之言不然，行亦不然，曰：『吾聞為高士於天下者，必為其友之身若為其身，為其友之親若為其親，然後可以為高士於天下。』是故退睹其友，饑則食之，寒則衣之，疾病侍養之，死喪葬埋之。兼士之言若此、行

若此。若茲二士者，言相非而行相反歟。」這就是說別士尚不能忘我，而墨家的兼士們則是廓然而大公的。不過墨家還沒有把這種廓然大公說為完全無私。他們說：「愛人不外己，己在所愛之中；己在所愛，愛加於己。倫列之，愛己，愛人也⋯⋯臧之愛己，非愛己之人也。厚不外己；愛無厚薄，舉己非賢也。」[1] 他們的邏輯是，己為人（類中之一員），愛厚於人（類），自然地包括了愛己。由於己也是人（類中之一員），固然也可以說愛己也是愛人，但那只是愛人中的一員，而不等於愛了人（類）。譬如，一個奴隸（臧）愛他自己，那並不等於愛他所屬的人類。所以不論愛的厚薄，突出自己總是不對的。墨家處處都把「己」或個人當賊那樣來防範著，只許它融於人（類）之中，而不許它有任何獨特的自立性。這是他們把「己」或個別人當作性惡之源的自然結果。

　　墨家的陳義固然甚高，而且也甚重邏輯，可是他們用以救治性惡的靈丹妙藥即「兼愛」卻由此而失去了在人性上的內在依據。孔子說：「夫仁者，己欲立而立人，己欲達而達人。能近取譬，可謂仁之方也已。」[2] 又說「己所不欲，勿施於人。」所以說「為仁由己，而由人乎哉」[3]。孔子的「仁」愛是由對己之愛推出去的，作為「仁」的出發點或中心的正是作為人（之一員）的個人或「己」。所以「仁」之源不假外求，即在自己的人性之中。在墨家性惡說的理論體系中，「兼愛」卻無法從人性自身找到它的源泉。因為性惡本來就是對於愛人的排斥，人性之中既然本無愛人的資源，那又如何能無中生有地從人性中幻變出一個「兼愛」來呢？於是墨子只有把「兼愛」歸之於「天志」。「兼愛」本是一種人類之愛，可是在墨家那裡卻不得不外化為一種宗教之愛：既然天無差別地兼愛世人，人們當然也就應該互相兼愛了。墨家的這種論證具見於《天志》三篇之中，此處不煩細說。此處所要強調指出的是，「天志」無非是墨家性惡說

---

[1] 《墨子・大取》，《諸子集成》第四冊，頁 244-245。
[2] 《論語・雍也》，《諸子集成》第一冊，頁 262。
[3] 《論語・顏淵》，《諸子集成》第一冊，頁 134。

的自然的邏輯結論。而且,墨子只要否定孔子的「仁」,他就不能不走上這一條路。

由於同樣的道理,墨家既然不能從個人或「己」的「義」中看到任何理性的因素,那麼就必然要使人們下級服從上級、直到服從天子,而後天子再服從於天。其說具見於《尚同》三篇,此處也不必細說。這裡想要說明的是,墨子的「非攻」、「兼愛」、「天志」、「尚同」等基本思想,幾乎都是以其性惡說為其必要條件的。

(2) 關於早期法家的性惡思想

在早期法家的著作中有比較明顯的性惡思想的是《商君書》。儘管其中摻入了若干較晚時期的人的東西,應該說此書仍是戰國中期商鞅及其後學的作品。現在試從此書來探索這一學派的性惡說。

此書《開塞》篇云:「天地設而民生之,當此之時也,民知其母而不知其父,其道親親而愛私。親親則別,愛私則險;民眾,而以別、險為務,則民亂。當此時也,民務勝而力征。務勝則爭,力征則訟,訟而無正,則莫得其性也。」這是在說明人類的原始狀態,也是把人的本性說得既自私又險惡,幾乎和以上所引的《墨子・尚同上》中的那一段話一模一樣。看來作者是受過墨家學派的影響的,所以二者之間有共同性。

不過,商鞅及其後學在處理性惡的問題上比墨家學派又遠走了一步。當墨子說了「天下之亂若禽獸然」以後,就接著說:「夫明乎天下之所以亂者,生於無政長。是故選天下之賢可者,立以為天子。天子立,以其力為未足,又選擇天下之賢可者,置立之以為三公。天子三公既立,以天下為博大,遠國異土之民,是非利害之辯,不可一二而明知;故畫分萬國,立諸侯國君。諸侯國君既立,以其力為未足,又選擇其國之賢可者,置立之以為正長。正長既具,天子發政於天下之百姓。」墨子以為,天子是天選派的,以下各級政長分別由其上級選派;他們必須是各級的賢者,人民則必須逐級地尚同於上。人民之上同至於天子,而天子則必須上同於天。這種尚

同雖然已有相當程度的盲從的性質,但是尚同的既是賢者,那就不能說其中完全沒有理性的因素。「天志」所體現的「兼愛」中實際也包含了人類之愛的理性因素,儘管它已經過了外化。商鞅及其後學們在這一點上與墨家就大有不同了。在以上所引的《開塞》篇那段文字以下,緊接著就是「故賢者立中正,設無私,而民說仁。當此時也,親親廢,上賢立矣。凡仁者以愛為務,而賢者以相出[4]為道。民眾而無制,久而相出為道,則有(又)亂。故聖人承之,作為土地、貨財、男女之分。分定而無制,不可,故立禁。禁立而莫之司,不可,故立官。官設而莫之一,不可,故立君。既立君,則上賢廢而貴貴立矣。然則上世親親而愛私,中世上賢而說仁,下世貴貴而尊官。上賢者以道相出也,而立君者使賢無用也。」《商君書》的這一段話說明了這樣兩個問題:第一,墨子是主張上賢的,除上引文字外,《墨子》中還有《尚賢》的專篇。《商君書》在這裡卻明確提出「尚賢」已經過時;有了君主就不能再有別的權威,所以尚賢必須廢止。第二,「尚賢」也是有問題的,因為「賢」本身就有賴於競爭才能出現;而競爭本身就包含了作為性惡之源的私,所以有競爭而無制必亂。這兩點可以說都是否定墨家思想的。如果說其第一點是以歷史的眼光否定墨家的尚賢,那麼其第二點就是批評墨家對付「性惡」的方法還不徹底。因為「賢」本來就含有「私」或「性惡」的因素,可是賢者總又以「仁」為號召;所以「尚賢」於「性惡」雖可以致治於一時,而結果必然是「亂」。於是這些法家們決心把賢放到一邊,而把全部對治「性惡」的希望投在君主身上。

那麼商鞅及其後學對治「性惡」的具體方法又是什麼呢?概括起來說也有兩點:一是以惡治惡,二是以愚治惡。在先秦法家著作中要找以惡治惡的言論,那可以說是太多而無法備引了。現在姑且引用《開塞》篇的結語以為概括:「故王者以賞禁,以刑勸,求過不求善,藉刑以去刑。」這真是與儒家的「仁」和墨家的「兼愛」

---

[4] 按「相出」,一說「出」即「屈」,意即互相使對方屈服;一說以為,相出就是互相超出。總之,就是互相競爭,賢本來就是在競爭中產生出來的。

劃清了界限，把性惡說運用得夠徹底了。至於以愚治惡的話，那在法家著作中也可說是俯拾即是。現在姑且引《商君書・農戰》篇一段話以為概括：「學者成俗，則民舍農，從事於談說，高言偽議，舍農游食，而以言相高也。故民離上，而不臣者成群。此貧國弱兵之教也。夫國庸民以言，則民不畜於農。故惟明君知好言之不可以強兵闢土也，惟聖人之治國作壹，搏之於農而已矣。」這就是說，要富國強兵，就只能要人民在家努力種地，外出為國作戰；而要作到這一點，就必須使人們無知無識。這種愚民主張，不僅為儒家所缺乏，而且也為墨家所未知，真是做到了前無古人的地步。

《墨子》和《商君書》都以人性惡作為自己政治理論的前提，可是當他們展開各自的理論的時候，卻走到幾乎完全相反的兩個極端去了。墨家對「人」採取的是悲天憫人的態度：主張非攻，反對使人民蒙受苦難的戰爭；主張無差別的兼愛，以推己及人的「仁」愛為不足。而早期法家對「人」卻採取冷酷無情的態度：對國內人民重罰而不重賞，對其他國家則一概以戰爭解決問題。為什麼同自性惡說出發而結果如此不同呢？看來這與他們對性惡主張的徹底程度不同有關。墨家雖然從人性中找不到善，但是在「天志」（外化了的人性）發現了善源，於是主張以天之善救人之惡；法家卻不信天而只信人，因而找不到任何善源，於是就只有以惡治惡了。

二、關於荀子的性惡說

荀子的性惡說集中地記錄於其《性惡》、《正名》等篇中，而《荀子》書中許多篇章的內容又多有與其性惡說密切相關者。如果說反映在《天論》中的自然天道觀是荀子思想體系的一大理論支柱，那麼性惡說就應該是荀子思想體系的另一重大理論支柱了。

《性惡》篇云：「人之性惡，其善者偽也。今人之性，生而有好利焉，順是，故爭奪生而辭讓亡焉；生而有疾惡焉，順是，故殘賊生而忠信亡焉；生而有耳目之欲，有好聲色焉，順是，故淫亂生

而禮義文理亡焉。然則從人之性，順人之情，必出於爭奪，合於犯分亂理而歸於暴。故必將有師法之化，禮義之道，然後出於辭讓，合於文理，而歸於治。用此觀之，然則人之性惡明矣，其善者偽也。」在這裡，荀子對於性惡的論證，幾乎和墨子一樣，是以經驗事實為根據的。

當然，荀子也注意到了要回答性惡而善又何來的問題。同篇云：「問者曰：人之性惡，則禮義惡生？應之曰：凡禮義者，是生於聖人之偽，非故生於人之性也。故陶人埏埴而為器，然則器生於工人之偽，非故生於人之性也；故工人斲木而成器，然則器生於工人之偽，非故生於人之性也；聖人積思慮、習偽故，以生禮義而起法度，然則禮義法度者，是生於聖人之偽，非故生於人之性也。若夫目好色，耳好聲，口好味，心好利，骨體膚理好愉佚，是皆生於人之情性者也；感而自然，不待事而後生之者也。夫感而不能然，必且待事而後然者謂之生於偽。是性偽之所生，其不同之徵也。故聖人化性而起偽，偽起而生禮義，禮義生而制法度；然則禮義法度者，是聖人之所生也。故聖人之所以同於眾、其不異於眾者，性也；所以異而過眾者，偽也。」這就是說，性是與生俱來、自然而然的，而偽則是憑後天的努力而對於性的改變、節制、糾正或否定；雖聖人，其性也不能有異於常人，其不同於常人者在於他能「化性起偽」而已。

在區分了性與偽以後，從邏輯上說還有兩個問題必須回答。第一，人性既然為惡，人們如何會感到有化性起偽、改惡從善的必要？荀子的回答是：「凡人之欲為善者，為性惡也。夫薄願厚，惡願美，狹願廣，貧願富，賤願貴；苟無之中者，必求於外。故富而不願財，貴而不願埶；苟有之中者，必不及於外。用此觀之，人之欲為善者，為性惡也。」[5] 荀子的這一回答看來很機警，但實際很勉強，嚴格說來並不能成立。因為，他所說「薄願厚、惡願美、狹願廣、貧願富、賤願貴」等等，都是可以用其性惡說來解釋的；可是，根據他的性

---

[5] 《性惡》，《諸子集成》第二冊，頁292。

惡說，「厚願薄、美願惡、廣願狹、富願貧、貴願賤」就不可能成立了。何況，根據他的性惡說的邏輯，厚者只會願更厚，美者只會願更美，廣者只會願更廣，富者只會願更富，貴者只會願更貴；否則就不會有貪利爭奪，就不成其為性惡了。既然荀子所舉「薄願厚」等例證不具有可逆性，它們就不能證明人們對於凡是自己沒有的東西都有必需之感；沒有不幸經驗的人，是決不會因此而希望不幸降臨的。荀子此說之病，前輩學者已經指出過了[6]。第二，人性既然為惡，那麼人們又如何會有化性起偽、改惡從善的可能？《正名》篇云：「生之所以然者謂之性。性之和所生，精合感應，不事而自然謂之性。性之好、惡、喜、怒、哀、樂謂之情。情然而心為之擇謂之慮。心慮而能為之動謂之偽。慮積焉，能習焉，而後成謂之偽。正利而為謂之事，正義而為謂之行。所以知之在人者謂之知，知有所合謂之智；智（盧文弨云：此智字衍）所以能之在人者謂之能，能有所合謂之能。」這一段話首先給「性」下了定義：即「生之所以然者」或「不事而自然者」；然後又說明「偽」的來源。為了說明「偽」的來源，荀子由性而引出情，即好與惡、喜與怒、哀與樂三對各自類相同而質相反的情；並由此而引出選擇的必要。要選擇就不能無慮，要慮就不能不引出能慮的主體即心。心有兩種功能：一是「知」，即慮事、知事的功能；二是「能」，即斷事、行事的功能。心能思（慮）能行（動）就是「偽」（與性或本能不同的人的後天努力），思慮和行動積累到某種程度就成就為「偽」（與自然而然的性不同的人的後天規範）。正是心的知和能這兩種功能，為人的化性起偽、改惡從善提供了可能性。同時，荀子在這裡倒是間接地回答了上述第一個問題，即人性惡而為何有求善之需要的問題。因為他在這段話中表明，人有性而有情，有情就需要選擇，而選擇即非性之所能勝任；這就有了外求的必要性。

關於心是怎麼樣對性起作用的，《正名》篇云：「欲不待可得，

---

[6] 見郭沫若：《十批判書・荀子的批判》。

而求者從所可。欲不待可得，所受乎天也；求者從所可，受乎心也。所受乎天之一欲，制於所受乎心之多，固難類所受乎天也。人之所欲，生甚矣；人之所惡，死甚矣；然而人有從生成死者，非不欲生而欲死也，不可以生而可以死也。故欲過之而動不及，心止之也；心之所可中理，則欲雖多奚傷於治。欲不及而動過之，心使之也；心之所可失理，則欲雖寡奚止於亂。故治亂在於心之所可，亡於情之所欲。不求之其所在而求之其所亡，雖曰我得之，失之矣。」這就是說，心裡的欲望不一定要它能實現才會發生，而尋求實現欲望的行動則必定發生在它有可能實現之後。因為欲望是自然而生的，而尋求欲望的實現則是人心決定的。自然而生的一種欲望會受到心的多種考慮的制約。人皆欲生而惡死，可是有人卻由生而求死。這不是說他的本性不想活而想死，而是他的心知道了他無法活而只能死。欲望多而行動少，這是心起了阻止的作用，所以只要心的決定合理，欲望多也沒有關係；欲望少而行動多，這是心在起促進作用，所以只要心的決定不合理，欲望少也會亂。亂不亂在於心的決定，不在於人的欲望。總之，心對植根於性的欲望或促進、或阻止，起著支配性的作用。

由此看來，荀子所說的心與性很近似於亞里斯多德所說的靈魂中的有理性的部分與無理性的部分。亞氏以為，靈魂的有理性部分處於統治的地位，而無理性的部分則處於被統治的地位[7]。這與荀子的心與性的關係很相似。亞氏又把靈魂的無理性部分分為純本能的部分與有接受理性指導的傾向的部分，把有理性的部分又分為實踐的（Practical）和思辨的（Speculative）兩部分，或知識的（Intellectual）和道德的（Moral）兩部分[8]。亞氏的思辨理性（知識理性）和實踐理性（道德理性）與荀子的心的知和能二種功能又很相似。既然如此，那麼荀子為什麼不像亞氏那樣說人心或靈魂包含善惡兩個部分而只

---

[7] 見 *Aristotle's Politics*, I, xiii, 6. E. Barker 英譯，1952，London，p.35。

[8] 見 *Politics*, XII, xiv, 9-10. Barker 本，p.317；*Aristotle's The Nicomachean Ethics*, II, I, 1. H. Rackham 英譯，Loeb 古典叢書本，1934，p.71。

強調性惡呢？在我看來，亞氏強調的是，人的理性優於非理性的方面，從而能於制勝非理性的方面；而荀子所強調的則是，人性雖然能為人心之知與能所化而起偽，但是偽不能離性而生，故必強調性惡。所以，如果從表面上看，亞氏把有、無理性二者當作人的靈魂統一體中的兩個相關部分，而荀子的心與性是否是統一體的兩個部分呢？這在荀子書中卻無明文表述。可是，在實際上，荀子的心與性同樣是一個統一體中的兩個互相依存、互相制約的部分。不僅性受心的節制和支配這一點在荀子書中是清楚的，而且心受性的制約的方面也是可以從荀子的議論中看出來的。《正名》篇云：「凡人之取也，所欲未嘗粹而來也；其去也，所惡未嘗粹而往也。故人無動而不可以不與權俱。衡不正，則重縣於仰，而人以為輕；輕縣於俛，而人以為重。此人所以惑於輕重也。權不正，則禍托於欲，而人以為福；福托於惡，而人以為禍。此亦人所以惑於禍福也。道者，古今之正權也；離道而自擇，則不知禍福之所托。」又說：「欲雖不可盡，可以近盡也；欲雖不可去，求可節也。所欲雖不可盡，求者猶近盡；欲雖不可去，所求不得，慮者欲節求也。道者，進則近盡，退則節求，天下莫之若也。」這就是說，由於事物的複雜性，人在取所欲和去所惡的時候，所取與所去往往都不會是純粹的，因而需要權害取輕、權利取重。心在權衡輕重、禍福的時候不能是任意的，而必須遵循「道」，即對欲望「進則近盡，退則節求」的原則。用現在的話來說明，那就是，當權（秤錘）在衡（秤桿）上移動的時候，所取位置的值應在可欲（利）最大而可惡（害）最小的點上。因此，心不僅不能完全滿足或取消植根於性之欲，而且必須按照性之所欲的方向來取最大值。可見，心雖支配性，但又不能完全脫離性的制約。而這一點在亞氏書中卻是未被充分注意到的。荀子之所以強調性惡，看來是他更多地注意到了性的重要性的結果。

那麼荀子的性與心的關係在本質上屬於什麼範疇呢？應該說，那屬於內在於人的天（即自然或性，Nature）人（即心或知，Intellect）關係。作為一個人，他不可能沒有天生的或來自自然的性，

更不可能沒有人所特具的心或知。荀子這樣認識人的性與心的關係，和他對於天人關係性質的認識是一致的。所不同者，他的「天」是外在於人的自然（Nature），他的「人」則是自然之有心或知者。荀子在《天論》篇中主張人定勝天：「大天而思之，孰與物畜而制之。從天而頌之，孰與制天命而用之。」這正好和他在《性惡》、《正名》等篇中主張以心引導並節制性的思想是相表裡的。特別應當指出的是，荀子並未止步於其性惡論與天論的並列關係的指出上，而是進一步發現了二者之間的內在的因果關係。《王制》篇云：「水火有氣而無生，草木有生而無知，禽獸有知而無義；人有氣、有生、有知亦且有義，故最為天下貴也。力不若牛，走不若馬，而牛馬為用，何也？曰：人能群，彼不能群也。人何以能群？曰：分。分何以能行？曰：義。故義以分則和，和則一，一則多力，多力則強，強則勝物。故宮室得而居也。故序四時，裁萬物，兼利天下，無它故焉，得之分義也。」這就是說，人之性惡為心制勝之後就能按義而有分，能按義分就能有多的統一而成群，能群而後有力以勝自然。所以，在荀子看來，人的心之勝性，正是人之所以能夠勝天的前提。所以，在荀子的天論和性惡論中，二者只要缺一，他的天人關係的理論體系就不能是完整無缺的。

如果說荀子的性惡說在哲學上是和他的自然天道觀的天論相關聯的，那麼這種性惡說和他的政治、倫理學說同樣是關係非常密切的。《禮論》篇云：「禮起於何也？曰：人生而有欲，欲而不得，則不能無求，求而無度量分界，則不能不爭。爭則亂，亂則窮。先王惡其亂也，故制禮義以分之，以養人之欲，給人之求。使欲必不窮乎物，物必不屈於欲，兩者相持而長，是禮之所起也。」有對植根於性的欲的否定（是揚棄而非取消），乃有禮制的建立；而禮在荀子倫理、政治學說中無疑具有十分重要的地位，不待多言。《富國》篇云：「人之生不能無群，群而無分則爭；爭則亂，亂則窮矣。故無分者，人之大害也；有分者，天下之本利也。而人君者，所以管分之樞要也。故美之者，是美天下之本也；安之者，是安天下之本也；

貴之者，是貴天下之本也。」這樣，荀子的國家發生學說也就建立在對於人性之惡的否定上了。因此，我們說性惡論是荀子全部學說體系中的一個必不可少的重要部分。

荀子的性惡說顯然受了墨子的影響。墨子以為，未有國家以前，由於人之性惡，「天下之亂，若禽獸然」。故必有國立君以為挽救。荀子也以為，未有國家之前，「無君以制臣，無上以制下，天下害生縱欲；欲惡同物，欲多而物寡，寡則必爭矣」[9]。故必有國立君以為挽救。他們對原始狀態中的人群關係的描寫，實際都是以性惡說為依據的。不過在如何有國立君的問題上，荀子與墨子的主張就不同了。《非十二子》篇批評墨子云：「不知一天下、建國家之權稱，上功用，大儉約而僈差等，曾不足以容辨異，縣君臣；然而其持之有故，其言之成理，足以欺惑愚眾。」墨子主張無差別的兼愛和節用，把人群組成一個歸依天志的無差別的統一體；而荀子則以為這是取消了君臣上下之分，使人群失去了禮。荀子以為，人群必須實行有差別的統一，因為只有有差別的統一才是和諧的、有機的統一；而且，正是由於這樣的統一，人才有了力量並由此而從自然界或天的權威下直立起來。在墨子那裡，人只不過是天志的手段；而在荀子那裡，人是要「制天命而用之」的主體，是要與天地「參」的。這也是儒家和墨家不同的一個地方。

荀子既然主張性惡，這就和商鞅及其後學的性惡說不能沒有相似的地方。但是，應當指出，二者之間是有著原則的區別的。如上所述，商鞅等人對治性惡的辦法是以惡治惡與以愚治惡。而荀子與此相反，他主張以心治性、以理性治情欲，經過理性對於本質為惡的性的否定，以達到善的目的。這也是儒家和法家不同的一個地方。

---

[9] 《富國》，《諸子集成》第二冊，頁113。

三、韓非子的性惡說

韓非雖然沒有寫過論性惡的專篇文章，可是他在性惡說上真算是走到了極點。這可以從兩方面來說明。

首先，韓非以為，如果觀察一個個的人，那麼就可以發現人的性徹底為惡，惡到了連一點可以由之而改惡從善的內在的可能性都沒有的程度。他說：「人為嬰兒也，父母養之簡，子長而怨。子盛壯成人，其供養薄，父母怒而誚之。子、父，至親也，而或譙、或怨者，皆挾相為而不周於為己也。夫賣庸而播耕者，主人費家而美食，調布而求易錢者，非愛庸客也，曰：如是，耕者且深耨者熟耘也。庸客致力而疾耘耕者，盡巧而正畦陌者，非愛主人也，曰：如是，羹且美錢布且易云也。」[10] 內則父母與子女之間、外則雇主與庸工之間，人皆為己而不為人；如果有看來是為人的事，那麼究其實際還是為了自己。如果說荀子以為人之性惡其善者偽也，他的「偽」是「人為的努力」的意思，那麼韓非以為人之性惡其善者偽也，他的「偽」就只能是偽裝的意思了。韓非又說：「且父母之於子也，產男則相賀，產女則殺之。此俱出父母之懷衽，然男子受賀，女子殺之者，慮其後便，計之長利也。故父母之於子也，猶用計算之心以相待也，而況無父子之澤乎。」[11] 儒家主張恕道，推己及人，老吾老以及人之老，幼吾幼以及人之幼；其前提是人對自己的老、幼總還有一份善心，由此才能夠外推。韓非把這樣一點善的種子都剝開踏碎，當然就只能也必須走向徹頭徹尾的性惡說了。

再則，韓非以為，如果觀察社會或人的群體，那麼就會發現人性徹底為惡，惡到了連一個善者也找不出來的程度。按照傳統的說法，人中之至善者為聖人，聖人的典型也就是堯、舜、湯、武等先王。可是，韓非對堯、舜、湯、武也不恭維，一律以為無善可言。你說

---

[10] 《外儲說左上・說三》，《諸子集成》第五冊，頁204。
[11] 見《六反》篇，《諸子集成》第五冊，頁319。

這些先王是聖人,看你從什麼角度說吧;不過,不管你從什麼角度說,他都能把你駁回去。如果你歌頌傳統的堯、舜禪讓之說,那麼韓非就告訴你:「堯之王天下也,茅茨不剪,采椽不斲,糲粢之食,藜藿之羹,冬日麑裘,夏日葛衣,雖監門之服養,不虧於此矣。禹之王天下也,身執耒臿以為民先,股無胈,脛不生毛,雖臣虜之勞不苦於此矣。以是言之,夫古之讓天子者,是去監門之養而離臣虜之勞也,古傳天下而不足多也。」[12]這就是說,上古天子很苦,所謂禪讓只不過是他苦夠、苦怕了,因而想耍個滑頭逃脫下來。這有什麼值得歌頌的!如果你歌頌傳統的湯、武征誅之說,那麼韓非就告訴你:「堯、舜、湯、武,或反君臣之義,亂後世之教也。堯為人君而君其臣,舜為人臣而臣其君,湯、武為人臣而弒其主、刑其屍,而天下譽之,此天下所以至今不治者也。夫所謂明君者,能畜其臣者也;所謂賢臣者,能明法辟、治官職以戴其君者也。今堯自以為明而不能以畜舜,舜自以為賢而不能以戴堯,湯、武自以為義而弒其君長,此明君且常與而賢臣且常取也。」[13]這就是說,所謂征誅,不過是弒君篡位罷了。這又有什麼值得歌頌的!既然連所謂聖人都是惡的,那還有什麼人性善的餘地。

從以上兩點來看,性惡說到了韓非手裡的確又大為加深了一步。不過事情還不止於此,值得注意的是,性惡說在韓非的思想體系中也佔有了更重要的地位。

韓非在歷史上是被公認的法家,但又不同於其先驅商鞅那樣的法家。如所周知,韓非是一位兼法、術、勢三者而用之的「集大成的」法家。他在《定法》篇中說明商鞅與申不害的片面言法或言術的不足:「問者曰:徒術而無法,徒法而無術,其不可何哉?對曰:申不害,韓昭侯之佐也;韓者,晉之別國也。晉之故法未息,而韓之新法又生;先君之令未收,而後君之令又下。申不害不擅其法,不一其憲令,則

---

[12] 見《五蠹》篇,《諸子集成》第五冊,頁340。
[13] 見《忠孝》篇,《諸子集成》第五冊,頁358。

奸多。故利在故法前令則道之，利在新法後令則道之。利在故新相反，前後相悖。則申不害雖十使昭侯用術，而奸臣猶有所諝其辭矣。故托萬乘之勁韓，七十年而不至於霸王者，雖用術於上，法不勤飾於官之患也。公孫鞅之治秦也，設告相坐而責其實，連什伍而同其罪，賞厚而信，刑重而必，是以其民用力勞而不休，逐敵危而不卻，故其國富而兵強。然而無術以知奸，則以其富強也資人臣而已矣……故戰勝則大臣尊，益地則私封立，主無術以知奸也。商君雖十飾其法，人臣反用其資。故乘強秦之資，數十年而不至於帝王者，法不勤飾於官，主無術於上之患也。」韓非以為，術雖可為治於一時，然不足以強國；法雖可以強國，而又不足以張君權。所以，法與術不可偏行，而應兼收並用，以取互相補充之效。不過，在韓非看來，只有法和術仍不夠，還必須有勢。他在《難勢》篇中反覆論述了勢之必要性，並得出結論說：「抱法處勢則治，背法去勢則亂。」在《人主》篇中，他又說：「萬乘之主，千乘之君，所以制天下而征諸侯者，以其威勢也；威勢者，人主之筋力也。」還有許多篇章也都說到了勢的重要性。所以，法、術、勢三者並用，這才是韓非的完整的政治思想體系。

　　韓非看到了法、術、勢三者互補的一面，可是，問題還有其另一方面。因為，一則法與術是有其內在的矛盾的。《難三》篇云：「人主之大物，非法則術也。法者，編著之圖籍，設之於官府，而布之於百姓者也。術者，藏之於胸中，以偶眾端而潛御群臣者也。故法莫如顯，而術不欲見。」法是成文的、公開的、要人知道的，術是不成文的、不公開的、不可要人知道的。因此二者恰好成一組矛盾，不能同真，也不能同假，只能此真而彼假或此假而彼真。二則法與勢也是有矛盾的。法既是成文的、公開的、人所共知的，當然就應該是人所共守的；說人所共守，其中自然包括君主，因為君主也是人。《南面》篇云：「人主不能明法而以制大臣之威，無道得小人之信矣。人主釋法而以臣備臣，則相愛者比周而相譽，相憎者朋黨而相非；非譽交爭，則惑亂主矣。人臣者，非名譽請謁無以進取，非背法專

制無以為威,非假於忠信無以不禁;三者,昏主壞法之資也。人主使人臣,雖有智能,不得背法而專制;雖有賢行,不得逾功而先勞;雖有忠信,不得釋法而不禁,此之謂明法。」這說明君主不能離法而用人,大臣不能背法而立威,君臣都不能離法而行事。大臣「非背法專制無以為威」,所以大臣背法就是專制,不可。「人主使人臣,雖有智能,不得背法而專制」,這是說誰「不得背法而專制」呢?有人以為是「人主使人臣不得背法專制地來治民」[14]。這是因上文的大臣背法專制而作的解釋,不無道理。但是,如果連下文的「雖有賢行」、「雖有忠信」以下的句子來看,那麼這裡「不得背法而專制」的就應當是君主了。《難二》篇云:「人主雖使人,必以度量準之,以刑名參之;以事遇於法則行,不遇於法則止;功當其言則賞,不當則誅。」這裡也主張君主在用人時必須按照法行事,意思也就是不得背法專制。所以在守法這一點上君臣應該是一致的。可是,如果講勢,那麼君臣之間就絕對不可一致了。君臣上下而可一致,那還有什麼勢呢?韓非對此論述很多,不必再引。所以法與勢同樣是矛盾的。

關於韓非的法與術、勢之矛盾,前賢已有所見[15]。現在需要思考的是,韓非又是怎麼把矛盾著的東西組合為一體的?

在我看來,韓非賴以將其法、術、勢連成一體的因素是「不上賢」。他在《忠孝》篇中明確表示:「是廢常上賢,則亂;舍法任智,則危。故曰:上法而不上賢。」這篇文章為此論點提供了許多論據,那就是堯、舜、湯、武等所謂賢者沒有一個是好東西;要說他們賢,那也是賢於為他們自己。所以韓非說:「故人臣毋稱堯、舜之賢,毋譽湯、武之伐,毋言烈士之高,盡力守法,專心於事主者為忠臣。」什麼賢不賢,都是各自為己;那怕是條狗,只要能忠心耿耿為主子

---

[14] 見梁啟雄:《韓子淺釋》(北京:中華書局,1982),頁127-128。
[15] 見梁啟超:《先秦政治思想史》,第14章,儘管他的說法有不是之處,已見郭沫若氏在《十批判書·韓非子的批判》中指出,但是他對法與術、勢之間存在的矛盾是有所見地的。

就是忠臣。說透了，韓非的性惡論走到了極端，因此無人可信；無人可信，當然也就不上賢了。

韓非為何講術呢？《揚權》篇云：「黃帝有言曰：上下一日百戰。下匿其私，用試其上；上操度量，以割其下。」人性如此之惡，君主不用術又何以對待來自下面的一日百戰？所以韓非之重術，也是因為無賢可信，人性太惡之故。至於韓非所重之勢，那也是與賢不能相容的。他在《難勢》篇中打了著名的以子之矛陷子之盾的比方之後說：「夫賢之為勢不可禁，而勢之為道也無不禁，以不可禁之賢與無不禁之勢，此矛楯之說也。夫賢勢之不相容亦明矣。」所以韓非重勢也是由於賢無可取而人性太惡之故。由此我們可以看到，韓非所以能把本來相互間有矛盾的法、術、勢整合為一個體系，其關鍵就在於他的徹底的性惡論。這樣，性惡論在韓非思想體系中的地位也就很清楚了。

韓非的性惡說遠紹墨子，其主張君主專制的思想也與墨子尚同之說相通。但是，墨子的人雖無理性、為性惡，而他的「天」卻是有理性的，即以兼愛為其內容的天志。天志是墨子思想體系中的「絕對命令」（Categorical imperative），雖君主亦必恪遵無違。桀、紂不從天志，就被認為暴王，就要受到天罰；於是湯、武起而革命就是奉天之命，就是聖王之舉[16]。墨子的君主是有天志管著的，而天志如前所言不過是人志之外化，所以，在墨子思想體系中，君主還可以說是間接地由人心管著的。也就是說，墨子還有一定的民本思想。韓非不信邪，在他的思想中沒有有意志的天，這是一個進步。不過，韓非沒有了天，他的君主也就不會受到天（間接地就是受到人）的限制了。不僅如此，《八經》篇又說：「故明主之行制也天，其用人也鬼。天則不非，鬼則不困。」韓非的君主本身就成了至高無上的天，其行事又莫測如鬼；這樣，一切的人和法對君主都不再有限制作用。由此他的學說中的君主就真正可以無法無天了。

---

[16] 見《墨子》，《非攻下》、《天志上》。

韓非的性惡說直接源於荀子。可是，荀子的性惡說容納了一個有知與能的心，正是這種心使人能以化性起偽而為善；而韓非的思想裡連這一點可以由之轉惡為善的潛在可能性都斷絕了。韓非把荀子的性惡說推向了極端，因而也就失去了荀子思想中可能有的一切理性因素。荀子講性惡，其目的在強調人的自律的重要。韓非不承認人有自律的可能，而只相信外來因素他律的作用。他的全部法、術、勢學說都是由此而設的。當然，韓非也不相信君主性善或要求君主性善，他所要求的只是用君主的惡來制住其他一切人的惡，如此而已！

韓非的性惡說的一個重要來源自然還有商鞅等早期法家的思想。他與他們一樣地主張以惡制惡、以愚制愚。在《五蠹》、《顯學》、《詭使》等篇中敘述的韓非的愚民思想，假使商鞅等前輩看了也會感到那是大大青出於藍的。如果說商鞅等主張愚民而辦法尚少，那麼韓非的法、術、勢相輔相成的那一套真是能把不愚的人也弄愚了。不過，既然「上下一日百戰」，那麼你愚民就不能排除民也愚你，怎麼辦呢？韓非所能指望的仍然只能是專制主義，極端的愚民需要極端的專制主義；同樣，極端的專制主義也需要極端的愚民。韓非在這兩方面都遠遠超越他的前驅者。而其所以如此，看來仍與韓非在性惡說上的極端化有關。

戰國時期性惡說的產生，在相當程度上是學者們對於當時各國之間與各國內部的激烈而殘酷的鬥爭的思想反映。在那些鬥爭中，人性中的惡的一面的確暴露得相當充分。所以，墨、荀、商、韓等人在發表性惡說的時候，又都是以救世的姿態出現的。不過，墨子、荀子是在借性惡說以明理性（墨子之「天志」，荀子之人「心」）的重要性，因而其主張總不失為理性的思考；而商鞅、韓非的性惡說則表現為對於人類理性的絕望，他們因而也就陷入了主張君主專制主義的狂熱之中。性惡說也就在其發展中走向了其自身的反面。

第七篇
論先秦時期天下一家思想的萌生

一、問題的提出

　　六十多年以前，顧頡剛先生發表了《秦漢統一的由來和戰國人對於世界的想像》一文，批評了人們以為中國從來就是如此統一的誤解。他說：「秦漢以前的中國只是沒有統一的許多小國；他們爭戰併吞的結果，從小國變成了大國，才激起統一的意志；在這個意志之下，才有秦始皇的建立四十郡的事業」[1]。顧先生以其疑古精神糾正人們對於古史的誤解，這當然有積極的意義。因為前人讀了《禹貢》往往誤以為，在大禹治水以後，真的就「九州攸同」、「四海會同」了。不過當他強調上古無統一的時候，對問題的另一方面便不免有所忽略。因此傅斯年、張蔭麟等先生又指出他把商代的疆域看得太小了，對他作了匡正[2]。

　　經過幾十年的疑古與辨偽，人們一般不會再把《尚書》中的《虞書》、《夏書》以至《商書》中的一些篇章當作當時的原始文獻，

---

[1] 《古史辨》第二冊上編（上海：上海古籍出版社重印本，1982），頁1。
[2] 同上書，第二冊上編，頁10-16。

而是會有分析地加以使用。而近幾十年來的考古研究的巨大成果，又使人們眼界大開，對古代的歷史有了前人所難有的了解。例如，從前我們只能通過《詩‧商頌‧玄鳥》知道商的規模是：「邦畿千里，維民所止，肇域彼四海」。怎樣肇域彼四海法？那就不知道了。可是考古研究的成果改變了我們知識的狀況。「綜觀各地發現的殷商時期的方國遺存，它們的文化面貌儘管在某些方面也表現出一定的地方特點，但在很多主要的方面和殷商文化幾乎是完全相同的。這就表明殷商文化的分布已經遠遠超出了原先的想像，它不僅存在於黃河中下游，而且發展到長江以南的廣大地區。它充分證實了殷商文化對於各個方國的強大影響。這些方國中，有的是殷商帝國的重要盟國，有的長期與殷商帝國處於敵對狀態。但是，無論是哪一種情況，在物質文化上都接受了殷商的文明。」[3]

幾十年來的歷史學與考古學的研究成果表明，到了殷周時期，中原大地上雖然有小國的林立，但也並非沒有任何統一的趨向；不容忽視的文化統一進程正為政治的統一奠定著堅實的基礎。因此，現在我們不能再以為，只有到了戰國時期才開始有統一的意志，並且這種意志只是由爭戰兼併激發而生的。這樣，探索從商周時期開始的統一思想或天下一家思想的萌生過程，就不是沒有意義的了。這也就是本文的寫作目的所在。

二、商周時期天下一家思想的萌芽

司馬遷所著的《史記》中，首先是《五帝本紀》，隨後就是夏、殷、周三個本紀以至秦、漢諸本紀。如果不看內容，人們是會有可能把五帝、三代之君誤會為先後相承的統一國家的君主的。《史記》所反映的當然是大一統了的漢代的觀念。中國文明自三代始，夏、

---

[3] 中國社會科學院考古研究所編：《新中國的考古發現和研究》（北京：文物出版社，1984），頁244。

商、周還不是真正的統一國家。這在今天已經為人們所公認。但是，難道司馬遷的三代統一的觀念就只有其自身時代的影響而沒有任何歷史的根據嗎？不，事情並非如此簡單。司馬遷是歷史家，他不能憑空說話，而是言必有據，儘管他的史料依據有時並不太可靠。他寫夏、商、周三代本紀，所根據的是《尚書》、《詩經》、《左傳》、《國語》以及先秦諸子書中的有關資料。就以「三代」的觀念來說，他是有其充分的歷史根據的。三代觀念的源頭見於《尚書》之中。傳世的二十九篇《尚書》（偽古文諸篇除外）就是按虞、夏、商、周的朝代次序排列的。當然這並非按照各篇產生的真實時間次序排列的。因為學者們發現，所述時代較早的虞、夏、商書的許多篇章的行文反而比較晚的周書更為通順易懂，其內容也常夾有晚後的成分；所以它們的最後成篇當在周書之後。不過，即使如此，這樣的排列次序在春秋戰國時期就已經出現了。《墨子》書中常引「先王之書」，其中包括「夏書」、「商書」、「殷書」、「周書」，其《明鬼下》中還明確提出：「尚者（書）夏書，其次商、周之書。」[4] 這就說明，墨子所見的《尚書》已經是按夏、商、周三代的次序來排列的了。那麼春秋時期的學者又何所據而這樣編排《尚書》篇章的次序呢？他們是有根據的，根據就在《尚書》自身之中。

在最可憑信的《尚書‧周書》中，我們可以看到兩種情況：一方面，小邦林立，另一方面，在眾小邦之上有一個共主的王朝。周與商曾經是小邦與大邦之間的關係。周人在自己的文獻中絲毫也不掩蓋這一點。他們習慣地把原先的殷商稱為「大邦殷」（見《召誥》、《康王之誥》）、「大國殷」（見《召誥》）、「天邑商」（見《多士》），而自稱為「小邦周」（見《大誥》）、「我小國」（見《多士》）。武王伐商成功以後，殷、周之間的大小邦關係顛倒了過來，殷變成了「小腆」（見《大誥》，鄭玄謂小腆即小國），儘管它還是一國。周對其他小邦或稱「友邦」（見《牧誓》、《大誥》），或稱「庶邦」（見

---

[4] 據孫詒讓《墨子閒詁》（孫氏引王念孫、引之父子說）改「書」為「者」。見《諸子集成》第四冊（北京：中華書局，1986），頁150。（以下引《諸子集成》不再注版本。）

《大誥》、《酒誥》、《梓材》、《無逸》、《顧命》、《康王之誥》等）。既然承認邦的存在，那麼大小邦之間自然是邦與邦的關係；邦之大小從這個角度來看只是量的區別。然而事情還有另一方面。當殷還是大邦或天邑的時候，它不僅在量上為大，而且在質上為「天」，即「天命」所在之邑或邦。當時小邦固然很多，幅員較大以至在某些情況下稱為大邦者也是有的，但是被公認為受有天命的則只有商。因為天只有一個，天命也只有一個。

也許有人會問，在殷、周時期，人們就真的認為天命只有一個嗎？王國維不是已經用彝銘材料證明「古時天澤之分未嚴，諸侯在其國自有稱王之俗」[5]了嗎？文獻材料說明，早在武王伐商之前，周文王就已經有受命稱王之說。在《尚書》的《大誥》、《康誥》、《洛誥》、《無逸》、《君奭》等篇和《詩經・大雅》的《文王》、《大明》、《皇矣》、《文王有聲》等篇中，都說是文王受命；而《尚書・洛誥》和《詩經・周頌・昊天有成命》中又說是文、武二王受命。證諸彝器刻詞，如盂鼎銘文也說：「不顯文王受天有大命，在武王嗣文王作邦。」周人的說法中看來有矛盾，但是他們說的是實話。因為規劃並著手反對商王朝的是周文王，而實現了文王的計劃的則是武王。後世儒者為了文王受命稱王問題爭論不休，以為文王既是聖人就不會不守臣節，不會在殷王朝尚在的時候稱王。這是後世儒者不明古今之異，不懂當時「天澤之分未嚴」的緣故。不過，天澤之分未嚴不等於無天澤之分。這也是可以用文獻材料加以說明的。

近年在陝西省周原發現的甲骨中，有兩片（H：82 和 H：84）記有「周方伯」之句。在此周邦之君被稱為方伯，而稱周君為方伯者是殷王。殷、周之間的君臣關係於此可見實證。其實在《尚書》和《詩經》之中，周人一直是明確承認這一點的。不過，周人不是把這種殷、周君臣關係當作永恆狀態來看待的，而是把它放在歷史

---

[5] 《古諸侯稱王說》，載《觀堂別集》卷1，頁 16-17。見《王國維遺書》第四冊（上海：上海古籍出版社，1983）。

的過程中來說明的。《詩經・大雅・文王》：「殷之未喪師，克配上帝。」這是說殷在敗於周以前曾經是克配上帝的天子。而在敗於周以後，情況就變了。周人把這種殷、周地位的變化解釋為「皇天上帝，改厥元子茲大國殷之命，惟（周）王受命。」（見《尚書・召誥》）或「皇天改大邦殷之命，惟周文武誕受羑若。」（見《尚書・顧命》）原來殷受天命而為天子或天之元子，但是天把給與殷的命改了，轉而給與周了。所以周王就代替殷王而為天子。此處值得注意的是，天只有一個，天下只有一個，天命也只有一個。所以，天授命與殷的時候，周就沒有天命，就不能君臨天下；天要授命與周，就又必須改掉了殷受的命，使殷不再君臨天下。所以天之元子或天子在同一時間內應該也只能有一個，他就是代表唯一的天而統治唯一的天下的唯一的人。所以他們總自稱為「予一人」。

這一套理論究竟始於何時？現在還不能給與準確的回答。可以肯定的是，在商代就已經存在了。周以一個原先的小邦戰勝並取代了天邑商，商遺民總是心中不服。周人就對商人說：「惟爾知殷先人有冊有典，殷革夏命。」（見《尚書・多士》）可見，周人不過是把殷人對夏人做過的事在不同歷史條件下重演了一次。你殷人既然革過夏人的命，我周人為什麼就不能革你殷人的命呢？你們祖先遺留下的典冊正好可以作為我們可以革你們的命的根據。由此可見，儘管商先公們曾經和夏王朝同時並在，商原來總是夏王的臣；而在殷革夏命以後，夏裔也還存在，但君臣關係卻倒過來了。至少殷先人的典冊中是這樣記載的。殷人為什麼要承認在自己的王朝以前有過一個夏王朝呢？那看來只能說這是承認歷史事實。因為如非事實，商人是完全沒有必要生造出一個先前統治過自己的君主來的。這就說明，在夏、商、周三代，儘管小邦林立，其上是有一個共主或王朝的。它就是分離狀態中的統一象徵，也就是天下一家思想賴以萌芽的最初土壤。

說到這裏，也許有人會說，這並非中國古代特有的現象，於古

代近東實亦有之。事情的確如此。在兩河流域，早在蘇美爾（Sumer）城邦時期的《蘇美爾王表》（The Sumerian King List）中就有了「王權降自上天」和王權在諸邦間轉移的記載；在著名的《漢穆拉比法典》（The Laws of Hammurabi）中，這位立法者也自稱為「眾王之王」、「天下四方之王」。以後，在波斯國王居魯士（Cyrus）、大流士（Darius）、薛西斯（Xerxes）等人的銘文中，也多次出現過「眾王之王」、「天下四方之王」的稱謂。這些材料出現于公元前二千紀中葉至公元前一千紀中葉，大約相當於中國的殷商至春秋時期。試將中外古代的情況一比，我們的確可以發現其中的某些相似之處。不過，我們也不能忽視了中國歷史的特點。

在古代近東，那些「眾王之王」、「天下四方之王」的地位是憑武力打出來的；當然，在古代中國，商之代夏與周之代商也是憑武力打出來的。這也是二者的相似之處。但是，在周取代殷以後，以周公為代表的周人對夏、商興衰的歷史進行了深度的反省，從而在思想上和實踐上都比前人大有突破。而這些突破看來就不是古代近東諸國所曾有的了。現在請一論周公在上述兩方面的突破（Breakthrough）。

首先說周公在思想方面的突破。周公是武王伐商時的重要輔佐，又是東征平定武庚之亂的統帥，當然知道周之代商不能不用武力。但是周公的真正偉大之處並不在於此，而在於他看出了武力的不可靠性。如果論武力，殷的武力比周曾經強得多了，不然周也不會成為殷的方伯。即以牧野之戰時的兵力對比來說，周也並不比殷佔優勢。可是，曾經強大一時的殷竟然被小邦周打敗了。這一奇蹟般的勝利，不僅沒有使周公頭腦發昏，反而使他大吃一驚，使他不能不想一想這究竟是什麼緣故。周公反省的結果就反映在《尚書‧周書》的《大誥》、《康誥》、《酒誥》、《梓材》、《召誥》、《洛誥》、《多士》、《無逸》、《君奭》、《多方》、《立政》諸篇之中。如果把這些篇中的主要思想概括起來，那也許可以說有兩點：其一，天命或天子的地位並不可靠，它是會變的，其變化的指標就反映在民心的向背上。他說：「天棐忱辭，其考我民。」（見《大誥》）又說：

「天畏棐忱，民情大可見。」（見《康誥》）又說：「古人有言曰：人無於水監，當於民監。今惟殷墜厥命，我其可不大監撫於時。」（見《酒誥》）早在公元前二千紀之末，周公就能把天命直接地還原為人心，這自然是一大突破。其二，天命和人心向背的根據又何在？周公的回答是在國君之德的有無得失。他說：「我不可不監於有夏，亦不可不監於有殷。我不敢知曰，有夏服天命，惟有歷年，我不敢知曰，不其延；惟不敬厥德，乃早墜厥命。我不敢知曰，有殷受天命，惟有歷年，我不敢知曰，不其延；惟不敬厥德，乃早墜厥命。今王嗣受厥命，我亦惟茲二國命，嗣若功。」（見《尚書‧召誥》，按《召誥》亦為周公之作。）他多次生動地說明，當夏有德的時候，天就授命與夏；當夏失德的時候，天就革夏命而授與商。當商又失德的時候，天就再革殷之命而與周。「天惟時求民主。」（見《多方》）在周公看來，天總在根據民心所向去為人們尋找有德之君以代替無德之君。周公把這種變換君主的過程叫做「皇天上帝改厥元子。」鄭玄解釋此句說：「言首子者，凡人皆云天之子，天子為之首耳。」這就是說，不管周公的自覺到了什麼程度，他的確已經或多或少地意識到，天為人之父或家長，因而天下之人皆為一家。這一大家的管家長子（即天之元子或天子）雖非由人民直接選舉產生，也是由天根據人心所向指定的。這種剛剛發生的天下一家思想中就蘊藏了一種理性的萌芽，在當時也不能不說是一大突破。

其次，周公為了鞏固周王朝對諸侯的君臨地位，建立了封建制與宗法制。據《荀子‧儒效》篇說，周公「兼制天下，立七十一國，姬姓獨居五十三人焉；周之子孫，苟不狂惑者，莫不為天下之顯諸侯。」《左傳》僖公二十四年亦記，「昔周公吊二叔之不咸，故封建親戚，以蕃屏周。」周公的封建是與宗法的建立有關係的。王國維在《殷周制度論》中說：「周公既相武王克殷勝紂，勳勞最高，以德以長，以歷代之制，則繼武王而立，固其所宜矣。而周公乃立成王而己攝之，後又反政焉。攝政者，所以濟變也；立成王者，所以居正也。自是以後，子繼之法遂為百王不易之制矣。由傳子之制

而嫡庶之制生焉。由嫡庶之制而宗法與服術二者生焉。」[6]於是周王由政治而言為諸侯之天子，由宗法而言又為天下之大宗。諸侯之不同姓者，則又與周及周之同姓諸侯互通婚姻，構成另一種親戚關係。

周王照例稱同姓諸侯為伯父或叔父，稱異姓諸侯為伯舅或叔舅。這就是天下一家思想在封建和宗法、政治和血緣並行不悖體制中的體現。這樣的體制在中國歷史上也不能不說是一種突破。現在看來，這兩種突破的同時出現，在古代其他地區似乎還不曾見到過。這應該說是中國古代歷史上的一個特點。當然，我們也應看出，在周公的兩種突破之間是有一種張力（Tension）的：他的天命得失取決於人心相背的思想，體現的是以德作為核心的天下一家的理性，是超越的而且無私的；而他所設立的封建與宗法制度，則體現為以姬周王朝一姓為核心的天下一家的實踐，是現實的卻又有私的。

三、春秋戰國時期天下一家思想的成長

宗周既滅，平王東遷以後，周公所構建的封建與宗法一致的體制日益衰敗。於是諸侯勢力興起，不斷相互爭奪並進行兼併戰爭。與西周時期相比，這時的形勢表現為分裂與混亂，是一種所謂禮壞樂崩的無理性的局面。然而正是在春秋戰國時期，中國歷史上出現了由封建而郡縣、由小邦而大國的轉變的過程；所以在分裂與混亂的現象的後面，歷史實際是在向一個更高層次的統一進展著。在這樣的情況下，中國歷史上出現了第一次百家爭鳴，出現了一個空前的文化繁榮時代。人們的理性正由無理性狀態中激發而生，其中也包括了關於天下一家思想的發展。

春秋戰國時期並沒有統一的天下，但是儒、墨顯學與法家之學都不以為那是正常現象。因為他們都相信，曾有過先王王天下的統一時期，當時的分裂混戰只是一時的狀態。《論語・季氏》記孔子曰：

---
[6] 載《觀堂集林》卷10，頁3-5。見《王國維遺書》第二冊。

「天下有道，則禮樂征伐自天子出；天下無道，則禮樂征伐自諸侯出。」所以，禮樂征伐自天子出的統一局面是正常的或有道的狀態，反之就是無道的不正常狀態。儘管顯學中有儒、墨之爭，而法家又批評儒、墨顯學，他們彼此間多有分歧，可是他們都力圖改變當時的分裂混戰的或無道的局面。至於天下為何可以成為一家又怎麼才能成為一家？各家的答案就不同了。

孔子作為先秦諸子中的第一人，最服膺於周公。周公總結出的鞏固周王天子地位的理論是自人心以觀天命，自修德以求民心；其措施則是以分封諸侯與確立宗法來作為王權的保障。到春秋時期，周公所設立的制度已在崩解，而他的思想卻得到了孔子的繼承和發揚。如果說周公發現了德，那麼就可以說孔子又進了一步，由德進到了仁。什麼是仁？《論語》中記載了孔子從不同角度所作的回答。《顏淵》篇記：「樊遲問仁。子曰愛人。」這是關於仁的最簡明而又切要的答案。同篇又記：「顏淵問仁。子曰：克己復禮為仁。一日克己復禮，天下歸仁焉。為仁由己，而由人乎哉。」周公以為有德可以得天下，孔子則以為行仁可以得天下。「德」和「仁」都有愛人的意思；不過，德是站在君主的地位愛臣民，而仁則是站在人的地位愛人。何以見得？《顏淵》篇記仲弓問仁，孔子的回答是：「己所不欲，勿施於人。」《雍也》篇記孔子對子貢說：「夫仁者，己欲立而立人，己欲達而達人。能近取譬，可謂仁之方也已。」所以，仁就是推己及人地愛人。這也就是孔子所說的「為仁由己」的意思所在。仁者為什麼能夠推己及人？這需要意識到自己和他人同樣是人，同類才能相推。當然，對這些孔子並未作展開的論述，但他的意思是明白的。同時應該說明的是，孔子雖未表明他要實施周公設立的封建制與宗法制，但他確實很重視禮，強調君君、臣臣、父父、子子的親親尊尊的等級秩序。他的仁、他的推己及人之愛，也就是要經過這一條等級階梯由己及人、由內向外地推展出去。他的仁與他的禮是相須而行的。孔子以為，只要能夠行仁，天下就會歸仁而成為一家。能夠成就這一點的

邏輯前提是什麼？孔子沒有明說，如果加以推論，那就只能是天下之人都有一個共性即人性。

　　墨子也主張天下一家。《墨子·法儀》：「今天下無大小國，皆天之邑也；人無幼長貴賤，皆天之臣也。」從天的角度來看，不論天下之國還是天下之人皆屬一家。他同孔子一樣，主張愛人；不過他以為孔子的有等差的仁愛還不夠，而主張實行無差別的兼愛。在《兼愛》上中下三篇中，他都批評了主張愛己先於愛人、愛自己之親先於愛他人之親、愛自己之國先於愛他人之國的現象。他認為這是一切紛爭的根源。除了《兼愛》篇中的經驗論證以外，在《大取》篇中還有其邏輯的論證。他說：「愛人不外己，己在所愛之中；己在所愛，愛加於己。倫列之，愛己，愛人也……臧之愛己，非為愛己之人也。」[7] 他認為己是人中一員，愛人中就包括了愛己。從邏輯上說，愛己也可以說是愛人，因為自己也是人；但是，愛作為自己之人不等於愛全人類。愛人（類）之中可以包括愛己，愛己之中卻包括不了愛人。譬如一個奴隸（臧）愛他自己，其目的就在愛己，而非愛自己僅作為其中一員的人（類）。因此墨子認為，要實現天下一家的理想，就不能像儒家那樣，愛人從愛己起，再外推以愛人；而必須先人（類）然後及己，即行兼愛。兼愛本是墨子的主張，是人志，但他一定要把它說為天志。這倒不僅是為了打出天的旗幟以利號召，愛既不能從愛己始，能愛與所愛自始即已背離，故能愛之源就不能不外化為「天志」。所以墨子所要實現的是人從天志的天下一家。怎麼樣才能達到天下一家呢？墨子的處方是「尚同」。在《尚同》上中兩篇的開端，我們可以看到墨子把原始的人說成一群野獸，不能和合而相虧害。這就必須由天來選知天志的人為天子（像野獸一樣的人是不可能有選擇能力的），然後逐級下選諸侯、百官等等。有了這樣的秩序，人們再逐級上同到天子，天子又上同於天。總之

---

[7] 據孫詒讓《墨子閒詁》，此處引文刪節號以下文字應與以上文字相連，見此書頁244-245。《諸子集成》第四冊。

下級服從上級，天子服從上天。一旦上同實現，墨子以為，天下一家也就實現了。

孟子更為明確地主張天下一家。《孟子・梁惠王上》記他和梁襄王的一段對話：「卒然問曰：『天下惡乎定？』吾對曰：『定於一。』『孰能一之？』對曰：『不嗜殺人者能一之。』『孰能與之？』對曰：『天下莫不與也……誠如是也，民歸之猶水之就下，沛然誰能禦之。』」他說：「三代之得天下也以仁，其失天下也以不仁。」（見《離婁上》）又說：「桀紂之失天下也，失其民也。失其民者，失其心也。得天下有道，得其民斯得天下矣。得其民有道，得其心斯得民矣。得其心有道，所欲與之聚之，所惡勿施爾也。民之歸仁也，猶水之就下、獸之走壙也。」（見《離婁上》）這也就是孔子所主張的恕道或仁道。為什麼行仁道就能實現天下一家？他說：「仁也者，人也；合而言之，道也。」（見《盡心下》）仁就是把人當人，以仁對人就是道。對人類實施人道，天下人自然可以成為一家。孟子與墨子不同，他不把人性看成野獸一樣，而是以為人性善，「人皆可以為堯舜」（見《告子下》）。因此他也不須像墨子那樣，必須先把人能愛人之理性外化為天志，而後才能加以運用。孟子的「人」，不是天下一家的對象，而是其主體。墨子說儒家的仁愛不如無差別的兼愛。孟子說：「仁者以其所愛及其所不愛，不仁者以其所不愛及其所愛。」仁者老吾老以及人之老，愛人之老是愛己之老的向外展延；墨家兼愛主張對路人之父如對己之父，實際也就是以對路人的態度對自己之父。所以墨子的「人」心中沒有理性的火種，因而必須要到天上去取；而孟子的「人」就有理性的火種在其自心，只要加以擴充就可以了。孟子說：「人皆有不忍人之心。先王有不忍人之心，斯有不忍人之政矣。以不忍人之心行不忍人之政，治天下可運之掌上。」（見《公孫丑上》）在他看來，實現天下一家的關鍵就在於使人性充分展開。

荀子的理想也是天下一家。他認為，只要大儒居於君位或居君位者為大儒，就可以「一天下，財萬物，長養人民，兼利天下，通達之屬，莫不從服。」（見《荀子・非十二子》）就可以作到「四海

之內若一家，通達之屬，莫不從服。」（見《儒效》）他反對墨子的「僈差等」而主張隆禮，但又受了墨子人性說的影響而主張性惡論。他認為：「人生而有欲，欲而不得，則不能無求；求而無度數分界，則不能不爭。爭則亂，亂則窮。先王惡其亂也，故制禮義以分之，以養人之欲，給人之求。使欲必不窮乎物，物必不屈於欲，兩者相持而長，是禮之所生也。」（見《禮論》）墨子以為無差別的兼愛可以達到和諧，荀子則認為有等差的禮才能夠造成和諧。孟子以為充分發揮人性可以達到天下一家，荀子則認為以禮節制人性才能構成有差別的統一。荀子雖主張性惡說，但他又認為「塗之人可以為禹」（見《性惡》）。為什麼？因為他認為，人皆有「可以知之質，可以能之具」（見《性惡》）。人性雖惡，但還有改惡從善的智與能；而且這種智與能的充分發揮還可以使人成聖人。所以荀子重視勸學、修身，強調教育與文化影響的作用。他對天下一家的實現看得不像孔、孟那樣簡單，並不認為一旦仁政出現，天下就會立即全部歸仁。從前人們相信聖王湯、武已經作到了天下一家，可是到了戰國晚期荀子的時候，有人就懷疑湯武是否真能統治全天下了。荀子堅持認為：「湯居亳，武王居鎬，皆百里也，天下為一，諸侯為臣，通達之屬，莫不振動從服以化順之。」不過這種統一並非無差別的統一，而是「諸夏之國同服同儀，蠻夷戎狄之國同服不同制。封內甸服，封外侯服，侯、衛賓服，蠻夷要服，戎狄荒服。甸服者祭，侯服者祀，賓服者享，要服者貢，荒服者王。日祭，月祀，時享歲貢，終王。夫是之謂視形埶而制械用，稱遠近而等貢獻，是王者之制也。」（見《正論》）大體相同的說法見於《國語・周語上》，類似的說法見於《尚書・禹貢》篇末。因此可見，這時的「天下一家」不僅包括了華夏諸邦，而且包括了邊裔少數民族。儒家不以種族而以文化別華夷，在《孟子》中就有了開端[8]。這些大概都是當時儒家學派中人提出的以文化聲教為導向的，有區別的、漸進的天下一家的理論。

---

[8] 孟子主張在文化上「用夏變夷」（見《滕文公上》）。他說舜是「東夷之人」，文王是「西夷之人」（見《離婁下》），夷而能成華夏的聖人，是夷在文化上變為夏的結果。

不管這些說法中的事實可靠性如何，其中無疑是有著理性的因素的。

當儒墨顯學正在從理論上討論天下一家問題的時候，歷史上的客觀統一進程卻快速地發展著。法家迎著這種形勢走了出來。韓非說：「世異則事異……事異則備變。上古競於道德，中世逐於智謀，當今爭於氣力。」（見《韓非子・五蠹》）又說：「夫兩堯不能相王，兩桀不能相亡；亡、王之機，必其治亂、其強弱相踦者也。木之折也必通蠹，牆之壞也必通隙。然木雖蠹，無疾風不折；牆雖隙，無大雨不壞。萬乘之主，有能服術行法以為亡徵之君風雨者，其兼天下不難矣。」（見《亡徵》）還引申子曰：「獨視者明，獨聽者聰。能獨斷者，故可以為天下主。」（見《外儲說右上第三十四・說二》）這些實際都只是陰謀獨斷以取天下之術，而頗為當時君主歡迎。因為它是實用主義的。

秦的統一結束了諸子的討論。儒、墨顯學似乎都未能起到直接的作用。但是，秦的統一六國與羅馬的征服地中海地區，情況畢竟有所不同。秦統一後，六國故地和秦地一樣成為郡縣，六國遺民和秦人一樣成為黔首；而羅馬的行省及其人民與羅馬及其人民的地位就無法同日而語了。中國與羅馬的區別，固然與多方面的條件不同有關；但是，文化上的統一與天下一家思想的深入人心實在也是不能忽視的一個因素。

所以，儘管秦的統一未能運用周公和儒、墨顯學提出的天下一家思想，這種思想本身作為文化遺產還是很值得我們研究的。

第八篇
關於殷周關係研究的回顧和思考

　　如何確切地認識並說明殷商末葉殷周之間的關係，這在中國古代經學史和史學史上曾經是一個長期爭論不決的難題。直到本世紀，隨著以出土資料與歷史文獻相結合的研究方法的出現，這個難題才逐漸在解決中。現在回顧這一問題研究的曲折歷程，希望能從中獲得一些關於中國考古學與歷史學整合的體會。

　　關於殷末的殷周關係，《史記》的《殷本紀》和《周本紀》有著比較系統的敘述。也就在《史記》中，殷周關係的性質到底是什麼樣的？司馬遷並未說明清楚，甚至還留下了矛盾。

　　據《殷本紀》，紂「以西伯昌、九侯、鄂侯為三公。九侯有好女，入之紂。九侯女不憙淫，紂怒殺之，而醢九侯。鄂侯爭之強，辨之疾，並脯鄂侯。西伯昌聞之竊嘆，崇侯虎知之，以告紂。紂囚西伯羑里。西伯之臣閎夭之徒求美女、奇物、善馬以獻紂，紂乃赦西伯。西伯出而獻洛西之地，以請除炮烙之刑。紂乃許之，賜弓矢、斧鉞，使得征伐，為西伯。」「西伯歸，乃陰修德行善，諸侯多叛紂而往歸西伯。西伯滋大，紂由是稍失權重。」

　　據《周本紀》，「西伯陰行善，諸侯皆來決平。于是虞、芮之人有獄不能決，乃如周。入界，耕者皆讓畔，民俗皆讓長。虞、芮

之人未見西伯,皆慙,相謂曰:『吾所爭,周人所恥,何往為?祗取辱耳。』遂還,俱讓而去。諸侯聞之,曰:『西伯蓋受命之君』。明年,伐犬戎,明年,伐密須,明年,敗耆國。殷之祖伊聞之,懼,以告帝紂。紂曰:『不有天命乎?是何能為!』明年,伐邘。明年,伐崇侯虎,而作豐邑,自歧下而徙都豐。明年,西伯崩,太子發立,是為武王。……詩人道西伯,蓋受命之年稱王而斷虞、芮之訟。後十(疑當為「七」)年而崩,諡為文王。」「武王即位,太公望為師,周公旦為輔,召公畢公之徒左右王,師脩文王緒業。九年,武王上祭于畢。東觀兵,至于盟津。為文王木主,載以車,中軍。武王自稱太子發,言奉文王以伐,不敢自專。……是時諸侯不期而會盟津者八百諸侯。諸侯皆曰:『紂可伐矣』。武王曰:『女未知天命,未可也。』乃還師歸。居二年,聞紂昏亂暴虐滋甚,殺王子比干,囚箕子。太師疵、少師彊抱其樂器而犇周。於是武王徧告諸侯曰:『殷有重罪,不可以不畢伐。』乃遵文王,遂率戎車三百乘、虎賁三千人、甲士四萬五千人以東伐紂。十一年十二月戊午,師畢渡盟津……。二月甲子昧爽,武王朝至于商郊牧野,乃誓。」牧野決戰的結果是,殷王紂兵敗自殺,武王進入殷都,祭社,由尹佚宣讀的祭社祝文中正式宣稱:「膺更大命,革殷,受天明命。」

　　從《史記》的記載來看,周文王作為一個諸侯,曾經是殷紂的大臣,曾經被囚,後來被紂釋放並被冊封為西伯;西伯在虞、芮兩國來求仲裁之年「受命」稱王,隨後連年征戰,直至去世。西伯稱王,周也就由殷的諸侯變為與殷抗衡的敵體(Equivalent)。武王繼位,奉文王木主以伐紂。這表明他是在繼承文王所受「天命」,完成其父未竟之業。可是,武王第一次進軍到盟津時,又因知「天命」尚未在自己一邊而還師;在第二次進軍消滅殷紂以後,才正式宣布「革殷,受天明命。」所以這又表明,周在「革殷」成功以前尚未能獲得「天命」,也就是尚未能稱王而作為與殷抗衡的敵體,對殷至少尚有名分上的不平等或從屬關係。否則祭社祝文中的話就是多餘的,不能成立的。

這樣就發生了問題。可是司馬遷寫《史記》是有其根據的（他的根據在本文第一、二兩部分中基本都可以看到。）他的問題產生於「厥協六經異傳，整齊百家雜語」的過程中。而司馬遷的問題，在其後的學者們又繼續爭論不決。因此有必要來考察一下這個問題的原委。

一

現在看到的說明殷周關係的最早的歷史文獻是《尚書》和《詩經》。《尚書・周書》中的《牧誓》、《大誥》、《康誥》、《酒誥》、《召誥》、《洛誥》、《多士》、《無逸》、《君奭》、《多方》、《立政》等篇都或多或少的說到了殷周的關係，除《牧誓》為武王的誓師詞以外，其他各篇都出自周公之手（偽孔傳以為《召誥》乃召公所作，于省吾教授列出八點理由證明為周公所作，可從），其有原始文獻的價值。《尚書・商書》中的《西伯戡黎》、《微子》兩篇也直接或間接地說到殷周關係。這兩篇文字不似殷亡以前的作品，大抵為周代時宋國人據歷史記錄或傳說而作。因此，這兩篇也反映了殷周關係的基本事實。《詩經・大雅》中的《文王》、《大明》、《皇矣》、《文王有聲》和《詩經・周頌》中的《武》等篇都直接或間接地說到殷周關係。這些詩都是西周時期官方的作品，雖然帶有文學的色彩，但也反映了殷周關係的基本事實。《尚書》和《詩經》的這些篇章，都是研究殷周關係時必須首先考察的文獻資料。

在周人的史詩中，《大雅・生民》講了姜嫄因踏上了上帝的足跡而生育周始祖棄的神話，《大雅・公劉》講了周人祖先公劉遷至豳地定居的傳說，《大雅・綿》講了古公（文王之祖父，後稱太王）由豳遷至歧下周原，並建城立國的故事，在這三篇詩裏還看不出殷周之間有何關係。《大雅・大明》講了王季、文王、武王三代人從聯合殷商諸侯或與國到最後伐商的過程。「摯仲氏任，自彼殷商，來嫁于周，曰嬪于京，乃及王季，維德之行。大任有身，生此文王。」

摯國國君姓任，是殷商屬下的諸侯，他的二女兒嫁給王季，生了文王。「文王初載，天作之合。在洽之陽，在渭之涘。文王嘉止，大邦有子。大邦有子，俔天之妹。文定厥祥，親迎于渭。造舟為梁，不顯其光。有命自天，命此文王，于周于京。纘女維莘，長子維行，篤生武王。保右命爾，燮伐大商。」繼王季和殷之諸侯摯國聯姻之後，文王又和洽水之北的莘國（在今陝西省合陽縣一帶）結成婚姻關係，迎娶莘君長女為妻（即太姒），生育了武王。莘是一國大邦[1]，地理位置在殷周之間；周聯合了莘，更有利於對付殷商。到武王時，周協調了自己盟邦的力量，於是「燮（和也）伐大商」。周為了對付殷，連續三代人處心積慮，作了周密的準備。《大雅・皇矣》敘述自太王以後周人在歧周的發展，其中突出地歌頌了王季「王此大邦」，尤其著力歌頌文王伐密、伐阮、伐共、伐旅（莒）、伐崇的武功，說文王是「萬邦之方，下民之王。」

《尚書・西伯戡黎》說明，當周文王（西伯）伐黎（《史記》作耆）時，殷臣祖伊驚恐，建議紂改善內政，作應付周的準備，而紂自以為有「天命」在身，拒不採納。此篇所記祖伊對話雖非原文記錄，但所反映的周的擴展給殷人造成的威脅感無疑是真實的。至於《尚書・微子》，雖非原始文獻，但所反映的殷商崩潰前夕部分貴族投奔周的傾向也是無可懷疑的。

在《尚書》和《詩經》中，沒有一處說到周文王曾經臣屬於殷，

---

[1] 有些學者以為這裏的「大邦」指殷商，其實不然。如在《詩經》之中，《大雅・皇矣》：「維此王季……王此大邦。」「密人不恭，敢距大邦。」「大邦」都是指周。《小雅・采芑》：「蠢爾荊蠻，大邦為讎。」「大邦」仍是指周。《鄘風・載馳》：「控于大邦，誰因誰極。」這個「大邦」竟無確指。所以大邦小邦是就國之大小相對而言的，並非殷商的專有代詞。另外，按主張「大邦」指殷的學者的意見，文王先娶于殷，繼娶于莘（「纘女維莘」）。可是，從「文王初載，天作之合」到「文王嘉止，大邦有子」之間，原詩明說「在洽之陽，在渭之涘。」在洽之陽、渭之涘的「大邦」只能確定為莘，而不能説成為殷。「纘」字毛傳、鄭箋均釋為「繼」，謂太姒繼大任之事。馬瑞辰認為「繼女則不詞，故此增成其義」，屬於增字解經。把「纘」釋為「繼娶」，豈非增字更甚？馬氏以「纘」為「孅」之假借。《説文》：孅，白好也。《爾雅・釋詁》：孅，好也。「孅女」即是「美女」，適與下句「長子」相對稱為文。（見《毛詩傳箋通釋》第二十四，載《皇清經解續編》卷439）按馬瑞辰説有理，可從。因為事涉殷周之間是否曾有直接婚姻關係故略贅於此。

連「西伯」這個稱呼也都只一見於《西伯戡黎》篇第一句帶有前言性質的話中。從以上所列舉的材料看，周人首先或根本地說是把他們與殷商的關係當作邦的關係來看待的。其實周人並不僅對殷商是如此，在他們正在伐商和戰勝商以後，周把自己和其他諸侯國的關係也是基本當作邦與邦的關係來看待的。在《牧誓》中，周武王把各路諸侯稱為「友邦冢君」。在《大誥》中周公也把各諸侯稱為「友邦君」或「庶邦君」。在《酒誥》、《梓材》、《無逸》、《顧命》、《康王之誥》等篇中，周仍然以庶邦稱其諸侯。

當然，周人也承認，在周戰勝殷紂之前，他們對殷的關係是小邦對大邦的關係。他們習慣地把那時的殷商稱為「大邦殷」（《尚書‧召誥》、《康王之誥》）、「大國殷」（《尚書‧召誥》）、「天邑商」（《尚書‧多士》），而自稱為「小邦周」（《尚書‧大誥》）、「我小國」（《尚書‧多士》）。

周人還承認，在武王克殷以前，殷與周之間存在的並不是一般的大邦、大國對小邦、小國的關係，其間還有一個「天命」所在的問題。《詩經‧大雅‧文王》：「殷之未喪師，克配上帝。」這就是說，周人承認，在紂敗亡以前，殷是有「天命」的。在《尚書》的《召誥》、《多方》、《立政》等篇中，周公還說明了歷史上先後有「天命」的三個國家或「朝代」，它們依次是夏、商、周。周有「天命」是天意改變的結果。「皇天上帝，改厥元子。茲大國殷之命，惟王（指周王）受命」（《召誥》）。「皇天改大邦殷之命，惟周文武誕受羑若」（《康王之誥》）。殷曾有「天命」而成天之「元子」（長子），即天子；天改命後，周受「天命」而成天子。商取代夏，周取代商，就是「天命」轉移的結果。三代的代興，就是三次天子的改換。周人承認這種歷史的改變，也就是承認周曾經對殷有從屬的關係。

周對殷曾經有邦與邦之間的平行關係，又曾有天子與諸侯間的從屬關係，這就是周人對殷周關係歷史的二重性認識。應該說，周人這種認識是符合於歷史的實際的。

周在什麼時侯代殷而有「天命」？後世經學家很重視這個問題，爭論不休。可是周人自己對這個問題卻沒有精確的回答。《詩經‧大雅》中的《文王》、《大明》、《皇矣》、《文王有聲》等篇都說是文王受「天命」，而《周頌‧昊天有成命》篇又說：「昊天有成命，二后（指文王和武王）受之。」在《尚書》中，〈大誥〉云：「天休于寧王（即文王），興我小邦周。」《康誥》云：「天乃大命文王，殪戎殷，誕受天命。」《洛誥》中周公囑咐成王說：「承保乃文祖（文王為成王祖父）受命民」，也是說文王受命。〈無逸〉云：「文王受命惟中身」。《君奭》云：「天不庸釋于文王受命」。以上的話，均出自周公之口。周公先後輔助文王、武王逐步制勝殷紂，在武王死後又曾平定紂子武庚之亂，對周興起的歷史最清楚。所以「文王受命」之說大概是周初人的共識。不過，《尚書‧洛誥》中有史官的一句附記云：「惟周公誕保文武受命，惟七年。」這又說文、武二王受命。大抵周公攝政為王時還只說「文王受命」，到成王以下，開始有文、武受命之說。周人從來不單獨說武王受命。他們說文王受命，是因為真正打下克殷基礎的是文王；他們又說文、武受命，是因為文王打好基礎，武王終於克殷，大業成於文、武父子二人之手。看來周人認為，兩種說法均可成立，其中並無矛盾。

在文王、武王二人中，周人似乎更為重視文王。這在《尚書》、《詩經》中是可以看出來的。為什麼呢？這與周人對「天命」轉移的原因的認識有關。《詩經》中多篇說到文王的武功，「文王受命，有此武功。」（《大雅‧文王之聲》）這是對文王之功的概括性的歌頌。但是《詩經》尤其是《尚書》特別強調文王之德。「維天之命，於穆不已，於乎丕顯，文王之德之純」。（《周頌‧維天之命》）這是對文王之德之純（純‧大也）的概括性的歌頌。而武王呢？「執競武王，無競維烈。」（《周頌‧執競》）武王的功烈是無人可與比擬的，這是周人對武王之功的概括性的歌頌。周人憑武力打敗了殷紂，可是他們重視德卻遠甚於重視力。

《尚書‧周書》中的《大誥》、《康誥》、《酒誥》、《梓材》、

《召誥》、《洛誥》、《多士》、《無逸》、《君奭》、《多方》、《立政》等篇，幾乎篇篇都強調德的重要性。周公作為一位傑出的政治家和思想家，從殷之代夏與周之代殷的歷史中發現了「天命」之得失與德之有無二者之間有著正比的關係。他說：「我不可不監于有夏，亦不可不監于有殷。我不敢知曰，有夏服天命，惟有歷年，我不敢知曰，不其延；惟不敬厥德，乃早墜厥命。我不敢知曰，有殷受天命，惟有歷年，我不敢知曰，不其延；惟不敬厥德，乃早墜厥命。今王嗣受厥命，我亦惟茲二國命，嗣若功。」（《尚書·召誥》）所以，「天命」（即政權）之得失並不在於天，而在於統治者自身的德性。怎樣才能察知自己是否失德並從而察知天意的向背呢？周公在告誡他的弟弟康叔（受封于衛）時也作了明確的回答：「天畏棐忱，民情大可見。小人難保，往盡乃心，無康好逸豫，乃其乂民。」（《尚書·康誥》）天命不可信，只有隨時從民心的向背中考察天命得失的趨向。類似的思想和文句在《尚書》和《詩經》重複了多遍。把「天命」或政權的得失歸因於人心的向背，也就是把「天命」還原為人心。這是周公和周人的一項意義深遠的偉大發現。周公教導其弟康叔說：「惟乃丕顯考文王，克明德慎罰，不敢侮鰥寡，庸庸（用可用之人）、祗祗（敬可敬之人）、畏畏（畏可畏之人），顯民。用肇我區夏，越我一二邦，以修我西土。惟時怙冒，聞于上帝，帝休。天乃大命文王，殪戎殷，誕受天命，越厥邦厥民。」（《尚書·康誥》）。文王明德慎罰，勤政保民，使西方之周在政治上很修明。這種勤勉精神為上帝所知，並得讚美，天乃使文王消滅殷，取得政權，掌握對殷邦和殷民的統治權。周人說「文王受命」，關鍵性的根據是文王有德以得民心，因此而得天下。

以上是周人對殷周關係的轉變所作的解釋。

二

自春秋時代末葉直至清代，歷代學者對殷周關係作了許多研究。他們對殷周關係作了種種解釋，可是也發生了長期爭論不決的問題。

《論語・泰伯》記孔子云：「三分天下有其二，以服事殷，周之德可謂至德也已矣。」看來所指的是周文王。為什麼說周有至德呢？孔子自己沒有解釋。《左傳》襄公四年記晉韓厥之言曰：「文王帥殷之叛國以事紂，唯知時也。」這是從功利角度作的解釋，與《論語》從倫理角度的解釋有所不同。可是《左傳》襄公三十一年記衛北宮文子之言曰：「紂囚文王七年，諸侯皆從之，紂于是乎懼而歸之。」《左傳》所記不同的人對文王的說法即有所不同。可見春秋時期就有人強調文王長於策略，有人強調文王以德化人。這種強調的不同給後代學者留下了自作解釋的餘地。

《墨子・非命上》：「昔者文王封於岐周，絕長繼短，方地百里，與百姓兼相愛，交相利，則是以近者安其政，遠者歸其德……未歿其世，而王天下，政諸侯。」墨子認為，夏桀、殷紂都違反了兼愛百姓的天志，因此天命湯、武征伐桀、紂。墨子主張非攻，不過他認為湯、武代表了天命，「則非所謂攻也，所謂誅也。」（《墨子・非攻下》）墨子以為，文王以德，武王以力，都符合兼愛之志，都是正義的。盡管墨子承認紂是聖王之後，曾是天子，但是他違反了天志，「天亦縱棄紂而不葆。察天以縱棄紂而不葆者，反天之意也。」（《墨子・天志中》）武王伐紂，不過是奉天命行事；紂已被天所棄，已不是君，所以不存在以臣伐君的問題。

《孟子・梁惠王下》記：「齊宣王問曰：『湯放桀，武王伐紂，有諸？』孟子對曰：『於傳有之』。曰：『臣弒其君可乎？』曰：『賊仁者謂之賊，賊義者謂之殘，殘賊之人謂之一夫。聞誅一夫紂矣，未聞弒君也。』」在齊宣王的觀念中，殷周之間的君臣關係突出了，而邦與邦的關係被忽略了。孟子在回答問題時，也未強調殷周之間的邦與邦之間的平行關係，而是和墨子一樣（盡管孟子是激烈批評墨子的人），只強調紂自己已經失去了為君的資格，因而也就沒有弒君的問題。

《荀子・正論》：「世俗之為說者曰：『桀紂有天下，湯武篡

而奪之。」是不然。以桀紂為常有天下之籍則然,親有天下之籍則然。天下謂在桀紂則不然。古者,天子千官,諸侯百官。以是天官也,令行於諸夏之國,謂之王。……聖王之子也,有天下之後也,埶籍之所在也,天下之宗室也。然而不材不中,內則百姓疾之,外則諸侯叛之;近者境內不一,遙者諸侯不聽。令不行於境內甚者諸侯侵削之,攻伐之。若是則雖未亡,吾謂之無天下矣。……誅暴國之君,若誅獨夫。若是則可謂能用天下矣。能用天下之謂王。湯武非取天下也,修其道,行其義,興天下之同利,除天下之同害,而天下歸之也。桀紂非去天下也,反禹湯之德,亂禮義之分,禽獸之行,積其凶,全其惡,而天下去之也。天下歸之之謂王,天下去之之謂亡。故桀紂無天下,而湯武不弒君,由此之效也。」荀子的話比墨子、孟子分析的更清楚,而和他們的道理基本相同。

　　墨子、孟子、荀子都認定殷周之間曾經存過天子──諸侯的君臣關係。他們又都恪守了《尚書》、《詩經》所開立的民本傳統,認為無道之君為天人所共棄,因此推翻無道之君不僅不是罪過,而且正是有德有功。因此,這三位大思想家並未感到在殷周關係有什麼不解的難題。

　　韓非子雖然說過殷紂是暴亂之君,文王「行仁義而懷西戎,遂王天下」(《韓非子・五蠹》),但是文王在韓非子心目中卻非儒、墨兩家所想像的那種聖人。《韓非子》中說了一些文王與紂之間關係的故事。「周有玉版,紂令膠鬲索之,文王不予;費仲來求,因予之。是膠鬲賢而費仲無道也。周惡賢者之得志也,故予費仲。」(《喻老》)「文王資費仲而游于紂之旁,令之諫紂而亂其心。」(《內儲說六微》)這樣,韓非筆下的文王就不像儒墨所說的聖人,而是一位善用權謀以至安排間諜的政治策略家了。「費仲說紂曰:『西伯昌賢,百姓悅之,諸侯附焉,不可不誅,不誅必為殷患。』紂曰:『子言,義主,何可誅?』費仲曰:『冠雖穿弊,必戴于頭;履雖五采,必踐之于地。今西伯昌人臣也,修義而人向之,卒為天下患,其必昌乎。人臣不以其賢為其主,非可不誅也。且主而誅臣,焉有

過?』紂曰:『夫仁義者,上所以勸下也。今昌好仁義,誅之不可。』三說不用,故亡。」(《外儲說左下》)費仲給紂出了一個兩難命題:不殺西伯昌,有亡國的危險;殺西伯昌又犯了殺賢的錯誤,從而也有失人心而亡國的危險。在韓非的筆下,紂的專制與陰險的程度還很不夠,似乎還有一點婦人之仁。紂因此而亡國。韓非是徹底的人性惡論者,他根本就不相信真有什麼仁義道德的人,而相信「上下一日百戰」(《揚權》)之說。所以,在他看來,儘管紂與文王之間有君臣關係,可是他們之間的暗鬥明爭也本是家常便飯,無足驚異。韓非與儒墨二家見解不同,但他也不認為殷周關係中有不解的難題。

在《呂氏春秋》這一部雜引先秦各家說的書中,周文王的人物形象正式發生分裂。《孝行覽・首時》:「王季歷困而死(按說與古本《竹書紀年》相似),文王苦之,有(又)不忘羑里之醜,時未可也。武王事之,夙夜不懈,亦不忘王門之辱,立十二年而成甲子之事(克殷)。時固不易得。」這一說與上引晉國韓厥(獻子)見解相同,認為文王是策略家,心不忘仇。《恃君覽・行論》:「昔者紂為無道,殺梅伯而醢之,殺鬼侯而脯之,以禮諸侯于廟。文王流涕咨之。紂恐其畔,欲殺文王而滅周。文王曰:『父雖無道,子敢不事父乎?君雖不惠,臣敢不事君乎。孰王而可畔也?』紂乃赦之。」這樣文王又是一位忠孝淳篤的聖人。

到了漢朝,君主專制統治已經確立,殷周關係的研究中開始出現了難題。按《史記・儒林列傳》記:「清河王太傅轅固生者,齊人也。以治《詩》,孝景時為博士,與黃生爭論景帝前。黃生曰:『湯武非受命,乃弒也。』轅固生曰:『不然,夫桀、紂虐亂,天下之心皆歸湯武。湯武與天下之心而誅桀、紂,桀、紂之民不為之使而歸湯武。湯、武不得已而立,非受命為何?』黃生曰:『冠雖蔽,必加于首;履雖新,必關于足。何者?上下之分也。今桀、紂雖失道,然君上也;湯、武雖聖,臣下也。夫主有失行,臣下不能正言匡過以尊天子,反因過而誅之,代立踐南面,非弒而何也?』轅固生曰:『必若所云,是高帝代秦即天子位,非邪?』於是景帝曰:『食肉

不食馬肝，不為不知味；言學者無言湯、武受命，不為愚。』遂罷，是後學者莫敢明受命放殺者。」轅固生和黃生說的基本內容都是前人早已說過的，但是他們直接爭論在已經確立專制權威的漢帝之前，而且針鋒相對到把漢高祖也引出來當論據，這就使漢景帝處於兩難境地：否認黃生的話，那豈不等於公開表明臣下在君主無道時可以造反？否認轅固生的話，那豈不是把自己的祖宗的取秦而代之的合法、合理性也否認了？漢景帝只好「王顧左右而言它」，把這種爭論壓制下去。可是問題沒有解決而壓下去，它本身仍然存在，以後總會不時有所復燃的。

湯、武受命或革命的問題，因為容易涉及現實政治，漢以後的學者談起來就比較謹慎了。還有「文王受命」的問題，經書中反覆出現；學者如何解決它，也成了難題。漢末大經師鄭玄在這個問題上試圖尋找一個解決的辦法。《尚書·無逸》記：「文王受命惟中身」。「鄭玄云：受殷王嗣位之命。然殷之末世，政教已衰，諸侯嗣位何必皆待王命？受先君之命亦可也。王肅云：文王受命，嗣位為君，不言受王命也。」（《無逸》孔穎達疏）鄭玄想把文王受命說成受殷王紂之命繼任周邦君主。如果這個解釋能成立，那麼「文王受命」的問題就解決了。可是他的這一解釋純屬推測，王肅就駁他沒有根據。真正困難還在於經書上有許多文王受天命以代殷的話，鄭玄還能把這些解釋為文王受殷王之命以謀克殷嗎？鄭玄提出新說的動機可以理解，同樣他的新說之決無成立之可能也是可以理解的。

唐初孔穎達主持為五經作疏，也遇到了「文王受命」這個難題。他雖然在解「文王受命惟中身」一句時引了鄭玄之說，但是在為《詩經·大雅·文王》作疏時就不得不承認還有一個文王受命稱王的問題。孔穎達作疏的一條重要規矩，就是徵引經典文獻為證。他看到《禮記·文王世子》中有「武王曰：西方有九國焉，君王其終撫諸？」一句，就以為找到了文王生時稱王的確證。不然，武王怎會稱其父為「君王」呢？可是在他看來，文王稱王是一件具有震動性的大事。他說：「天無二日，土無二王。若五年以前既已稱王改正，則反形已

露。紂當與之為敵,非直咎惡而已。若已稱王,顯然背叛,雖紂之愚,非寶能釋也。又《書序》周人乘黎之下云:『祖伊恐,奔告于受。作《西伯戡黎》』。若已稱王,則愚者亦知其叛,不待祖伊之明始識之也。且其篇仍云西伯,時明未為王。……但文王自于國內建元久矣,無故更復改元,是有稱王之意。雖則未布行之,亦是稱王之跡。」於是孔氏雜引緯書以考證文王稱王之年,盡可能把他稱王之年推晚,六年稱王,七年即死。(《十三經注疏》本《毛詩・大雅・文王》孔疏)孔穎達竭力彌縫文獻中的矛盾,可是卻在思想上留下了一個大矛盾:「文王受命」本是經典歌頌的大事,孔穎達卻把這說成「反形已露」;他又想把文王說成有稱王之意而實際稱王很晚,可那也是有叛君之意並終於叛君。在經典中被歌頌為聖德的文王,在孔穎達筆下卻成了處心積慮叛君的陰謀家、野心家了。

孔穎達留下的矛盾,使後來的劉知幾得出這樣的推斷:「《論語》曰:大矣,周之德也,三分天下有其二,猶服事殷。按尚書序云:西伯戡黎,殷始咎周。夫姬氏爵乃諸侯,而輒行征伐,結怨王室,殊無愧畏,此則《春秋》荊蠻之滅諸姬,《論語》季氏之伐顓臾也。又按某書曰,朱雀云云,文王受命稱王云云。夫天無二日,地惟一人。有殷猶存,而王號遽立,此即春秋楚及吳越僭號而陵天子也。然則戡黎滅崇,自同王者,服事之道,理不如斯。」然後直以周文王與陰謀篡魏的司馬昭為一類人物。(《史通・疑古》)於是經典所說文王為克殷作好準備的事實被肯定了,而文王作為聖人卻被否定了。作為聖人,竟然背叛君主,這在唐代學者是不能想像的。

唐人所感到並已說出的問題,到了愛講名分的宋儒手裡,自不免又有許多大議論。他們大抵是在為維護文王的聖人形象而作翻案文章,如說戡黎的不是文王而是武王等。看來還是朱熹比較圓融通達。他說:「西伯戡黎,便是這個事難判斷。觀戡黎,大故逼近紂都,豈有諸侯而竟稱兵于天子之都乎?看來文王只是不伐紂耳,其他事亦都做了,如伐崇、戡黎之類。韓退之《拘幽操》云:『臣罪當誅兮,天王聖明。』伊川以為此說出文王意中事。嘗疑這說得太過。據當

時世事觀之，恐不如此。若文王終守臣節，何故伐崇？只是後人因孔子『以服事殷』一句，遂委曲迴護個文王，說教好看，殊不知孔子只是說文王不伐紂耳。」(《朱子語類》卷79，「西伯戡黎」條) 朱熹此說只是在緩和矛盾，但也沒有解決問題。

到了清代乾嘉時期，南北方同時出現了兩位善疑的學者。南方杭州的梁玉繩堅決否認文王受命稱王之說。他說：「受命二字，實本于詩、書。《詩》曰：『文王受命，有此武功。』《書》曰：『文王受命惟中身』。受命云者，一受殷天子之命而得專征，一受天西眷之命而興周室。凡經言文王，並後世追述之，曷嘗有改元稱王之說哉？自有此說，而改元稱王之論紛如聚訟，獨不思改元始於秦、魏兩惠王，稱王始於徐偃，皆衰周叛亂之事，奈何以誣至德之文王？……或問：仲達疏經、朱子評泰誓論，俱兩存其說，得無文王于統內六州亦嘗建號歟？曰：否。《竹書》稱「周文公」，稱「西伯昌薨」，非不王之證耶？」(《史記志疑》，卷三，「詩人道西伯，蓋文受命之年稱王……」條) 按梁氏當時尚不知今本《竹書紀年》是偽書，他所引的「周文公」恰好是偽書的文字，因此不足為據。

北方大名的崔述於《豐鎬考信錄》之太王、王季篇中說：「世之論周者，于大王則以為有翦商之志，于王季則以為商牧師侯伯而見殺於商，于文王則以為商三公而囚於羑里，于武王則以為父死不葬而伐商，為伯夷、叔齊所斥絕；似後世羈縻之屬國，桀驁之君長，若晉之慕容，苻姚，宋之西夏，今日修貢而明日擾邊，弱則受封而強為寇者。嗚乎。曾謂聖人而有是哉！蓋其所以如是說者有二：一則誤以漢、唐之情形例商、周之時勢；一則惑于諸子百家之言而不求之經傳。故致彼此抵牾，前後不符。今但取《詩》、《書》、《孟子》言商、周之事者熟讀而細玩之，則其事了然可見：周固未嘗叛商，亦未嘗仕於商；商自商，周自周；總因商道已衰，政令不行於遠，故周弱則為燻鬻所迫而去之，周強則伐崇、密之地而有之。聖人之事本自磊磊落落，但後儒輕信而失真耳。」(《崔東壁遺書》，頁168-169) 崔述考信的結果是把殷、周之間任何一點君臣關係都推

翻了。梁、崔二人的共同點是，都認為文王是聖人。其不同點是：梁承認殷、周間有君臣關係，但否認文王曾有稱王、翦商之事；崔則承認周有翦商之思想和行為，但周對殷並無任何君臣關係。這兩位能疑善考的學者都從尊崇文王為聖人的起點出發，結果竟然得出了兩種相反的結論。

以上對殷周關係研究史的回顧，只是給了一個最粗略的輪廓，應該也是一個最基本的輪廓。從這一回顧中看來只能得出一個結論，即只憑文獻考證就不能對殷周關係得出確切的結論。

三

殷周關係問題，以前爭論了二千餘年而不能解決，而到了本世紀初以後，隨著以出土資料與文獻資料相結合的研究方法的進展，就逐漸在解決之中。

第一，文王受命稱王問題。這個過去使人頭痛的問題，很快就被王國維用二重證據法打開了大門。

王國維在《古諸侯稱王說》一文開頭就說：「世疑文王受命稱王，不知古諸侯於境內稱王與稱君、稱公無異。」（《觀堂別集》卷1，頁6-7，《王國維遺書》卷4。本段引王氏此文，不另注。）然後，他先列了一些傳世文獻的依據，並退一步說這也許可以被說為史學家的追記，繼而他就列舉出土彝器銘文上的證據。他不引徐、楚之器的銘文，因為那還可以被解釋為徐、楚係僭稱王，早已見諸經籍。他說：「矢王鼎云：『矢王作寶尊』。散氏盤云：「乃為圖矢王於豆新宮東廷」。而矢伯彝則稱『矢伯』。是矢以伯而稱王者也。彔伯㪤敦蓋云：『王若云：彔伯㪤□自乃祖考有勞于周邦』。又云：『㪤拜手稽首對揚天子丕顯休，用作朕皇考釐王寶尊敦。』此釐王者，彔伯之父。彔伯祖考有勞于周邦，則其父釐王非周之僖王可知。是亦以伯而稱王者也。狍伯敦云：『王命仲到歸狍伯裘。王若曰：狍伯，朕丕顯祖玟、珷，應受大命，乃祖克□先生翼自他邦，有□于大命。

我亦弗望（假為忘字）享邦，錫女口裘。䍧伯拜手稽首天子休弗望小口邦歸夆，敢對揚天子丕顯魯休，用作朕皇考武䍧幾王尊敦。』䍧伯之祖自文、武時已為周屬，則非周之支庶，其父武䍧幾王亦以伯而稱王者也。而彔伯、䍧伯二器，皆紀天子錫命以為宗器，則非不臣之國。蓋古時天澤之分未嚴，諸侯在其國自有稱王之俗。即徐、吳、楚之稱王者，亦沿周初舊習，不得盡以僭竊目之。苟知此，則無怪乎文王受命稱王而仍服事殷矣。」

王國維的論證告訴我們，諸侯在境內稱王在古時是常有之事，故文王稱王並不足怪。不過，當時他還沒有文王在境內稱王的實證材料。七十年代周原甲骨出土，其中有若干片上有「王」字。經學者研究，其中有文王時期之物（王宇信，1981）。文王時期甲骨文上的「王」字是否都指文王？學者有不同意見。但其中也有不成問題的，如「今秋王斯克往密」（H11：136）中之王，學者們一致認為就是伐密之文王。

這樣，文王曾經稱王的問題就得到肯定的回答。

第二，殷周之間是否曾有君臣關係？這個問題比較複雜。殷墟甲骨中有若干涉及周的卜辭（主要屬於武丁時期），學者據以研究殷周關係並作出成果。張光直教授綜論了學者已有的研究成果[2]，然後總結說：「看來自武丁征伐之後周一直臣屬於殷，甚至為殷的侯國，這與文獻上周文王稱西伯是一致的。但名義上的對立關係與臣屬關係是一事，實際上的敵友關係又是一事。第四期周雖偶稱為侯，卜辭中仍有『戈周』的說法」（張光直，1983：97-100）。張先生用了「看來」這樣慎重的語氣，大概因為考慮到其中還有尚待研究的問題。而他所主張的把名義和實際分開來看，這的確是非常重要的。

如果說以前周族所在之地還有些問題，那麼太王以後他們已在

---

[2] 張先生很推重 David N. Keightley 教授的 "The Late Shang State: When, Where, and What?" 一文，並作了摘譯。此文已經載在 *The Origins of Chinese Civilization*, ed. by Keightley (1983)，摘譯文在《中國攷古學與歷史學之整合研究》第 529-531 頁。

周原就沒有問題了。在周原的遺址與甲骨也證實了這一點。在周原甲骨中有兩片說到了周方伯：「……在文武……貞，王其卲帝□天，□殷，囟周方伯，□□，斯正，亡左……，王受有佑。」（H11：82）「貞，王其桒，侑太甲，囟周方伯，盎斯正，不左于受有佑。」（H11：84）對於這兩條卜辭，學者們有種種不同的解釋，而大別可分為兩說。一說以為辭中的「王」指文王，而「西方伯」也指文王；另一說以為其中的「王」指商王，而「西方伯」指周文王。兩說相反，前者比較迂曲難解，而後者于義為長。李學勤教授說：「卜辭『王』與『周方伯』同見，前者為主辭，後者為賓辭，絕不能是指一人。因此，『王』不可能是周王，只能是商王。」（李學勤，1988）這是有道理的。按照此說，卜辭中「王」為商王，西方伯為周文王，這說明兩者之間確實存在君臣的從屬關係。這和文獻中所說的紂封文王為「西伯」相一致的。即令退一步從另一說，卜辭中的「王」和「西方伯」都指文王，那也只能說「王」是周文王在邦內的自稱，而「西方伯」才是對殷商王朝的正式爵稱。這樣也說明當時殷周之間確實存在君臣從屬關係。當然卜辭所證實的殷周間的君臣關係只有在名義上才具有它的全部價值，在實際上，這種君臣關係既不可能是完全的，也不可能是一成不變的。周邦三代人立志翦商，到武王時終於達到目的。這就是殷周君臣關係既不完全又在變化的有力證據。

四

從以上對殷周關係研究的回顧中，可以看出以出土資料與傳統文獻資料相結合的二重證據研究法的重要意義。現在再就這個問題談幾點個人體會。

第一，出土資料對於傳統的文獻資料具有權威性的檢驗作用，如所周知，這是由於它所固有的第一手性質決定的。《尚書》、《詩經》中的某些篇章雖然對於研究殷周關係來說也是第一手的資料，但是它們經過長期的流傳，不免產生失誤，因而不具備出土資料的

那種直接的性質。所以出土的資料可以證實經傳中關於文王稱王的記載而證偽文王未曾稱王之說，可以證實經傳中關於殷周間君臣關係的記載而證偽殷自殷、周自周的二者不相蒙說。這些都是出土資料對傳統文獻資料的直接證明（包括肯定的和否定的），在此不必多說。

值得注意的是，出土資料還可以對與之並不直接有關的問題作出間接性的檢驗。例如，漢代今、古文經學爭論的問題中有一個天子是否純臣諸侯的問題。《詩經·周頌·臣工》：「嗟嗟臣工，敬爾在公，王釐爾成，來咨來茹。」鄭玄箋云：「臣，謂諸侯也。釐，理；咨，謀；茹，度也。諸侯來朝天子，有不純臣之義。于其將歸，故于廟中正君臣之禮，敕其諸官卿大夫云：敬女在君之事，王乃平理女之成功。女有事當來謀之，來度之于王之朝（廟），無自專。」鄭玄的說法是有根據的。作為東漢正宗今文經學標準的《白虎通》中的〈王者不臣〉篇說：「王者不純臣諸侯何？尊重之。以其列土傳子孫，世世稱臣，南面而治。凡不臣者，異于眾臣也。朝則迎之于著（宁），觀則待之于阼階，升降自西階，為庭燎，設九賓享禮而後歸，是異于眾臣也。」（《白虎通疏證》）可是也有與此相反的意見。據許慎所作《五經異義》云：「公羊說，王者不純臣。左氏說，諸侯者，天子蕃衛，純臣。謹按，禮，王者所不純臣者，謂彼人為臣，皆非己德所及。《易》曰：『利建侯』。侯者，王者所親建，純臣也。」鄭玄作《駁五經異義》云：「玄之聞也，賓者敵主人之稱。而禮，諸侯見天子，稱之曰賓。不純臣諸侯之明文矣。」（《詩經·周頌·臣工》孔穎達疏引）鄭玄和許慎爭辯的是歷史問題，而這個問題由於事過境遷對他們已不大好理解了。秦漢以下，君主專制之制確立，哪裡還有什麼王者不純臣之人？《史記·高祖本紀》：「高祖五日一朝太公，如家人父子禮。太公家令說太公曰：天無二日，土無二王。今高祖雖子人主也，太公雖父人臣也。奈何令人主拜人臣？如此則威重不行。後高祖朝，太公擁篲、迎門、卻行。高祖大驚，下扶太公。太公曰：帝，人主也。奈何以我亂天下法？於是高祖乃尊太公為太

上皇；心善家令言，賜金五百斤。」漢高帝只是用尊其父為太上皇的辦法解決了父以臣禮見子的過度反常現象，並未否定太公家令之言本身；太史公說他心善家令言還說得比較委婉，實際上劉邦正以自己的行動宣布：如無太上皇的名義，即使是父也必須為子之臣。在這樣歷史環境中，古文學家不能理解世上（除了蠻荒化外）還有王者不純臣之人。許慎見到《周易・屯卦》的卦辭和爻辭中有「利建侯」三字，便以為侯皆王者所建（在漢確實如此）；既為王者所建，王者當然純臣之。他未想到古代曾有許多實際上並非王者所建的侯。鄭玄從王者有以賓禮待諸侯的古禮中看出了王者有不純臣諸侯之義。不過，他也只是說，從禮遇上看王者以諸侯為賓（非臣），而從實際上看王者又以諸侯為臣；正因這兩個方面的契合，諸侯就成了既賓又臣的非純臣。鄭玄對諸侯非純臣的理解仍然是形式上的，但是他總從古禮中覺察出了古代歷史的一些真實信息。

漢代今、古文經學家關於王者是否純臣諸侯的辯論是一種教條主義性的討論，這本來只有思想史上的價值，原不足引以證史。但在出土資料的「激光」照射下，這個經學史上的老問題卻產生了一種新的作用。誠然，殷墟甲骨和周原甲骨都沒有直接涉及王者是否純臣諸侯的問題，看來與此問題是無關的。可是，殷墟甲骨和周原甲骨所告訴我們的殷周關係又恰好正是一種非純臣的關係（說已見上文）。在這種情況下，出土資料對思想史資料中所含的反映歷史過程的信息作了檢查，從而有助於我們從思想史資料中析取出有價值的說明歷史的資料來。

第二，地下資料的出土，可以證實或證偽傳統文獻對有關問題的說明，說已如上。但是，在某一問題上出土資料的闕如，這並不能作為證實或證偽有關文獻資料的默證。默證法從來就不是一種安全的論證方法，而用於論證古史時危險性尤巨。例如，在《尚書》和《詩經》中，周人認為自己所以能取代殷商的關鍵是有德；而劉知幾則認為周文王並非有德，所謂有德無非欺人之說（說已見上）。又迄今尚無足以證明周人有德的資料出土。在這樣情況下，我們是

否可以因出土資料的闕如而證實劉知幾的說法、證偽周人自己的說法呢？當然不能。因為這還有兩方面的進一步的研究要作。

首先，在直接的資料不具備的情況下，文獻中的問題是可以也應當用分析文獻的方法來尋求解決。對周文王是否以德勝殷的問題，對周人自己的說法與劉知幾的駁論，也是可以通過文獻分析而說明問題的。

劉知幾否認周文王有德，其理由至簡單又至明白。殷紂為君，文王為臣；文王以諸侯而稱王並專征伐，即是背君不忠。不忠即是無德。他以唐代人的道德標準衡量文王，自然地得出了他否定文王的結論。這完全是可以理解的。但是殷周之際的道德標準如何，這卻是另一問題。

周人對於德之有無有明確的說明。《尚書‧多方》記周公云：「惟帝降格于夏，有夏誕厥逸，不肯戚言于民，乃大淫昏，不克終日勸于帝之迪，乃爾攸聞。厥圖帝之命，不克開于民之麗（網羅），乃大降罰，崇亂有夏。因甲（狎）于內亂，不克靈承于旅（眾）；罔丕惟進（贐）之恭（供），洪舒（荼、荼毒）于民。亦惟有夏之民叨懫（貪戾）日欽（興），劓割夏邑。天惟時求民主，乃大降顯休命于成湯，刑殄有夏。」夏末王荒淫，不能憂民，不能免民於刑網而大加罰，上下貪財，荼毒人民；於是人民亦生貪戾之心，使夏邦受到傷害。這樣，夏失了人民之心，也就失了德，天就命湯來伐夏。《尚書‧牧誓》記周武王討紂之言曰：「乃惟四方之多罪逋逃，是崇是長，是信是使，是以為大夫卿士，俾暴虐于百姓，以奸宄于商邑。」紂重用壞人，肆虐百姓，就失去人心，失去了德，周也就有理由起來革殷紂之命。

周人非常重視民心的向背，以為這是德之有無與「天命」（實際是王權）得失的關鍵。《尚書‧無逸》記周公之言曰：「自殷王中宗及高宗及祖甲，及我周文王，茲四人迪哲。厥或告之曰：『小人怨汝詈汝！』則皇自敬德，厥愆，曰：『朕之愆。』允若時，不

菅不敢含怒。」明智有德之王，聽了人民的抱怨和詈罵，不但不敢發怒降罰，而是立刻反省，有過錯立即自己認錯。《尚書・康誥》記周公告誡康叔之言曰：「天畏棐（非）忱，民情大可見。小人難保，往盡乃心，無康好逸豫，乃其乂（安）民。我聞曰：『怨不在大，亦不在小；惠（愛）不惠，懋（勉）不懋。』」周公把民心當作天命的鏡子，十分重視安民心。他引用古語說明自己的主張：不管民怨是大是小，總要民不愛則愛之，民不勉則勉之。總之，周人以盡心於民為有德，反之為無德。

由此可以看出，周人所重的德與劉知幾等後世學者所重的德，根本傾向不同。周人所重之德在敬民事，而後世學者所重之德在忠君主。在周人看來，文王重民為大有德，他因而能得民心，得「天命」，得天下。在後世學者看來，文王不忠於君（殷紂）為無德，或者為說明文王有德而必說他忠於殷紂。周人把保民當作德之核心，故弔民伐罪（伐紂）並無悖論；而後人把忠君當作德之核心，故伐罪與弒君構成悖論。所以，經過對文獻的分析，辨別古今辭義的異同，文王以德勝殷的問題基本還是可以解決的。

更何況，在古代小邦林立的情況下，忠於本邦和國人的美德，其本身就隱涵著對忠於他邦的排斥。如果說也有對友邦或周王的忠誠，那末這也是建立在本邦利益的基礎上的。《左傳》中所記的傑出的政治家（如鄭國的子產等）都是按這樣的原則行事的。

據《尚書》、《詩經》等文獻來看，周原是一個獨立於殷以外的邦。據周原甲骨卜辭「冊周方伯」之文來看，周原來並非殷之屬國，受殷冊封為方伯，乃有君臣之關係。據考古資料來看，雖然關中地區西部的先周文化到底應以劉家類型文化或鄭家坡類型文化為代表的問題尚未最後解決，但是周原一帶既遠非「商文化中心區」又不屬「商文化亞區」（或「商文化分布區」），而是在「商文化影響區」的鄰近「商文化亞區」的地帶（宋新潮，1991：138-144、200-221）。從以上三方面情況看，周原來是不從屬於殷的獨立方國，

只是由於殷的武力威脅或文化影響才成為從屬於殷的方伯。所以殷周之間存在的只是一種羈縻性的半從屬半獨立的君臣關係。古本《竹書紀年》所記「周王季命為殷牧師」(《後漢書・西羌傳》注)、「文丁殺季歷」(《晉書・束晳傳》)等事，都說明殷周關係實際只是一種力量對比的結果。在這樣情況下，周文王和他的國人怎麼可能把忠於殷商作為一項重要的美德呢？在這裡，以考古資料為依據而作出的商文化三圈或三層說雖然沒有直接回答周人為何不把忠於殷商作為德來看的問題，但卻為我們提供了一個解決問題的切實的文化背景。在這個背景的襯托下，我們對於周人的觀念就可以有一個更為清楚的了解。

第三，二重證據研究法不僅承認出土資料在證實或證偽文獻資料方面的重要作用，而且承認文獻資料對於說明或論證出土資料的重要性。不過，有時也能看到一種傾向，即在注意於前一方面時對後一方面有所忽視。例如，周原甲骨（H11：1）：「癸巳，彝文武帝乙宗貞：王其邵吼成唐𤆂禦，服二女，其彝：血牡三，豚三，斯有正。」又周原甲骨（H11：84）：「貞，王其桒，侑太甲，冊周方伯，𤆂，斯正，不左于受有佑。」對這兩條卜辭，學者頗有不同考釋。其中分歧最大之點在於：一說以為辭中的王指周文王，文王為了策略的緣故而祭殷商的先王（徐錫臺，1981：406-407）。一說則以為辭中的王指殷王，理由是：「按我國古代禮制，祭祀的原則是『神不歆非類，民不祀非族』（《左傳》僖公十年）所謂『非我族類，其心必異』（《左傳》成公四年）。周雖然是商朝的諸侯國，也沒有必要（或可能）去祭祀商王的祖先，因為周是姬姓，商是子姓，其間沒有共同的聯繫。」（李學勤、王宇信，1980：247）。在此二說之外，還有一說認為：卜辭中的王是指周王，固然「神不歆非類、民不祀非族」的原則是不可動搖的，但據《史記》的〈殷本紀〉和〈周本紀〉殷祖契與周祖棄都是帝嚳之子，只是母親不同，所以周王也可以祭殷先王（陳全方，1988：125-126）。

以上的事例表明，對於同樣的甲骨卜辭竟有不同甚至相反的解

釋，這正是由於對文獻資料有不同理解的結果。主張周文王祭殷先王的學者們似乎認為文獻中「神不歆非類、民不祀非族」的說法沒有重要性，甚至根本沒有注意到這一點。其實，這在古人是當作一條根本原則來嚴格奉行的。《左傳》僖公三十一年記：「衛成公夢康叔曰：『相奪予享』。公命祀相。寧武子不可，曰：『鬼神非其族類，不歆其祀。杞、鄫、何事？相之不享于此久矣，非衛之罪也。不可以間成王、周公之命祀，請改祀命。』」那一年衛因受狄人的威脅而遷到帝丘，而帝丘是夏王相曾居之地，所以心中未安的衛成公才會有獻給自己祖先康叔（衛始封君）的祭品為夏王相所奪的夢。他想用祭祀夏王相的補償方法來解決問題。可是寧武子堅決反對，理由是夏王相應由夏的後裔杞國和鄫國之君來祭祀，相得不到祭祀不是衛國的罪責；衛（姬姓）無權利也無義務去祭祀夏王相（姒姓），儘管相曾經居住在衛現在所住的地方。寧武子（俞）不是一般的人，孔子曾稱讚他「邦有道，則知；邦無道，則愚。其知，可及也；其愚，不可及也。」（《論語・公冶長》）所以，寧俞必有十分的證據、十分的把握，才會堅決要求衛成公收回祀相的成命。面對這樣堅實的文獻證據，我們怎樣可以用尚待解釋的卜辭就把它掩蓋過去呢？在這裏我們有必要取審慎的態度。至於以契、稷之母皆為帝嚳之妃的傳說，且不論其是否可靠，亦不足以作為周人可祭殷王之論據。因為古人是明確地以同姓作為同族的標準的，《國語・晉語四》中有文清楚表明「異姓」、「異德」、「異類」是同一事實的不同表述方法。殷、周既非同姓，當然就是「異類」；既是「異類」，按傳統周人也就不可能祭殷王了。

　　從殷周關係研究的歷史來看，我們也可以得出一種認識：古史的研究十分需要考古學與歷史學的結合，也需要以研究出土資料為主的考古學者與以研究文獻的歷史學者的合作。

引用書目

《五經異義》，〔漢〕許慎，據〔清〕陳壽祺《五經異義疏證》本，載《清經解》卷1248-1250。上海：上海書店縮印本，1988。

《史記》，〔漢〕司馬遷，北京：中華書局，1959。

《史記志疑》，〔清〕梁玉繩，北京：中華書局，1981。

《史通》，〔唐〕劉知幾，據〔清〕浦起龍《史通通釋》本，上海：世界書局，1935。

《左傳》，據〔清〕阮元校刻《十三經注疏》本，北京：中華書局，1980。

《白虎通》，〔漢〕班固，據〔清〕陳立《白虎通疏證》本，載《清經解續編》卷1265-1276，上海：上海書局，1988。

《朱子語類》，〔宋〕黎靖德編，北京：中華書局，1986。

《竹書紀年》，據方詩銘、王修齡《古本竹書紀年輯證》本，上海：上海古籍出版社，1981。

《呂氏春秋》，據《諸子集成》本，北京：中華書局，1954。

《周易》，據《十三經注疏》本，北京：中華書局，1980。

《孟子》，據《十三經注疏》本，北京：中華書局，1980。

《尚書》，據《十三經注疏》本，北京：中華書局，1980。

《後漢書》，〔宋〕范曄，北京：中華書局，1965。

《春秋》，據《十三經注疏》本，北京：中華書局，1980。

《晉書》，〔唐〕房玄齡等，北京：中華書局，1974。

《荀子》，據《諸子集成》本，北京：中華書局，1954。

《國語》，據《四部備要》本，上海：中華書局。（原書版權頁無年代）

《崔東壁遺書》，〔清〕崔述撰著，顧頡剛編訂，上海：上海古籍出版社，1983。

《詩經》，據《十三經注疏》本，北京：中華書局，1980。

《駁五經異義》,〔漢〕鄭玄,據陳壽祺《五經異義疏證》本,上海:上海書店,1988。

《論語》,據《十三經注疏》本,北京:中華書局,1980。

《墨子》,據《諸子集成》本,北京:中華書局,1954。

《韓非子》,據《諸子集成》本,北京:中華書局,1954。

《豐鎬考信錄》,〔清〕崔述,在《崔東壁遺書》中。

王宇信
    1981　《西周甲骨文探論》,北京:中國社會科學出版社。

王國維
    1983　《古諸侯稱王說》,《觀堂別集》卷一,載《王國維遺書》第四冊,上海:上海古籍書店。
    1983　《王國維遺書》,上海:上海古籍書店,據商務印書館1940版影印。

宋新潮
    1991　《殷商文化區域研究》,西安:陝西人民出版社。

李學勤
    1988　《周文王時期卜甲與商周文化關係》,《人文雜誌》2:69-73。

李學勤、王宇信
    1980　《周原卜辭選釋》,見《古文字研究》(四),中山大學古文字研究室編,北京:中華書局。

徐錫臺
    1981　《周原卜辭十篇選釋及斷代》,見《古文字研究》(六),四川大學歷史系古文字研究室編,北京:中華書局。

張光直
    1983　《中國青銅時代》,北京:三聯書店。

陳全方
    1988　《周原與周文化》,上海:人民出版社。

第九篇
歷史的比較研究與世界歷史

　　歷史的比較研究，不論在國外還是國內，現在都是一個比較熱門的研究取向。世界歷史（World History）或者全球史（Global History），現在也是一個日益為人們重視的研究領域。其實，比較研究作為一種方法，幾乎和歷史學一樣地古老；而世界歷史的寫作，也在很早的時期就是歷史學家的一種高尚的理想了。希羅多德（Herodotus）所寫的《歷史》雖然以古希臘波斯戰爭為主題，但是它也涉及了當時他所知世界的歷史。司馬遷所寫的《史記》雖然以當時的中國通史為基本，但是也涉及了當時他所知的世界；而且，以後的中國歷代的「正史」，大多數都繼承了《史記》的作法。當然，這些都不是世界史，而只是一種史家注意周圍世界的傾向；真正敘述全世界歷史的書的出現，在時代上則要晚得多。因為在世界範圍的聯繫出現以前，要求寫真正的世界史，那實際是不可能的。而且，如果按嚴格的要求來說，即使晚近某些以「世界史」為題的書也未必真能算得上是世界史。這一篇小文的目的，就是要談談歷史的比較研究和嚴格意義上的世界歷史的關係。

　　比較研究（Comparative study）就是對於不同對象進行的互為參照的研究，在一般情況下多用來說明對同時並列的諸對象的研究。「比較」一詞，英文作 Comparison，法文作 Comparaison，德文作

Komparation，皆來自拉丁文 Comparo，這個字由 com 和 paro 組成，前者意為「共同」，後者意為「並立」、「平列」等，原有不同事物之間的「聯結」、「結合」的意思，引申而為「比較」、「對照」的意思。在中國文字裡，情況也很相似。「比」字在甲骨文和金文裡與「从」字不分，都是兩個「人」字並列，所以「比」字原意本是「並列」；《說文解字》把「比」字和「从」字分開（只是兩個「人」的方向與「从」字相反），解釋說「比，相次比也。」這也就是並列的意思。而「較」字卻是「對照」的意思，例如，《老子》第二章：「長短相形」，王弼本作「長短相較」。「形」與「較」（與「校」相通）在這裡都是對照、參校的意思。所以，在中國語言裡，「比較」也是由並列而引出對照、比較的意思來的。

「比較」這個詞雖然產生於同時並列的事物之間，但是它一旦作為一種方法用於歷史的研究上，就在原有的同時比較之外，又加上了歷時性比較的方面。比較研究的基本功能不外乎明同異。橫向的、共時性（Synchronic）的比較說明不同的國家、民族、社會集團等等之間在同一歷史時期中的同異；縱向的、歷時性（Diachronic）的比較說明同一個國家、民族、社會集團等等在不同歷史時期中的同異。前者說明歷史的時代特點，後者說明歷史的發展趨勢。歷史的比較研究，從總體來說，就包括這兩種取向。

以上說到歷史比較的功能在於明同異，其實，同異也是歷史的比較研究賴以實現的前提。歷史時期相同，不同的國家、民族、社會集團等等之間的比較才是有意義的，而同一個國家、民族、社會集團與其自身沒有比較的價值。這就是說，無異之同不具有比較研究的條件。歷史時期不同，同一個國家、民族、社會集團的前後比較是有意義的，而不同的國家、民族、社會集團之間就沒有比較的價值。這就是說，無同之異也不具備比較研究的條件。總之，有相同，才能比其異同；有相異，才能比其同異。所以，不同時期的不同國家之間，一般說來雖然不具有可比性，但是，只要從一個相同的角度去看，其間仍然是可以比較的。例如，西周時期的中國與中

古時期的歐洲，主體非一，時代不同，本來不具有可比的條件；可是，只要我們注意到二者皆有分封制度，那麼其間的異同就頗有可研究的了。又例如，近代美洲的易洛魁人與古代希臘人、羅馬人本來並無相同之處可以構成比較的條件，但是，當人們注意到它們都有氏族、部落制度，那麼其間的異同也就大有可研究的了。這就是說，以上所舉的兩個例證雖然主體不同，時代也不同，但是其可比性在於其間可能有在歷史發展階段上的相同。這種相同不是絕對意義上的時間相同，而是相對意義上的時間相同。這也是一種橫向的比較，一種相對共時性的異體比較，而其作用卻有助於我們理解歷史的縱向的發展趨勢。應該說明的是，這樣的比較研究，能夠給予我們的啟發性與危險性都比較大，所以運用時必須十分謹慎。

現在我們再來考察歷史的比較研究與世界歷史的關係。

第一，「世界歷史」首先是由多而一的歷史。世界歷史，顧名思義，它就不是地區、國別史；不過，它又不能沒有地區、國別史的內容作為基礎。因為，自從有史以來，這個世界就是由各個地區和國家構成的，所以沒有各個地區和國家的歷史，也就不會有世界的歷史。那麼，是否把一切地區、國家的歷史加在一起，就成了世界歷史呢？不是，那樣加起來的只能是地區、國別史的總集或滙纂。若干個「一」用算術的方法加在一起，那所得到的只能是某一個多數，而不可能是「一」。可是，世界歷史作為全世界的歷史，它必須是一個整體，必須是「一」。我們可以把各個地區、國家的「一」名之為「小一」，而把世界的「一」名之為「大一」。「大一」由諸「小一」集合而來，從這一角度來看，它是「小一」的繼續；但是諸「小一」集合的直接結果只能是多，只能是一種量變。要使諸「小一」的集合成為「大一」，那必須是一種質變，必須經過否定（Negation）或揚棄（Aufhebung, Sublation）的過程。那麼，我們應該怎樣來說明這個過程呢？我以為，這可以從兩個方面來分析。

一則，這個過程說起來似乎顯得抽象，其實作為歷史考察的實

踐來說，只不過是要求我們把看問題的角度變換一下：當我們研究地區、國別史的時候，我們眼中的認識單位是一個個的地區、國家，它們是作為「一」出現的；而當我們研究世界歷史的時候，我們眼中的認識單位就是整個的世界，它才是作為「一」出現的。每一位具有歷史研究的經驗的學者都會知道，由於看問題的角度的這一變化，地區、國別史的研究將會與世界歷史的研究有多大區別。在此不須贅述。

二則，由諸「小一」經否定而達到「大一」的過程，在邏輯上就是抽象（Abstract）的過程。而所謂抽象，就是從許多對象中捨棄了它們的特殊性（Speciality）而抽取其一般性（Generality），從而在捨、取並行的過程（即否定或揚棄的過程）中達到了由特殊而一般的境地，同時也就達到了由「多」而「一」的境地。按諸事物各自的特殊性即是其相互之間的異，而諸事物的一般性亦即其相互之間的同。所以，不辨異同，就無從進行抽象；而如無比較的研究，也就無從明辨異同。在這裡，比較研究的「辨異同」，恰好在方法上構成了世界歷史所需的「明一多」的必要條件。這樣，我們就作了歷史的比較研究與世界歷史的關係的第一個方面的論證。

第二，「世界歷史」同時又是一中涵多的歷史。在我們認識到世界歷史必須首先視為一個整體以後，進一步就必須了解這個整體是怎麼樣構成的。如果我們滿足於由抽象達到的「一」，那麼這個世界歷史的「一」也就成為抽象的無差別的「一」或者純粹的「一」。這個「一」必然像黑格爾的邏輯起點，亦即純粹的「有」（Sein），它在一方面是無所不包的，同時在另一方面又是一無所有的。所以它必然會直接地轉化為無。按照邏輯學的規則，一個概念的抽象程度越高，它的外延就越大，同時這個概念的內涵也就越少。概念的外延與內涵成反比。一旦世界歷史的「一」的抽象程度到了最高點，它作為概念的外延便接近於無窮大，相應地它的內涵也就接近於零了。內涵接近於零的世界歷史，就不成其為歷史；它不可能作為實際的歷史存在，也不具有存在的價值。

這個道理說起來又似乎很玄虛，其實早在兩千多年以前，古代的思想家們就都對此有了明白的說明。古希臘哲學家柏拉圖在其所作《巴曼尼得斯篇》中曾經以嚴密的邏輯論證了絕對純粹的「一」是不可能存在的。不過，我們最好還是用比較形象的方法來說明這個問題。例如，《左傳》昭公二十年記載了齊國的晏子與國君的一段對話，大意是說：齊景公對晏子說「唯據（指他的寵臣梁丘據）與我和夫」。晏子回答說：「據亦同也，焉得為和？」齊君說：「和與同異乎？」晏子說：「異。」以下他就舉了一些例子，譬如，廚師作菜，要用各種不同的材料和調味品，加以調製，才成了美味佳餚；樂師奏樂，要用各種樂器、音調、節奏，加以諧調，才能奏出美好的音樂。所以，在君臣之間，也必須有不同意見的商榷，然後才能有良好的政治。最後他說：「今據不然。君所謂可，據亦曰可。君所謂否，據亦曰否。若以水濟水，誰能食之。若琴瑟之專一，誰能聽之。同之不可也如是。」晏子把無差別的「一」或同叫做「專一」，而有差別的「一」或「和」照理應該稱為「和一」。他說的「專一」之不可取，其道理實際也適用於世界歷史。

以上我們把世界歷史理解為「一」，是從各個地區、國別的歷史中抽象出同而加以概括（Generalization）的結果。不如此，我們從世界各地、各國看到的就是雜亂無章的一大堆事情，就沒有世界歷史。同樣，如果把世界歷史就看作抽象的同一，那麼整個世界上的事情又變成了一大口袋馬鈴薯。從外表的口袋（抽象）來看，它是「一」；而從其內容（具體）來看，它們仍然是一堆雜亂無章的多。如果要想把世界歷史看成有機的「一」，那麼勢必要把認識再深入一個層次，由抽象再上升到具體。那也就是從同中再看出異來，看出那些各異的部分是怎麼樣既互相拒斥又互相滲透地構成為有機的一體的。這就是晏子所說的「和」，亦即包含了異的同或者包含了多的一。

怎麼樣才能使認識深入一個層次，從而由同中再看出異來？這裡所需要的就是比較研究的深入一個層次。譬如，在古代的許多地

區都曾有過以城市為中心的小邦，通過比較發現了這一共性，是有意義的；但是還必須作進一步的比較，看出它們的差別以及如何在差別中構成一個時代的總面貌，這樣我們才能算是了解了這個時代。所以，只要有了比較研究的同中見異，也就有了世界歷史的多樣統一的活生生的「一」。可見，歷史的比較研究在方法上又可以成為世界歷史所需的「明一多」的充分條件。這樣，我們就又為比較研究與世界歷史的關係作了第二個方面的論證。

在實際的世界歷史研究中，我們時常可以看到人們在認識發展上的三個階段：開始時我們看到的都是「異」，甲國和乙國不同，乙國又與丙國有異。在整個世界上沒有一處完全相同，正如沒有兩個人完全相同一樣。繼而經過比較，人們又會發現，不同國家之間原來在甲方面有相同之處、在乙方面又有相同之處，以至有多方面的相同之處。於是，人們的認識就達到了由異而同、由多而一的階段。再進一步，人們不能滿足於抽象的「一」，就又經過比較而認識到世界正是一個多樣統一的有機整體。於是就完成了對世界歷史的一次完整的認識，而這樣的認識過程其實是需要不斷地深入進行，且這全部都必須也必然是在比較的研究中實現。有時不免會有兩種不同的傾向：一種是初步一比，就斷言世界的各個地區、國別的不同，從而否認世界歷史的發展有其一般的規律；這種情況，如果用荀子的話來說，就是有所「蔽」，蔽於異而不知同。另一種是通過比較而看到了各個地區、國家的共同性，繼而又忽視了世界的多樣同一性；這種情況，如果用荀子的話來說，也是有所「蔽」，蔽於同而不知異。這兩種情況出現在世界歷史的研究過程中是難免的，不過這不是比較研究的過錯，而毋寧是比較研究半途而廢的失誤。只有在不斷深入的比較研究中，我們才能達到世界歷史研究的不斷深入。

以上從「同異」與「一多」的邏輯聯繫探討了歷史的比較研究與世界歷史的關係，下面再就關於世界歷史的一些具體問題談談它與比較研究的關係。

第一個問題是，我們知道，「世界歷史」既是在比較中邏輯地

存在的，又是在聯繫中現實地存在的。那麼，這兩種存在之間的關係又是什麼？通常我們可以看到「世界歷史」被學者們分為兩大階段，其間以西元 1500 年左右的新航路的發現為界。這種分期的標準是全世界範圍內各地區、國家間的實際聯繫的開始。在此以前，世界尚未形成一體，如果說有「世界歷史」，那也只能是它的準備時期或潛在階段。而在此以後，世界就真正逐步地走向一體化，以至終於達到密不可分的程度。這種說法當然是有道理的，因而也為人們廣泛地接受了。那麼，在這樣的世界歷史分期中，比較研究的作用和意義又是什麼？如果用一個比較簡單的方法來回答，那就是：世界各地、各國間的現實聯繫的研究可以告訴我們這個過程是什麼樣的，而比較的研究則可以告訴我們它為什麼是那樣的。

現在我們可以作一些具體的說明。從人類文明在幾個大河流域開始出現，到十五世紀末的新航路發現，經歷了一個漫長的歷史過程。最初的古老文明好似廣闊無垠的野蠻的沙漠中的幾點綠洲，是互相隔離的。逐漸地文明的城市與其周邊的地區在經濟和文化等方面有所對流，於是文明的外緣不斷向外浸潤，以至逐漸一些距離較近的文明之間連成一片，形成了古代近東、古代印度、古代中國等幾個文明的中心區，稍後又形成了古希臘、羅馬文明中心區。這些文明中心區之間有著東西間的聯繫，同時又與它們北方鄰居的遊牧部落之間有著南北的聯繫。正是這些聯繫及其不斷的進展，才使得以後全世界的聯繫逐漸成為可能的。那麼，為什麼在古代的東西之間、南北之間會有種種交往和對流呢？讓我們假設在它們之間沒有差別或者說完全相同，那麼相互間的交往或對流就沒有必要或者說失去了真正的意義，當然也就不會發生；試想，如果在物質生產上雙方完全相同，那麼它們之間還有什麼可以交換？用相同的貨物交換，如果不是白痴又有誰會這樣做呢？在文化、藝術等等方面無不如此。只有在相異文明之間，才會有交流，才會有有意義的交流。為了說明不同文明之間的交流之所以發生，就不能不分析其間之異；而要分析其間之異，就不能沒有比較的研究。再讓我們假設在不同的文

明之間存在著完全的異或者說達到了無共存條件的境界，那麼在它們之間又用什麼來進行相互間的交流？用貨幣？相互間沒有共同的、至少可以相互溝通的貨幣；用貨物？彼此之間沒有相互需求的東西。在這樣的情況下，如果不是白痴，又有誰會從事這種從根本上就是不可能的交往和對流呢？所以，要實現不同文明之間的交往和對流，除了雙方必須有異之外，還必須雙方之間有同。為了真正理解不同文明之間的交往和對流的產生原因，就不能不分析其間之同；而要分析不同文明之間的同，那就又不能不進行比較的研究。總而言之，不進行比較的研究，就不能明白古代的沒有全球範圍聯繫的世界為什麼會變成這樣全球溝通的世界。

那麼，是否到了全球範圍聯繫的世界出現以後，比較的研究就沒有必要了呢？不是，而且更加必要了。當今的世界固然已經是一個聯結為一體的世界，其所以能成為一體，無疑是因為各國之間有了越來越多的多方面的聯繫。為什麼會有這種聯繫加多並加深的現象出現呢？因為其間有了越來越多的共同利害關係，因為其間有時代上的趨同性；而要了解這種趨同性的發生，我們就不能不進行比較的研究。同時，當今已經在多方面一體化了的世界難道就沒有了差別？東方與西方的差別，南方與北方的差別，依然明顯地存在著。不了解這種差別，就不能了解這個世界是怎麼樣現實地構成的，同樣也就無從了解這個世界上的各種利害關係的真實背景和本質。所以，為了認識這個已經一體化了的世界，除了其間的同以外，還不能不了解其間的異；而要了解其間的異，這就又不能不作比較的研究。不如此，就不能了解這個世界的發展動向。

以上說了比較研究對於古今世界歷史研究的必要性，現在再從另一個層面或者更原則的層面來說一下這種必要性所以會發生的原因。不論古今，歷史發展的縱向趨勢，總是由各個時期的人類社會中的不同群體之間的橫向關係的發展來推動、來制約的。要了解一個時期的不同群體之間的關係的發展，就必須了解其間的異同；而要分析這種異同，就不能沒有比較的研究。所以說，比較研究的重

要性就植根於歷史發展的這種橫向關係推動並制約縱向趨勢的基礎上。

　　第二個要談的問題是，我們知道，大概還沒有一部稱為「世界歷史」的書真正能夠把地球上一切國家、民族的歷史囊括無遺。要說明這種現象出現的原因，就不能不回答以下兩個問題。

　　這裡需要回答的第一個問題是，那種無所不包的「世界歷史」在實際上是否可能？看來這個問題比較容易回答，答案就是「不可能」。這有兩個原因：一方面，並非一切國家、民族都有自己的歷史記錄；對於沒有歷史記錄的國家、民族，自然也就無從撰寫它們的歷史。這對於歷史學家來說，可以說是客觀方面的不可能。另一方面，如果要求把一切有可能撰寫的國家、民族的歷史寫入世界歷史之中，並且寫清楚了，那麼這部書的篇幅將是何等巨大，實在難以實現；假如每一個國家、民族只寫一點，那樣就會成為一堆雜拌，從而沒有價值，同樣難以實現。這對於歷史學家來說，可以說是主觀上的不可能。

　　這裡需要回答的第二個問題是，那種無所不包的「世界歷史」在科學上是否必要？看來對於這個問題的答案應該是「沒有必要」。因為以前我們已經說過，「世界歷史」是世界作為「一」的歷史，不是各個地區、國家、民族的歷史的算術上的總和。它之作為「世界歷史」，那只是從全世界發展的角度來觀察歷史的結果。如果作一個生動一點的比方，那麼「世界歷史」並非一隻用工筆方式畫出來的鳥，不求每一片羽毛都畫出來；其實，就是在工筆畫裡，也不可能把一隻鳥的每一片羽毛都畫出來。「世界歷史」只能是寫意畫，而且永遠只能是寫意畫，當然其中還有大寫意與小寫意的區別。那麼，什麼是作為寫意畫的「世界歷史」的特點呢？我想，那應該有這樣一些基本的要求，即比例適當、重點突出、動態鮮明，這樣就能達到總體上的神似。要寫這樣一部「世界歷史」，所需的倒不是數量上的齊全，而毋寧是在結構上成為有機的整體。既然要把世界

歷史當作一個結構來考察,那就不能不在內容上有重有輕、篇幅上有詳有略。必須承認,在不同的歷史時期,世界的歷史上有不同的中心;既然不同時期有不同的中心,那麼也就承認了世界歷史上的中心的轉移。既然承認了世界歷史上有中心和中心的轉移,那麼就不能不辨別中心與非中心的區別,不能不作出選擇。而要作辨別與選擇,就不能沒有比較的研究。這也就是說,從「世界歷史」的寫作的角度看,比較的研究也是必不可少的。

　　文章寫到這裡,我想應該作一個簡要的說明以作為結束。以上都說了歷史的比較研究對於世界歷史的重要性,以至說到前者是後者的必要條件,並在一定前提下(就世界範圍作比較研究)是後者的充分條件。且不管我說的是否正確,那總容易給人一個印象,以為我是把比較研究看成能解決全部歷史問題而無任何侷限性的。其實不是這樣。我是認為歷史的比較研究也是有其侷限性的。關於比較史學的侷限性,前人已經從不同角度有所討論;這裡且不去論他們的是非,而只是以最扼要的方式表述一下個人的看法。我認為,歷史的比較研究的侷限性,就在於其自身離不開有意識的角度選擇。因為,既有角度的選擇,就必然有視域的規定性;而規定即否定,在選定視域以外的,自然就是被忽略了的。因此,如果我們不是清醒地認識這種侷限性的存在,那麼就必然會把自己一時比較研究所得視為絕對真理,從而陷於一種盲目自信的狀態。世界歷史可以選擇的比較研究的角度是難以限定的。隨著條件的變化和發展,人們會不斷發現新的比較視角。所以,歷史的比較研究不是可以一次完成的,世界歷史也不是可以一次寫定的。這也可以說是一種歷史主義的態度吧!

第十篇
史學的求真與致用問題

　　本文包括四個部分：第一，不同學術傳統對於史學的求真與致用的不同看法，這部分也可以說是問題提出的緣由；第二，關於史學的求真問題；第三，關於史學的致用問題；第四，關於史學的求真與致用關係問題。以下讓我們來作具體分析。

一

　　中國在世界各國中素稱史學發達，也有著優良的史學傳統。中國史學之所以如此發達，實際上也與其本身的優良傳統有關。什麼是中國史學的優良傳統呢？概括地說，那就是既講究史學的經世致用，又重視史學的求真。如果我們把中國史學的開端追溯到《尚書》，那麼就會在其《康誥》、《酒誥》、《召誥》、《多士》、《無逸》、《君奭》、《多方》、《立政》等篇裡發現，周公是如此重視夏、商兩代興亡、成敗的歷史，以致多次論述到它。很顯然，周公反復說這些歷史，其目的無疑是要使周人汲取前人的經驗教訓，也就是說，他是以史學來經世致用；同樣，在以上諸篇中，我們還可以看到，周公對於殷商的先哲王的作用是充分肯定的，對於殷商曾是「大邦」、「天邑」而周則為「小邦」的歷史事實也是毫無隱諱的，也

可以說，他並不因為殷周之間的對立關係而放棄了對於史實的求真。當然，我們不能說周公已經自覺地、系統地解決了史學的致用與求真的關係問題，不過也不能否認，這正是中國史學優良傳統的濫觴。以下歷代官、私修史，不論其具體結果如何，基本上莫不以求真與致用的結合為其宗旨。例如司馬光的名著《資治通鑑》，就是頗重二者結合的一個典型之作。司馬光早就有志「專取關國家盛衰、繫生民休戚、善可為法、惡可為戒者，為編一書。」（見司馬光所作進《通志》表。）後來受宋英宗之命修史，神宗又賜書名為《資治通鑑》，這完全是一部講究經世致用之書。可是，他和助手們修這部書時，除引用了各正史以外，還參考了雜史322種，可見徵引之博；在博引中往往發現前人於一事之記載有所異同，於是又作了《考異》30卷（今所見胡三省注本已將考異散入有關各條下），可見考證之精。而其精其博，皆在於求史之真。應該說司馬光作《通鑑》是在求真與致用兩頭都作了很大的努力的。這就是中國學術的一種優良傳統的表現。

我們說兼重史學的求真與致用是中國學術的一種優良傳統，還可以與古希臘的學術傳統來作一些比較的說明。在古希臘，史學家是重視史學的求真與致用的。例如，修昔底德（Thucydides）作《伯羅奔尼撒戰爭史》（*History of the Peloponnesian War*），在一方面很注重記事之求真，在另一方面，又認為，由於人性總是一樣的，因而往事在以後某一時期總會在一定程度上重演，所以察往會有益於知來（見《伯羅奔尼撒戰爭史》，I，2）。可是，古希臘的哲學家們卻對於史學之求真與致用皆沒有太高的評價。亞里斯多德（Aristotle）在其《詩學》（IX，2-4）中說，史與詩的區別不在於一為散文一為韻文，「真正的不同之處是，一種說明已發生的事，另一種說明可能發生的事。因而，詩比史更具有哲學的和嚴肅的性質。詩有助於提供一般真理，而史只提供特殊的事實。」他認為，在詩中，某種性格的人總是會有某種行為，幾乎可以推知；而在史中，某種事實被記錄下來，它以後是否還會發生呢？那就難說了。他對於史學的求

真與致用都抱這樣的存疑態度，顯然是受了他的老師柏拉圖（Plato）的思想影響的。柏拉圖在其《理想國》（475E-480D）中曾經詳細地說明了「知識」與「意見」的區別。如果我們在此不管他的具體論證過程而只述其要點，那就是說，「知識」是對應於存在而生的，「無知」是對應不存在或者無而生的，這是對立的兩極；另外還有一種介於二者之間（比「知識」曖昧，比「無知」明確）的東西，即「意見」，它是對應於變動不居的具體事物而生的。在柏拉圖看來，存在就是存在，過去是、現在是、將來也必定是存在。「知識」一旦把握了這種存在，便永遠把握了它；知道它的過去，也就準確地知道了它的未來。哲學家所愛好的也就是這種「知識」。按照這樣的觀點，史學家即使記載了過去歷史之真，也未必能保證其在未來亦為真；這樣，史學就不能給人以「知識」，而只能給人以「意見」。在柏拉圖看來，「意見」倒不是毫無用處，其致命弱點是靠不住。如果依照柏拉圖的看法，則史學之求真與致用皆未可必。所以，如果從把握真理的角度來看，古希臘哲學家是以為真理只有從對象的永恆狀態中來把握的，而中國古代的學者卻以為真理只有在對象的運動狀態中才能把握之。這不僅表現在中國人歷來重視史學這一點上，而且，在《易經》和《易傳》裡，我們也可以看到中國的哲學同樣是注重從運動中把握真理的。到底哪一種把握真理的途徑更為好一些呢？當然應該說從運動中把握真理的思想更高一籌。這也就是說，中國人注重史學的求真與致用有比古希臘人高明的一面，從比較的角度說這也是中國學術中的一種優良傳統。

不過，問題也還有著另一方面。中國史學傳統之講求真，一般都是稱道「直書」和「實錄」。班固說，劉向、揚雄很佩服司馬遷的「良史之材」，稱讚他「其文直，其事核，不虛美，不隱惡，故謂之實錄。」（見《漢書・司馬遷傳贊》）這就是說，史學要想求真，史家必須做到兩點：一是態度必須忠實、正直，不管遇到多大的壓力，該寫什麼還是要寫什麼；二是必須把歷史上的事實考察得既清楚又切實，不留下模糊和錯誤的記載。以後劉知幾作《史通》，其中有《直

書》和《曲筆》兩篇專講這個問題，而核心思想仍然不外乎這些。作為古人，尤其是古代的史學家，他們能把上述兩個方面當作對於史學的求真的要求，這已經是相當了不起了。不過，這樣的史學求真畢竟還缺乏更深層次的理論思考，不能說其中沒有留下任何問題。這一點請待下文再說。而中國史學傳統之講致用，如果說其成就偉大，那麼大概還必須補充一句話，即問題也不少。問題是什麼呢？那就是由致用而變為濫用。自古以來，史學被濫用的事例太多了，只要翻翻《史通》，我們就很容易找到許多這一類的例子。就以「文革」中的情況來說，當時「四人幫」把史學濫用到了什麼程度，這已經是人所共知的事，不須細說了。在中國，有對於史學的濫用，就有對於這種濫用的批評和譴責，這也應該說是一種好的學術傳統。不過，對於濫用史學的批評，一般都是先指出某文或某書在哪些地方濫用了歷史，違背了歷史的真象，進而分析其濫用歷史的不光彩的動機以至揭露其陰謀之所在。似乎到了這個程度，也就可以認為批判透了，因為已經追究到了問題的政治實質或者階級實質。不過，史學的經世致用有沒有它的一定限度？人們在以史學致用時是否應該有所自律？如果應該，又將何以自律？諸如此類的問題，仍然有待於作進一步的理論思考。一言以蔽之，中國學者在史學的致用與求真的限度方面缺乏深度的理論的思考，這又是我們應該借鑒於希臘人的地方。

二

史學既以已往的人類歷史進程為研究對象，以論述已往的人類歷史進程為自己的任務，那麼它的成功與失敗、正確與謬誤自然也就取決於它是否通過適當的研究達到了正確論述已往歷史進程的目的。追求對於已往歷史進程的正確論述，這也就是史學的求真。

中國自古以來就有史學求真的良好傳統，也有許多關於史學求真的實例。例如，《左傳》宣公二年所記晉太史董狐不畏趙盾的權

勢而書「趙盾弒其君」；《左傳》襄公二十五年所記齊太史兄弟不惜犧牲生命而直書「崔杼弒其君」，這些都在歷史上傳為千古美談。不過，到底怎麼樣記載史事就算是求得了歷史之真呢？史學求真在方法論上的要求到底是什麼呢？劉知幾在《史通・惑經》中說：「蓋明鏡之照物也，妍媸必露，不以毛嬙之面或有疵瑕而寢其鑒也。虛空之傳響也，清濁必聞，不以騄駒之歌時有誤曲而輟其應也。夫史官執簡，宜類於斯。苟愛而知其醜，憎而知其善；善惡必書，斯為實錄。」劉氏此說，如果以最簡要的話來概括，那就是史學之真在於無誤地反映客觀的歷史進程或事實。從質的角度而言，史學應為歷史之反映，這大體符合所謂的「真理符合說」（Correspondence Theory of Truth）；從量的角度而言，史學應在最大程度上反映歷史，如同好的明鏡或好的錄音機不會失真一樣。怎樣才能達到這樣不失真的要求呢？在劉氏看來，那就是要排除主觀好惡的影響，或者說要史家保持高度客觀的精神狀態。劉知幾的史學求真論，不能不說是一種卓見。它會使人們很自然地聯想起德國歷史學家蘭克所主張的著史當「如其本來面目」（Wie es eigentlich gewesen）說，以及其所標榜的客觀主義。

顯然，不論劉知幾還是近代主張客觀主義的科學史學派的學者，都有一種近乎天真的想法，即只要把史料找齊核實並排除主觀的干擾，史學之真便可達到百分之百，亦即「不多不少」正是科學的程度。可是，正是這種以為憑著絕對的客觀主義便可以得史學絕對之真的絕對主義的主張，引出了它的對立物──相對主義的史學理論；主張後一種理論的史學家彼爾德嘲諷說，那種純客觀主義的求史學之真，原來不過是一個「高尚的夢」。

應當說，相對主義的史學理論在其批評史學的絕對客觀和絕對真實說上是有其積極意義的。因為，一方面，史學既然是人們對於往事的研究和論述，它本身就是人的精神活動及其成果；因而我們只能要求史學的主觀盡可能地符合客觀，而不可能要求史學完全排斥主觀；因為，完全排斥主觀並不足以達到純客觀，相反卻使史學

的客觀也無所依託。某些主張憑藉純客觀主義便可實現史學求真的學者，對於這一點是缺乏認識的。他們的錯誤在於把真與主觀簡單地對立起來。某些主張相對主義的歷史哲學家以為，史學既離不開主觀，其內容也就無所謂客觀之真。其實他們和他們所反對的客觀主義的史學家犯了一個同樣的錯誤，就是同樣地把主觀與真簡單地對立起來了。其實，主觀既可以使人們背離歷史進程的真實，又可以使人們在研究的過程中逼近真實。正是由於人們的主觀能力總是處於一定的歷史限度以內，所以我們把握歷史之真的能力也總是有限度的。作為歷史學者很有必要認清這一點。

另一方面，我們知道，史學之求真就是要求其論述符合已往的歷史進程。怎樣才能做到這一點呢？那就是要有充分的證據。歷史的進程總是涵蓋多方面和多層次的內容的，而歷史的記載不可能涉及所有的方面和層次，於是史學之求真總會在證據上受到一定方面和層次的限制。所以史學所能反映歷史進程之真，總是在一定方面和一定層次上的。某些主張相對主義的史學家以為這樣相對的真便不是真。那顯然是錯誤的。自然科學上的真又何嘗不是在一定方面和一定層次上的呢？所以，對於歷史學家來說，清醒地認識到史學之求真總是有限度的，總是在一定的方面和層次上的，這也很有必要。

如果認為只要採取客觀主義的態度並搜集足夠的資料便可以完全地反映歷史過程之真，像明鏡鑒物和虛空傳響一樣，那麼史學就不會有太多的發展餘地。因為，一旦史學家的角色變得像反光鏡和傳聲筒一樣，那麼就成了完全被動的反映的工具，還有什麼史學的發展可言？相反，如果清醒地認識到史學的求真總是有其具體的方面和層次的限度的，或者說總是在其一定的發展階段上的，那麼，即使在我們對於一個具體的史學領域或問題取得求真的勝利的時候，我們也不會以為史學求真的任務有可能在一時一舉告成的。這在實際上只能使我們在求真的過程中避免籠統的觀念並從而使逐步深入的求真成為可能。

中國古代的史學在以上這一點上是不甚清楚的。例如，以上所引齊太史之書「崔杼弒其君」與晉太史董狐之書「趙盾弒其君」，從來都被並列為直書實錄的典型，可是這兩項記錄的真實性並不完全一樣。按《左傳》所記，齊莊公是被崔杼親自組織並指揮的人殺死的，所以「崔杼弒其君」是歷史事實的直接記錄，其真是敘述之真。而晉靈公是趙穿殺死的，趙盾當時正逃亡在外，並不知其事。董狐說「趙盾弒其君」，是因為趙盾身為正卿，逃亡未出境，返國又未討弒君之人（趙穿），所以對於這次弒君事件負有罪責。董狐之筆所記並非敘述之真，因為如果直接驗證事實，那麼所記並非為真；他所記的實際是一種判斷，按照當時的政治倫理標準來說，這樣的判斷是正確的。所以，如果說這樣的判斷為真，那也只是一種定性之真。過去對於這樣兩種不同的「直書」沒有加以具體分析，因而對於求真的理解也是籠統含糊的。

三

　　史學可以致用，這在中國人看來是沒有問題的。因為歷史所記無非是前人的經驗，前人的經驗對於後人自然有用。可是，前人的經驗是否全對後人有用，或者能有用到何種程度，這樣的問題，在我們的傳統史學中就沒有太多的深入的探討了。

　　司馬遷作為一位出色的史學家認識到了歷史的古今之變，所以他說：「居今之世，志古之道，所以自鏡也。未必盡同帝王者，各殊禮而異務。要以成功為統紀，豈可緄乎？」（見《史記·高祖功臣侯者年表·序》）在他看來，古是有用的，用處在於今人可以用它作為鏡子來照照自己；不過，漢代已經不同於五帝三王之世，所以也不能一切都照古帝王的樣子辦。這裡面就透露出了一種信息：史學是有用的，不過用處也是有限度的。司馬遷的不足之處是未作進一步的分析，當然對於古人，能有如此卓見已屬難得，是不應有過度苛求的。

那麼，史學之有用性為什麼會有其限度呢？我以為，這可以從兩方面來加以說明：

第一，史學以已往歷史為研究對象，其內容自然為「古」；而以史學致用的服務對象是當代之人，其要求自然不是為了「古」而是為了「今」。因此就有了大家都熟悉的「古為今用」的問題。「古」為什麼可以為「今」用？因為「今」是「古」的延續，「今」不能憑空而起，對於「古」必然有所繼承；歷史不能割斷，「古」「今」是相沿而來的。唯其相沿，所以相通，所以可以為用。這一方面的道理大家都很熟悉，不須細說。但是「古」與「今」之間不僅有相沿的關係，而且有相革的關係。「古」不革不足以成「今」。「古」與「今」延續的過程實際是以否定（Negation）或揚棄（Aufhebung, Sublation）的方式實現的。所以，歷史的過程中既有其「通」，又有其「變」；非「通」無以見其「變」，非「變」又無以成其「通」。其實這個道理司馬遷也都早就說過了。既然有變有革，「古」與「今」就不是相互雷同，而是有同有異。既然有同有異，古之所無常為今之所有，而古之所有又常為今之所無，那麼「古」之可為「今」用者也就不能沒有其限度了。

第二，如果說「古」與「今」在客觀上的差異是史學的有用性的一方面的原因，那麼，從另一方面來看，史學研究本身的進行方向與致用於今的進行方向，其間也有著顯然的不同。史學作為學術，是以今人研究過去，其進行的方向是回溯的；而經世致用，究其本質，則是今人為了實現自己的目的（目的本身是要在未來實現的東西），從而其進行方向是面對未來的。人們常說古為今用，其實這個「今」即「現在」在嚴格意義上只是其值接近於零的一剎那，當你為這一剎那的「今」致用的時候，它已經過去了；這也說明所謂古為今用實際上是為今人所用，為今人的某種目標所用，為今人的或短或長的未來所用。由於這種進行方向的差異，史學能以為今用的功能本身就不是直接性的。研究歷史就是要弄清和理解過去的事，如果做得好，其直接的效果是使人能夠成為「事後諸葛亮」（其實這一點

也不是很容易做到的）。有了對於過去的清楚的知識和理解，只是有了對於未來產生正確瞭解的必要的條件，但還不是充分的條件。「事後諸葛亮」的直接或間接經驗多了，就有了可以轉化為「諸葛亮」的必要條件，不過究竟能否轉化為「諸葛亮」，還需要其他條件的配合。所以，史學的致用在這一點上也是有其限度的。

人們在討論史學致用問題的時候，通常總是講史學有哪些用處，而以上卻談了它的限度問題。其實，這並不是說史學不能或者不要致用，而是說我們在以史學致用的時候要有一種清醒的意識，以免在不知不覺中誤以為史學可以無限地致用或者任意地致用，從而造成史學被濫用的現象。不辨古今之異，以古代的儒法之爭諷示當代的鬥爭，其為對於史學的濫用，此為人所共知；其為害於國家、為害於史學之嚴重後果，也為人所共知。因此我們不能不意識到，不注意史學致用的適當限度，其結果正可能走向反面。

如果對於史學致用的本身加以分析，那麼還可以發現，史學之用基本上表現在兩個層次上。

其一，在有意識致用的層次上，或者說在有用之用的層次上。比如，司馬光作《資治通鑑》，有意識地總結前代在政治上成敗得失的經驗與教訓，以為當時統治者及其後世所用。由於目的明確，其選材標準也明確，所以的確對於宋代以至後代的為政者起了很大的作用。這是就其正面效果而言。可是，正由於其目的之明確，《通鑑》本身的侷限性也比較明顯。司馬光在書中大書對君主盡忠守節的人物事跡，到今天就沒有什麼意義了。這樣就顯出了其有用之用的侷限性的一個方面。再從另一方面說，《通鑑》在過去教人們對於君主盡忠守節，其效果比較好，可是對於這樣的效果本身又當如何看呢？恐怕也不能一概肯定。這就是其侷限性的又一方面。正如黑格爾所說：「凡有限之物都是自相矛盾的，並且由於自相矛盾而自己揚棄自己。」[1] 史學致用的目的越明確，其達成致用的方向也就

---

[1] 賀麟譯，《小邏輯》（北京：商務印書館，1980），頁 177。

越具體,方向越具體就表明其規定性越強,而規定性即是限定性。所以,史學的有用之用的規定性與限定性是同時存在的,而且規定性愈明則限定性也愈大。

其二,在無意識致用的層次上,或者說在無用之用的層次上。自《書》、《詩》以下,中國歷史上有連續而繁富的史籍,它們實際上都各有自己的寫作目的或致用目標。那是屬於有用之用的層次上的。可是,在那些典籍裡也記載了中國歷史文化的方方面面的進程。這些過程本身的記錄在當時不一定有什麼具體的致用的目的,但是正是在這種歷史文化之流的保存中,中國人終於越來越明確地意識到了自己是中國人。現在有各種各樣的世界歷史書,其作者當然各有其致用之目的。可是,在他們的明確的意識以外記載了的世界歷史文化之流,卻往往使讀者產生了對於人類文明的理解和感情。總之,史學可以使人愛祖國、愛人類,可以通過與歷史人物的對話使讀者在素質上有不知不覺的提高。這些都屬於無用之用,在某種意義上還可以說是大用。所以,史學之致用固然是講功利的,但是也不必太功利主義了。

四

史學是一門人文科學(如按德國人的說法,就是精神科學,die Geisteswissenschaft)它是今人的精神對於昔人往事(並通過往事對於昔人的精神)的把握。因此它本身是屬於精神範疇的。但是,史學作為精神產物,其兩「極」卻由客觀的實際(Reality)制約著。這就是說,史學作為知識系統來說,其內容為過去的實際,其目的在於求真;而史學作為價值系統來說,其功能在於為今人的實際服務,其目的在於求善。如果換一個說法,那就是,史學之體在於其為真,而史學之用則在於其為善。無史學內容之真,則史學不復成為史學,亦即史學之體不存;體之不存,則用將焉出?無史學,則何來史學之功用?無史學功能之善,則史學無復價值可言,亦即史學之用不

復存；史學之用不存，人將棄史學如敝屣，則史學之體又將焉托以自見？所以，我們可以說，史學作為一種學術，就存在於古今兩極（兩種實際）的張力之中。

那麼我們怎樣來看待這種張力下的史學呢？以下試分為兩層來探討。

第一，讓我們從邏輯上來作一些探討。在剛才所說的一段話裡，實際上已經涉及了史學的致用與史學的求真之間互為條件的問題，現在再稍事展開，作一點進一步的分析。

我們可以試作這樣的判斷：

無史學之求真，即無史學之致用。

這就是說史學之求真為其致用之必要條件。那麼這一判斷是否正確呢？答案應該是肯定的。因為，無史學之求真，即無史學之真；無史學之真，則無史學之真之用。因此以上判斷能夠成立。也許有人會反駁說：史學不須求真也能致用，過去這樣致用之例甚多。我們說：不求真的「史學致用」，不是真的史學的致用，而是假史學的致用或史學的濫用。這裡的界限必須清楚，駁議不能成立。

我們還可以試作這樣的判斷：

無史學之致用，即無史學之求真。

這就是說史學之致用為其求真之必要條件。那麼這一判斷是否正確呢？答案也應該是肯定的。如果史學不能致用，那麼它就沒有價值，就沒有存在的理由；那還會有誰去求其真呢？因此以上判斷能夠成立。也許有人會反駁說：過去有許多從事歷史考證的史學家，他們根本就未曾想到過史學致用的問題，怎麼可以說無致用即無史學之求真呢？我們說：史學之致用實際有兩個層次：其一層是為社會所用，也就是我們通常說的致用；如果打一個比方，這相當於砍柴。

其二層是為發展史學自身所用，看來脫離實際的考證家們做的就是這一類的事情；如果打一個比方，這相當於磨刀。俗話說，磨刀不誤砍柴功。因為磨刀雖非砍柴，卻間接地為砍柴所用。這裡只有間接的致用與直接的致用之分，而無致用與不致用之別。所以駁議也不能成立。

由以上論證可知，史學之求真為其致用之必要條件，則按邏輯，史學之致用當為其求真的充分條件；史學之致用為其求真之必要條件，則按邏輯，史學之求真當為其致用的充分條件。於是，史學之求真與史學之致用互為充分必要條件。我們說，史學存在於求真與致用的張力之中，其邏輯的根據即在於此。如果說，真為史學之體，用為史學之用，那麼現在也就可以說，史學可以即用見體，即體見用，即用即體，體用不二。

第二，讓我們再對這種張力中的史學作一些具體的探討，也可以說是對於以上邏輯論證的進一步的事實說明和分析。

古今兩極對於史學之所以能形成張力，是因為二者之間既有區別又有聯繫，既有矛盾又有統一。古變而為今，今非古（區別）而又源於古（聯繫）。古本身已經不復存在，而其流則展延不絕，以至於今；可以說古已逝而猶存，它存在於傳統之中，繼續起著作用。這就說明，在歷史發展的客觀過程中，古與今之間實際上是有一條無形而有力的鏈子拉著的，這鏈子就是歷史的鏈子。唯其在客觀上有這樣一條鏈子的存在，人們就不能不對於古有一種回顧與理解的要求。因為不知古便難以確乎知今；不知古之知今，往往是知其然而不知其所以然。人們為了知今，轉而上溯以求知古。這樣就在古今之間形成了另一條鏈子，這也就是史學的鏈子。在這一條鏈子上，人們要知古就要求真，這是一個方向的努力；可是，人們又非為了古而求知古，知古對於他們不過是知今的一種手段，所以這又是另一個方向的努力。史學的鏈子就是這樣被兩種方向的力拉得緊緊的。

現在再讓我們來對這條史學的鏈子上的兩種力的具體作用作一

些分析。這可以從兩個方面來說。首先就其分力或者求真與致用的矛盾方面來說，它們彼此之間是可以互相為害的。如果史學的致用超過了一定的限度，也就是超過了史學之真的限度，那麼這樣的致用就成了濫用。這樣的濫用通常可能造成兩種危害：其一就是帶來消極的、以至破壞性的社會後果，這也就是所謂的受到歷史的懲罰。這樣的例子在歷史上有很多，不須再作列舉。其二就是給史學帶來影響以至破壞性的創傷。這一類的例子也很多，無須再說。總之，史學的致用有一個彈力極限，那就是史學之真；一旦超過這一極限，就會發生致用與求真兩極間的鏈子斷裂。這是應該避免的。同樣，如果史學求真確實遠離了致用，以至連間接的致用的作用也不具備，那麼這樣史學是不可能不逐漸萎縮以至失去存在的可能的。這樣的事例也是無須列舉的。所以，史學的求真也不能脫離了致用的極限。

再則，還可以從求真與致用兩極之間的合力或者從二者的統一方面來說，它們又是可以起互相促進的作用的。自從有了人類，也就有了歷史；不過只是到了文明產生以後，才有了史學。幾千年來，史學的發展是成績可觀的。而成績的取得，則靠著史學致用的推動。直接致用的需求為史學的發展提供了問題，而間接致用（即致用於史學本身發展）的研究成果則常常為解決問題提供了條件。如果說人們的主觀有時會造成求真的失誤，那麼同樣是人們的主觀（正確的主觀努力）為史學的發展作出了必不可少的貢獻。同樣，史學求真的發展，又不斷為史學的致用開拓出新的領域和新的層次，這樣才能保證致用的不斷發展。

說到這裏，我們還應該注意到上述的史學的間接致用本身所具有的特點：它從一方面來看，是致用；而從另一方面來看，卻又是求真。所以，正確地認識並處理好這種間接性的致用，使它既能聯繫上史學的直接的致用（致用於社會），又能緊密地聯繫上求真，這正是史學得以發展的一個關鍵，同時也是史學家的努力所必須注重之點。

最後，我想說，中國人歷來重視並相信史學的求真的可能與致用的必要，這個學術傳統是很好的。不過，我們也要看到，古希臘哲學家對於史學的真和用的致疑是富有啟發性的。因為這種致疑可以使我們想到史學之求真與致用是有其限度的；而注意到了這種限度，就有可能在史學的求真與致用問題上有一個更深入的認識。

第十一篇
儒家孝道與家庭倫理的社會化

儒家學說的核心是仁,是與禮相輔相成的仁;而「孝悌為仁之本」[1],所以孝是儒家學說中一項極為重要的內容。孝從原則上來說本是一種家庭倫理,可是儒家把它社會化了,從而使它在中國歷史上發揮了重要的作用。那麼,是什麼歷史條件使得儒家有這樣做的可能?先秦時代儒家大師是怎麼樣建立自己的孝學說的?這一學說在漢代又是怎麼樣發展鞏固的?這些就是本文所要探討的問題。現分別論述於下。

一、儒家孝道的淵源

孝雖是儒家學說的一項重要內容,卻並非由儒家所創始。早在孔子之前,《尚書》、《詩經》之中就有了許多關於孝的論述。現在我們可以就此二書中所說的孝加以分析,看看此字到底具有哪些涵義。

---

[1] 孔子弟子有若語,見《論語‧學而》,清‧劉寶楠:《論語正義》,《諸子集成》第一冊(北京:中華書局,1986),頁4。以下引用先秦諸子,一般皆用《諸子集成》本,只記冊數頁數。

在《尚書》中，除偽古文諸篇所有者不論，共有言及孝者四條：（1）《堯典》說舜能在父母不慈、兄弟不恭的情況下，「克諧以孝」。[2]（2）《康誥》把「不孝不友」當作一種「元惡大憝」來提。[3]（3）《酒誥》說，要教導妹土的殷遺民「其藝黍稷，奔走事厥考厥長；肇牽車牛遠服賈，用孝養厥父母。」[4]（4）《文侯之命》誇獎受命的晉文侯說：「汝克紹乃顯祖，汝肇刑文武，用會紹乃辟，追孝於前文人。」[5]以上四條引文中出現了「孝」、「孝養」、「孝友」、「追孝」等語彙，讓我們結合《詩經》中的有關引文來一起分析。

《詩經》中說到孝字的地方有十餘處，十五國風中沒有，皆在雅、頌之中；所以其內容大多數都與祭祀有關。涉及活著的人的只有一條，即《小雅・六月》敘述尹吉甫凱旋後飲宴親友時說，「侯誰在矣？張仲孝友。」[6]《爾雅・釋訓》：「善父母為孝，善兄弟為友。」[7]這裡孝友並提，作為人的一種善德，其性質和《尚書》中所說的孝友是一樣的；孝就是孝養父母。所以，劉熙《釋名・釋言語》記：「孝，好也。愛好父母，如所愛好也。」《孝經說》曰：「孝，畜也；畜，養也。」[8]按孝、好、畜三字古音同在曉母、幽部，乃雙聲疊韻之同源字，故可相通。

在《詩經》的雅、頌裡，出現了以下幾個由孝字組成的詞彙：

（1）孝享：例如《小雅・天保》「吉蠲為饎，是用孝享。」[9]《周頌・載見》「以享以孝，以介眉壽。」[10]這裡與孝字並列的享字本

---

[2] 《尚書正義》，《十三經注疏》（北京：中華書局，1980），頁123。以下引經書皆用此本，僅記頁數。
[3] 《十三經注疏》，頁204。
[4] 《十三經注疏》，頁206。
[5] 《十三經注疏》，頁254。
[6] 《毛詩正義》，見《十三經注疏》，頁425。
[7] 郝懿行：《爾雅義疏》，見《清經解》第七冊，卷1260（上海：上海書店影印縮本，1988），頁290。以下引用《清經解》與《清經解續編》皆據此本，只記冊數和頁數。
[8] 王先謙：《釋名疏證補》（上海：上海古籍出版社影印本，1984），頁171。
[9] 《毛詩正義》，見《十三經注疏》，頁412。
[10] 《十三經注疏》，頁596。

來是同一個意思。《爾雅・釋詁》:「享,孝也。」郝氏《義疏》曰:「《釋訓》云:善父母為孝,主生存而言;此言享孝,主祭祀而言。……孝以畜養為義,享又以畜養為義,故《廣雅》云:享,養也。」[11] 按孝、享二字古音皆屬曉母,為雙聲字;而享字與養字古音皆在陽部,為疊韻字。所以他們可以相通假。只不過因為把對父母的孝養由生前推廣到死後,孝享就變成祭祀的意思了。《小雅・楚茨》「以為酒食,以享以祀。」「徂賚孝孫,苾芬孝祀。」[12] 這裡的享祀與孝祀意思完全相等,所以孝字與享字皆具有與祀字相當的意思。

(2)孝子、孝孫:例如,《楚茨》中的祭祀者自稱孝孫。《周頌・邕》「假哉皇考,綏予孝子。」[13] 這裡的祭祀者則自稱孝子。所以,孝子與孝孫就是能夠對先人實行享祭從而能盡孝道的子孫。

(3)追孝:《大雅・文王有聲》說周文王能「遹追來孝」[14],關於這一句詩,前人解釋多有分歧,陳奐《毛詩傳疏》說:「遹追來孝,猶言追孝於前人也。」[15] 此解最為簡明得當。所以此句和以上所引《尚書・文侯之命》中的「追孝於前文人」屬於同一類型。對於此句,偽孔安國傳解釋說:「繼先祖之志為孝。」俞樾在解釋此句時說:「按追孝猶言追養繼孝也。《禮記・祭統》篇曰:祭者,所以追養繼孝也。古鐘鼎款識每有追孝之文。追敦曰:用追孝於前文人。語與此同。楚良臣余義鐘曰:以追孝先祖。郘遣敦曰:用追孝於其父母。亦與此文義相近。是追孝乃古人常語。又郘公敦曰:用享孝於乃皇祖,於乃皇考。陳逆簠曰:以享以孝於大宗。享孝並言。可知所謂追孝者,以宗廟祭祀言也。犬戎之難,文武幾不血食。平王東遷,周室復存;然後春秋享祀不致廢墜,得以追孝於前文人。文侯之功業大矣。故特言此,所以大其功也。傳但謂繼志為孝,是

---

[11]《清經解》第七冊,頁272。
[12]《十三經注疏》,頁467,469。
[13]《十三經注疏》,頁596。
[14]《十三經注疏》,頁526。
[15]《清經解續編》第三冊,頁1169。

猶未達古義矣。」[16]按俞氏所說是正確的。這是因為，第一，他開始用金文材料來對證傳統文獻，弄清了追孝一語的源頭就是孝享於前人。現在我們一看《金文詁林》，就知道俞氏所言不僅不差，而且例證確實是很多的。所以，追孝，原來是孝養父母的宗教形式的延續。第二，俞氏只說偽孔傳解釋之不足，但並未以為偽孔傳的解釋完全謬誤。按《禮記・中庸》：「夫孝者，善繼人之志，善述人之事者也。」[17]《中庸》作於戰國時期子思門人之手，所以這一解釋是相當早的。

（4）孝思：《大雅・下武》「永言孝思，孝思維則。」「永言孝思，昭哉嗣服。」毛傳對兩句的解釋是：「則其先人也。」鄭玄箋對其中第一句補充解釋說：「長我孝心之所思。」[18]所以，前兩句的意思就是，常存對先人盡孝的思念，而這種思念就體現在遵循先人的法則上。後兩句的意思是，常存對先人盡孝的思念，要明顯地體現在繼承先人的事業上。從《下武》的這四句詩來看，應該說《詩經》裡就已經有以繼志為孝的認識了。

據以上所引的《尚書》和《詩經》的文字，我們可以斷言，孝道不僅早在儒家興起以前就已經出現，而且也有了一定的發展，由生前的孝養到死後的祭祀、由物質的供養到精神的遵循。

如果就以上所列《尚書》和《詩經》的資料作一個概括，那麼可以說，孝道包括它的擴充形式——孝友，在當時完全是一種家庭倫理。

說到這裡，我們不禁想到一個很值得玩味的問題。這就是，儘管從《尚書》、《詩經》中已經可以看到「孝」的存在和重要性，而後來在中國人的倫理上幾乎與「孝」占有同等地位的「忠」，在《詩經》三百零五篇中竟然一次也沒有出現；在五十八篇本的《尚書》（即

---

[16] 《群經平議・尚書四》，見《清經解續編》第七冊，頁 1059-1060。
[17] 《禮記正義》，見《十三經注疏》，頁 1629。
[18] 《十三經注疏》，頁 52。

《十三經注疏》本）裡，除了出現於偽古文的《仲虺之誥》、《伊訓》、《泰誓上》、《蔡仲之命》、《君奭》、《冏命》等篇之外，在可信的三十三篇中竟然一次也未出現。不僅如此，試查《金文詁林》，其中亦無忠字，在《金文詁林補》中只提到了戰國後期中山王墓出土的一篇銘文裡有忠字，這已經是很晚的文獻了[19]。當然，這些現象本身只能作為默證，並不能正面說明什麼，不過總可以向我們提出一個問題，這究竟是什麼緣故？

在《詩》、《書》所述的西周時期，君主制的政治體系早已確立，這是不成問題的。既然有了這種政治體系，君臣之間的倫理關係當然也會應運而生了。例如，在《尚書·君奭》篇裡，周公列舉了商代成湯時的伊尹、太戊時的伊陟與臣扈、祖乙時的巫賢、武丁時的甘盤，說他們都是輔佐君主有功的賢臣，並以此來鼓勵召公和他一道效力於王室[20]。又如，《尚書·文侯之命》表揚了晉文侯匡救王室的功勳[21]。在《詩經·小雅》裡，《出車》中的南仲[22]、《六月》中的尹吉甫[23]、《采芑》中的方叔[24]，在《詩經·大雅》裡，《烝民》裡的仲山甫[25]、《江漢》中的召虎[26]，這些人也都是詩所要表彰的忠於王室的賢臣。所以，後世以忠字來表述的臣對君的倫理準則，在《詩》、《書》裡已經明顯地表現出來，只是未用「忠」這個字來表達而已。那麼，原因是什麼呢？我想從大體上來說有兩點：一是春秋以上的國家體制仍是封建的而非郡縣的，很多的有土之君在君臣關係的系統中都處於相對的地位，即對於在上位者來說為臣，而對於在下位者來說則為君。在此君主地位尚未絕對化的情況下，以後

---

[19] 周法高：《金文詁林補》第五冊（臺北：中央研究院歷史語言研究所，1982），頁3273。
[20] 《十三經注疏》，頁223-225。
[21] 《十三經注疏》，頁254。
[22] 《十三經注疏》，頁415-416。
[23] 《十三經注疏》，頁424-425。
[24] 《十三經注疏》，頁425-426。
[25] 《十三經注疏》，頁568-569。
[26] 《十三經注疏》，頁573-574。

逐漸絕對地用於對君之「忠」自然尚未產生（實際上，直到春秋時期，忠的概念還不只用於對上，而且有用於對下的實例。詳見下文，此處不贅）。二是當時與封建制相應地存在著宗法制。在這種情況下，天子是天下的大宗，諸侯相對於天子為小宗；諸侯在本國為大宗，卿、大夫相對於諸侯為小宗；卿、大夫在自己的封地之內為大宗，士相對於卿、大夫為小宗；士以下還繼續有大宗、小宗之別。這就是所謂的宗統與君統的一致[27]。按照家族倫理，小宗自應盡孝於大宗，所以在金器銘文中，我們常可看到「用享孝宗室」，「用享孝於宗室」，「用享孝於宗老」，「用享孝於大宗」等習用語[28]。這種小宗對於大宗的孝，在如上所述的宗統與君統一致的情況下，就直接地等同於臣下對於君主之忠。所以，在當時，雖然從文字上尚未見忠字，它實際上已經存在於孝字之中，只不過還沒有成熟到能夠作為一種獨立的道德準則從孝字裡分化出來而已。

這就是儒家孝學說出現以前已有的孝道的情況。

二、先秦儒家的孝學說

關於這一時期的儒家的孝學說，現擬分為三個階段來說，即孔子與其及門弟子時期，亦即春秋末期、戰國早期；孟子時期，亦即戰國中期；荀子時期，亦即戰國晚期。每期皆先說明其時代與學術背景，然後論儒家孝學說的發展，這是為了更好的說明這種發展。

（一）孔子與其及門弟子時期

如果說在西周早期封建制與宗法制初建時「孝」能兼有「忠」的功能，那麼這種情況實際是在不斷變化的；尤其是進入春秋時期以後，首先是曾對東周的建立有過大功的鄭國開始藐視王室，繼而

---

[27] 關於宗統與君統是否一致，學者有不同說法。應以一致說為長，參見拙作《宗法辨疑》，《古代中國與世界》（武漢：武漢出版社，1995），頁 235-253。
[28] 參見周法高主編，《金文詁林》（香港：香港大學，1975），頁 5283-5286。

齊、晉、楚、秦等大國逐漸興起，爭霸中原，周天子的勢力一蹶不振，從君統與宗統一致的最高峰上跌落下來。大國在爭霸的過程中滅了許多小國[29]，這樣就引起了兩重後果。

第一，大國兼併小國。從消極的方面來說，是破壞三代時期原有的封建邦國的體系，以前原則上是不滅國的，打敗一個國家或部落只不過讓它成為服從自己的一個諸侯，成為自己的封邦建國體系中的一部分；從積極方面來說，春秋時期的一些大國如楚、晉等開始設縣[30]，儘管春秋時期的縣與後來的郡縣制還有相當多的區別，但總是向郡縣制邁步的一個開端。

第二，當一個大國兼併了許多小國以後，它就不能依靠原來的宗法制度來要求其新臣民向它效忠了。而且在大國爭霸的過程中，有許多卿大夫以至於士由於種種不同的原因離開了自己的國家而投奔別國，他們與移居國並無任何血緣關係，自然不在該國宗法系統之內。這一類的事例甚多，不必細述，從孔子的身世就可看出情況的一斑。孔子祖先是宋國人，殷的後裔，在宋是處於宗法系統中的；後來遷到了魯國，儘管孔子的父親在魯也作了官，卻與魯沒有任何宗法關係了。孔子本人曾在魯作過官，又曾周游列國，以求得行其道。從孔子自己的情況就可以知道，那時人們在政治上的效忠已經和宗法制沒有多大關係了。由於封建制與宗法制的衰落，孝逐漸變成了單純的家庭倫理，它已經很難再兼攝忠的內容；這時正開始萌生的郡縣制，又使君主對臣民有了比以前更多的忠的要求。這樣，孝道內容的再詮釋就成為時代的需要了。孔子和他的及門弟子就在

---

[29] 清儒顧棟高在《春秋大事表》中的《春秋列國爵姓及存滅表》裡詳述了春秋時滅國的情況，見《清經解續編》第一冊，頁462-465；陳槃先生撰《春秋大事表列國爵姓及存滅表譔異》三冊（臺北：中央研究院，1988，三版），對此又有進一步的考證。

[30] 清儒洪亮吉作《春秋時以大邑為縣始於楚論》，首先論及春秋時之設縣問題，載《更生齋文甲集》卷2。（《四部備要》本，上海：中華書局，1936）。又參閱顧頡剛：《春秋時代的縣》，載《禹貢》，第7卷第6、7期合刊。楊寬：《春秋時代楚國縣制的性質問題》，載《中國史研究》，1981年第4期。拙作《楚邦的發生和發展》第三部分（三），見《古代中國與世界》，頁330-338。

這樣的歷史條件下開始了儒家對於孝道的詮釋。這些論述基本上保存在《論語》裡。

在《論語》中，我們所看到的孔子論孝的言論並不太多，但是他的論孝顯然是同其學說的核心（即仁禮學說）緊密地結合在一起的。《論語・為政》記：「孟武伯問孝，子曰：父母唯其疾之憂。」[31] 又《里仁》記：「子曰：父母之年不可不知也，一則以喜，一則以懼。」[32] 父母高齡固然可喜，而衰老已至則又可懼。憂父母之疾與懼父母之老，皆出於孝子中心之愛，其本質為仁。不過，孔子說孝，還不止於此。《為政》記：「子游問孝，子曰：今之孝者，是謂能養。至於犬馬，皆能有養；不敬，何以別乎？」又記：「子夏問孝，子曰：色難。有事，弟子服其勞，有酒食，先生饌。曾是以為孝乎。」[33]《里仁》記：「事父母，幾諫；見志不從，又敬不違，勞而無怨。」[34] 這就是說，對父母不僅要有物質上的養，而且要有精神上的敬，既包括心情容貌的恭敬，也包括分辨是非的肅敬。這種敬在本質上就是禮。所以，據《為政》記：「孟懿子問孝，子曰：無違。樊遲御，子告之曰：孟孫問孝於我，我對曰無違。樊遲曰：何謂也？子曰：生，事之以禮；死，葬之以禮，祭之以禮。」[35] 以上所引孔子論孝之說都是純粹家庭倫理，不過孔子的孝學說既然構成其仁禮學說的一個組成部分，那麼它的作用就不可能僅限於家庭之內了。

《論語・為政》記：「或謂孔子曰：子奚不為政？子曰：《書》云：『孝乎惟孝，友於兄弟，施於有政。』是亦為政，奚其為為政？」[36] 這就是說，一個人並不必須直接為政，只要能行孝友之道而影響於

---

[31] 劉寶楠：《論語正義》，《諸子集成》第一冊，頁 26。按舊注對此句有兩解：馬融以為，子不為非，除疾病外父母可以無憂，這樣的子女就算是孝。而《孝經・孝行》、《禮記・曲禮》等則以為，子憂父母之疾為孝。俱見劉氏《正義》。

[32] 《諸子集成》第一冊，頁 84。

[33] 《諸子集成》第一冊，頁 26-28。

[34] 《諸子集成》第一冊，頁 83-84。

[35] 《諸子集成》第一冊，頁 25。

[36] 《諸子集成》第一冊，頁 36。按此句所引《書》為逸《書》，或謂「施於有政」非《書》之文，而為孔子語，但此種分歧不影響文義的理解。

執政者，這就是為政了，何必一定要親自去問政呢？孝道是可以由己外推的，正如仁之可以推己及人一樣。那麼，孝道一旦推廣於君臣之際，其效果將如何？《為政》記：「季康子問使民敬、忠以勸，如之何？子曰：臨之以莊，則敬；孝慈，則忠；舉善而教不能，則勸。」[37] 為政者能教民以孝慈，民對統治者就能忠。這就是孔子把作為家庭倫理的孝推衍為政治倫理的直接說明。《學而》記孔子弟子有若語：「有子曰：其為人也孝悌，而好犯上者，鮮矣。不好犯上，而好作亂者，未之有也。君子務本，本立而道生。孝弟也者，其為仁之本與。」[38] 有若這一段話可以說是對於孔子上述的話的具體解釋。

從以上引文中，我們可以看到孔子漸漸把「忠」作為與「孝」相對應的倫理範疇提了出來。按「忠」字原來並非專指對君主或當政者的忠誠。《說文解字》：「忠，敬也。盡心曰忠。」[39]《左傳》桓公六年記隨大夫季梁語曰：「所謂道，忠於民而信於神也。上思利民，忠也；祝史正辭，信也。」[40] 這個忠是指上盡心於民。當然也有臣下對君主之忠，如襄公九年記楚子囊對當時晉國政治情況的說明是「君明臣忠。」[41] 這就又是指臣對於君的盡心。《論語·學而》記曾子語：「吾日三省吾身：為人謀而不忠乎？與朋友交而不信乎？傳不習乎？」[42] 這是泛指對於一切人盡心之忠。不過，在《論語》裡，孔子從不把子對父母之盡心說為「忠」，而只說為「孝」；同時，把臣下對於君主之盡心說為「忠」，卻比較自然了。例如《論語·八佾》記：「子曰：事君盡禮，人以為諂也。」[43] 又記：「定公問：君使臣，臣事君，如之何？孔子對曰：君使臣以禮，臣事君以忠。」[44]

---

[37] 《諸子集成》第一冊，頁 35。
[38] 《諸子集成》第一冊，頁 3-4。
[39] 見段玉裁：《說文解字注》（上海：上海古籍出版社據段氏經韻樓版影印本，1981），頁 502。「盡心曰忠」為段氏據《孝經疏》補。以下引《說文》皆用此本，只記頁數。
[40] 《春秋左傳正義》，《十三經注疏》，頁 1749。
[41] 《十三經注疏》，頁 1942。
[42] 《諸子集成》第一冊，頁 5。
[43] 《諸子集成》第一冊，頁 62。
[44] 《諸子集成》第一冊，頁 62。

（其實，在《左傳》裡，「忠」字用於臣對國家或對君的情況也是遠比用於君對民多的。看來，這在春秋時期已形成一種趨勢。）孔子的意思是：君臣之間皆應以禮相待，臣事君以禮就是事君以忠。相對地，父子之間也應以禮相待，而子事父以禮，則稱之為孝。這就是說，孔子及其及門弟子時期的儒家已開始把忠從孝裡分離開來，同時又使二者之間有一個內在的聯繫——不再是憑藉宗法的直接的聯繫，而是由仁學說的外推作用而產生的間接的聯繫。

以上所述孔子與其及門弟子關於孝的學說，是春秋晚期至戰國初期的事。

（二）孟子時期

中國歷史進入戰國時期以後，情況發生了加速度的變化。一方面，原來的封建制迅速地為郡縣制所代替，舊的宗法制度分崩離析；另一方面，各國君主的勢力不斷加強，他們要求臣民盡忠盡力為他們去作戰，去爭奪土地。在這樣情況下，出現了兩種主張的人。一是墨家，其代表為墨子；一是早期法家或兵家，如吳起。

墨子針對當時戰爭給人民帶來空前苦難的情況，提出兼愛、非攻之說。他認為，兼愛是君惠、臣忠、父慈、子孝的前提。《兼愛下》：「我以為人之於就兼相愛交相利也，譬之猶火之就上、水之就下也，不可防止於天下。故兼者，聖王之道也，王公大人之所以安也，萬民衣食之所以足也。故君子莫若審兼而務行之。為人君必惠，為人臣必忠；為人父必慈，為人子必孝；為人兄必友，為人弟必悌。故君子莫若欲為惠君忠臣、慈父孝子、友兄悌弟，當若兼之不可不行也。此聖王之道，而萬民之大利也。」[45]在這裡，墨子提到了忠臣、孝子、悌弟，看來忠與孝是分開了的；尤其「忠臣」作為一個固定的名詞（與之相應的「孝子」作為一個固定名詞是早就出現了的），在《論語》、《孟子》裡都還未曾見到，在《墨子》中卻首先出現了。

---

[45] 孫詒讓：《墨子閒詁》，《諸子集成》第四冊，頁80。

這個名詞表明了「忠」與「臣」之間專門的配搭關係的固定化。但是，另一方面，墨子又對忠與孝有其區分不清的地方。《兼愛上》：「臣子之不孝君父，所謂亂也。子自愛，不愛父，故虧父而自利；弟自愛，不愛兄，故虧兄而自利；臣自愛，不愛君，故虧君而自利。此所謂亂也。雖父之不慈子，兄之不慈弟，君之不慈臣，此亦天下之所謂亂也。」[46] 在這裡，臣之善事君與子之善事父皆稱為孝，而且君臣父子兄弟之間皆以愛，不見其中分別。《節用中》：「古者明王聖人，所以王天下、正諸侯者，彼其愛民謹忠，利民謹厚，忠信相連，又示之以利，是以終身不饜，歿世而不卷。」[47] 在這裡，「忠」字又用於君之對民，這就出現了一種矛盾的現象。怎麼樣解釋這種矛盾呢？我想，墨子在注意到忠、孝之別的地方，那是依從了當時忠、孝漸分的習慣；他之所以孝不分君、父和忠不分上下，那是由於在他的思想裡愛本來就是無差別的，不然就不成其為兼愛了。既然本質上為無差別之愛，用什麼名詞來表達也就無所謂了。所以，儘管像墨子這樣重視概念涵義準確性的人，他也說過：「孝，利親也。」[48] 可是他也能把孝用於利君的場合。

吳起則是另外一個類型的人物，一個與墨子的兼愛、非攻學說恰好相反的人物。現在我們看不到吳起論孝的著作，但是從《史記·孫子吳起列傳》的記載可以窺見其一斑。據司馬遷記，吳起是衛國人，「其少時家累千金，游士不遂，遂破其家。鄉黨笑之，吳起殺其謗己者三十餘人，而東出衛郭門。與其母訣，嚙臂而盟曰：起不為卿相，不復入衛。遂事曾子。居頃之，其母死，起終不歸。曾子薄之，而與起絕。」吳起因此成了歷史上著名的不孝之子。起以知兵事魯君，會齊攻魯，而起妻為齊女，故魯人欲以為將而疑之。起乃殺妻，卒將兵大破齊軍。這說明吳起略無仁愛之心。其後，吳起到魏國，「魏文侯以為將，擊秦拔五城。起之為將，與士卒最下者同衣食，臥不

---

[46] 《諸子集成》第四冊，頁 62。
[47] 《諸子集成》第四冊，頁 101。
[48] 《墨子·經上》，《諸子集成》第四冊，頁 192。

設席,行不騎乘。親裹贏糧與士卒分勞苦,卒有病疽者,起為吮之。卒母聞而哭之。人曰:子,卒也,而將軍自吮其疽,何哭為?母曰:非然也。往年吳公吮其父,其父戰不旋踵,遂死於敵。吳公今又吮其子,妾不知其死所矣,是以哭之。」吳起看來是很愛部下士兵了,可是其終極目標並非愛兵,而是要其盡忠以死。司馬遷以一個簡單的故事就把問題說明了。後來,吳起到楚國事楚悼王,「至則相楚,明法審令,捐不急之官,廢公族疏遠者,以撫養戰鬥之士。要在強兵,破馳說之言從橫者。於是南平百越,北並陳、蔡,卻三晉,西伐秦。諸侯患楚之強。故楚之貴戚盡欲害吳起。及楚悼王死,宗室大臣作亂而攻吳起。」[49]所以,吳起是一個典型的只講富國強兵而六親不認的人。為了成就事業,「忠」他倒是講的,至於「孝」那就不在話下了。根據以上這種背景情況的說明,我們就可以了解孟子的孝學說實際是針對墨子與吳起等人的主張而展開的。

　　首先,與墨子的兼愛說以及由之而來的忠孝無別思想相反,孟子認為孝與忠既可相通,又不相同。《孟子‧離婁上》記:「孟子曰:居下位而不獲於上,民不可得而治也。獲於上有道,不信於友,弗獲於上矣。信於友有道,事親弗悅,弗信於友矣。悅親有道,反身不誠,不悅於親矣。誠身有道,不明乎善,不誠於身矣。」[50]這就是說獲於上或忠於君是可以從修身、孝親推衍而得的。故二者可以相通。但是孝與忠又不相同,是因為愛是有差等的,父子慈孝之愛是一切愛的起點,當然不能與對君之忠等同。孟子說:「事親,事之本也。」[51]就是指的這個意思。以下就來讓我們看看孟子對於父子之間與君臣之間的處理究竟有何不同。

　　《離婁下》記:「孟子告齊宣王曰:君之視臣如手足,臣則視君如腹心;君之視臣如犬馬,臣則視君如國人;君之視臣如土芥,

---

[49] 以上關於吳起文字皆見於《史記會注考證附校補》(上海:上海古籍出版社影印本,1986),頁1317-1319。
[50] 焦循:《孟子正義》,《諸子集成》第一冊(第二部分),頁299。
[51] 《諸子集成》第一冊(第二部分),頁308。

則臣視君如寇讎。王曰：禮，為舊君有服，何如斯可為服矣？曰：諫行言聽，膏澤於下民；有故而去，則使人導之出疆，又先於其所往；去三年不反，而後收其田里。此之謂三有禮焉，如此則為之服矣。今也為臣，諫則不行，言則不聽，膏澤不下於民；有故而去，則君搏執之，又極之於其所往；去之日遂收其田里。此之謂寇讎，寇讎何服之有？」[52] 在孟子看來，臣對於君取何種態度，取決於君對臣取何種態度。據《公孫丑下》記，孟子將朝齊王，而王也想孟子入朝。可是王不說他命令孟子入朝，而說他病了，所以不能來看孟子。這時孟子改了主意，也托病不朝；次日卻出弔於東郭氏。這時王派人來探望孟子的病。孟子弟子只好說孟子去上朝了，不知到了沒有；同時派人到路上迎孟子，讓他趕快上朝。孟子就是不去上朝，而到景丑家去寄宿。當景丑問孟子這樣作是否對王失禮的時候，孟子說了一通大道理。其中有言：「天下之達尊三：爵一，齒一，德一。朝廷莫如爵，鄉黨莫如齒，輔世長民莫如德。惡得有其一以慢其二哉（指齊王只是爵比孟子高，而年齡和道德二者皆不如孟子）？故將大有為之君，乃有所不召之臣，欲有謀焉則就之。其尊德樂道不如是，不足與有為也。」[53] 在《孟子》書中，我們可以看到類似的事例是不一而足的。孟子並不把君視為天然尊長，其尊君是有條件的。

　　從另一方面看，孟子對於父的主張就大有不同了。《萬章上》記：「萬章問曰：舜往於田，號泣於旻天。何為其號泣也？孟子曰：怨慕也。萬章曰：父母愛之，喜而不忘；父母惡之，勞而不怨。然則舜怨乎？曰：⋯⋯天下之士悅之（指舜），人之所欲也，而不足以解憂；好色，人之所欲，帝（指堯）妻之二女，而不足以解憂；富，人之所欲，富有天下，而不足以解憂；貴，人之所欲，貴為天子，而不足以解憂。人悅之、好色、富、貴無足以解憂者，惟順於父母可以解憂。人少則慕父母，知好色則慕少艾，有妻子則慕妻子，仕則慕君，不得於

52　《諸子集成》第一冊（第二部分），頁 322-323。
53　《諸子集成》第一冊（第二部分），頁 150-154。

君則熱中。大孝終身慕父母。五十而慕者，予於大舜見之矣。」[54]而且，《盡心上》記：「桃應問曰：舜為天子，皋陶為士，瞽瞍（舜之父）殺人，則如之何？孟子曰：執之而已矣。然則舜不禁與？曰：夫舜惡得禁之？夫有所受也。然則，舜如之何？曰：舜視棄天下，猶棄敝屣也。竊負而逃，遵海濱而處，終身欣然，樂而忘天下。」[55]舜之父母是有名的不慈者，可是孟子並未要求舜報之以不孝；相反，如果其父犯了法，孟子還主張舜偷偷把被捕的父親帶走，放棄帝位而和父親一同過逃亡生活。孟子高度贊揚了舜的大孝，這就是說，他所要求於子之事父者，並非如臣之事君那樣的對等原則。為什麼呢？因為，「孟子道性善，言必稱堯舜。」[56]堯舜是孟子理想中的善的典型，而孝正是性善的根本表現，其他一切的善都是從此推衍而來的。「老吾老，以及人之老；幼吾幼，以及人之幼。」[57]如果離開了孝，那麼這種推導的前提就喪失了。

照此說來，孟子就只強調孝作為家庭倫理的作用，而不把它推衍成為社會的以及政治的倫理了嗎？不是的。只要一看孟子對於當時主張富國強兵一派人的批判，這個問題就可以清楚了。吳起事母不孝，仕於楚廢公族疏遠者不慈，而講富國強兵、戰勝攻取之道。《離婁上》記：「孟子曰：求也為季氏宰，無能改於其德，而賦粟倍他日。孔子曰：『求非我徒也，小子鳴鼓而攻之可也。』由此觀之，君不行仁政而富之，皆棄於孔子者也。況於為之強戰，爭地以戰，殺人盈野；爭城以戰，殺人盈城。此所謂率土地而食人肉，罪不容於死。故善戰者服上刑，連諸侯者次之，辟草萊任土地者次之。」[58]在孔、孟看來，國家之富強只能在行仁政、愛人民的條件下實現之。所以，《梁惠王上》記，王問孟子如何才能雪戰敗之恥，「孟子對曰：地方

---

[54] 《諸子集成》第一冊（第二部分），頁359-363。
[55] 《諸子集成》第一冊（第二部分），頁548-549。
[56] 《孟子・滕文公上》，《諸子集成》第一冊（第二部分），頁186。
[57] 《孟子・梁惠王上》，《諸子集成》第一冊（第二部分），頁51-52。
[58] 《諸子集成》第一冊（第二部分），頁302-303。

百里而可以王。王如施仁政於民，省刑罰，薄稅斂，深耕易耨，壯者以暇日修其孝悌忠信，入以事其父兄，出以事其長上，可使制梃，以撻秦、楚之堅甲利兵矣。彼奪其民時，使不得耕耨，以養其父母；父母凍餓，兄弟妻子離散。彼陷溺其民，王往而征之，夫誰與王敵？故曰王者無敵。王請勿疑。」[59] 君主行仁政，使人民能安居樂業、孝養父母，再教之以孝悌忠信之道，人民就能擁護國君；這樣的國君自然就能勝過不愛民之國君。在行仁政的條件下，孝就可以從事親推衍至於事君而為忠。為什麼在這樣條件下就能推呢？因為國君行仁政並非別的，而恰好是盡到了為民父母之責。《公孫丑上》記：「孟子曰：尊賢使能，俊傑在位，則天下之士皆悅而願立於其朝矣。市，廛而不征，法而不廛，則天下之商皆悅而願藏於其市矣。關，譏而不征，則天下之旅皆悅而願出於其路矣。耕者助而不稅，則天下之農皆悅而願耕於其野矣。廛，無夫里之布，則天下之民皆悅而願為之氓矣。信能行此五者，則鄰國之民仰之若父母矣。率其子弟，攻其父母，自有生民以來，未有能濟者也。如此則無敵於天下。」[60] 又孟子曾對梁惠王說：「庖有肥肉，廄有肥馬，民有飢色，野有餓莩，此率獸而食人也。獸相食，且人惡之；為民父母行政，不免於率獸而食人，惡在其為民父母也？」[61] 所以，凡是率獸食人、率土地食人的君主，就不能算是民之父母，因而也就不配獲得人民對他的孝即忠；國君要獲得人民之孝即忠，他就要做得像個民之父母的樣子。所以，孟子不僅不是反對孝之外推為忠，而且正是要由行仁政而達到大慈大孝：國君視民如赤子，起到為民父母的作用；民也事君如事父母，作到推孝為忠。

（三）荀子時期

公元前四世紀中後期，當孟子正在各國宣揚儒家仁政說的時候，

---

[59] 《諸子集成》第一冊（第二部分），頁 38-41。
[60] 《諸子集成》第一冊（第二部分），頁 134-137。
[61] 《諸子集成》第一冊（第二部分），頁 37。

秦孝公用商鞅之議實行了改革。從此秦國迅速強盛起來，不斷向東方擴展；東方六國之間也互相爭奪。於是戰爭越來越頻繁，其規模也越來越大；一場戰爭的雙方動輒調遣數十萬人，秦於長平之戰中擊敗趙以後竟然屠殺了趙軍四十萬人。真是爭地以戰，殺人盈野！與此同時，商鞅一派的學說大行其道。在《商君書》（包括商鞅本人以及同派後學的作品）中，我們可以看到他們是怎樣痛斥儒家的孝道的。

　　《商君書・去強》：「國有禮字樂，有《詩》有《書》，有善有修，有孝有弟，有廉有辯，國有十者，上無使戰，必削至亡；國無十者，上有使戰，必興至王。國以善民治姦民者，必亂至削；國以奸民治善民者，必治至彊。國用《詩》、《書》、禮、樂、孝、悌、善、修治者，敵至必削國，不至必貧國；國不用八者治，敵不敢至，雖至必卻，興兵而伐必取，取必能有之，按兵而不攻必富。」[62] 又《商君書・靳令》：「六蝨：曰禮，樂；曰《詩》，《書》；曰修善，曰孝弟；曰誠信，曰貞廉；曰仁義；曰非兵，曰羞戰。國有十二者，上無使農戰，必貧至削。十二者成群，此謂君之治不勝其臣，官之治不勝其民，此謂六蝨勝其政也。十二者成樸，必削。是故興國不用十二者，故其國多力，而天下莫能犯也。兵出必取，取必能有之；按兵而不攻，必富。」[63] 商鞅學派以為，儒家之孝道及仁義、《詩》、《書》都有害於君主之專制，有害於富國強兵與戰勝攻取。他們要使人完全失去父慈子孝之心，作到「民之見戰也，如餓狼之見肉，則民用矣。凡戰者，民之所惡也。能使民樂戰者王。強國之民，父遺其子，兄遺其弟，妻遺其夫，皆曰：『不得，無返』。又曰：『失法離令，若死，我死，鄉治之。行間無所逃，遷徙無所入。』行間之治，連以五，辨之以章，束之以令。拙無所處，罷無所生。是以三軍之眾，從令如流，死而不旋踵。」[64] 他們的辦法就是要以嚴刑峻

---

[62] 嚴萬里校，《商君書》，見《諸子集成》第五冊（第二部分），頁 8-9。
[63] 《諸子集成》第五冊（第二部分），頁 23。
[64] 《畫策》，《諸子集成》第五冊（第二部分），頁 31。

法把人民嚇怕，使人民忘了一切父子、兄弟、夫婦之親情，不敢不為君主發動的戰爭去拚命。所以，儘管在同一《畫策》篇裡說到了「為人子孝、少長有禮、男女有別」，但是也被認為是「此乃有法之常也」。[65] 所以，他們所謂的孝，不過是君主統治下的一種有秩序的表現而已。在如此赤裸裸的殘民以逞的理論中，作為道德倫理的孝，自然是絕對不能被允許存在的。

在這樣的情況下，孟子所論述的孝學說還能起什麼作用呢？孟子的孝學說是建立在其性善說的基礎上的，這一點上文已經說過了。可是到了戰國後期，整個社會風氣都在殘酷的國家間的戰爭與各國內的鬥爭中江河日下。《韓非子‧六反》中就說到：「且父母之於子也，產男則相賀，產女則殺之。此俱出父母之懷衽，然男子受賀、女子殺之者，慮其後便，計之長利也。」[66] 父母對子女都以功利之心相對待，子女又如何能對父母有天然的孝敬之情呢？所以荀子說：「今孟子曰：『人之性善。』無辨合符驗；坐而言之，起而不可設張，不可施行。豈不過甚矣哉！」[67] 孟子的孝學說既難得驗證，又難以實行，於是，荀子就不能不重新作自己的論證了。

荀子論孝，不再像孟子那樣從人性之善出發，而是反轉過來從人性之惡出發。《荀子‧性惡》：「今人之性，飢而欲飽，寒而欲暖，勞而欲休，此人之情性也。今人飢，見長而不敢先食者，將有所讓也。勞而不敢求息者，將有所代也。夫子之讓乎父，弟之讓乎兄，子之代乎父，弟之代乎兄，此二行者，皆反於性而悖於情也。然而孝子之道，禮義之文理也。故順情性，則不辭讓矣；辭讓，則悖於情性矣。用此觀之，然則人之性惡明矣，其善者偽也。問者曰：人之性惡，則禮義惡生？應之曰：凡禮義者，是生於聖人之偽，非故生於人之性也。」[68] 同篇：「天非私曾、騫、孝己而外眾人也，然而曾、

---

[65] 《諸子集成》第五冊（第二部分），頁33。
[66] 王先慎：《韓非子集解》，見《諸子集成》第五冊（第四部分），頁319。
[67] 王先謙：《荀子集解》，見《諸子集成》第二冊，頁294。
[68] 《諸子集成》第二冊，頁291。

騫、孝己獨厚於孝之實、而全於孝之名者，何也？以綦於禮義故也。天非私齊、魯之民而外秦人也，然而於父子之義、夫婦之別，不如齊、魯之孝具敬父者，何也？以秦人之從情性、安恣睢，慢於禮義故也。」[69]

荀子既以孝非出於人之情性而出於聖人所制作之禮義，那麼，聖人又何所據而制作禮義呢？《荀子・禮論》：「禮有三本：天地者，生之本也；先祖者，類之本也；君師者，治之本也。無天地，惡生？無先祖，惡出？無君師，惡治？三者偏亡焉，無安人。故禮，上事天，下事地，尊先祖而隆君師，是禮之三本也。」[70]按此段又見於《大戴禮記・禮三本》，文有小異。後世中國人長期供奉的「天地君親師」，蓋源出於此，只是把君、親的位置換了一下而已。按禮三本之說，實際是要尋求人類社會秩序的源頭，但此處並未說清楚。《荀子・王制》：「天地者，生之始也；禮義者，治之始也；君子者，禮義之始也。為之、貫之、積重之、致好之者，君子之始也。故天地生君子，君子理天地。君子者，天地之參也，萬物之總也，民之父母也。無君子，則天地不理，禮義無統，上無君師，下無父子。夫是之謂至亂。君臣、父子、兄弟、夫婦，始則終，終則始，與天地同理，與萬世同久。夫是之謂大本。」[71]在這一段表述中，荀子把禮三本說裡的天地和先祖概括而為天地，把其中的君師概括而為君子；因為天地和先祖都是人的生之者，而君與師都是人的教之、治之者。不過，後一說中多出了一個「禮義」，它是什麼呢？它是君臣、父子、兄弟、夫婦之間的永恆的秩序或原則，而且它又是與天地同理的秩序或原則。這種秩序或原則，好像是一種客觀的理性，只有當君子去學習並把握了它以後，才能真正起到本的作用。所以，天地生人的同時就生了人類社會的秩序或原則，但是這種秩序或原則不能自己呈現出來，必須有君子通過艱苦的學習去了解並把握它，

---

[69] 《諸子集成》第二冊，頁295。
[70] 《諸子集成》第二冊，頁233。
[71] 《諸子集成》第二冊，頁103-104。

從而實現它。所以，按照荀子的理論，孝道就是君子根據這樣發現的禮義體認出來並用以教人的。

由於孝是這樣從禮義中生發出來的，荀子講子之孝父母就與孟子頗有不同了。如上所述，孟子在回答如舜父殺人舜將如何處理時，主張舜竊負父而逃之海濱。荀子則明確主張：「入孝出弟，人之小行也；上順下篤，人之中行也；從道不從君、從義不從父，人之大行也。若夫志以禮安，言以類使，則儒道畢矣，雖舜，不能加毫末於是矣。孝子所以不從命有三：從命則親危，不從命則親安，孝子不從命，乃衷；從命則親辱，不從命則親榮，孝子不從命，乃義；從命則禽獸，不從命則脩飾，孝子不從命，乃敬。故可以從而不從，是不子也；未可以從而從，是不衷也。明於從不從之義，而能致恭敬、忠信、端愨以慎行之，則可謂大孝矣。傳曰：『從道不從君，從義不從父。』此之謂也。」[72]

由此可見，荀子所堅持的事親、事君的一個共同的出發點，就是以禮為根據的。那麼是否在荀子的孝和忠的學說裡就沒有了仁愛的成分了呢？這也不然。據《荀子・大略》：「親親、故故、庸庸、勞勞，仁之殺也；貴貴、尊尊、賢賢、老老、長長，義之倫也；行之得其節，禮之序也。仁，愛也，故親；義，理也，故行；禮，節也，故成。仁有里，義有門。仁非其里而處之，非仁也；義非其門而由之，非義也，推恩而不理，不成仁。遂理而不敢，不成義；審節而不知，不成禮；和而不發，不成樂。故曰：仁、義、禮、樂，其致一也。君子處仁以義，然後仁也；行義以禮，然後義也；制禮反本成末，然後禮也。三者皆通，然後道也。」[73] 仁為愛之外推（即推恩），禮為仁之節制，因此，孝之本身固然為子對父母之愛，但必以禮節之。以上所說孝子之三不受命，就是以禮節愛的具體表現。子對父的孝，

---

[72] 《荀子・子道》，見《諸子集成》第二冊，頁347。
[73] 《諸子集成》第二冊，頁324-325。按《大略》可能為荀子後學所記荀子言論，不過其思想為荀子，這應該是沒有問題的。

是以父子間的愛或仁為基礎的。臣對君的忠，也應該是以君臣之間的愛或仁為基礎的。試看其《富國》篇之言：「治萬變、材萬物、養萬民、兼制天下者，為莫若仁人之善也。夫故其知慮足以治之，其仁厚足以安之，其德音足以化之；得之則治，失之則亂。百姓誠賴其知也，故相率而為之勞苦以務佚之，以養其知也；誠美其厚也，故為之出死斷亡以復救之，以養其厚也；誠美其德也，故為之雕琢刻鏤黼黻文章以藩飾之，以養其德也。故仁人在上，百姓貴之如帝，親之如父母，為之出死斷亡而愉者，無它故焉，其所是焉誠美，其所得焉誠大，其所利焉誠多。」[74]這就是說，君主如能以仁愛臨其下，則民親之如父母，自然就會如事父母之孝以忠其君。所以，在荀子那裡，孝之外推亦可以為忠，所持論點基本還是和孔、孟一樣，是儒家的。

如果把先秦儒家三大師的孝學說的發展作一最簡單的概括，那麼，孔子言孝即以仁與禮二者為基點，然語焉不詳。孟子著重從仁之外推的角度看孝道（與早期法家之否定仁愛及孝道不同），其視孝父與推孝致君以為忠二者之間亦有程度的差別（與墨子之兼愛或無差別之愛不同）；所以他不強調事父以禮的方面，而強調君臣之間必以禮。荀子雖然仍以仁為孝以及由孝而引申出的忠之基點（與商鞅以下的法家徹底否定仁愛與孝道不同），但是他所著重分析的是，不論是孝還是忠皆必須出之以禮（與孟子的人皆有不忍人之心的性善說不同）。如果說孟子對於孔子孝學說之發展主要在仁的方面，那麼，荀子對於孔子的孝學說的發展則主要在禮的方面。

三、《孝經》和孝道在漢代的盛行

這樣一個題目本來是應該寫一篇專論的，不過在本文裡卻只能作為文章的餘論來處理。這也就是說，只能從儒家孝道作為家庭倫理而社會化的角度來作一簡要的論述。

---

[74] 《諸子集成》第二冊，頁117。

以上談先秦儒家三大師之論孝,而未涉及《孝經》,是因為此書成書年代上有些問題。《史記・仲尼弟子列傳》記:「曾參……孔子以為能通孝道,故授之業,作《孝經》。」[75]《漢書・藝文志》記:「《孝經》者,孔子為曾子陳孝道也。」[76] 按司馬遷與班固的說法,此書乃孔子於授業曾子時之作。今觀《孝經》,皆孔子與曾子有關孝道的問答之辭,對曾子亦稱子,則當為曾門後學所記先師論孝之語。使人疑惑的是,直到戰國晚期,荀子論孝時不曾引用它,韓非駁儒家孝道時也未提到它。可是,《呂氏春秋・孝行覽》在不提書名的情況下引了今本《孝經・天子章》之文,[77] 其《先識覽・察微》則明引《孝經》一段文字[78],按此段引文在今本《孝經・諸侯章》中。有些學者以為這可以作為秦火前已有《孝經》的證據,有些學者則仍持異議[79]。現在至少有一點可以肯定,即此書的內容在先秦時代的後期已經有了。漢初勸漢高祖採納儒學的陸賈,在其《新語・慎微》篇末引「孔子曰:有至德要道以順天下。」[80] 雖未明言出自《孝經》,但實是《孝經・開宗明義章》中之文。而且,到了漢朝,《孝經》很快就受到重視並流傳開來。據《漢書・藝文志》記:「漢興,長孫氏、博士江翁、少府後倉、諫大夫翼奉、安昌侯張禹傳之,各自名家,經文皆同;唯孔壁中古文為異。」[81] 一經之說不是短期可以作出來的,所以《孝經》(今文)看來是在漢初諸經逐漸出現的過程中出現的。

其實,《孝經》作為一部論孝的專著,在深度上並無超出上述儒家大師之處。但是它有兩個明顯的特點:一是它簡明易學,與多數其他經書相比,實在容易得多了。因此,歷來對此書作注疏者也比

---

[75] 《史記會注考證附校補》,頁1338。
[76] 見王先謙:《漢書補注》(北京:中華書局影印虛受堂本,1983),頁876。
[77] 《呂氏春秋》,見《諸子集成》第六冊(第四部分),頁137。
[78] 《諸子集成》第六冊(第四部分),頁192。
[79] 參閱陳奇猷:《呂氏春秋校釋》(上海:學林出版社,1995),頁1009之第24注。
[80] 《新語》,見《諸子集成》第七冊,頁11。
[81] 《漢書補注》,頁876。按長孫氏時代不詳,江翁以下皆武帝以後昭、宣時期之人。

其他經書少得多了[82]。二是它把儒家孝道的基本內容都概括進來了，雖然不深，卻也相當完備。今本《孝經》凡十八章，首章開宗明義，引孔子語說明，孝為天下之「至德要道」，「夫孝，德之本也，教之所由生也。」[83] 這就把孝說成一切倫理道德的根本和起點，從一開始就把它從家庭倫理的層次超升到全社會的層次。然後，從第二到第六章分別論天子、諸侯、卿大夫、士、庶人之孝，大體不外從兩方面來說，從在上者來說要以愛親的孝道推而廣之來愛下，而從在下者來說則要以愛親之孝推而廣之來愛上，如此則上下和睦，天下太平。以下十餘章，除在具體方面作一些引申之論外，基本就是這一思想的反覆說明和發揮。所以，從道理上來說，此書沒有什麼可以深入鑽研之處，卻是很便於少年反覆背誦掌握它。因此，從內容到形式，都適合於作為少年之讀本。在漢代，它也就成了少年的讀本了。

那麼，漢代為什麼會重視儒家的孝道呢？這就要從秦對孝道的否定及其後果說起。先秦儒家三大師的孝學說在戰國時期沒有受到重視，而且秦接受了法家的忠孝不能兩全之說[84]，不講倫理道德，而以戰爭的暴力兼併了六國。賈誼對此加以評論說：「商君遺禮義，棄仁恩，並心於進取，行之二歲，秦俗日敗。故秦人家富，子壯則出分；家貧，子壯則出贅。借父耰鋤，慮有德色；母取箕箒，立而誶語。抱哺其子，與公併倨；婦姑不相悅，則反脣而相稽。其慈子嗜利，不同禽獸者，亡幾耳。然並心而赴時，猶曰蹶六國，兼天下。功成求得矣，終不知反廉愧之節，仁義之厚。信並兼之法，遂進取之業。天下大敗，眾掩寡，智欺愚，勇威怯，壯陵衰，其亂至矣。是以大賢起之，威震海內，德從天下，曩之為秦者，今轉而為漢矣。」[85] 賈誼的這一段分析說明了秦之所以滅亡而為漢所代，其中一個重要因素

---

[82] 說《孝經》容易讀，不是說其中無難處，只是相對而言。前人注本當以阮福的《孝經義疏》（見《清經解》第七冊，頁 690-697。）及皮錫瑞的《孝經鄭注疏》為佳。

[83] 《孝經注疏》，見《十三經注疏》，頁 2545。

[84] 參閱《韓非子・五蠹》，見《諸子集成》第五冊（第四部分），頁 344-345。

[85] 《漢書・賈誼傳》，見王先謙：《漢書補注》，頁 1059-1060。

就是否定孝道仁義之結果。漢朝的統治者似乎也早知道了這個道理。惠帝四年「春正月，舉民孝弟力田者，復其身。」[86]而且，自惠帝起，漢代皇帝（除東漢開國之君光武帝外）的謚號中都加一個孝字，以示皇帝以孝治天下之意。漢文帝十二年下置三老孝悌力田常員詔，說：「孝悌，天下之大順也；力田，為生之本也。三老，眾民之師也；廉吏，民之表也。朕甚嘉此。」[87]這樣，漢就正式以孝悌力田代替了秦之尚武力田（耕戰）政策。漢武帝元朔元年又決定舉「孝廉」[88]。元狩六年六月又下詔「諭（論）三老孝弟以為民師。」[89]三老、孝弟、力田既是地方上的官[90]，又是基層社會的師；而孝廉則成為漢代人進入仕途的一個重要門徑。由此可見漢代統治者對於孝的重視之一斑。至於漢朝各代皇帝對於孝者的種種賞賜和優待，可以說是史不絕書，在此就不必細說了。

最後，讓我們再看一看《孝經》在漢代受重視的情況。按《漢書‧儒林傳》，《孝經》不在五經之列，但五經博士中也有治《孝經》者，如治魯詩的博士江公亦曾「著《孝經說》」[91]，而《藝文志》則將《孝經》列於六藝略中，與《論語》地位相當，不能說不受重視了。再從《孝經》的傳授範圍來看，據《漢書‧疏廣傳》記：疏廣、疏受叔侄並為宣帝之太子師，而「皇太子年十二通《孝經》。」[92]疏氏受到皇室極高的禮遇。又據《漢書‧景十三王傳》記，廣川王去「師受《易》、《論語》、《孝經》，皆通。」[93]這個劉去名為通《孝經》，而實際行為惡劣，是學而不行的問題。又據《漢書‧平帝紀》三年記當時學官情況：「郡、國曰學，縣，道、邑、侯國曰校；

---

[86] 《漢書補注》，頁62。
[87] 《漢書補注》，頁74。
[88] 《漢書補注》，頁87。
[89] 《漢書補注》，頁91。
[90] 趙翼：《廿二史札記》卷2，「三老孝悌力田階鄉官名」條。見王樹民：《廿二史箚記校證》（北京：中華書局，1984），頁45。
[91] 《漢書補注》，頁1521。
[92] 《漢書補注》，頁1335。
[93] 《漢書補注》，頁1123。

校、學置經師一人。鄉曰庠，聚曰序；序、庠置《孝經》師一人。」[94] 所以，如果說儒家五經的傳授還達不到社會的基層，那麼，《孝經》的傳授倒真是自天子以至於庶人，從皇太子、諸侯王以至鄉村聚落，處處都學《孝經》了。漢朝的情況既然如此，那麼這也可以從一個側面說明，儒家的孝道在當時已經真正社會化了。

---

[94] 《漢書補注》，頁142。

第十二篇
論司馬遷史學思想中的變與常

司馬遷曾經自己說明，他作《史記》的一個目的，就是要「究天人之際，通古今之變，成一家之言。」[1] 這一篇文章只想討論其中的「通古今之變」的問題。在此以前，已有不少學者討論過這一問題，不過一般都是著重分析司馬遷的論歷史之變，說明他能從變中把握了歷史的發展，成為中國古代傑出的歷史學家。這些論述無疑都是有意義的。

這一篇文章的目的是想說明，司馬遷既注意到了歷史上的「變」，又注意到了歷史上的「常」，而且正是在貫通「變」與「常」這一點上，他顯示出了自己的出色的史學思想。

一、司馬遷對於歷史上的變的論述

《史記》是一部敘述從黃帝到當時（漢武帝時）的通史，自然記載了古今種種不同的變化。值得注意的是，司馬遷很重視以下兩個方面的變化：

---

[1] 班固：《司馬遷傳》，見《漢書》第三冊（北京：中華書局校點本，1962），頁 2735。以下引《漢書》皆用此本，只記冊數頁數。

（1）政治制度方面的變化。關於這一方面的變化，司馬遷著重敘述了兩種，即從君位禪讓制到世襲制的變化和從封建制到郡縣制的變化。

第一，他敘述了君位從禪讓到世襲的變化。《五帝本紀》敘述了堯、舜、禹之間禪讓的情況如下：

> 堯立七十年得舜，二十年而老，令舜攝行天子之政，薦之於天。堯辟位凡二十八年而崩。……堯知子丹朱之不肖，不足授天下，於是乃權授舜。授舜，則天下得其利而丹朱病；授丹朱，則天下病而丹朱得其利。堯曰：「終不以天下之病而利一人。」而卒授舜以天下。堯崩，三年之喪畢，舜讓辟丹朱於南河之南。諸侯朝覲者不之丹朱而之舜，獄訟者不之丹朱而之舜，謳歌者不謳歌丹朱而謳歌舜。舜曰：「天也。」夫而後之中國踐天子位焉，是為帝舜[2]。

> 舜子商均亦不肖，舜乃預薦禹於天。十七年而崩。三年喪畢，禹亦讓舜子，如舜讓堯子。諸侯歸之，然後禹踐天子位。堯子丹朱、舜子商均，皆有疆土，以奉先祀。服其服，禮樂如之。以客見天子，天子弗臣，示不敢專也[3]。

到了禹以下，情況發生了變化，《夏本紀》記：「帝禹立而舉皋陶薦之，且授政焉，而皋陶卒。封皋陶之後於英、六，或在許。而後舉益，任之政。十年，帝禹東巡狩，至於會稽而崩。以天下授益。三年之喪畢，益讓帝禹之子啟，而辟居箕山之陽。禹子啟賢，天下屬意焉。及禹崩，雖授益，益之佐禹日淺，天下未洽。故諸侯皆去益而朝啟，曰：『吾君帝禹之子也。』於是啟遂即天子之位，是為夏后帝啟。」[4]

2　司馬遷：《五帝本紀》，見《史記》第一冊（北京：中華書局校點本，1959 年），頁 30。以下引此書只記冊數頁數。
3　《史記》第一冊，頁 44。
4　《史記》第一冊，頁 83。

從夏后啟以下，中國的君主都實行了父傳子及兄傳弟的家內世襲制。

第二，司馬遷敘述了從封建制到郡縣制的轉變。據《史記》的記載，從五帝的時候起，在全國之上就有一個天子，在天子之下又有許多諸侯。儘管這許許多多的諸侯小邦原先都是從不同的部落發展而來的，但是在名義上都經過了天子的冊封。這就是所謂的封建制。《周本紀》還記載了周武王克商以後分封諸侯的一些具體情況：

> 封商紂子祿父殷之餘民。……武王追思先聖王，乃褒封神農之後於焦，黃帝之後於祝，帝堯之後於薊，帝舜之後於陳，大禹之後於杞。於是封功臣謀士，而師尚父為首封。封尚父於營丘，曰齊。封弟周公旦於曲阜，曰魯。封召公奭於燕。封弟叔鮮於管，弟叔度於蔡。餘各以次封[5]。

周初建立的封建邦國系統，到春秋戰國時期已經在大國兼併的戰爭中逐漸消滅殆盡，郡縣制逐漸發生。《史記·秦始皇本紀》記，秦始皇統一六國以後，又有大臣提議分封皇子，「廷尉李斯議曰：『周文武所封子弟同姓甚眾，然後屬疏遠，相攻擊如仇讎，諸侯更相誅伐，周天子弗能禁止。今海內賴陛下神靈統一，皆為郡縣，諸子功臣以公賦稅重賞賜之，甚足易制。天下無異意，則安寧之術也。置諸侯不便。』始皇曰：『天下共苦戰鬥不休，以有侯王。賴宗廟，天下初定，又復立國，是樹兵也，而求其寧息，豈不難哉！廷尉議是。』分天下以為三十六郡，郡置守、尉、監。」[6] 這樣，各級地方官吏直屬皇帝的郡縣制就代替了由諸侯、大夫等分層統治的封建制。

秦亡以後，漢初曾經在實行郡縣制的同時，分封了一些諸侯王；結果是異姓諸侯王先反，隨後是同姓諸侯再反。為此漢朝皇帝不斷採取措施以消滅或削弱勢力強大的諸侯王，到了司馬遷生活的漢武

---

[5] 《史記》第一冊，頁126-127。
[6] 《史記》第一冊，頁238-239。

帝時期，這種殘存的封建制已經無足輕重了。這些過程，在《史記》的《漢興以來諸侯王年表》、《高祖功臣侯者年表》等表中皆有詳細記載，這裡不煩細說了。總之，《史記》鮮明地表述了這種從封建制到郡縣制的變化。

（2）決定政權得失的直接因素的變化。在這方面，司馬遷敘述了前後變化的三個階段：

第一階段，在堯、舜、禹禪讓時期，決定一個人政權得失的關鍵因素是德。如上所述，堯子丹朱、舜子商均都因無德而不能獲得政權，而舜和禹卻因有德而登上帝位。所以，在當時，帝位不能因血親關係而世襲，只能由諸侯和人民所信任的有德者來繼承。

第二階段，在夏、商、周三代，帝位既已世襲，政權的轉移就不再經過禪讓，而是經過所謂的征誅了。據《夏本紀》記，夏代後期，「帝孔甲立，好方鬼神，事淫亂。夏后氏德衰，諸侯畔之。」[7] 到末代君主桀的時候，「桀不務德而武傷百姓，百姓弗堪。迺召湯而囚之夏臺，已而釋之。湯修德，諸侯皆歸湯，湯遂率兵以伐夏桀。桀走鳴條，遂放而死。桀謂人曰：『吾悔不遂殺湯於夏台，使至此。』湯乃踐天子位，代夏朝天下。」[8] 據《周本紀》記，商朝末代君主紂奢侈淫亂，「百姓怨望而諸侯有畔者，於是紂乃重刑辟，有炮烙之法。」西伯（後來的周文王）也曾受過紂的監禁，經賄賂才被赦免。「西伯歸，乃陰修德行善，諸侯多叛紂而往歸西伯。西伯滋大，紂由是稍失權重。」到西伯之子周武王時，「紂愈淫亂不止」。「周武王於是率諸侯伐紂。紂亦發兵距之牧野。甲子日，紂兵敗。紂走入，登鹿台，衣其寶玉衣，赴火而死。……於是周武王為天子。」[9] 這就是說，商湯之代夏及周武王之代商，雖然也有德的因素在起作用，不過直接的因素則是戰爭的勝利。

---

[7] 《史記》第一冊，頁 86。
[8] 《史記》第一冊，頁 88。
[9] 以上三條引文及大意，見《史記》第一冊，頁 105-108。

第三階段，到戰國和秦統一時期，戰爭暴力完全取代了一切道德和信義。《史記・六國年表序》記：「及田常殺簡公而相齊國，諸侯晏然弗討，海內爭於戰功矣。三國（指魏、趙、韓）之卒分晉，田和亦滅齊而有之，六國之盛自此始。務在強兵並敵，謀詐用而從衡短長之說起。矯稱蠭出，誓盟不信，雖置質剖符猶不能約束也。」[10]秦之強盛是從商鞅改革開始的，秦之所以能滅六國而成一統也是堅持了商鞅制訂的方針的結果。商鞅是怎麼樣作的呢？《史記・商君列傳》記，商鞅勸說秦孝公伐魏，以打開秦東進的門戶，「孝公以為然，使衛鞅（即商鞅）將而伐魏。魏使公子卬將而擊之。軍既相距，衛鞅遺魏將公子卬書曰：『吾始與公子歡，今俱為兩國將，不忍相攻，可與公子面相見，盟，樂飲而罷兵，以安秦魏。』魏公子卬以為然。會盟已，飲，而衛鞅伏甲士而襲虜魏公子卬，因攻其軍，盡破之以歸秦。」[11]結果是魏國被迫向秦割地求和，而衛鞅在秦受封於商，成了商君，稱商鞅。總之，《史記》鮮明地表述了中國古代歷史上影響政權得失的直接因素的前後變化。

　　現在我們還要來看一看司馬遷是以什麼態度對待他所記載的這些變化的。對於從封建制到郡縣制的變化，《高祖功臣侯者年表序》分析了漢初的封建諸侯與三代時的封建之異同，說明漢代的諸侯已難以像上古那樣持久，然後說：「居今之世，志古之道，所以自鏡也，未必盡同。帝王者各殊禮而異務，要以成功為統紀，豈可緄乎？」[12]對於帝王取天下的手段，他在《六國年表序》中說：「秦取天下多暴，然世異變，成功大。傳曰：『法後王』，何也？以其近己而俗變相類，議卑而易行也。學者牽於所聞，見秦在帝位日淺，不察其終始，因舉而笑之，不敢道，此與以耳食無異。悲夫！」[13]由此可見，對於歷史上的變化，只要是取得成功的，司馬遷基本上是取肯定的態度的。

---

[10]　《史記》第二冊，頁685。
[11]　《史記》第七冊，頁2232-2233。
[12]　《史記》第三冊，878。
[13]　《史記》第二冊，頁686。

二、司馬遷對歷史上的常的論述

司馬遷在《史記》中幾乎處處都在寫歷史之變，因為歷史本身就是在不斷變化之中的；司馬遷不僅這樣寫了，而且對變取了肯定的態度。這一點正是許多研究者所以讚揚他的地方。不過，司馬遷也並未否認歷史上有常，更沒有看輕常在歷史上的作用。

在這裡有必要對本文中所用的「常」的概念作一個簡要的說明。《爾雅‧釋詁》：「典、彝、法、則、刑（即型）、範、矩、庸、恆、律、戛、職、秩，常也。」[14] 以上十三個解釋「常」的字包含了兩重意思：其中絕大多數表示法則、範型、常規的意思，而「恆」字的意思則是固定和長久[15]。從這兩重意思來看，「常」與「變」是不同的；因為法則、範型及常規都是衡量變化的標尺，其自身必然要有其固定性和長久性。但是，這個「常」又非絕對的「不變」。因為，這裡的法則、範型及常規都是變化本身所具有長久穩定性的屬性。所以，《周易‧繫辭上》：「動靜有常，剛柔斷矣」[16]。動與靜就是變化，但它們是有常規的。所以，《荀子‧天論》：「天行有常，不為堯存，不為桀亡」[17]。荀子這裡所說的「天行」包括了天體的運行與季節的變化，所以，天行之常就是天行的變化規律。對「常」作了這樣的解說以後，我們就可以來看司馬遷是怎麼樣論述歷史上的「常」的了。

司馬遷對於歷史上的常的論述主要表現在以下兩個方面：

（1）在司馬遷筆下，發展經濟與致富是人們的恆常行動目標，而且這也總是社會和諧與國家強盛的基礎。

---

[14] 郝懿行：《爾雅義疏》，見《清經解》第七冊（上海：上海書店影印縮本，1988），頁253。以下引《清經解》及《續編》皆據此本，只記冊數頁數。

[15] 《周易‧繫辭（下）》：「恒，德之固也」，《周易‧雜卦》：「恒，久也。」《周易正義》見《十三經注疏》（北京：中華書局影印本，1980），頁89、96。

[16] 《十三經注疏》，頁76。

[17] 王先謙：《荀子集解》，見《諸子集成》第二冊（北京：中華書局，1986），頁205。

《貨殖列傳》記：「太史公曰：夫神農以前，吾不知已。至若《詩》、《書》所述虞、夏以來，耳目極聲色之好，口欲窮芻豢之味，身安逸樂，而心誇勢能之榮使。俗之漸民久矣，雖戶說以眇論，終不能化。故善者因之，其次利導之，其次教誨之，其次整齊之，最下與之爭。夫山西饒材、竹、穀、纑、旄、玉石；山東多魚、鹽、漆、絲、聲色；江南出柟、梓、薑、桂、金、錫、連、丹沙、犀、瑇瑁、珠璣、齒革；龍門、碣石北多馬、牛、羊、旃裘、筋角；銅、鐵則千里往往山出棋置；此其大較也。皆中國人民所喜好，謠俗被服飲食奉生送死之具也。故待農而食之，虞而出之，工而成之，商而通之。此寧有政教發征期會哉？人各任其能，竭其力，以得其欲。故物賤之征貴，貴之征賤，各勸其業，樂其事，若水之趨下，日夜無休時，不召而自來，不求而民出之。豈非道之所符，而自然之驗邪？」[18]

　　接著，他寫了這樣一些內容：不同地區有不同物產和風俗民情，而求富的努力則是一致的；各種行業有合法的與非法的區分，而其經營的目的則均為求富；人們在社會中的地位各有不同，而財富對此總起了重要的作用；社會有禮義盛衰之分，國家有實力強弱之別，而財富卻總是其基礎。

　　然後他說：「富者，人之性情，所不學而俱欲者也。」[19] 所以，在司馬遷看來，不論歷史如何變化，人們對於財富的追求卻總是其天然的恆常基礎。

　　（2）在司馬遷的筆下，財富是維持社會生存的恆常的必要條件，已如上述；但他並未以此為其充分的條件。他知道，財富的產生與分配總是在一定社會秩序中進行的，所以社會秩序同樣是歷史賴以延續的恆常條件。怎麼樣才能保持一個社會的良好秩序呢？在司馬遷看來，這就是禮義。禮義作為社會倫理體系，是不能天天變的；所以中國古來就把這種倫理體系叫做倫常。

---

[18] 《史記》第十冊，頁 3253-3254。
[19] 《史記》第十冊，頁 3271。

司馬遷在《管晏列傳》中說:「管仲既任政相齊,以區區之齊在海濱,通貨積財,富國強兵,與俗同好惡。故其稱曰:『倉廩實而知禮節,衣食足而知榮辱,上服度則六親固。四維(四維:禮、義、廉、恥)不張,國乃滅亡。下令如流水之原,令順民心。』故論卑而易行。俗之所欲,因而予之;俗之所否,因而去之。其為政也,善因禍而為福,轉敗而為功。」[20] 從他的這一段議論中,我們正好看到了司馬遷對於求富與禮義這一對矛盾的兩方面間關係的見解。滿足人們求富的恆常欲望,這是禮義的起點也是目標;而實現禮義就是要使人們的求富處於一種正常的狀態中,不致因有任何過度的行為(所以他重視「上服度」)而造成社會的動蕩與國家的滅亡,從而最終還是危害了求富。

那麼恆常的禮義從哪里去尋求呢?司馬遷在《太史公自序》裡記他回答壺遂問孔子何為而作《春秋》時說:「余聞董生(仲舒)曰:『周道衰廢,孔子為魯司寇,諸侯害之,大夫壅之。孔子知言之不用,道之不行也,是非二百四十二年之中,以為天下儀表,貶天子,退諸侯,討大夫,以達王事而已矣。』子曰:『我欲載之空言,不如見之於行事之深切著明也。』夫《春秋》,上明三王之道,下辨人事之紀,別嫌疑,明是非,定猶豫,善善惡惡,賢賢賤不肖,存亡國,繼絕世,補敝起廢,王道之大者也。……故有國者不可以不知《春秋》,前有讒而弗見,後有賊而不知。為人臣者不可以不知《春秋》,守經事而不知其宜,遭變事而不知其權。為人君父而不通於《春秋》之義者,必蒙首惡之名。為人臣子而不通於《春秋》之義者,必陷篡弒之誅,死罪之名。其實皆以為善,為之不知其義,被之空言而不敢辭。夫不通禮義之旨,至於君不君,臣不臣,父不父,子不子。夫君不君則犯,臣不臣則誅,父不父則無道,子不子則不孝。此四行者,天下之大過也。以天下之大過予之,則受而弗敢辭。故《春秋》者,禮義之大宗也。」[21]

---

[20] 《史記》第七冊,頁 2132-2133。
[21] 《史記》第十冊,頁 3297-3298。

司馬遷所說的孔子的這一思想，也記載在《論語・顏淵》篇中：「齊景公問政於孔子，孔子對曰：『君君、臣臣、父父、子子。』公曰：『善哉，信如君不君，臣不臣，父不父，子不子，雖有粟，吾得而食諸。』」[22]。人類社會必有父子，在孔子、司馬遷等古人看來，也必有君臣；因此他們把這些看作社會的最基本的秩序。他們認為，使人們在這種社會的基本秩序中各按自己的適當地位而適當地行動，這就是實現了禮義，這就能使社會保持正常的運轉。

　　在司馬遷的史學思想中，人類求富之常情與人類禮義之常理是維持社會平衡的兩根支柱，也是保證歷史運行的兩個車輪。所以，他十分重視這兩種歷史的恆常因素。

三、司馬遷的「通古今之變」

　　首先應該說明「通」在司馬遷的筆下實際具有兩重涵義：其一，是通曉的意思，這裡的「通古今之變」就是通曉古今變化的意思。這是從歷史學家的主觀對於歷史客觀的了解的角度來說，它的意思比較具有直接性，所以不需要任何更多的解釋。「通」還有另外一重意思，在司馬遷對於歷史的客觀發展過程的說明中表現出來。他在《太史公自序》中說：「禮樂損益，律曆改易，兵權山川鬼神，天人之際，承敝通變，作八書。」[23] 這裡的「承敝通變」是指「禮樂損益、律曆改易」這些歷史過程的變化而言的，所以這裡的「通」是指歷史過程的由變而通。按司馬遷的變通思想是從《周易》接受過來的。《周易・繫辭（下）》中曾說到包犧氏、神農氏、黃帝、堯、舜在歷史上所作的變革，說這是「通其變，使民不倦」。又說：「易，窮則變，變則通，通則久。」[24] 司馬遷在《史記》中曾多次說到「承敝易變」

---

[22] 劉寶楠：《論語正義》，見《諸子集成》第一冊（北京：中華書局，1954），頁271。
[23] 《史記》第十冊，頁3319。
[24] 《十三經注疏》，頁86。

或「承敝通變」，從而「使民不倦」，其思想來源皆在於此。這一層意義上的「通」是指：客觀歷史過程中發生了問題，發展不下去了，就是要窮或者走到盡頭了，這時來了一次變化，於是歷史又繼續發展下去，從窮而通，由於通了所以也就能持久了。這樣歷史的過程似乎就達到了一種悖論（Paradox），恆常或持久的過程竟然是由變來達到的。然而，事情的實質正如「悖論」這個詞的涵義一樣，竟然是似非而是（Seemingly absurd though perhaps really well-founded statement）。

以上分析「通古今之變」的「通」的兩重意義，對於我們說明司馬遷的「通古今之變」有什麼意義呢？應該說，其意義也在於兩個方面：首先是要有客觀歷史過程的通，其次是歷史學家對於這一通的過程如實的認知和理解，也就是說歷史學家對於這一通的歷史過程的通體了解。司馬遷所企求的「成一家之言」，實際就是希望能對於客觀的通的歷史過程有一個通識或通史的著述。能對於客觀的歷史之通有一個通曉，這就是司馬遷所要求的「通古今之變」，通曉了這樣的古今之通變，自然地就成了一家之言。

下面就讓我們從兩個方面來看一看司馬遷是怎麼樣從歷史之變中說明歷史之通的。

其一，在司馬遷看來，禮義是有常的，已如上述。那麼，禮義又如何由變而通呢？以上我們曾經引用《高祖功臣侯者年表》中所說「帝王者各殊禮而異務，要在以成功為統紀」，那麼這種「殊禮」與「異務」中又有什麼常可言呢？在說明司馬遷對於這個問題的回答以前，有必要談一下孔子對於這個問題的見解；因為司馬遷的見解實際是從孔子那裡引申而來的。《論語・為政》記：「子張問：『十世可知也？』子曰：『殷因於夏禮，所損益可知也；周因於殷禮，所損益可知也；其或繼周者，雖百世可知也。』」[25] 這裡的「損益」

---

[25] 《諸子集成》第一冊，頁39。

就是變化，知道了禮的從夏到殷的變化和從殷到周的變化，為什麼就能知道以後百世的變化呢？這就必須有一個條件，即這種變化本身是有其一定之規的；否則，孔子的百世可知的推論就在邏輯上成為不可能的。由此可以說明，至少從孔子起就認為禮的變動（禮運）是有一定的常規的。不過，孔子在這裡並沒有說明，其中的變化常規究竟是什麼。

司馬遷從同時期前輩學者董仲舒的《春秋》公羊說得到了啟發，接受了董氏的夏、商、周三統說[26]。他在《高祖本紀》贊中說：「夏之政忠。忠之敝，小人以野，故殷人承之以敬。敬之敝，小人以鬼，故周人承之以文。文之敝，小人以僿，故救僿莫若以忠。三王之道若循環，終而復始。周秦之間，可謂文敝矣。秦政不改，反酷刑罰，豈不繆乎？故漢興，承敝易變，使人不倦，得天統矣。」[27] 由於有了這樣的忠、敬、文三者的循環，禮的變化常規或法則就有了一個明確的表述。當然，這樣的變化常規或法則的表述，是有其明顯的缺陷的。不過，只要看一看《高祖功臣侯者年表序》中對於三代的封建與漢初的封建之間的異同所作的分析，我們就不會相信司馬遷是真正的歷史循環論者了；因此，如果把上述忠、敬、文的常規不解釋為封閉的圓圈而解釋為螺旋線，那也許會更為準確一些。

其二，上文中曾經說到，司馬遷對於從堯、舜的禪讓到湯、武的征誅，再到戰國及秦的憑藉暴力奪取成功，是作為歷史之變來說明的。那麼，在這樣的變裡還有沒有常呢？現在就讓我們來看一看司馬遷是怎麼樣處理這個問題的。他在《五帝本紀》中講堯、舜、禹之間的禪讓，那是直接以人心的向背來說明君主的政權得失。這一點非常清楚，不須贅述。司馬遷寫商湯和周武王的戰勝並取代桀、紂，直接手段當然是戰爭。可是如果細讀《殷本紀》和《周本紀》，

---

[26] 參閱董仲舒：《春秋繁露・三代改制質文》，見蘇輿：《春秋繁露義證》（北京：中華書局，1992），頁 183-213。
[27] 《史記》第二冊，頁 393-394。

那就會發現，夏桀與殷紂的勢力都曾經遠比商、周強大，商湯及周文王（西伯）曾經分別被桀、紂關進監獄。商湯與周文、武的由弱變強是靠了行善積德，從而得到人民的擁護與諸侯支持的結果。[28] 在《秦楚之際月表序》裡，他更明確地說：「昔虞、夏之興，積善累功數十年，德洽百姓，攝行政事，考之于天，然後在位。湯、武之王，乃由契、后稷修仁行義十餘世，不期而會孟津八百諸侯，猶以為未可，其後乃放弒」[29]。這就是說，湯、武都是首先依賴修行仁義取得民心，然後才用武力奪取王位的。秦的情況又如何？司馬遷已經說過「秦取天下多暴」，那麼，其中也有人心向背在起作用嗎？據《商君列傳》記，商鞅變法之初，秦民多有以為不便者，可是太子犯了法，其師傅也受了刑罰，所以法令被遵守了。「行之十年，秦民大悅，道不拾遺，山無盜賊，家給人足。」[30] 原來商鞅變法也有其得人心的一方面。《秦始皇本紀》又引賈誼的話說：「秦并海內，兼諸侯南面稱帝，以養四海，天下之士斐然鄉風，若是者何也？曰：近古之無王者久矣。周室卑微，五霸既歿，令不行於天下，是以諸侯力政，強侵弱，眾暴寡，兵革不休，士民罷敝。今秦南面而王天下，是上有天子也。既元元之民冀得安其性命，莫不虛心而仰上，當此之時，守威定功，安危之本在於此矣。……秦離戰國而王天下，其道不易，其政不改，是其所以取之守之者（無）異也。孤獨而有之，故其亡可立而待。」[31] 這說明，在戰國時期，各國君主都在爭城奪地，不惜殘民以逞；秦雖多暴，但還有其法治與公平的一面，比較能得民心。秦得天下後本來是有可能長治久安的，可是秦始皇與二世仍舊實行暴政，這樣就喪失了民心，從而招致了速亡。歸根到底，還是人心的向背在秦的興亡中起了關鍵性的作用。這樣，人心向背就作為一個政權興亡的恆常因素，在從堯、舜到商、周以至於秦之統一的長

---

[28] 《史記》第三冊，頁 93-95、116-117。
[29] 《史記》第三冊，頁 759。
[30] 《史記》第七冊，頁 2231。
[31] 《史記》第一冊，頁 283。

期變化過程中一直都起了作用。所以，在這種變裡是有常的，而且常正是以不斷變化的形式起了作用。

司馬遷發現並說明了歷史上的由變而通而常，這就是他作到了通古今之變，因而也就是成了一家之言。

第十三篇

史學在中國傳統學術中的地位
——與古代印度、古代希臘的比較思考

　　自先秦以至於清末，中國傳統學術的內容是十分豐富的，而史學在其中佔有尤其特殊的重要地位[1]。這種情況的直觀表現是，中國歷史學著作的連綿不斷與浩博精詳，為世界其他國家所少有；而其原因，則與古代中國人所特有的思考問題的路數與傾向有關。至於前者，已往的學者已早有論述，例如黑格爾（G. W. F. Hegel）曾說：「中國歷史學家的層出不窮、繼續不斷，實在是任何民族所比不上的。」又說：「尤其使人驚歎的，便是他們歷史著作的精細正確。」[2]本文所要說明的集中在後一方面。以下分為三個方面來談：

一、史學在中國古代學術分合中所顯現的特點

　　大體說來，人類的學術的發展總是經歷著由渾沌而分明、由簡

---

[1] 金毓黻先生曾言：「史學一辭，創於十六國之石勒，晉書（卷一百四）載記，石勒於晉元帝太興二年（公元三一九年）自立為趙王，以任播、崔濬為史學祭酒，是也。」見金著《中國史學史》（上海：商務印書館重印版，1957），頁218。謹按，此處所謂「史學」，乃指從事歷史教學的教育機構，猶之今日大學中之歷史系。本文所用「史學」一辭，係指歷史學之學術本身，與金先生所講「史學」涵義不同。史學之發生在先，而作為教育機構之「史學」或歷史學系在後，這是沒有什麼可疑之處的。

[2] 見王造時譯：《歷史哲學》（北京：三聯書店，1956），頁161、163。

單而複雜、由粗淺而精深的過程的。在這樣的發展過程中，學術經歷著不斷的分化，在分化到一定程度的時候，又不斷在分中有合，合中有分。《莊子・天下》是一篇論述先秦時期各個學術流派的著作。它認為，上古只有一種無所不包的作為「一」的道術，隨著人類社會裡各種分歧和矛盾的發展，不同的人從統一的道術中各取所需的一偏，以形成自己的方術；於是諸子百家產生，「道術將為天下裂」[3]。按《天下》篇指出先秦學術的發生乃是由一而多的分化過程，這不能不說是一種卓越的見解，只是此篇作者基於道家所特有的價值取向，把這樣的發展過程視為一種倒退與悲劇了。

世界文明古國的文化最初大抵都從無所不包的宗教神話裡逐漸分化而來，而史學又是在文化發展中逐漸分化出來的。當然，由於具體的歷史條件的不同，各文明古國的發展情況又各有特點。

例如，在古代印度，雅利安人的最初文化淵源都出於「吠陀」（Veda，按 Veda 來自詞根 vid，它的意思是「知識」、「求知」、「學問」），而四《吠陀》（*Rigveda*、*Samaveda*、*Yajurveda*、*Atharvaveda*）以及由此演生而又附屬於此的梵書（Brahmanas）、森林書（Aranyakas）、奧義書（Upanishads）等以所謂得自「天啟」（Sruti）的宗教經典的形式包括當時所有的各方面的知識。由「吠陀」文獻又發展出六個「吠陀分」（Vedangas），它們雖然不再源於「天啟」而係來自「傳承」（Smriti），但在內容上仍然是解說「吠陀」的。它們按內容分別是式叉論（Siksha，phonetics）、劫波論（Kalpa，ritual）、毗耶羯羅那論（Vyakarana，grammer）、尼錄多論（Nirukta，etymology）、闡陀論（Chhandas，metrics）、豎底沙論（Jyotisha，astronomy），亦即文字、音韻、訓詁之學、禮儀軌則之學及天文曆數之學，頗與中國經學之若干部分內容相吻合，而獨無史學的部分[4]。當然，在「吠陀」文獻中也有關於古代傳說與故事

---

[3] 見郭慶藩：《莊子集釋》《諸子集成》第三冊（北京：中華書局，1986），頁461-464。。以下引諸子，如非注明，皆用《諸子集成》本，僅注各所引書之冊數與頁數。

[4] 參見 R. C. Majumdar, ed. *The History and Culture of the Indian People*, vol.1, *The Vedic Age*,

之類的內容，繼「吠陀」文獻之後還有包括了更多「故事和傳說」（Itihasa & Purana）的「史詩」[5]，成書更晚（約四世紀）的《往世書》（Puranas）則包括了更多的歷史傳說[6]。不過，不論是「史詩」還是「往世書」，都充滿神話，並且人神難分，所以仍然不能算為歷史典籍。據玄奘所記，印度佛教學術傳統中的「五明大論」裡也沒有歷史學的部分[7]。

又例如，在古代希臘，最早的傳統的文獻就是神話與歷史不分的荷馬史詩（Homeric poems），即《伊里亞特》（Iliad，約產生於西元前9世紀）和《奧德賽》（Odyssey，約產生於西元前8世紀前期）[8]。隨後，農民詩人赫西俄德撰寫了《工作與時日》和《神譜》，如果說後者的內容是神話，那麼前者的主要內容卻是描寫當時的現實生活的，而且其中也有了對於歷史進程的見解（以為一代不如一代），不過歷史的變化是與神意相關的[9]。到西元前6世紀，希臘文化開始突飛猛進，不僅哲學家、詩人人才輩出，而且也開始了歷史學的萌芽。當時出現了一批「敘事家」（Logographers），其中最著名的當推米利都的赫卡泰烏斯（Hecataeus of Miletus）。他曾經寫有《大地周遊記》（Periegesis）和《譜系志》（Genealogies），前者記載當時希臘人的確實地理知識，後者則記載本邦重要人物的世系，從而涉及歷史的具體時間與空間框架的建構。赫氏在其《譜系志》的開端曾對希臘的傳說表示了批判的態度，說：「我之所記，為我

London, George Allen & Unwin LTD, 1952, pp.225-235, 441-448, 472-478. R. C. Majumdar, H. C. Raycgaudhuri, Kalikinkar Datta, *An Advanced History of India*, India, The Macmillan Company of India Limited, 4th edition, 1978, pp.47-51。

[5] E. J. Rapson ed. *The Cambridge History of India*, vol.1, *Ancient India*, London, Cambridge University Press, 1935, p.251ff.

[6] *The Vedic Age*, pp.267-268.

[7] 玄奘、辯機撰，季羨林等校注：《大唐西域記校注》（北京：中華書局，1985），頁185-187。

[8] N. G. L. Hammond, *A History of Greece*, Oxford, Oxford University Press, 1959, pp.88-91.

[9] 參閱 *Works and Days, Theogony*，載在 *The Loeb Classical Library, Hesiod: The Homeric Hymns and Homerica*, H.G. Evelyn-White 英譯。張竹明、蔣平譯：《工作與時日》、《神譜》（北京：商務印書館，1991）。關於詩人年代問題，見中譯者序，頁1。

所信其為真者。」對於其所不信者，則不予記載[10]。在這樣的發展基礎上，希羅多德（Herodotus）和修昔底德（Thucydides）先後寫出了他們的名著《歷史》（*History*）和《伯羅奔尼撒戰爭史》（*History of the Peloponnesian War*），前者的《歷史》的主題是希臘波斯戰爭，但是其書的前一半敘述波斯帝國的擴張與帝國中若干地區、民族的風俗人情，體例屬於通史；後者則專門敘述伯羅奔尼撒戰爭（因修氏去世而未能寫完整個戰爭）的政治與軍事過程，可視為斷代的當代史。前者在西方被譽為「歷史之父」，而後者對於西方史學實際發生了更為深遠的影響。總之，這兩位史家的出現，可以毫無疑義地表示古代希臘的史學已經從其他學術中分離出來。

中國古代的學術最初也是從渾然不分的狀態中逐漸分離出來的。從有文字以下的情況來說，現在所知的最早的文獻出現於商代。《尚書‧多士》記周公之言曰：「惟爾知惟殷先人有冊有典。」[11]一百年來所發現的甲骨文文獻恰好證明周公的話是確有根據的。商代的文獻裡包含了許多方面的文化知識，可是當時很難說有什麼學科的分別；甲骨文材料本身也說明當時卜祝與文史的不分。可是，從《尚書》（確切地說，從其中的周初諸誥）起，中國的歷史著作開始有了最初的萌芽。

《尚書》中最先出現的部分是商後期的《盤庚》諸篇及周初諸誥，本為當時的政治文獻。不過，它們每篇都有一個論述的主題，有了確實的時空裡的確實人事的記錄。雖然，它們還沒有連接成系統的歷史著作，但是它與中國傳統史學中的記事本末體有著密切的淵源關係。清人章學誠說：

> 按本末之為體也，因事命篇，不為常格。非深知古今

---

[10] Hammond, *A History of Greece*, pp.280-282; Ernst Breisach, *Historiography*, Chicago, The Chicago University Press, 1983, pp.9-10.
[11] 唐‧孔穎達：《尚書正義》，《十三經注疏》（北京，中華書局影印本，1987），頁220。以下引《尚書》及其他經書，如非特有說明，皆用此本，只記頁數。

之大體，天下經綸，不能網羅隱括，無遺無濫。文省於紀傳，事豁於編年，決斷去取，體圓用神，斯真《尚書》之遺也[12]。

他把「書教」說成「圓而神」，無疑是對《尚書》推崇的過度，但是他以為《尚書》乃為中國傳統史學中記事本末體之嚆矢，這卻不失為一種卓識。

如果說《尚書》各篇的寫作原來並非有意著史，那麼現在我們所見的《春秋》就不能不說是史書了。到春秋時期，各諸侯國一般都有了本國的「春秋」。《墨子‧明鬼下》中曾說到「周之《春秋》」、「燕之《春秋》」、「宋之《春秋》」、「齊之《春秋》」[13]，隋唐間學者曾見《墨子》佚文云「吾見百國《春秋》」[14]。《孟子‧離婁下》記孟子[15]，曰：

> 王者之迹熄而詩亡，詩亡而後春秋作。晉之《乘》，楚之《檮杌》，魯之《春秋》，一也。其事則齊桓、晉文，其文則史。孔子曰：其義則丘竊取之矣[16]。

結合墨子和孟子的話來看，春秋時期各國都有「春秋」，而各國「春秋」可以各取不同的具體名稱。孟子所說的經過孔子修訂或「取義」的魯之《春秋》現存，是按年、時（季）、月、日次序記事的編年體斷代史書（自魯隱公元年至哀公十四年，722-481 B.C.E.），其中無「怪、力、亂、神」的內容[17]，有一定的論事的標準（即所謂「義」）；其明顯的缺陷是，它僅記事目而無對於事件過程的敘述。所以，必

---

[12] 章學誠：《文史通義‧書教下》（上海：世界書局，1935），頁11。以下引《文史通義》，皆據此本，只記頁數。
[13] 見孫詒讓：《墨子閒詁》，《諸子集成》第四冊，頁141、143、144-145。
[14] 見同上書，附錄，頁9。
[15] 本文中先秦諸子年代，皆據錢穆：《附諸子生卒年世約數》，《先秦諸子繫年》（北京，中華書局，1985），頁615-620。
[16] 焦循：《孟子正義》，《諸子集成》第一冊，頁337-338。
[17] 孔子所不語，見《論語‧述而》，劉寶楠：《論語正義》，頁146。

須參閱《左傳》才能真正讀到一部系統的春秋時期的編年史。墨子所說的「百國春秋」現已不可見，但從《墨子》書中所引內容來看，它們卻是有具體的事件過程的敘述，不過現在我們能看到的只是墨子所引的一些鬼故事，顯然是從古代流傳下來的神話傳說。最初的史書裡夾帶有這樣的內容，並不足為奇。《左傳》裡也有類似墨子所引的神鬼傳說。無論如何，我們必須承認《春秋》已經是一部真正的史書。對於孟子所說「詩亡而後《春秋》作」，前人有不同解說，這裡可以暫且不論，其實，各國出現「春秋」時，「詩」也並沒有消亡，而只不過是「春秋」作為史書，開始從包含多重內容的「詩」裡分離出來而已。

司馬遷作《史記》，創為紀傳體之通史，起自黃帝，迄於漢武帝天漢年間。全書由不同體裁的各部分組成，凡本紀12，表10，書8，世家30，列傳70，共130篇。「本紀」為編年體，以帝王為綱記載國家之大事。「表」分世表（如三代君主年代不詳，僅記世系）、年表（大多數表皆為年表）、與月表（秦楚之際形勢變化巨大而迅速，故作月表），表以帝王大事紀年為綱，附以諸侯國（一篇述將相名臣）大事，使同時異地之事並陳眼前。「書」為專題之史，包括禮樂典制、律曆占星、封禪求神、水利財經等方面之內容。「世家」記諸侯之事，亦為編年之體。「列傳」為歷史人物傳記，包括重要歷史人物單獨的傳記、相互有關人物的合傳（如老子與韓非，孟子與荀卿等）、同類性質的人物的集合傳記（如刺客、游俠、循吏、酷吏、儒林、貨殖等）以及邊裔屬國之傳。《史記》不僅在著述體裁上包含了多重性，而且在所述內容上既涵蓋了政治、經濟、軍事、文化、社會等不同方面，又涵蓋了上起帝王將相下迄游俠商賈以至占卜吉凶者流（史公原作《日者》、《龜策》二傳已佚）。《史記》作為一部通史，其通表現在三個方面：

首先，從時間角度看，它著眼於古今通；其次，從社會政治的層次看，它著眼於上起帝王將相下至於社會低層之間的上下通（儘管書的主要篇幅用於敘述社會之上層）；又其次，從空間的角度看，

它著眼於近述中原、遠及邊裔的內外通。《史記‧太史公自序》說：「禮樂損益，律曆改易，兵權、山川、鬼神，天人之際，承敝通變，作八書。」[18] 司馬遷在《報任少卿書》中也說他著書目的是：「亦欲以究天人之際，通古今之變，成一家之言。」[19] 於此亦可見司馬遷著史的包羅一切的理想。

班固撰《漢書》[20]，繼承了司馬遷所創始的紀傳體，而專寫西漢一代，開斷代紀傳體史書之先河，以後歷代「正史」都可以說是《漢書》的繼續。《漢書》包括十二紀、八表、十志、七十列傳，凡百篇。班固在《漢書‧敘傳》最後說明自己著書目的時說：

> 凡《漢書》，敘帝皇，列官司，建侯王。準天地，統陰陽，闡元極，步三光。分州域，物土疆，窮人理，該萬方。緯六經，綴道綱，總百氏，贊篇章。函雅故，通古今，正文字，惟學林[21]。

真是上至天文，下至地理，以至人事中的政治、經濟、社會、文化等等各個方面，幾乎無所不包。

像《史記》和《漢書》這樣的歷史著作，在古代世界的史學史上應該說也是不朽的名著，可是，它們的最大的一個特點就是，在它們以自身的成就表明中國史學已經卓然從其他學術中分離出來的同時，也就以一種其他國家古代史學所未有的氣魄，把人類社會的方方面面都作為有機組成部分囊括到史學的整體結構中來了。

---

[18] 《史記》第十冊（北京：中華書局校點本，1959），頁 3319。以下引《史記》，凡未特別標明者，皆據此本，只注頁數。

[19] 《漢書‧司馬遷傳》第九冊（北京：中華書局校點本，1962），頁 2735。以下引《漢書》，凡未特別標明者，皆據此本，只注頁數。

[20] 其父班彪，已有相當的準備，其妹班昭，又補固所未及作之「八表」及「天文志」。

[21] 《漢書》第十二冊，頁 4271。

二、中國傳統史學與經學的關係

　　漢代是中國古代學術傳統形成中的一個重要時期。在這個時期裡，不僅史學從其他學術中分離出來，形成為一門獨立的學問，而且儒家之學也從先秦諸子之學中脫穎而出，成為在中國的歷史上（自漢至清）長期占統治或支配地位的經學。也正是從漢代開始，史學與經學之間形成了密切的關係，同時，史學也在中國傳統學術中居於一種頗為突出的地位。這種情況大體是可以從目錄學的著作中看出來的。

　　《漢書・藝文志》是中國古代流傳下來的第一篇系統的目錄學著作[22]。它把圖書分為六類，即「六藝」（即儒家經典）、「諸子」、「詩賦」、「兵書」、「術數」、「方技」，尚未將史書單列一類，而是把《太史公》（即《史記》）與《左傳》、《國語》、《世本》、《戰國策》等屬於史書類的書列於「六藝略」裡的「春秋家」中。《漢志》的這樣安排當然不能說明其時史學尚未從經學分離出來，而只能說明目錄學的反映落後於學術發展的實際。為什麼會有這樣的落後呢？其一，當時已有的史書為數尚不多，不便單列一類；其二，史學著作的內容的確有與《春秋》相近的方面，更何況《太史公自序》裡還明顯地表現出的「繼《春秋》」的志趣了[23]。

　　曹魏代漢以後，秘書郎鄭默據皇家圖書館藏書，撰書目曰《中經》；西晉秘書監荀勖因《中經》而作《中經新簿》，分群書為四部：「一曰甲部，紀六藝及小學等書；二曰乙部，有古諸子家、近世子家、兵書、兵家、術數；三曰丙部，有史記、舊事、皇覽簿、雜事；四曰丁部，有詩賦、圖贊、《汲塚書》。」[24] 至此史學著作在目錄著作中也獨立出來，列於經書、子書之後，屬第三類。西晉晚期，

---

[22] 以下簡稱《漢志》，班固以西漢末劉歆所作《七略》為底本編定。
[23] 司馬遷一方面口頭上表示不敢以作《春秋》自況，同時又對先人的「繼春秋」的願望表示「小子何敢讓焉。」見《史記》第十冊，頁 3296-3300。
[24] 唐・魏徵等：《隋書・經籍志》第四冊（北京：中華書局校點本，1973），頁 909。

「惠懷之亂，其書略盡。江左（東晉）草創，十不存一。後雖鳩集，淆亂已甚。及著作佐郎李充，始加刪正，因荀勖舊簿四部之法，而換其乙丙之書，沒略眾篇之名，總以甲乙為次。自時厥後，世相祖述。」[25] 按阮氏《七錄》包括經典錄、記傳（史傳）錄、子兵錄、文集錄、技術錄、佛錄、道錄。史部僅次於經，在第二類。至唐修《隋書・經籍志》，仍分四部，次序為經史子集，以後歷代循而不改，史部終於一直居於僅次於經的地位。

中國傳統史學之所以能夠處於僅次於經學的重要地位，其原因實在於二者之間有著密切的內在關係。

第一，就內容而言。今人皆知章學誠有「六經皆史」之說[26]。不過，正如李宗侗教授所指出：

> 六經皆史之說，實非章實齋所獨自發明，劉恕《通鑑外紀・序》曾及之，而王應麟《困學記聞》卷八引《文中子・王道篇》及陸魯望《復友生論文書》，亦有此說，二人皆生於唐代，則宋以前早已有之矣。此意至明代更推廣之，王守仁《傳習錄》卷一云：「以事言曰史，以道言曰經；事即道，道即事。《春秋》亦經，五經亦史；《易》是庖犧之史，《書》是堯舜以下史，禮樂即三代史，五經亦即史。史以明善惡，示訓戒，存其跡以示法。」王世貞《藝苑巵言》卷一云：「天地無非史而已；六經，史之言理者也。」胡應麟《少室山房筆叢》卷二云：「夏商以前，經即史也；周秦之際，子即史也。」顧炎武《日知錄》卷三云：「孟子曰：其文則史。不獨《春秋》也，六經皆然。」凡此皆遠在章氏以前，特至章氏而暢其意耳[27]。

---

[25] 南朝梁・阮孝緒：《七錄序》，原載《廣弘明集》卷3。此處引自清・嚴可均校輯：《全上古三代秦漢三國六朝文》第四冊（北京：中華書局影印本，1958），頁3345。
[26] 《文史通義・易教上》，頁1。
[27] 李宗侗：《中國史學史》（臺北：華岡出版有限公司，1979），頁178。

李氏的這一段話，不僅說明「六經皆史」之說並非章氏首創，而且實際上還指出了中國經、史二學之間長期關係密切的悠久傳統。循此思路上推，我們可以發現司馬遷也早就注意到了經史之間關係的密切。太史公所記「先人」之言中就有的「正《易傳》，繼《春秋》，本《詩》、《書》、《禮》、《樂》之際」的期望[28]，應該說是「六經皆史」之說的濫觴。

當然，對於「六經皆史」之說，還應該有進一步的具體分析。金毓黻先生就曾對章實齋此說作了很準確的分析，結語云：

> 是故謂《尚書》、《春秋》為史，可也；謂《易》、《詩》、《禮》、《樂》為史，不可也。謂《易》、《詩》、《禮》、《樂》為史料，可也；徑謂為史著，不可也[29]。

章氏自己提出史有「記注」（史料）與「撰述」（著作）之別，而自己在提「六經皆史」之說時卻又未作區分，金先生因而分析之，誠為允當不刊之論。愚以為略有可贅者，則《易》，固可以視為史料，然其意義恐有甚於作為史料者在，即《易》之思想適與中國傳統史學之通變思想相通，甚至若和符節。這也是可以並應該加以考慮的。

第二，就研究途徑而言。中國經學的研究途徑，主要不外兩點：一是文獻考證之學，其中包括文字、音韻、訓詁、目錄、校勘、辨偽之學等等，其實質為知識之探求，可以說其目標在求真；二是義理辨析之學，其實質為價值之探求，可以說其目標在求善。文獻考證與義理辨析二者之間又有著密切的相互關係，即義理之辨析以文獻考證之成果為基礎，而文獻考證又以義理為理論上之指導。自從漢代經學產生以來，此二者一直是作為經學的支柱出現的。當然，在不同的歷史時期甚至不同的經學流派那裡，情況也會有所不同。

---

[28] 《史記》第十冊，頁3296。《索隱》以為「先人」指「先代賢人」。《正義》以為指遷父司馬談。按《正義》說是。

[29] 參閱金著《中國史學史》，頁233。

即在某些時期或某些流派那裡，經學的研究更側重文獻之考證，在另一些時期或流派那裡，經學的研究則側重義理之辨析。如以漢代經學與宋代經學相比，漢代經學較重訓詁與文獻考證，而宋儒較重義理的辨析，此為時代風氣之不同。如以漢代而論，則今文學家較重義理之辨析，而古文學家較重文獻之考證。如以宋代而論，則朱熹較重文獻之考證，而陸九淵較重義理之辨析，此為學派之不同。

中國傳統史學的研究途徑，主要也在文獻考證和義理辨析這兩個方面。司馬遷作《史記》，既「紬史記石室金匱之書」[30]，又「厥協六經異傳，整齊百家雜語」[31]。我們現在讀《史記》中關於先秦史部分，只要與現存的先秦文獻一作比較，就仍然能清楚地看到，太史公是怎麼樣對於五經、諸子的加以引用、取捨和訓釋的。這就是文獻的整理與考證的工作。不過，文獻的整理與考證是離不開思想的指導的，「六經異傳」如何「厥協」？「百家雜語」如何「整齊」？這都需要一種思想上的定見（也許可以說是解釋學家所說的 Prejudice 或 die Verurteilung），當時的風氣和他本人都十分推崇孔子，所以他說：「中國言六藝者折中於夫子」[32]。又說：「夫學者載籍極博，猶考信於六藝」[33]。這樣就有了義理辨析的標準。自《史記》以下，歷代史書之作，無不以文獻之整理與考證為工作之起點，也無不以儒家經典之「義」作為其義理辨析之標準。至於對於文獻考證與義理之側重，則史家各有不同，在此不能備述。要而言之，史學之研究途徑與經學沒有基本上的差異。

當然，前人對於經學與史學之差異是有所討論的。例如朱熹論《春秋》三傳中《左傳》與《公羊傳》、《穀梁傳》之異同時說：「左氏是史學，公、穀是經學。史學者記得事卻詳，於道理上便差；

---

[30] 《史記》第十冊，頁 3296。
[31] 《史記》第十冊，頁 3319-3320。
[32] 《史記》第六冊，頁 1947。
[33] 《史記》第七冊，頁 2121。

經學者於義理上有功,然記事多誤。」[34] 在朱子看來,經學與史學的研究途徑中皆有記事,亦皆有義理,所不同者,在於其側重點有異而已。應該說,朱子的這一看法基本上代表了中國歷史上對經史之學異同的一般見解。

　　第三,就性質與功能而言。這也就是說就經學之體與用及史學之體與用的關係而言。就經學之性質或體而言,它是研究常道之學;在中國古代典籍中,經字的一個通常解釋就是「常」。例如,《左傳》昭公二十五年引子產云:「夫禮,天之經也。」杜預注云:「經者,道之常。」[35] 東漢末劉熙於所著《釋名・釋典藝》中云:「經,徑也,常典也。如徑路無所不通,可常用也。」[36] 可以說是古代對於「經」的一種通用解釋的概括。

　　就經學之功能或用而言,它又是研究經世致用之學。在中國古代典籍中,「經」字又常有經濟、經緯、經綸、經營(皆為同義或近義詞)涵義。例如,《周易・屯卦・象辭》:「雲雷屯,君子以經綸。」[37] 按唐・陸德明《周易音義・屯》「經論」條:「黃穎云:經論,匡濟也,本亦作綸。」[38] 可見「經」又有匡時濟世的意思。

　　經學就其性質或體而言既是關於常道之學,就其功能或用而言又是致用之學,而致用乃匡時濟世之事,不同的時間、地點、條件下的問題都不一樣,也就是說致用所面臨的對象是不斷的變化的局面。那麼作為經之體的常又通過何種途徑而應對其用所面臨的變呢?在具體的層面上,經的付諸應用,往往與權相結合。《公羊傳》桓公十一年曾說鄭國的大臣祭仲善於行權[39]。如何才能行權?那當然要

---

[34] 宋・黎靖德編,王星賢點校:《朱子語類》第六冊(北京:中華書局,1986),頁2152。
[35] 《十三經注疏》,頁2107。
[36] 見王先謙:《釋名疏證補》(上海:上海古籍出版社影印本,1984),頁309。
[37] 唐・孔穎達:《周易正義》,《十三經注疏》,頁19。
[38] 唐・陸德明:《經典釋文》(上海:上海古籍出版社影印宋本,1985),頁77。
[39] 漢・何休注,唐・徐彥疏:《春秋公羊傳注疏》,見《十三經注疏》,頁2219-2220。

依歷史條件的變化而定。如果再從邏輯的層面看，那麼現在我們開始看到經學內部的張力，即開始看到其體與用或常與變之間的相拒斥之力，接著需要解決的是發現其間相互吸引之力在哪裡。從邏輯上說，如果有一種常可以應變，那麼就必須具備這樣的條件，即這種常本身中就涵蓋了變（含變之常），或者變本身中也涵蓋了常（含常之變）。只有這樣的常與變的相通才能構成二者之間的吸引之力，才能使經學的體與用之間的張力得以形成。那麼，這種在邏輯上必須的含變之常與含常之變，在現實中是什麼呢？應該說，這就是史學。所以，不論從具體層面還是從邏輯層面說，經學自身的問題都有待史學來協同解決。

中文裡的「史」字不像「經」字那樣本身就含有一種可以分析的內涵，它的本義是掌管某種文書的人；因學者所論已多，此處不煩贅述。我們可以直接從史學本身的特點談起。歷史的客觀過程變動不居，對於歷史的敘述或記載如要符合客觀過程當然也就必須以記變為使命。這樣，史學的內容就必然是充滿了變的。當我們翻閱任何一本歷史書時，也都會看到，不同時期和地區的歷史事件沒有任何兩件是完全相同的。這也說明，歷史的客觀過程是不會重複的，史學的內容的確是充滿了變的。不過，我們也不得不從以下兩個層面上加以深思：

首先，從邏輯上說，歷史上的變的本質涵義是什麼？我們知道，一切歷史上的變都是具體的有限之物的變，而不是純粹的、抽象的變。正如黑格爾所說：「凡有限之物都是自相矛盾的，並且由於自相矛盾而自己揚棄自己。」[40] 所以，歷史上的變，就是一種具體的否定，而「否定的東西也同樣是肯定的；或說，自相矛盾的東西並不消解為零，消解為抽象的無，而是基本上僅僅消解為它的特殊內容的否定；或說，這樣一個否定並非全盤否定，而是自行消解的被規定的事情的否定，因而是規定了的否定；於是，在結果中，本質上

---

[40] 黑格爾著，賀麟譯：《小邏輯》（北京：商務印書館，1995），頁177。

就包含著結果所從出的東西。」[41] 這樣,歷史上的變就是兼否定與肯定而有之的揚棄(die Aufhebung),既說明了歷史前後的區分,又說明了其間的連續。所以,這樣的變的自身之中就包含了常。

其次,從歷史上說,儘管一切具體的歷史變化都不再重複,但是歷史又非全無重複。例如,夏王朝的滅亡有其具體的、特殊的條件與理由,商王朝的滅亡又有其具體的、特殊的條件與理由,在直接的層面上它們是各不相同的,沒有重複的。但是,周人在取代商王朝以後,總結了夏、商兩代滅亡的經驗,就得出了「殷鑒不遠,在夏后之世」的認識[42]。《尚書・周書》中更是有多篇一再總結殷商滅亡的經驗與教訓。例如,《召誥》云:

> 王敬作所,不可不敬德。我不可不監於有夏,亦不可不監於有殷。我不敢知曰:有夏服天命,惟有歷年。我不敢知曰:不其延。惟不敬厥德,乃早墜厥命。我不敢知曰:有殷受天命,惟有歷年。我不敢知曰:不其延。惟不敬厥德,乃早墜厥命。今王嗣受厥命,我亦惟茲二國命,嗣若功[43]。

這就從夏、商、周三代之異中看出了其政權得失之同,即王朝的興衰的關鍵在於德的有無:有德而興,無德而亡。這樣,原來在直接層面上可見的三代之間的不同性與不重複性,經過反思,到了間接的層面上竟然得到了相同性和重複性,於是在變中體現了常。儘管人們在最初的階段不會自覺地意識到這一點,但是人們發現史學之有價值,最初蓋源於此。如果歷史的過程真是在任何意義和程度上都沒有一點重複,從而史學的內容中也只有純粹、絕對的變而無任何的常,那麼已往歷史的陳年老賬對於今人就不會具有任何現實的價值。如果真是這樣,那麼史學在歷史上根本就不可能發生,人類

---

[41] 黑格爾著,楊一之譯:《邏輯學》上卷(北京:商務印書館,1977),頁36。
[42] 《詩・大雅・蕩》,孔穎達:《毛詩正義》,見《十三經注疏》,頁554。
[43] 孔穎達:《尚書正義》,見《十三經注疏》,頁213。

就會像其他動物一樣沒有歷史意識地活著,也可以說就不會有人類的社會。當然,這一切都不是真實的。

因此,從經學與史學二者的性質和功能的角度來看,彼此之間的關係也是密不可分的。

三、史學在古代中國、印度、希臘學術中處於不同地位之原因

以上說到史學在中國傳統學術中長期佔有僅次於經學重要的地位,這種情況是與古代印度、古代希臘很不相同的。

在古代印度,史學未能真正從其他學術中分離並獨立起來。英國學者 E. J. Rapson 曾說:

> 婆羅門教、耆那教和佛教僧侶所掌握的文獻,自然一定是重在表述信仰的而非民族的體系。它們一定是重思想甚於重行動,重理想甚於重事實。實際上,作為宗教史和哲學史的史料、法律和社會機構成長的史料、諸如有待於對事實作精審考察的文法學之類的學術發展的史料,它們在古代世界上都以其豐富性和連續性而居無與倫比的地位。可是,作為政治進程的記載,它們就付諸闕如。只靠這樣的材料,要想把穆斯林征服以前的任何印度國家的政治史理出一個大綱都是不可能的[44]。

這種說法是傾向於以古代印度人的重宗教、重思想而輕現實作為解釋的。

印度學者 R. C. Majumdar 承認古代印度缺乏史學文獻,也沒有出過像希臘的希羅多德、修昔底德,羅馬的李維(Titus Livy)、塔

---

[44] *The Cambridge History of India*, vol.1, p.58.

西陀（Tacitus）那樣的史學家。不過，他又不同意用印度人重來世輕今生的宗教傾向作解釋，因為古代印度在法律學、政治學、管理藝術等現實層面的學術都是很有發展的。至於如何解釋，他說：「很難對這種缺陷作出合理的解釋，不過事實無可懷疑。」[45] 的確，要作完全能使人滿意的解釋是不易的。

我們知道，古代印度學術是很發達的，上文談到「六吠陀分」就包含了多種學術，而且其中文字、音韻、訓詁、禮儀、天算等頗與中國之經學內容相近似。所有這些學問以及其他種種學問，實際上在印度都有其與宗教學說相關聯以至為宗教服務的成分。為什麼唯獨沒有歷史學的出現呢？這仍然要從印度宗教的情況來考察。在印度，不論是婆羅門教、耆那教還是佛教，都認為現實世界的一切都是變化無常的、虛幻的，而宗教所追求的最終境界則是長住永恆的彼岸世界。歷史永遠屬於此岸世界，史學所能體現的變中之常或某種法則也只能是屬於此岸世界的。因此，史學是不能成為婆羅門教、耆那教、佛教的有效論證手段的。當然，在低層次上，某些歷史故事可以說明宗教裡的善惡報應的理論。例如，在《佛本生經》（*Jataka*）裡有許許多多的故事或寓言，都是用來說明善惡皆有報應的道理的。不過，這只要零星的故事和寓言就夠了，系統的歷史因果關係並非必要的；所以《佛本生經》裡出現的人物和地方通常就是那麼一些，或者說這些人物和地方作為虛擬也是能夠滿足要求的。我想這也許可以作為古代印度史學沒有發展起來的一種解釋。

在古代希臘，史學有了相當高度的發展，其發展程度決不能說在古代中國以下。但是，在古代希臘的學術裡，史學所居的地位卻無法與中國古代史學所居的地位相比。亞里斯多德（Aristotle）在其《形而上學》的卷一第二章裡說明，哲學不是研究任何具體學科的學術，而是研究根本的原理和原因的學問，所以是一切學術中最根本、最神聖的學術，「所有其他學術，較之哲學確為更切實用，但

---

[45] *The Vedic Age*, pp.47-48, 引文見 p.47。

任何學術均不比哲學為更佳。」⁴⁶ 於此可見，在古希臘人那裡，哲學處於最高地位，大體與古代中國經學的地位相似。至於史學，亞氏的評價則實在不高。他在《詩學》中說：

> 史學家與詩人之區分不在於一個在寫散文而另一個在寫韻文，誠然希羅多德的著作可以改寫為韻文，可是不論有韻無韻，它仍將是一種歷史。二者的真正區分是，一個敘述已經發生了的事情，另一個則敘述將會發生的事情。所以詩比史更近於（科學）並更嚴肅，因為詩有助於提供一般真理，而史只提供特殊的事實⁴⁷。

在亞氏看來，在一切學術中，哲學地位最高，詩因比史更近哲學，地位也比史學為高。這樣，史學就只能居於第三級的學術的隊列之中。

亞里斯多德的這種說法，是與古希臘人對於知識的基本看法直接相關的。英國哲學家兼史學家柯林武德（R. G. Collingwood）曾說：

> 如果說希臘羅馬歷史編纂學的人文主義（Humanism），不管是多麼微弱，乃是它的主要優點；那麼它的主要缺點就是實質主義（Substantialism）。所謂實質主義。我是指它是建立在一種形而上學的體系的基礎之上，這種體系的主要範疇就是實質這一範疇。實質並不是指物質或者物理的實質；確實，有很多希臘形而上學家都認為沒有什麼實質可能是物質的。對柏拉圖來說，似乎實質是非物質的，雖然也不是精神的；它們是客觀的形式。在亞里斯多德看來，歸根到底，唯一最終的真正的實質就是心靈。於是實

---

⁴⁶ Aristotle, *Metaphysics*, I, 2./982a5-983a24. *The Loeb Classical Library*, Hugh Tredennick 英譯本，pp.9-17。引文據吳壽彭譯：《形而上學》（北京：商務印書館，1996），頁 3-6，引文見頁 6。

⁴⁷ Aristotle, *The Poetics*, VIII, 9, 2-4. /1451b. *The Loeb Classical Library*, W. Hamlton Fyfe 英譯本，p.35。唯英譯文「詩比史更科學」句，不合原文，從整個上下文意來看，結合《形而上學》中亞里斯多德的論點來看，這裡英譯的「科學」都應是「哲學」。

質主義的形而上學就蘊涵著一種知識論,按照這種知識論,
只有不變的東西才是可知的。但是凡屬不變的東西都不是
歷史的。成其為歷史的東西都是瞬息變化的事件。產生了
事件的那種實質,或者從其本性中引出了事件的那種實質,
對歷史學家來說是不存在的。因此試圖歷史地進行思想和
試圖根據實質進行思想,兩者乃是不相容的。……歷史學
不能解釋一個行動者是怎樣產生的或經歷過任何性質上的
變化;因為行動者既是一種實質,就永遠不可能產生也永
遠不可能經歷任何性質上的變化,這是形而上學的公理[48]。

柯林武德還談到了古希臘人對於人類認識所作的區分:一類是知識(Episteme),另一類則是意見(Doxa)[49]。

柯氏所說古希臘人關於「知識」與「意見」的區分,原出於柏拉圖的《理想國》[50]。柏拉圖的論證思路是:一個有知識的人總要有一些知識,而不能是一無所知。既要有知,那麼其所知對象必須是有;如對象是無,即無所知。所以,知識必然與有相對應,無知必然與無相對應。假如一件事物忽有忽無,也就是說它是在變化著的,那麼對它就既不能有知識,又不能無知識,而只能有一種介於有知與無知之間的意見。按照這樣的邏輯,哲學以永恆的有為研究對象,故其所得的是知識;史學以變化中的事為研究對象,故其所得的只能是意見。儘管正如柯氏所指出,柏拉圖在其他對話中也並不完全否認正確的意見有其對人的一定指導作用[51],但是史學研究畢竟不能如哲學那樣求得知識。因此,史學在古代希臘成為低於哲學以至詩歌的學術,這就是不可避免的了。其實,這種在古代希臘—羅馬影

---

[48] 柯林武德著,何兆武、張文傑譯:《歷史的觀念》(北京:中國社會科學出版社,1986), 頁 48-49。R. G. Collingwood, *The Idea of History*, London, Oxford University Press, 1956, pp.42-43.

[49] 《歷史的觀念》,頁 22-24。英文原本,頁 20-21。

[50] *The Republic*, book V, XX-XXII/476 D-480; book VII, XIV/534 A. *The Loeb Classical Library*, Paul Shorey 英譯本, book 1-5, pp.519-535; book 6-10, pp.205-207。郭斌和、張竹明譯:《理想國》(北京:商務印書館,1994),頁 219-227;頁 300。

[51] 《歷史的觀念》,頁 25-28;英文原本,頁 22-25。

響深遠的實質主義思想，不僅使史學在人們的觀念裡難以成為最高級的學問，而且也使史學本身的發展受到了嚴重的障礙。柯林武德曾經指出這種觀念對於古代希臘史學的三種侷限，如果概括起來說就是，古代希臘人很難寫出一部包羅萬象、貫徹古今的通史來。以上我們曾經說到古代希臘史學不比古代中國史學遜色，這是從多方面的總水平說，如果就撰述包羅萬象、貫通古今的通史的角度來看，那麼就應該說古代希臘史學比古代中國史學相去甚遠了。古代希臘史學是不可能孕育出像《史記》這樣的通史巨著的。

在中國古代，為什麼史學的地位會比古希臘和古印度高呢？為了回答這個問題，我們還要從柯林武德論古希臘史學的優缺點的分析開始。柯氏說希臘人史學的優點是人文主義，這一點，為古印度的雖有萌芽而未能產生的史學之所無，而為古代中國發達的史學所充分發展；柯氏說希臘人史學的缺點是實質主義，這一點，為古代印度宗教思想家們所常有，而卻為古代中國的思想家與史學家之所無。以下就從這兩方面分別加以論述。

首先，中國古代史學富有人文主義的傳統。中國傳統文獻中最古的《尚書·周書》，雖然還不是系統的史學著作，但是已經有了相當深度的歷史思想。在《周書》中，我們幾乎到處可以看到「天」、「天命」、「命」、「皇天上帝」、「上帝」等等詞語，而且在《周書》作者（主要是周公）的觀念中「天」、「天命」也是在起作用的。不過，在《周書》以至《詩經》中，「天」和「天命」已經是變化無常，從而也就是難以確信的了。例如，《書·康誥》：「惟命不於常。」[52]《詩·大雅·文王》：「天命靡常。」[53]《書·大誥》：「越天棐忱。」[54]《詩·大雅·大明》：「天難忱斯。」[55]《詩·大雅·

---

[52] 《十三經注疏》，頁 205。
[53] 《十三經注疏》，頁 505。
[54] 《十三經注疏》，頁 200。
[55] 《十三經注疏》，頁 506。

蕩》:「天生烝民,其命匪諶。」[56]《書・君奭》:「若天忱棐。」「天命不易,天難諶。」「天不可信。」[57] 這樣的「天」和「天命」觀,與實質主義思想不可同日而語。「天」和「天命」既然不能確定,那麼人又該怎麼辦呢?周人終於從人的方面找到了出路。《書・大誥》:「天棐忱辭,其考我民。」[58]《書・康誥》:「天畏棐忱,民情大可見。」[59]《書・酒誥》:「古人有言曰:人無於水監,當於民監。今惟殷墜厥命,我其可不大監撫於時。」[60] 這樣一來,《詩》、《書》中的全部天道與天命的思想就都得到了一個標準的顯示器,它就是人心的向背[61]。於是,超越的天轉化成為人文的天,也可以說,原為外在於人的超越變成了內在於人的超越。早在西周時期,中國的史學在發生階段就有了這樣活潑的人文主義思想,以後又形成了中國史學的長期傳統,這在世界史學史上也是不可多見的現象。

其次,中國古代史學在本質上是反實質主義的。這一點可以說正好與古希臘史學的特點相反。柯林武德曾經指出,古希臘人思想中有一種反歷史的傾向(Anti-historical tendency)[62]。當然,古希臘人的反歷史傾向和他們的實質主義思想傳統本來就是同一件事的兩個不同的方面。按照這樣的對應關係,古代中國人思想中的反實質主義傾向正好是反對那種反歷史傾向的[63]。具體說來,古代中國人與希臘人的認識不同之處是:在後者看來,知識或真理只能從永恆的常在中去把握,而在前者看來,知識或真理則必須從永恆的運動／變化中去把握。正如以上所引《尚書》、《詩經》的材料所顯示,

---

[56] 《十三經注疏》,頁 552。

[57] 《十三經注疏》,頁 223。

[58] 《十三經注疏》,頁 199。

[59] 《十三經注疏》,頁 203。

[60] 《十三經注疏》,頁 207。

[61] 參閱拙作《論中國古代王權發展中的神化問題》,載《古代中國與世界》(武漢:武漢出版社,1995),頁 539-541。

[62] 《歷史的觀念》,頁 22-24,英文原本,頁 20-21。

[63] 這裡沒有用「歷史主義」這個詞來表述古代中國人思想上的重歷史傾向,是因為「歷史主義」一詞有多種、至少三種用法,見 *The Oxford Companion to Philosophy*, ed. Ted Honderich, 1996, p.357。籠統地使用此詞,可能發生誤解。

古代中國人不認為天或天命是一種不變之常，而是一種變化中的常；所以，對於這樣變化中的常，不能用抽象的思辨去理解，而只能通過歷史的運動去把握。

因此，中國儒家經典對於問題的論證，從《尚書》、《詩經》開始就是以歷史為論證手段的。不僅儒家經典，先秦諸子也幾乎無一不以歷史為主要論證手段。道家（如老、莊）的書中是最少以歷史資料為論據的，但是在最少歷史材料的《老子》中，它對於歷史的運動作倒退觀的思想卻確確實實是從《老子》作者對於歷史的觀察與反思中得出來的。也可以說作者是在以歷史為論證的。《莊子·天運》中有這樣一段話：

> 老聃曰：小子少進。余語汝三皇、五帝之治天下。黃帝之治天下，使民心一，民有死其親不哭，而民不非也。堯之治天下，使民心親，民有為其親殺其殺，而民不非也。舜之治天下，使民心競，民孕婦十月生子，子生五月而能言，不至乎孩而始誰，則人始有夭矣。禹之治天下，使民心變，人有心而兵有順，殺盜非殺，人自為種，而天下耳，是以天下大駭，儒墨皆起[64]。

郭象注「人自為種而天下耳」云：

> 不能大齊萬物，而人人自別，斯人自為種也。承百代之流，而會乎當今之變。其蔽至於斯者，非禹也，故曰天下耳[65]。

「承百代之流，而會乎當今之變。」一句話表明了古代中國人觀照一切現實問題的一個最基本的思路或觀點。按照這種思路或觀點，歷史上的每一當今之變皆非一朝一夕之故，而是源於百代之流；且

---

[64] 郭慶藩：《莊子集釋》，《諸子集成》第三冊，頁233。
[65] 同上。

百代之史亦非一不變之實質（像古代希臘人所習慣於的那種思路一樣），而是一條匯集了一切當今之變的流。你想要了解當今之變嗎？請考百代之流。你想了解百代之流嗎？那就請看歷來的當今之變。所以，郭象的這一條注，不僅說明了《莊子》書中的一句話（這一句話也說明道家的歷史運動觀），而且很好地表達了古代中國學者對於歷史所取的歷史的而非形而上學的實質主義的見解。

在古代世界史上，只有中國和希臘的史學得到了充分的發展。在古希臘，史學是在實質主義的或反歷史的思想環境中起來的；由於與總的思想環境的矛盾，希臘史學的發展不能不受到深刻的影響與限制。而在中國，史學是人文主義與反實質主義相結合的最適當的環境裡發展起來的；由於沒有古希臘人所面臨的那種矛盾，所以史學得以日益發揚光大起來。

第十四篇
論通史

一、問題的提出

「通史」一詞，大家都很熟悉。例如在書店裡常常看到以《中國通史》、《世界通史》、《歐洲通史》等等為題的歷史書籍，大家見了都覺得能知道它們的內容大概都說什麼，而不會有疑問。又例如，在大學裡，通常開有「中國通史」、「世界通史」等課程，大家一看也都很明白，知道那不是某朝某代或者某一時期的「斷代史」，也不是某一專門史。所以，看起來其中並沒有什麼問題。

可是，當我們把一些譯名為「通史」的外文原書拿來一對照，就會發現事情有些蹊蹺。例如，海思（Hayes）等人所編的 *World History* 就曾經被譯稱《世界通史》，其實只是《世界史》（後來的譯本已經改作《世界史》）。魯濱遜（J. H. Robinson）等人所編的 *A General History of Europe* 在過去曾被許多學校用作教材，通常被人們稱為《歐洲通史》，其實也只是《歐洲（全）史》。斯塔夫里阿諾斯（L. S. Stavrianos）所編的 *A Global History* 現被譯為《全球通史》，其實只是《全球史》。過去蘇聯科學院編的多卷本 ВСЕМИРНАЯ ИСТОРИЯ 被譯稱《世界通史》，其實也只是《全世

界史》。如此之類的例子很多,原來中譯本書名上的「通」字都是我們中國譯者自己酌情加上去的。加了,肯定符合我們中國人的口味,便於我們瞭解它們不是斷代史或專門史。但是,不加「通」字更符合原書特點。還有從另一個角度來看的例子,如白壽彝教授所主編的《中國通史綱要》,英文本就譯為 *An Outline History of China*,變成了《中國史綱》。當年此書英譯本稿子出來時,曾經拿來讓我看看對譯文有沒有什麼獻疑。我看了書名的這樣翻譯也覺得很自然,無可非議。可是,事實上是丟了一個「通」字。白先生很重視這個「通」字,可是我竟然沒有能力讓英譯本把這個「通」字加上去。此事過去已 20 年,至今我還是不知道怎樣加這個「通」字。為什麼呢?因為,在西方甚至俄羅斯的歷史書名裡,一個國家的歷史就直接以國家名冠於「史」字之前(當然也有因語法習慣而置國名於後者,不過意思一樣),雖然那本歷史書在時間上貫徹古今,仍然如此;其為斷代史者,則往往於書名題下注明起訖年代,即何時至何時的某國歷史。總之,非斷代的某國歷史,也只稱為某國史,並無某國「通史」之說。英文書裡既然無此習慣,我們的中文書譯為英文當然就不好生造某一個英文的「通」字加上去了。這件事在我的頭腦裡形成了一個問題,為什麼中西之間會有這樣的區別呢?這一篇小文就來談談這個問題。

二、一些可能與「通史」有關的西方詞語和中文裡的「通史」之異同

首先讓我們逐一地考察一下有關的西方詞語。為方便計,以英文為主,偶爾附以其他西文。

1. General history

這個詞最容易在中文裡譯為「通史」。其實,General 來源於拉丁文的 Genus,原意是種、類(Kind,Class),凡同種、同類之集合即可以此詞表達之,所以有「全體的」、「普通的」、「總的」、

「一般的」、「概括的」等等意思。在一般的英文書目裡，凡是在 General 項下的都是一般性的、概括性的書籍，以別於專門性的、原典性的書籍等。歷史書而冠以此詞者，即指內容為一般性、綜括性的，如前述的 *A General History of Europe*，就是所述非指歐洲某一國或政治、經濟、外交某一方面而言的綜合概括的歐洲歷史；其他某一地區、某一群島或某一族屬之人的歷史也有冠以此詞者。此類書中的確也是包括了從古到今的內容，不過這一點不是這個詞的重點意義所在。

2. Universal history

即俄文之 ОБЩАЯ ИСТОРИЯ、德文之 allgemeine Geschichte：這個詞也是最容易譯作「通史」的，不過它很少用在歷史書名上，卻常用於關於歷史學的討論中。例如，康德在《世界公民觀點之下的普遍歷史觀念》的「命題九」裡就說到了「普遍的世界歷史」[1]。何兆武教授在此詞下作了這樣一條譯注：「『普遍的世界歷史』一詞原文為 allgemeine Weltgeschichte，相當於英文的 Universal history，或法文的 Histoire universelle，字面上通常可譯作『通史』；但作者使用此詞並不是指通常意義的通史或世界通史，而是企圖把全人類的歷史當作一個整體來進行哲學的考察，故此處作『普遍的世界歷史』以與具體的或特殊的歷史相區別。」在這裡，何兆武教授一方面說明這個詞「字面上通常可譯作『通史』」[2]，另一方面，他又準確地把「普遍史」（或譯「普世史」）與我們常用的「通史」作了區分。我覺得他的這一番解說很好。因為，一方面，既然是「普遍的歷史」，那麼就應該包括時間上的普遍性。例如，克羅齊就曾經說：「普遍史確乎想畫出一幅人類所發生過的全部事情的圖景，從它在地球上

---

[1] 康德著，何兆武譯：《歷史理性批判文集》（北京：商務印書館，1991），頁 18。

[2] 例如，在何兆武、張文傑譯：《歷史的觀念》（北京：中國社會科學出版社，1986），頁 1 行 6 提到：「通史或世界史」，頁 299 行 3 提到「普遍歷史」，行 4 又提到「通史」。這裡的「通史」，在柯林武德（R. G. Collingwood）原本 *The Idea of History*, Oxford, 1956, p.1; p.264. 裡，都和「世界史」、「普遍歷史」同樣地是 Universal history。

的起源直到此時此刻為止。事實上,它要從事物的起源或創世寫起,直到世界末日為止,因為否則就不成其為真正的普遍了。」從這一段話看,他是把普世史當作包括一切時間在內的歷史了。不過,他明確地認為,這樣的普世史是不可能有的。而當他隨後給普世史舉例的時候,所舉的就是波里比阿所著的《歷史》(*The Histories*)、奧古斯丁所著的《神國》(*Civitas Dei*,或譯《上帝之城》)和黑格爾的《歷史哲學》。[3] 在其中,波里比阿《歷史》所述主要是第一、第二兩次布匿戰爭間事,歷時不過七十餘年,加上其緒論所涉也不過百餘年,所以照中國傳統看來,那只是斷代史;但是此書涉及羅馬所征服的地中海世界,所以仍然被視為普世史。奧古斯丁書實際是以基督教為主軸的世界史。黑格爾的《歷史哲學》也是世界史,他本人在此書的開頭一句話就是說自己的講演題目是 Philosophische Weltgeschichte,即哲學的世界史。所以,嚴格地說,普世史的關鍵在普世或空間方面。何兆武教授的論述的確是很有啟發性的。按 Universal 來源於拉丁文之 Universus(unus+versus),unus 的意思是「一」、「同一」,versus(由 verto 變來)的意思是「轉動」,一同轉動的當然只能是一個整體,所以它的意思是「全體的」、「普遍的」、「共同的」等,因此這種史重在空間之同一,與我們說的「通史」之重在時間之連續,實有不同。

3. Global history

這個詞的意思很明確,即全球史。按 Global 來自名詞 Globe(意思為球),而這個英文詞來自拉丁文裡的 Globus,意思就是球或球形物。這個詞在這裡只能指全球的歷史,重在空間範疇裡的同一性。如果說這也是「通」,那麼這種「通」就是空間上的橫通,也異於我們所說的「通史」之「通」。

---

[3] B. Croce, *History: Its Theory and Practice*, trans. by D. Ainslie, Oxford, 1946, pp.56-57. 傅任敢譯:《歷史學的理論與實際》(北京:商務印書館,1982),頁 39、40。

4. Ecumenical history

英國哲學家兼歷史學家柯林武德在其《歷史的觀念》一書裡提到了「普世歷史」（Ecumenical history）即「世界歷史」（World history）在古典時期並不存在，而是到了希臘化時期才出現[4]。這裡的「普世歷史」就是世界史。按柯林武德已經指出，這個詞來自希臘文的 οικουμενη，（而此詞又來自 οικεω，意思就是「居住」），η οικουμενη 就是 the whole habitable globe，就是人之所能居住之地，就是「維民所止」（《詩・商頌》語）。這種世界史，也與我們所說的通史不同，至少不完全相同。

5. Total history

法國思想家福柯（M. Foucault）在其《知識考古學》中以「整體歷史」（Total history）與「綜合歷史」（General history）相對立，認為「整體歷史的設計是，尋求重建一個文明的總體形態、一個社會的物質或精神的原則、一個時代的一切現象所共有的意義、它們凝聚的法則，即可以隱喻地稱為一個時代『面貌』的東西。」「一項整體的敘述，圍繞著一個單一的中心——一個原則、一種意義、一個精神、一種世界觀，一個籠罩一切的形式，來描畫一切現象；恰好相反，綜合歷史則使一種分散的空間疏離開來。」[5] 福柯所反對的「整體歷史」實際上就是把一個時代的多整合為一的歷史，並非我們所說的「通史」；而他所主張的「綜合歷史」也不是第一項裡所說的 General history，所以更與「通史」無緣。按 Total history 一詞中的 Total 來自拉丁文的 Totus，它的意思是「全部」或「整體」。所以，從字源來看它也是各部分之合為整體，並無我們所說的「通」的意思。

---

[4] *The Idea of History*, Oxford, 1946, pp.31-33. 何兆武、張文傑譯：《歷史的觀念》，頁35-37。

[5] *The Archaeology of Knowledge*, trans. by S. Smith, New York, 1972, pp.9-10. 參閱劉北成：《福柯思想肖像》（北京：北京師範大學出版社，1995），頁166-167。

以上對西方可能與「通史」有關的一些詞作了一番討論，現在再看一看中國人所說的「通史」中「通」字的含義為何。中國之有通史，自司馬遷作《史記》始。其書始自黃帝迄於漢武帝太初之年，概括當時所知各代之史。不過，司馬遷不自以通史為其書名。唐代史家劉知幾在《史通·六家》中專列史記一家，以為梁武帝命群臣（吳均為主）撰《通史》，「大體其體皆如《史記》」，這就是說以《史記》為通史家之開山[6]。劉知幾以後，唐代杜佑作《通典》，為典制體通史；宋代司馬光作《資治通鑑》，為編年體通史，鄭樵作《通志》，為紀傳體通史；宋元之際馬端臨作《文獻通考》，為文獻專史體通史。總之，通史之所以為「通」，與其體裁之為紀傳體、編年體或為何種專門史體毫無關係，關鍵全在時間上的朝代的打通。有了時間上的通，就叫作「通」史。

按「通」字，《說文解字》：「達也。」[7]在經傳中，通與達互訓的例子很多，一般都是通（達）到的意思。「通」的反義詞是「窮」，《易·繫辭上》：「往來不窮謂之通。」[8]不窮，就是無窮無盡、無止無終，也就是通。「通」字本來是指空間意義上的由此及彼，而空間上的往來不窮又是在時間裡進行的，因而也就變成了時間上的連續不斷。「通」字用之於在時間中運行的歷史，於是「通史」之「通」，主要即指時間上的連續而言。

這樣我們就看到了中國與西方史學傳統中的一個有趣的區別：同是通古今的史書，在中國就都稱為通史，在西方則必須是帶有普世性或區域群體性的才稱作 Global history、General history、Universal history，單一國家的歷史雖通古今也不冠以一個表示「通」（中國人心目中的通）的字眼。可見中西之間有著重通史與重普世史的特點之不同。西方所重的是普世史的特色，而中國所重的是通史的特色。

---

[6] 浦起龍：《史通通釋》（上海：世界書局，1935）卷1，頁9。
[7] 段玉裁：《說文解字注》（上海：上海古籍出版社，1981），頁71。
[8] 《周易正義》卷7，見《十三經注疏》（北京：中華書局，1980），頁82。

普世史固然必須以時間為經，但其重點卻在共時性的普世的空間之緯；通史固然必須以空間為緯，但其重點卻在歷時性的時間之經。我想這也應該是中西歷史學的傳統上的一種不同吧。

三、「普世史」與「通史」兩種史學傳統試析

以上談到西方的普世史傳統與中國的通史傳統，現在自然有必要說明這樣兩種不同傳統在古代的產生，及其所以產生的原因。這裡的說明將分三部分來進行：第一，略述西方的普世史傳統的產生，第二，略述中國通史傳統的產生，第三，試對兩種傳統作一些比較的分析。

第一，西方史學源於希臘。希臘古典時代史學開山大師希羅多德（Herodotus）所著《歷史》和修昔底德（Thucydides）所著《伯羅奔尼撒戰爭史》對古代希臘、羅馬的，甚至以後的西方史學都留下了深刻的影響，也可以說他們是開創西方史學傳統的人。希羅多德的書所述內容是希臘—波斯戰爭的歷史（其中有關於古代一些東方國家歷史傳說，但並非基本內容），是與史家本人同時代的歷史；修昔底德的書所述內容是伯羅奔尼撒戰爭的歷史，也是與史家本人同時代的歷史。他們所寫的內容有些是從直接經歷其事的人那裡瞭解來的，有些甚至就是史家自己親身的經歷。黑格爾把這種歷史稱之為「原始的歷史」，說：「這樣的原始歷史家把他們熟知的各種行動、事情和情況，改變為一種觀念的作品。所以這種歷史的內容不能有十分廣大的範圍。……在他所描繪的一幕一幕的劇情中，他本人曾經親自參加作一名演員，至少也是一個休戚相關的看客。他所繪畫的只是短促的時期，人物和事變的個別的形態，單獨的、無反省的各種特點。」[9] 這樣的「原始史」就是當代史，用我們的說法也可以成

9　G. W. F. Hegel, *The Philosophy of History*, trans. by J. Sibree, New York, 1956. p.2. 王造時譯：《歷史哲學》（北京：三聯書店，1956），頁40。

為當代的「斷代史」,總之,那不是通史。希臘古典時代是城邦時代,沒有普世的觀念,也沒有普世史。正如上文已引柯林武德所說,從希臘化時代開始,包括羅馬時代,隨著城邦制的沒落,普世史開始出現。在這一時期最具代表性的普世史當推波里比阿的《歷史》和李維(Livy)的《羅馬史(建城以來)》(*Ab Urbe Condita*)。

波里比阿的書,是斷代性的羅馬世界帝國形成史,當然是普世史,已如上述。而李維的書敘述自西元前 8 世紀羅馬建城之年(B.C. 742)至西元初奧古斯都時代(A.D. 9),從編撰體例來說應當是編年體的通史(今本已多有殘缺)。美國歷史學家巴恩斯曾說:「李維是最偉大的古今一切故事敘說者之一,他的書是羅馬國史巨著。它是關於羅馬世界國家成長的一部宏富的散文史詩。」[10]這就是說,李維的《羅馬史》雖時歷古今,但其重點在羅馬國史,而這個羅馬國家又是一個世界帝國,所以,在西方史學傳統裡,它仍然被列為普世史。

黑格爾把這種普世史列為他所說的「反省的歷史」的第一種[11]。他在分析普世史的特點時說:「在這裡,最主要的一點,就是歷史資料的整理。進行工作的人用了他自己的精神來從事這種整理工作;他這一種精神和材料內容的精神不同。」黑格爾還以李維為例,說他以自己的精神寫往古歷史,讓古代的歷史人物說起話來就像他那個時代的人一樣。那麼,怎麼辦呢?黑格爾又說:「一部歷史如果要想涉歷久長的時期,或者包羅整個的世界,那麼,著史的人必須真正地放棄對於事實的個別描寫,他必須用抽象的觀念來縮短他的敘述;這不但要刪除多數事變和行為,而且還要由『思想』來概括一切,以收言簡意賅的效果。」這就是說,李維的《羅馬史》雖然時貫古今,其精神卻都是李維時代的,也就是說無變化的。在黑格爾看來,

---

[10] H. E. Barnes, *A History of Historical Writing*, New York, 1963. p.37.
[11] 按黑格爾把歷史分為:原始的歷史、反省的歷史和哲學的歷史,而反省的歷史中又分為四類,即普世的歷史、實驗的歷史、批評的歷史和專門的歷史。

普世史只能是抽象概括的,如果要寫出發展,那只有他的哲學的歷史才能完成任務。李維的書是貫古今而無古今之變,這樣,與中國的強調「通古今之變」的通史就又顯然有所不同了。從維柯(G. B. Vico, 1668-1744,義大利哲學家)開始,歷史發展的思想在西方史學中日益發展,黑格爾的《歷史哲學》可以作為其中一部出色的代表作。不過,黑格爾的《歷史哲學》在講歷史的發展時,堅持以世界史或普世史(即東方、希臘、羅馬和日爾曼世界所謂四個帝國)為其框架,所以整個世界史成了有發展的通史,而構成其世界史的各個國家或地區卻沒有了自己的通史,例如,在他的《歷史哲學》裡,中國就只有頭而無尾(中國有了一個開頭以後就只能派一個原地踏步不動的角色),而日爾曼世界在本質上又只有尾而無頭(在他那裡,日爾曼世界所注定要扮演的只是世界精神發展最高階段的化身)[12]。因此,黑格爾的「世界歷史」雖然有其通的內容,本身仍然是一部普世史。可見普世史的傳統在西方還是影響深遠的。

　　第二,中國史學源於先秦時期,其最初的萌芽是《尚書》。《尚書》裡的《周書》諸篇,皆當時政治文獻,如果作為歷史,那就應該屬於「原始的歷史」。例如,周公在許多篇文告中所述,作為當時之人以當時之精神論當時之事,當然是黑格爾所說的「原始的歷史」。不過,他有一個特點,就是在論當代事情的時候不斷反省歷史,總是愛把古今的事聯繫起來,考察它們之間的變中之常和常中之變。在他向殷遺民發表文告時,面對的問題是:殷商原來是「大邦」、「天邑」,是諸侯的共主(天子),周原來是「小邦」,從屬於殷商,可是這時周卻以武力取代了殷商的地位,怎樣才能使殷遺民心服?針對這個問題,他解釋說,殷商原來的確是受「天命」的「天邑」,因為「自成湯至於帝乙,罔不明德恤祀」,可是到了紂的時候,情況變了,紂嚴重失德。因此,周才代殷而受「天命」。而且,「惟爾知,惟殷先人有冊有典,殷革夏命。」你們先人的史冊上明明記載著,

---

[12] *Philosophy of History*, pp.4-5.《歷史哲學》,頁42、43。

當夏代君主從有德變為無德的時候，你們的先祖成湯不是也曾革過夏的命嗎？[13] 周公的這些話並非只是說給殷遺民聽的，在《無逸》篇中對成王，在《康誥》、《酒誥》中對康叔，也用同樣的歷史材料說明了同樣的思想。所以，他所說的歷史是大體屬實的。而他所說的道理則是，夏商周三代的嬗迭是歷史之變，而其間興亡之理又是歷史之常；其變是常中之變，其常是變中之常。從這樣的角度來看，《尚書·周書》就既是原始的歷史，又是反省的歷史；而且在反省中不僅看到了常，同時還看到了變。我想，這就是中國史學裡通史傳統的源頭。

到戰國初、中期，隨著歷史的巨變，在《左傳》、《國語》裡屢屢反映出歷史之變，而且通過不同人的口說出這種變也屬於常理。例如，《左傳》（昭公三十二年）記史墨對趙簡子論魯國季氏出其君的事，不僅說明具體的事因，而且說：「社稷無常奉，君臣無常位，自古以然。故《詩》曰：『高岸為谷，深谷為陵，三后之姓，於今為庶。』王（據阮元校勘記，「王」字當為「主」）所知也。」[14]

經過秦的統一到西漢帝國建立，先秦時期的歷史局面已經根本改觀。司馬遷於漢興七十餘年後撰寫《史記》，就正式把「通古今之變」[15] 作為自己的著作目標之一。《史記》寫了君位由禪讓而世襲之變、制度由封建而郡縣之變、風俗由忠而敬而文之變等等，同時也寫了變中之不變，而此不變之常即在變化之中。拙作《論司馬遷史學思想中的變與常》[16] 對此有較詳細的說明，此處恕不備論。我們可以這樣說，到了司馬遷《史記》的出現，中國史學的通史傳統，已經不僅在時歷古今的體例層面而且在通古今之變的思想層面上基本確立了。

---

[13] 《尚書·多士》，《十三經注疏》，頁 219-221。類似思想還見於《多方》等篇。
[14] 孔穎達：《春秋左傳正義》，見《十三經注疏》，頁 2128、2130。
[15] 《報任少卿書》，載班固：《漢書·司馬遷傳》第九冊（北京：中華書局，1962），頁 2735。
[16] 載《北京師範大學學報》（人文社會科學版），2000 年，第 2 期。

第三，現在再來對中西兩種史學傳統的產生的哲學思想背景作一些比較的分析。柯林武德在《歷史的觀念》中指出希臘羅馬史學的兩個特點是：人文主義（Humanism）和實質主義（Substantialism）[17]。史學要從神話中走出來，變成人的歷史，人文主義自然是必不可少的。在古代希臘羅馬，從「荷馬史詩」到希羅多德的《歷史》，情況如此；在古代中國，從甲骨卜辭到以人心向背解釋天命的《尚書·周書》，同樣也如此。這是古代中西史學傳統相同之點。因為這一點是人所共知的，這裡就不再作具體的論述。中西古代史學傳統的不同，在我看來，是在柯林武德所說的第二個方面，即古代西方的重實質主義，與中國古代殊為徑庭。

柯林武德說希臘羅馬史學是實質主義的，這在其《歷史的觀念》第一編第三節「希臘思想的反歷史傾向」裡有相當詳細的說明[18]。他說：「歷史學是關於人類活動的一門科學；歷史學家擺在自己面前的是人類在過去所做過的事，而這些都屬於一個變化著的世界，——在這個世界之中事物不斷地出現和消滅。這類事情，按照通行的希臘形而上學觀點，應該是不可能的。」「他們（指希臘人）完全肯定，能夠成為真正的知識的對象的任何事物都必須是永恆的；因為它必須具有它自己某些確切的特徵，因此它本身之內就不能包含有使它自己消滅的種子。如果它是可以認識的，它就必須是確定的；而如果它是確定的，它就必須如此之完全而截然地是它自己，以致於沒有任何內部的變化或外部的勢力能夠使得它變成另外的某種東西。」他舉出柏拉圖對於「知識」（Episteme）與「意見」（Daxa）的區分作為自己的論據，所謂的「知識」就是對於不變的實質（實質不變）的真知實見，而「意見」則是對應於變動不居的現象的感性的認識而已。所以，實質主義就是反歷史主義的。柯林武德還在《歷史的觀念》第一編第五節裡指出了「希臘歷史方法及其侷限性」[19]。這就

---

[17] *The Idea of History*, pp.40-45.《歷史的觀念》，頁46-51。
[18] *The Idea of History*, pp.21-22.《歷史的觀念》，頁22-24。
[19] *The Idea of History*, pp.25-28.《歷史的觀念》，頁28-31。

是，希臘人的歷史有待於歷史事件目擊者的作證，這種方法有助於第一手材料的運用和記載的真實，但是也使史家的眼光無法伸到更古的時代和更遠的地方，結果只能寫當代、當地的歷史。這也就是黑格爾所說的原始的歷史了。在柯林武德看來，古希臘人在史學方法上的侷限性實與其實質主義思想有關的；不過，到了希臘化時代和羅馬時代，這種方法上的侷限性因世界帝國的出現而有所突破，但是，其實質主義的思想傳統則在希臘化和羅馬時代的史學領域裡繼續流傳下來[20]。

與西方古代史學思想傳統形成對比的是，古代中國思想家認為，對於當前的歷史事件，當然要有、最好要有事件目擊者的作證，不過，對於事件本身的認識卻不是只憑事件本身就能真正認識到位的。例如，周人伐紂而代殷為天子，這一事件是當時周人和殷人同時共知的，可以信而無疑。但是，怎樣才能認識這件事情的本質呢？周公不是去追究某種永恆不變的實質來加以解釋，相反，他是從成湯伐桀代夏的歷史事件中獲得周伐紂代殷的理由或根據的。他是從變化的現象裡尋取其背後的本質的。這種本質是變中之常（也是常中有變），不同於希臘人的永恆不變的實質。正如柯林武德所指出的，希臘人看到了世界萬事在變，於是就追求其背後的不變的實質，經過抽象而獲得的這種實質本身就是抽象的「一」，就是在其內部不能有對立方面的「一」。這種形而上學的「一」，當然是反歷史的。古代中國思想家並非不求現象背後的本質（essence, that which makes a thing what it is. 或者 das Wesen），不過他們尋求到的不是抽象的、無差別的「一」或永恆不變的實質，而恰恰相反，是變中之常。中國古代思想家認為，真理不能在永恆不變中去尋求，而只能從變化不居中去把握。《易‧繫辭上》：「一陰一陽之謂道，繼之者善也，

---

[20] 克羅齊也談到了古希臘羅馬人的「反歷史的哲學」，不過他是以他們的未能接觸到精神概念的「自然主義」來作解釋的。*History: Its Theory and Practice*, pp.191-192.《歷史學的理論和實際》，頁 151。

成之者性也。」[21] 對於這一段話，歷來解釋甚多，愚以為《周易折中》對「一陰一陽」句的案語甚好，案云：「一陰一陽，兼對立與迭運二義。對立者，天地日月之類是也，即前章所謂剛柔也；迭運者，寒來暑往之類也，即前章所謂變化也。」[22] 萬物並無抽象不變的實質，也非抽象的無差別的「一」，而是「一陰一陽」組成的道或本質。這種道或本質包含著對立，所以與西方的實質相反。惟其「一陰一陽」，這樣的道或本質就不能不變，也就是不能不迭運。不直接說「本質」而說「道」者，因為「道」兼體用。自其體而觀之，道是對立的統一；自其用而觀之，道又是迭運和不斷的運動的途徑。「繼之者善」：迭運不窮自然為善；「成之者性」：「道」（大一）運成物（小一或具體的一），即成為此物之性，個性猶有道之一體。因此，古代中國人所選擇的是與希臘人相反的思想路徑，即反實質主義或歷史主義。

古代希臘羅馬人的史學思想是人文主義加實質主義（反歷史主義），而古代中國人的史學思想是人文主義加歷史主義（反實質主義）。這一點也就是西方普世史傳統與中國的通史傳統的區別的淵源所在。

四、通史體例與通史精神

我們討論和研究通史，實際上是在兩個既有聯繫又有區別的層面（通史體例和通史精神）上進行的。從體例層面上說，通史似乎是最容易理解的。一本歷史書、一門歷史課，只要是時貫古今的，那就是通史。可是，什麼是「通」呢？前引《易·繫辭》云：「往來不窮謂之通」。真正的通，是往來不窮的，因此在時間上是無限的。那麼，真有貫通一切時間的通史嗎？克羅齊早已說明包羅一切時間

---

[21] 孔穎達：《周易正義》，見《十三經注疏》，頁78。
[22] 清·李光地等奉清聖祖（康熙）之命編撰：《周易折中》，見影印《文淵閣四庫全書》第三十八冊（臺北：商務印書館，1986），頁381。

的普世史（即我們所說的通史）是不可能存在的[23]。人們根本無法寫包括過去一切時間的歷史，更不要說寫未來的事了。因此，包括一切時間的「通」，在實際上是沒有的。我們所看到的一切中外古今的通史，如果按「通」的嚴格意義來說，那就都成了斷代史，例如以通史著稱的《史記》，假如只從時間上來看，那也只是自黃帝至漢武帝這一段時間的斷代史，它和《伯羅奔尼撒戰爭史》的區別，也就只在於斷代的時間段的長短不同而已。所以，如果只是從撰寫體例來看一本書是否通史，深究起來，那還是有難以說清的問題的。換一個角度來說，李維的《建城以來》（《羅馬史》），如果只從時間的長度看，那也是足夠稱為通史的。可是人們都把它當作普世史。因此，一部史書所述時間長且經歷不止一朝一代，嚴格地說，這只是作為通史的必要條件，還不具備作為通史的充分條件。怎樣才能算是真正的通史呢？那就還要涉及問題的另一個層面，即必須具備通史精神。

那麼，什麼是通史精神呢？施丁教授曾說：「不通古今之變，則不足以言通史。」[24] 我覺得，他的話說得很好，「通古今之變」就是通史的精神。當然，通史精神必須寓於具有反省可能與必要的、覆蓋較長時間的史書中，古典希臘史家所擅長撰寫的以當時之人用當時之精神寫當時之事件的「原始的歷史」（如《伯羅奔尼撒戰爭史》）是無論如何不能成為通史的。這就是說，只有通史精神而無通史的題材，那也是寫不出通史來的。不過，有了一項在時間上有足夠長度的歷史題材，也有了史家的反省（die Reflexion，或譯作反思），那仍是以今人思想去反思古代歷史，因此寫出的還只能是黑格爾所說的「反省的歷史」，如李維的《羅馬史》。「反省的歷史」（包括黑格爾所說的四種）都是後人（今人）用自己的精神對於前人（古人）歷史進行反思的結果，因此它失去了直接性而成為間接的，思

---

[23] 克羅齊說已見前引。
[24] 見《說通》，載《史學史研究》，1989，2期，頁10。

維的概括性出現了,(黑格爾本人也認為寫過去長時期的反省的歷史要用概括的方法,說已見前引。)而歷史的生動活潑的直接性消失了。為了形成通史,那還需要對反思再反思,用黑格爾的話說,那就是要有「後思」(das Nachdenken)[25]。經過「後思」,黑格爾寫出了他的《歷史哲學》,一部通古今之變的、以他的「世界精神」為主體的普世史。司馬遷不是經過對某種預設的精神的後思寫一部「哲學的歷史」,而是經過對於古今歷史的反復思索,寫出了一部紀傳體通史——《史記》。在《史記》裡,三代時期和春秋戰國時期的歷史人物,並未因經過作者的反思而變得抽象、乾癟、像漢代人一模一樣,而是經過反復思索,寫出三代時人不同於春秋戰國時人,春秋戰國時人不同於漢代的人,可是相互間又是可以溝通理解的。這就是古今有變而又相通,使得古代歷史具備了直接性與間接性的統一。那麼,《史記》就只有古今歷時性縱向之通,而沒有空間裡的共時性的橫向之通?從而完全沒有任何的普世性?不是的。《史記》寫先秦歷史,講天子與諸侯、諸侯與卿大夫、華夏與夷狄,寫秦漢歷史講天子與諸侯、中央與地方、華夏與夷狄、中國與外國。古今縱向歷時性之變,正是這些內外橫向共時性之變的結果;而一切時代的橫向的共時性的結構,又正是縱向的歷時性發展的產物。縱向的歷時性的發展與橫向的共時性的變化是一而二、二而一的。通史作為傳統,既是中國史學體例的一種表現也是史學精神的一種展現;如果推展而言,這也是中國文明發展的連續性與統一性相互作用的一種在精神上的反映。

---

[25] 參考黑格爾著,賀麟譯:《小邏輯》(北京:商務印書館,1995)。這個詞,漢文或譯「後思」(頁39),或譯「反復思索」(頁42),或者就譯為「反思」(頁74)。

第十五篇
論歷史理性在古代中國的發生

一、弁言──略說「歷史理性」

「理性」在今天已經是一個大家常用的詞，但各人使用此詞時取義頗有不同，所以在這裡先交代一下本文使用此詞的取義。按現在大家所用的「理性」，乃自外文[1]譯來，就此詞之多重含義概括言之，它包括兩個方面：一是人對於事物的性質與功能的思考與論證，二是事物自身存在的理由與理路（或條理）[2]。如果按照中國固有名詞，那麼此詞也可以用一個「理」字來表達。《說文解字》：「理，治玉也。」段玉裁注云：「《戰國策》：鄭人謂玉之未理者為璞。是理為剖析也。玉雖至堅，而治之得其理以成器不難，謂之理。凡天下一事一物，必推其情至於無憾，而後即安，是之謂天理，是之謂善治。此引申之意也。」[3]這就是說，理字本意為治玉，而治玉必依玉本身之條理，故條理亦為理。引而申之，理作為動詞之意為對

---
[1] 英文之 Reason，來自法文之 La raison，法文此字來自拉丁文 Ratio，其動詞為 reor，意為籌算、思考、推論等。有從籌算、思考、論證到理由、理智諸義。
[2] 或者如黑格爾所說的「自覺的理性與存在於事物中的理性」，見賀麟譯：《小邏輯》（北京：商務印書館，1980），頁43。
[3] 段玉裁：《說文解字注》（上海：上海古籍出版社，1981），頁15。

於事物之治理,而作為名詞之意則為事物本身之條理。《廣雅‧釋詁三下》亦云:「理,治也。」[4]《廣雅‧釋詁三上》又云:「理,道也。」[5]道、理互訓,道作為動詞之意為「導」,而導必依事物之理,故道作為名詞之意即為事物之理。所以,理性或道理,皆實際包括主、客觀兩方面而言之。

現在常說的歷史理性(Historical reason),實際也就包括歷史(作為客觀過程)的理性(The reason of history)和史學(作為研究過程)的理性(The reason of historiography),簡言之,就是探究歷史過程的所以然或道理和探究歷史研究過程的所以然或道理[6]。

在世界諸文明古國中,史學最發達者,當推中國和希臘。古代中國和希臘的歷史學家都在治史求真的方法上有相當高度的自覺和自律。這當然是一種歷史理性的表現。在這一方面,古代希臘人由於受哲學上的實質主義(Substantialism)的影響[7],以為真理只能從永恆、靜止的存在中去把握,而歷史變動不居,不能使人產生知識,僅能使人產生意見,故與理性無緣。古代中國人在這一點上恰恰與希臘人相反,以為真理只能從變化、運動的存在中去把握。這是兩種不同的思路,很值得研究。本文所要探討的就是古代中國人在這一方面認識的特點。

---

[4] 王念孫:《廣雅疏證》(上海:上海古籍出版社,1983),頁 8。

[5] 同上書,頁 32。

[6] 如果作進一步的思考,也許可以說,第一種歷史理性所討論的是歷史本身存有方式的問題,從性質上說是屬於本體論的(Ontological)問題,第二種歷史理性所討論的是歷史研究中的人的認知能力和研究方法的問題,從性質上說是屬於認識論的(Epistemological)和方法論的(Methodological)問題。當然,在古代中外史學史上都還沒有出現這樣系統而自覺的區分與探究。

[7] R. G. Collingwood, *The Idea of History*, Oxford, 1956. pp.20-21, 42-45. 何兆武、張文傑譯《歷史的觀念》(北京:中國社會科學出版社,1986),頁 22-24、48-51。

二、以人心為背景的歷史理性的曙光（正）
　　（殷周之際與周初）

（一）對於「天命」的信與疑

《禮記・表記》：「子曰：夏道尊命，事鬼敬神而遠之，近人而忠焉，先祿而後威，先賞而後罰，親而不尊；其民之敝，蠢而愚，喬而野，樸而不文。殷人尊神，率民以事神，先鬼而後禮，先罰而後賞，尊而不親；其民之敝，蕩而不靜，勝而無恥。周人尊禮尚施，事鬼敬神而遠之，近人而忠焉，其賞罰用爵列，親而不尊；其民之敝，利而巧，文而不慚，賊而蔽。」[8] 其中所說夏人情況目前尚無材料為證，而所說殷人與周人情況基本符合歷史事實。從大量甲骨卜辭材料可知，殷人的確敬信鬼神，以為鬼神能主宰人的命運。《尚書・西伯戡黎》記，周人已經打到距殷不遠的黎國，對殷構成了威脅，大臣祖伊向紂報告，紂竟然說：「我生不有命在天。」[9] 這也說明殷人對於天命鬼神的迷信程度是很深的。殷紂以為他的王權來自天命，天命決定歷史。所以，其中沒有任何理性可言。當然，並非所有殷人都是如此，祖伊就是對於天命鬼神持有懷疑態度的人；不過，這樣的人在殷代不居主流地位。真正開始對天命產生深度懷疑的是後來戰勝並取代了殷王朝的周人。

（二）歷史發展自身理路的開始發現

殷代後期，周人逐漸興起，不過由於殷、周之間力量對比的懸殊，周人對於殷人處於某種從屬地位，承認殷為天子而自己實際又保持本邦的基本獨立狀態。周王朝最初的奠基人文王之父王季為殷王文丁所殺[10]，文王本人也曾一度遭到紂的囚禁。周人是深知殷人實

---

[8] 孔穎達：《禮記正義》，《十三經注疏》（北京：中華書局，1987），頁 1641-1642。以下《十三經注疏》皆據此本，只記頁數。
[9] 孔穎達：《尚書正義》，《十三經注疏》，頁 177。
[10] 方詩銘、王修齡：《古本竹書紀年輯證》（上海：上海古籍出版社，1981），頁 36。

力之強大的。甚至在周取代殷之後,周人還記得殷是「大邦殷」[11]、「天邑商」[12],而自己是「我小國」[13]。可是,歷史的發展結果是,隨著牧野一戰的勝利,小邦周竟然取代了大邦殷或天邑商,成了諸侯的共主——天子。殷人賴以自恃的「天命」轉移到了周人手中。非常難得的是,周王朝的主要領導人武王和周公且不僅沒有被勝利沖昏頭腦,而且深陷於恐懼之中。《史記・周本紀》記,武王伐紂勝利以後,憂慮得夜晚連覺都睡不著,周公去看武王,問他為何睡不著,武王回答說:「我未定天保,何暇寐?」[14] 不久武王去世,周公主持周王朝大政,《尚書・周書》中的周初諸誥,大多出自周公之手。我們只要讀一讀這些文告,就可以知道周公曾經作了多麼深刻的反省,從而獲得了多麼難得的覺醒。按這種覺醒可以從兩個方面來說:第一,重視「天命」而又有所懷疑。《尚書・牧誓》:「今予發(武王自稱名)惟恭行天之罰」[15],武王自稱受天命伐紂。《尚書・大誥》:「予(周公)惟小子,不敢替上帝命。天休于寧(文)王,興我小邦周。」[16] 上帝賜命與文王,因此小邦周得以興起,我不敢失上帝之命,即不敢坐視武庚、管蔡之亂不予平定。《尚書・召誥》:「皇天上帝,改厥元子。茲大國殷命,惟王受命。」[17] 是皇天上帝改了大國殷的命,而轉交給了周。如此等等,在《尚書》與《詩經》中多不勝舉。周既勝殷而有天下,當然知道政權的轉移已經實現,或者說天命已經轉移到自己手中。但是,武王、周公(尤其是周公)深感不安的是,天命難道原來不是在殷人手中的嗎?為什麼會發生這種歷史性的轉移呢?從前天命的轉移,使自己由無而有,如果現

---

[11] 見《尚書・召誥》、《尚書・康王之誥》,《十三經注疏》頁 212、244。
[12] 見《尚書・多士》,《十三經注疏》,頁 220。
[13] 見《尚書・多士》,《十三經注疏》,頁 219。
[14] 《史記》第一冊(北京:中華書局,1973),頁 128-129。以下引此書皆據此本,只記冊數頁數。《逸周書・度邑解》有類似記載。
[15] 《十三經注疏》,頁 183。
[16] 《十三經注疏》,頁 199。
[17] 《十三經注疏》,頁 212。按傳統的說法,《召誥》為召公所作,于省吾先生考證結果認為乃周公作,甚是。見《雙劍誃尚書新證》卷 3(北平:大業印刷局,1934),頁 1-4。

在再發生天命轉移,那就是使自己從有變無、由得而失了。這樣一想,就感到非常可怕,所以睡不著覺。天命或王朝歷史命運的轉移,原來是既存在而又不可靠的。第二,天命是不可靠的,但也不是完全不可知。周公考察了夏、商兩代王朝政權的轉移,從中深加反省,終於懂得:「天棐忱辭,其考我民。」[18]「天畏棐忱,民情大可見。」[19]「古人有言曰:『人無於水監,當於民監』。今惟殷墜厥命,我其可不大監撫於時。」[20]這些都是極為深刻的道理。在《尚書‧無逸》這篇教導周成王的文章裡,周公敘述了殷王中宗(大戊)、高宗(武丁)、祖甲及周文王四位勤政愛民的歷史事實,說明他們深得人心,因此或者能夠很好地維持王權,或者能夠獲得王權。在《尚書‧多士》這篇告誡殷遺民的文書裡,周公又敘述了夏、殷兩代失去王權的歷史,指出夏朝末代君主不聽天命,大事淫逸,喪失民心,天就命令商湯取代了夏;商朝末代君主也是不聽天命,大事淫逸,失去民心,所以周就受天命而取代了殷商。類似的話在《尚書》、《詩經》裡頗為不少。甚至早在武王伐紂時就說過:「天視自我民視,天聽自我民聽。」[21]周武王、周公兄弟發現了一個道理:天命的背後原來就是人心,天命的變遷原來就是人心向背的轉移。

周初周公等人所發現的,從直接層面來說,只是關於政權轉移的道理或理性。不過,這種轉移是當時歷史變遷上的大事,因此,可以說這是周公等人對於歷史發展自身的理路的新認識,是中國古代對於歷史理性發現的開端。

---

[18] 《尚書‧大誥》,《十三經注疏》,頁199。
[19] 《尚書‧康誥》,《十三經注疏》,頁203。
[20] 《尚書‧酒誥》,《十三經注疏》,頁207。
[21] 《孟子‧萬章上》引《泰誓》「民之所欲,天必從之。」《左傳》襄公三十一年、昭公元年,《國語‧鄭語》引《泰誓》。《孟子‧萬章上》引《泰誓》為「天視自我民視,天聽自我民聽。」《左傳》襄公三十一年、昭公元年,《國語‧鄭語》引《泰誓》為「民之所欲,天必從之。」

（三）歷史理性與道德理性的合一

在周公等人所發現的天命人心說裡，呈現出了歷史理性的最初曙光。因為它是最初的曙光，所以也就具有自己的一些特色。

其一，它不是對於歷史發展整體的理論概括，而只是關於政權或天命轉移的歷史經驗的總結性的理論歸納。它的內容屬於歷史理性的範疇，但它還不能被說為歷史理性完整的直接呈現。

其二，它的視線所及還只是歷史在兩極之間運動的理路，即天命或政權在得和失兩極之間的擺動。在歷史的運行中的確有這樣的兩極之間的運動，但是這只是複雜的歷史運動中的一種比較簡單的形式。

其三，也是最值得注意的一點，這種歷史理性已經突破了殷人對於鬼神的迷信，開始閃現出人文主義精神的曙光。在這種曙光中，我們可以看到歷史理性與道德理性的最初的統一。周公說：「我不可不監于有夏，亦不可不監于有殷。我不敢知曰，有夏服天命，惟有歷年，我不敢知曰，不其延；惟不敬厥德，乃早墜厥命。我不敢知曰，有殷受天命，惟有歷年，我不敢知曰，不其延；惟不敬厥德，乃早墜厥命。今王嗣受厥命，我亦惟茲二國命，嗣若功。」[22] 夏、殷王朝的統治年限長短，人們都無法推定；但是它們的亡國原因是可以確實知道的，即「不敬厥德」。不僅夏殷兩代如此，正在掌權的周王朝也是如此。類似的話，在《尚書》其他篇中也不少見。從周公的這一段話裡，我們可以看出他的戰戰兢兢的惶恐心態，惟恐由失德而失民心，由失民心而失天命；同時也可以看出他的道德理性與歷史理性的一併覺醒。這樣兩種理性同時覺醒的現象，作為人的崇高理想在上天的投射，實在是中國古代文明史上的燦爛朝霞，光彩奪目。當然，我們也不能不看到其中還有其天真的一面，即以為只要人能做出最大而又正當的努力，事業就一定可以成功。殷人以

---

[22] 《尚書・召誥》，《十三經注疏》，頁213。

為只要對鬼神進行盛大而殷勤的獻祭，就能獲得成功；這是一種迷信的天真——以為人的意志能夠主宰歷史。周公作為偉大的政治家、思想家，以其歷史理性與道德理性的並現打破了殷人迷信的天真；可是，由於時代的侷限，他也是以為人的意志（堅持敬德）是能夠決定歷史的；他還沒有也不可能認識歷史的某種客觀的必然性，因而顯現了一種最初的理性的天真。

三、與人心疏離的歷史理性的無情化（反）（西周晚期至秦）

西周自昭王、穆王以下，已經過了全盛時期，逐漸走向衰落。厲王被放逐後，雖有宣王一度「中興」，實際上仍然不能扭轉頹局，至幽王遂被犬戎滅亡。東遷以後，周王室勢力日益衰落，春秋五霸迭興。周公在周初制定的制度與思想體系，在名義上雖然還受到一定程度的尊重，而實際上已經名存實亡。所以孔子才感歎說：「天下無道，則禮樂征伐自諸侯出。自諸侯出，蓋十世希不失矣。自大夫出，五世希不失矣。陪臣執國命，三世希不失矣。」「祿之去公室，五世矣。政逮於大夫，四世矣。」[23] 由春秋而戰國，「及田常殺簡公而相齊國，諸侯晏然弗討，海內爭於戰功矣。三國（指魏、趙、韓）終之卒分晉，田和亦滅齊而有之，六國之盛自此始。務在強兵並敵，謀詐用而從衡短長之說起。矯稱蜂出，盟誓不信，雖置質剖符猶不能約束也。」[24] 所以，到了戰國時期，道德理性到底還有多大價值，大概除了儒家以外，已經沒有多少人還看重了。可是，當時的歷史卻在劇烈的運動、變化之中。那麼，歷史運動變化的理路安在？這就使當時的學者們產生了新的思路。

---

[23] 《論語‧季氏》，見劉寶楠：《論語正義》，《諸子集成》第一冊（北京：中華書局，1986），頁354-356。以下引《論語》皆據此本，只記《集成》頁數。
[24] 《史記‧六國年表‧序》第二冊，頁685。

（一）對於西周初期的天人合一的歷史理性的懷疑

西周末葉，隨著統治階層的腐化及社會問題的湧現，天災人禍並至，社會上的怨天尤人情緒在《詩經》裡的「變風」與「變雅」[25]諸篇清晰地顯現出來。《國語・周語（一）》在歷述穆王、厲王、宣王的失政以後記：「幽王二年，西周三川皆震。伯陽父曰：『周將亡矣。夫天地之氣，不失其序。若過其序，民亂之也。陽伏而不能出，陰迫而不能烝，於是有地震。……山崩川竭，亡之徵也。川竭，山必崩。若國亡，不過十年，數之紀也。夫天之所棄，不過其紀。』是歲也，三川竭，歧山崩。十一年，幽王乃滅。」[26] 這就是說，國君失德，將引起陰陽不和而生天災。從一方面說，這一思想，是周初的天命人心說（天人相應說之一種）的繼續；從另一方面說，它又不是君德影響人心、從而又影響天命之說，而是君德直接影響陰陽、從而又引起自然之災變之說。這裡出現了與人文和自然兼有關聯的陰陽兩極的相互作用。《國語・周語（三）》記：「靈王二十二年，穀、洛鬥，將毀王宮。王欲壅之。王子晉諫曰：『不可。』」[27] 以下這位王子又說了一大套國君不能壅塞河流、不能違亂天地陰陽之氣，否則就會導致亡國絕嗣。他說：「夫亡者，豈繄無寵？皆黃炎之後也。唯不帥天地之度，不順四時之序，不度民神之義，不儀生物之則，以殄滅無胤，至于今不祀。」[28] 這裡的天地陰陽之氣又表現為一種客觀的自然秩序，是人所不能違背的。這樣，就在作為道德理性的天以外，出現了作為自然理性的天。人們終於發現，在能被道德理性影響的天以外，還有一種不能被道德理性影響的天。原來天是有道德的主宰，是順從民意的。可是此時的君主既然已經違背了天地之度、四時之序（自然理性），那麼，儘管民怨沸騰，老天爺卻高高在上，紋絲不動，麻木不仁。在《詩經》變雅裡多有反映這種怨天尤人情

---

[25] 按傳統說法，「國風」中《周南》、《召南》以下邶、鄘、衛等十三國風為變風，「小雅」中《六月》以下直至《何草不黃》、「大雅」中《民勞》以下直至《召旻》為變雅。

[26] 《國語》，上海中華書局印行《四部備要》本，卷1，頁10。以下引此書只記卷數頁數。

[27] 《國語》卷3，頁5。

[28] 《國語》卷3，頁7。

緒的篇章，這些都是對於西周初期的那種樂觀而又天真的歷史理性與道德理性合一的認知的否定。

（二）歷史理性與道德理性的背離

到了春秋戰國時期，諸子蜂起。除儒家基本仍守周公的理念外，道家、法家都不再相信天命，也不再相信人心。從前的觀念是，天是一種道德理性的體現，所以，天能體察民瘼，把天命及時地從暴君手裡轉移到仁者（或聖人）手裡。這就是《尚書‧周書》裡所顯出的周公的思想，亦即道德理性與歷史理性的一致。可是，道家和法家的思路就與此大不相同了。

《老子》以為：「天地不仁，以萬物為芻狗；聖人不仁，以百姓為芻狗。」[29] 古往今來，人事變化，根本沒有以天或聖人為代表的道德理性在起作用。或者說，《尚書‧周書》所提倡、後世儒家所推崇的德，在老子看來只不過是下德，或者根本就不是德。《老子》以為：「上德不德，是以有德；下德不失德，是以無德。上德無為而無以為，下德為之而有以為；上仁為之而無以為，上義為之而有以為；上禮為之而莫之應，則攘臂而扔之。故失道而後德，失德而後仁，失仁而後義，失義而後禮。夫禮者，忠信之薄，而亂之首。前識者，道之華，而愚之始。」[30] 這就是說，上德不自以為德，所以能成其為德；一旦自以為德，那麼德就發生異化，轉化為下德，且終於成為不德。在德以下，仁、義、禮莫不如此，一旦這些品德從自在狀態變為自為狀態，它們就都轉化到其反面。這種轉化的過程，也就是一般人所說的「智」（知識）產生的過程；在老子看來這種「智」或「前識」只不過是道的美麗的幻影，而其實正是他所說的愚的開始。在這裡，必須說明，老子所說的智和愚與一般人所說的智和愚的意思正好相

---

[29] 王弼注：《老子道德經》（5章），《諸子集成》第三冊，頁3。以下引此書皆據此本，只記頁數。按王弼注「芻狗」不確；當從魏源《老子本義》解，見此書頁4。

[30] 老子道德經（38章），頁23。按馬王堆漢墓帛書甲、乙本《老子》皆以此章居首，傳世本則以此章為下篇之首，蓋因此章意義十分重要。

反——「正言若反」[31]。如果用他自己的話來說，就是「大巧若拙」[32]。故云：「大道廢，有仁義；慧智出，有大偽。」[33] 知識的產生與進步既然是引起大偽的前提，那當然就正是這種「智（知識）」的進步，導致了道德本身的退步。於是，人之智日進，而人之德日退；歷史進程既然與人之智俱進，那麼歷史進程就必然成為道德倒退之過程。於是，歷史理性便與道德理性形成為一種反比的函數關係。故云：「不尚賢，使民不爭；不貴難得之貨，使民不為盜；不見可欲，使民心不亂。」[34]「絕聖棄智，民利百倍；絕仁棄義，民復孝慈；絕巧棄利，盜賊無有。」[35] 那麼，要維護人的道德理性將如何？他的理想是：「小國寡民，使有什伯之器而不用。使民重死而不遠徙。雖有舟輿，無所乘之；雖有甲兵，無所陳之。使人復結繩而用之。甘其食，美其服，安其居，樂其俗。鄰國相望，雞犬之聲相聞，民至老死不相往來。」[36] 所以，如果說歷史理性的運行方向是向前（由古而今或化樸為智）的，那麼，在老子看來，歷史理性與道德理性正好背道而馳；不然，歷史理性自身就必須轉向其反面（由今而古或去智歸樸），從而使其自身形成矛盾。按老子見及於此，可說是看到了文明社會自身所包含的內在矛盾，本身是很深刻的。不過，他的使人「復歸於樸」[37] 的設想實際上也只不過是一種無法實現的幻影而已。類似的思想在《莊子》裡還有更充分的展開論述。

在對歷史與道德的關係的問題上，法家和道家的見解上有其相似或相通之處，那就是法家也認為，在人類歷史上道德的狀況呈每況愈下的趨勢，所以道德理性與歷史理性的方向互相矛盾。在《五蠹》篇中，我們看到韓非是這樣概括歷史發展的趨勢的：「上古競

---

[31] 《老子道德經》（78章），頁46。
[32] 《老子道德經》（45章），頁28。
[33] 《老子道德經》（18章），頁10。
[34] 《老子道德經》（3章），頁2。
[35] 《老子道德經》（19章），頁10。
[36] 《老子道德經》（80章），頁46-47。
[37] 《老子道德經》（28章），頁16。

於道德,中世逐於智謀,當今爭於氣力。」[38] 為什麼會這樣呢?韓非提供了兩點說明:第一,他在此篇開頭就說明,上古之世,人民少而不敵禽獸,有巢氏教民構巢避害;人民生食容易致病,燧人氏教民鑽木取火以熟食。中古之世,洪水為災,禹決瀆以治水。近古之世,桀紂暴亂,湯武征伐以安民。在禹的時代教民構木為巢,在湯武的時代教民決瀆,都會為人所笑。如果戰國時期的人還想學堯、舜、禹、湯、武那樣行事(重道德),那麼一定也會為時人所笑。這就是說,歷史隨著人的智慧的進步而發展,所以才會從上古的競於道德發展到中世的逐於智謀[39]。第二,他說:「古者,丈夫不耕,草木之實足食也。婦人不織,禽獸之皮足衣也。不事力而養足,人民少而財有餘,故民不爭。是以厚賞不行,重罰不用,而民自治。今人有五子不為多,子又有五子,大父未死而有二十五孫。是以人民眾而貨財寡,事力勞而供養薄,故民爭,雖倍賞累罰而不免於亂。」[40]這就是說,人口增多,財富相應地不足,從而引起爭鬥。韓非所舉的第一條理由,即智的增加引起德的減退,這是與道家見解一致的;而其所舉的第二條理由,即以人多財少導致從競於道德轉變為爭於氣力的原因,這卻是道家所不曾提到的。認為道德理性與歷史理性一致的時代已成過去,這是韓非與道家相同的地方;不過他認為歷史不可能倒退,則是他與道家最大的不同之處。歷史既然不能倒轉,時代變了,情況變了,那麼該怎麼辦?《南面》篇云:「夫不變古者,襲亂之迹;適民心者,恣奸之行也。民愚而不知亂,上懦而不能更,是治之失也。人主者,明能知治,嚴必行之,故雖拂於民心,立其治。」[41]時代已非競於道德的古代,就必須改變古代的辦法,如果還是走順從民心的老路,那麼就會促成奸邪橫行。因為人民奮其私智而實際愚蠢,從而不明白自己奮其私智就是在作亂,所以知道治國之道的明君雖

---

[38] 王先慎:《韓非子集解》,見《諸子集成》第五冊,頁341。以下引此書皆據此本只記頁數。
[39] 《韓非子集解》,頁339。
[40] 《韓非子集解》,頁339-340。
[41] 《韓非子集解》,頁87。

然違背民心也能作好自己的統治。這樣就直接地提出了與天命人心說相對立的統治理論。這種理論的實質就是歷史理性與道德理性的徹底背離。當然，法家與道家在對待歷史的態度上又有很大的不同，道家主張歸真反樸，回到上古時代；而法家則主張向前看，正如《五蠹》篇所說「聖人不期修古，不法常可，論世之事，因為之備。」[42] 所以，在法家看來，歷史理性雖然與道德理性背離，但是歷史理性還是必須服從的。

（三）歷史理性與自然理性的比附

上文已經說到，到了戰國時期，歷史理性與道德理性的背離已成事實。韓非雖然對「競於道德」、「逐於智謀」、「爭於氣力」的歷史三段說作了論證，但是他的論證還不足以表示出歷史理性所應具有的必然性。稍後於孟子、商鞅的鄒衍「乃深觀陰陽消息而作怪迂之變，《終始》、《大聖》之篇十餘萬言。」[43]《終始》言五德終始之說，原書已佚，大意可見《呂氏春秋・有始覽・應同》，其文云：「凡帝王之將興也，天必先見祥乎下民。黃帝之時，天先見大螾大螻。黃帝曰：『土氣勝。』土氣勝，故其色尚黃，其事則土。及禹之時，天先見草木秋冬不殺。禹曰：『木氣勝。』木氣勝，故其色尚青，其事則木。及湯之時，天先見金刃生於水。湯曰：『金氣勝。』金氣勝，故其色尚白，其事則金。及文王之時，天先見火，赤烏銜丹書集於周社。文王曰：『火氣勝。』火氣勝，故其色尚赤，其事則火。代火者必將水。天且見水氣勝。水氣勝，故其色尚黑，其事則水。」[44] 依照這個次序：黃帝以土德王，色尚黃；夏代以木德王，色尚青；商代以金德王，色尚白；周代以火德王，色尚赤；代火德者為水德，色尚黑。這就是五行相勝說，次序為：木克土、代土，金克木、代木，火克金、代金，水克火、代火，土克水、代水，

---

[42] 《韓非子集解》，頁339。
[43] 《史記・孟子荀卿列傳》，《史記》第七冊，頁2344。
[44] 《呂氏春秋》，《諸子集成》第六冊，頁126-127。

如此循環不已。五種物質按其特性，一個戰勝並取代另一個，其間是有其必然性的。這種必然性所體現的正是一種自然的理性。不過，這樣的自然理性雖然有其先後相代的歷史順序，但總不是歷史理性的自身。拿這種自然理性作為歷史理性的比方，似乎有些道理，但總不是歷史本身的內在的必然性或理性，而僅僅是一種比附。所以在本質上是沒有根據的。

鄒衍的這一套五德終始說，如果現在說來，那麼肯定不會有人相信。可是當其時，卻十分流行。秦始皇也許可以說是一個不信邪的人，對於神鬼，一點也不客氣。可是他偏偏相信五德終始這一套。據《史記·秦始皇本紀》記：「始皇推終始五德之傳，以為周得火德，秦代周德，從所不勝。方今水德之始，改年始，朝賀皆自十月朔。衣服旄旌節旗皆上黑。數以六為紀，符、法冠皆六寸，而輿六尺，六尺為步，乘六馬。更名河曰德水，以為水德之始。剛毅戾深，事皆決於法，刻削毋仁恩和義，然後合五德之數。於是急法，久者不赦。」[45]秦始皇為什麼要以水德王？看來不是出於對某種自然理性的尊重，而是出於一種現實的功利的考慮。因為按照五德的各自特性是：木，色青，數用七，時為春，「其德喜贏，而發出節」；火，色赤，數用九，時為夏，「其德施捨修樂」；土，色黃，數用五，（時為長夏，其實不占一個季），「其德和平用均，中正無私」；金，色白，數用八，時為秋，「其德憂哀靜正嚴順」；水，色黑，數用六，「其德淳越溫（王引之讀「溫」為「慍」，是。慍即怒。）怒周密」[46]。按「淳（不雜為淳）越（與「於」通）慍怒周密」，意思就是純然（行事）暴戾無情、（執法）苛刻嚴密。這和《史記》所說水德「剛毅戾深，事皆決於法，刻削毋仁恩和義」意思如出一轍。當然，韓非所說的「當今爭於氣力」，也是同樣的意思，不過韓非的說法就事論事，而且說明「當今爭於氣力」就是放棄了「上古的競於道德」，公開承認了這種歷

---

[45] 《史記》第一冊，頁237-238。
[46] 參閱戴望：《管子校正》，《諸子集成》第五冊，頁238-240，249。

史理性與道德理性的背離，從而缺少某種神聖的光環。秦始皇要的也就是這種精神，不過，他知道，一旦他用五德終始之說對此加以緣飾，那麼就可以滿有理由地表示自己的行為準則所體現的也是一種德，而且是一種體現了時代精神的德，而他自己也只不過是在自覺地體現時代的精神罷了。當時他要以武力征服六國並鞏固自己的統治，原來以火德王的周代的精神——「施捨修樂」（或以為「施」乃「弛」之訛，如是則「弛舍」即寬舒之義）與他的主張截然相反，自然是必須予以取代的。

四、天人合一的歷史理性的有情有理化（合）（漢代）

秦始皇宣布以水德王，自覺地執行法家的以暴戾無情、嚴刑峻法治國的政治方略。應該說，他在某種程度上是感到了那是一種時代的需要。《史記・秦始皇本紀》敘述了他確定以水德王以後，接著記載了這樣一段事：「丞相綰等言：『諸侯初破，燕、齊、荊地遠，不為置王，無以填之。請立諸子，唯上幸許。』始皇下其議於群臣，群臣皆以為便。廷尉李斯議曰：『周文武所封子弟同姓甚眾，然後屬疏遠，相攻擊如仇讎，諸侯更相誅伐，周天子弗能禁止。今海內賴陛下神靈一統，皆為郡縣，諸子功臣以公賦稅重賞賜之，甚足易制。天下無異意，則安寧之術也。置諸侯不便。』始皇曰：『天下共苦戰鬥不休，以有侯王。賴宗廟，天下初定，又復立國，是樹兵也，而求其寧息，豈不難哉！廷尉議是。』」[47] 從這一件事來看，秦始皇對於功臣、子弟而言是無情的；他的思想集中於一統大業，自覺地放棄周代分封功臣、子弟的辦法，而代以郡縣制度。他的這一思想，符合歷史潮流的需要，可以說是一種歷史理性的體現。他對功臣、子弟無德，卻符合於歷史理性；所以，從一個角度看，道德理性是

---

[47] 《史記》第一冊，頁 238-239。

可以與歷史理性背離的。不過，秦始皇不封國樹兵，又是為了免除諸侯混戰給人民所帶來的痛苦（這在戰國時期已經充分被證明了），應該說，其中也有道德理性的體現。所以，從另一個角度看，秦始皇在體現歷史理性的時候，也有體現道德理性的方面。

因此，只要經過具體的分析，我們便可以發現，道德理性本身也是有其歷史性的。在西周初期曾經是合乎道德理性的制度，到了戰國時期就不再是合乎歷史理性的了。李斯與秦始皇看到了這一點，應該說，這也是很不凡的。

可是，秦始皇在看到了這一點的同時，他便以為自己既然是時代精神的代表，那麼就可以為所欲為，真正地按照水德的特點（剛毅戾深、刻削無仁恩和義）行事。其他巡遊天下、營造宮殿等勞民傷財之事暫且不說，就以他與二世在營造他的陵墓上的行為為例來看：「始皇初即位，穿治酈山，及併天下，天下徒送詣七十餘萬人，穿三泉，下銅而致槨，宮觀百官奇器珍怪徙臧滿之。令匠作機弩矢，有所穿近者輒射之。以水銀為百川江河大海，機相灌輸，上具天文，下具地理。以人魚膏為燭，度不滅者久之。二世曰：『先帝後宮非有子者，出焉不宜。』皆令從死，死者甚眾。葬既已下，或言工匠為機，臧皆知之，臧重即泄。大事畢，已臧，閉中羨，下外羨門，盡閉工匠臧者，無復出者。」[48] 就在這樣情況下，陳勝、吳廣揭竿而起，曾經強大無比的秦帝國竟然迅速地土崩瓦解了。

（一）漢初對於歷史的反省

劉邦最後取得勝利，建立起漢帝國。劉邦布衣出身，毫無憑藉，乃能代秦而有天下，這比「小邦周」之取代「天邑商」更為出乎人之意料。劉邦本人因其文化素養不高，未能自覺對此作深入的反省。他能認識到自己的勝利主要在於能任用張良、蕭何、韓信，就已經

---

[48] 《史記》第一冊，頁265。

沾沾自喜了[49]。《史記・酈生陸賈列傳》記：「陸生時時前說稱《詩》、《書》。高帝罵之曰：『乃公居馬上而得之，安事《詩》、《書》！』陸生曰：『居馬上得之，寧可以馬上治之乎？且湯武逆取而以順守之，文武併用，長久之術也。昔者吳王夫差、智伯極武而亡；秦任刑法不變，卒滅趙氏（秦之姓）。鄉使秦已併天下，行仁義，法先聖，陛下安得而有之？』高帝不懌而有慚色，乃謂陸生曰：『試為我著秦所以失天下，吾所以得之者何，及古成敗之國。』陸生乃粗述存亡之徵，凡著十二篇。每奏一篇，高帝未嘗不稱善，左右呼萬歲，號其書曰《新語》。」[50] 今《新語》十二篇尚存，內容大體如上述。

在陸賈《新語》的基礎上進一步作反省的是賈誼。司馬遷在《秦始皇本紀》的末尾引用了賈誼的《過秦論》，其中分析了秦之所以能戰勝六國及其後覆亡的根本原因，大意是：（1）秦勝六國不是因為其力量大於六國，而是六國內部矛盾甚多、甚深，秦故能利用其有利地形，當六國聯合進攻時固守，待六國內部矛盾爆發時各個擊破之；（2）秦已一統天下之後，已經飽受長期戰亂之苦的人民本來是希望由此得到安寧的，可是「秦王（指秦始皇）懷貪鄙之心，行自奮之智，不信功臣，不親士民，廢王道，立私權，禁文書而酷刑法，先詐力而後仁義，以暴虐為天下始」；二世「更始作阿房宮，繁刑嚴誅，吏治刻深，賞罰不當，賦斂無度，天下多事，吏弗能紀，百姓困窮而主弗收恤。然後奸偽並起，而上下相遁，蒙罪者眾，刑戮相望於道，而天下苦之。自君卿以下至於眾庶，人懷自危之心，親處窮苦之實，咸不安其位，故易動也。是以陳涉不用湯武之賢，不藉公侯之尊，奮臂於大澤而天下響應者，其民危也。」[51] 賈誼從秦的興亡歷史中分析概括出了這樣的結論：

聞之於政也，民無不為本也。國以為本，君以為本，

---

[49] 《史記》第二冊，頁380-381。
[50] 《史記》第八冊，頁2699。
[51] 《史記》第一冊，頁277-284，引文見頁283-284。

吏以為本。故國以民為安危,君以民為威侮,吏以民為貴賤。此之謂民無不為本也。聞之於政也,民無不為命也。國以為命,君以為命,吏以為命。故國以民為存亡,君以民為盲明,吏以民為賢不肖。此之謂民無不為命也。聞之於政也,民無不為功也。故國以為功,君以為功,吏以為功。國以民為興壞,君以民為弱強,吏以民為能不能。此之謂民無不為功也。聞之於政也,民無不為力也。故國以為力,君以為力,吏以為力。故夫戰之勝也,民欲勝也。攻之得也,民欲得也。守之存也,民欲存也。故吏率民而守,而民不欲存,則莫能以存矣。故率民而攻,民不欲得,則莫能以得矣。故率民而戰,民不欲勝,則莫能以勝矣。故其民之於其上也,接敵而喜,進而不能止,敵人必駭,戰由此勝也。夫民之於其上也,接敵而懼,退必走去,戰由此敗也。故夫災與福也,非粹在天也,又在士民也。嗚呼,戒之戒之。夫士民之志,不可不要也。嗚呼,戒之戒之。行之善也,粹以為福已矣。行之惡也,粹以為災已矣。故受天之福者,天不攻焉。被天之災,則亦毋怨天矣,行自為取之也。知善而弗行,謂之不明;知惡而弗改,必受天殃。天有常福,必與有德;天有常災,必與奪民時。故夫民者,至賤而不可簡也,至愚而不可欺也。故自古至於今,與民為仇者,有遲有速,而民必勝之[52]。

賈誼從秦亡的歷史中總結出的結論是,民為國家及君主之本、之命、之功、之力,與民為敵,遲早必亡。這樣的論述與《尚書》裡的天命人心說道理相通,而論證則更為明確透徹。不過,賈誼在強調道德理性的同時,也沒有放棄五德終始的說法。據《史記・屈原賈生列傳》記:「賈生以為漢興至孝文二十餘年,天下和洽,而固當改正朔,易服色,法制度,定官名,興禮樂,乃悉草具其事儀法,色尚黃,

---

[52] 賈誼:《新書》,見《百子全書》第一冊(杭州:浙江人民出版社,1984),《新書》九,頁1。《新書校注》,閻振益,鍾夏校注(北京:中華書局,2000),頁97-98。

數用五,為官名,悉更秦之法。孝文帝初即位,謙讓未遑也。」[53] 從形式上看,建漢之土德是為了克秦之水德,所循仍然是後者戰勝前者的邏輯,但從實質來看,如前所述,土德「和平用均,中正無私」,以此取代秦之「剛毅戾深、刻削毋仁恩和義」的水德,也正是當時歷史的需要。《新書・時變》篇云:「商君違禮義,棄倫理,並心於進取。行之二歲,秦俗日敗。秦人有子,家富子壯則出分,家貧子壯則出贅。假父耰鉏杖篲,耳慮有德色矣。母取瓢椀箕箒,慮立訊語。抱哺其子,與公併踞;婦姑不相說,則反脣而睨。其慈子嗜利而輕簡父母也,慮非有倫理也,亦不同禽獸僅焉耳。然猶並心而赴時者,曰功成而敗義耳。蹶六國,兼天下,求得矣,然不知反廉恥之節,仁義之厚,信並兼之法,遂進取之業,凡十三歲而社稷為墟,不知守成之數、得之之術也。悲夫!」[54] 所以,賈誼提出以土德代替秦之水德,不僅符合以土克水的五行相勝規則,而且也是與他反對秦之暴戾刻薄(水德)的思想相符合的。

賈誼繼承並發展了西周天命人心說的傳統,重視道德理性的建立,同時又努力使這種道德理性和五行相勝說的歷史理性盡可能地結合起來。這是漢代學者第一次使二者結合的努力。

(二)五行與三統

與賈誼同時,魯人公孫臣也上書文帝建議以土德王,而丞相張蒼則「推以為今水德」,主張沿用秦之水德,因此未能改為土德[55]。漢武帝初年,曾以「三代受命,其符安在?災異之變,何緣而起?性命之情,或夭或壽,或仁或鄙,習聞其號,未燭其理」等為題策問,董仲舒於對策(即所謂天人三策)中反復說明,天命的轉移或政權的得失,都在於君主之有德或無德,以及由此引起的人心之向背;這些都是周代天命人心說的再版,不須贅述。關於歷史演進中的變化,

---

[53] 《史記》第八冊,頁2492。
[54] 《百子全書》第一冊,《新書》三,頁1-2。
[55] 《史記》第二冊,頁429。

他認為:「至周之末世,大為亡道,以失天下。秦繼其後,獨不能改,又益甚之,……故立為天子十四歲而國破亡矣。自古以來,未嘗有以亂濟亂,大敗天下之民如秦者也。其遺毒餘烈,至今未滅,……故漢得天下以來,常欲善治而至今不可善治者,失之於當更化而不更化也。」[56] 如何更化呢?董仲舒說:「然夏上忠,殷上敬,周上文者,所繼之捄,當用此也。孔子曰:「殷因于夏禮,所損益可知也;周因於殷禮,所損益可知也;其或繼周者,雖百世可知也。」此言百王之用,以此三者矣。……繇是觀之,繼治世者其道同,繼亂世者其道變。今漢繼大亂之後,若宜少損周之文致,用夏之忠者。」[57] 董仲舒向漢武帝所陳說的三統說大體如此。

董仲舒的比較系統的理論見於其所著《春秋繁露・三代改制質文》,即「三正以黑統初。正日月朔於營室,斗建寅。天統氣始通化物,物見萌達,其色黑。故朝正服黑,首服藻黑……親赤統,故日分平明,平明朝正。正白統奈何?曰:正白統者,曆正日月朔於虛,斗建丑。天統氣始蛻化物,物始芽,其色白,故朝正服白,首服藻白……親黑統,故日分鳴晨,鳴晨朝正。正赤統奈何?曰:正赤統者,曆正日月朔於牽牛,斗建子。天統氣始施化物,物始動,其色赤,故朝正服赤,首服藻赤……親白統,故日分夜半,夜半朝正。」[58] 這一理論的根據不再是五行的相勝,(雖然《春秋繁露》中也有「五行相生」、「五行相勝」的篇章,不過所論皆無關於歷史發展階段)而是建立在夏商周三代曆法歲首的不同上,即夏以建寅之月(正月,立春季節所在之月)為歲首,商以建丑之月(十二月)為歲首,周以建子之月(十一月,冬至季節所在之月)為歲首。春秋以下即有三代曆法不同之說,《春秋》中也有「春王正月」、「王二月」、「王三月」之說,這三個帶有王字的月就被認為是三代各自的正月。秦

---

[56] 班固:《漢書・董仲舒傳》第八冊(北京:中華書局,1975),頁 2504-2505。以下引《漢書》皆據此本,只記冊數頁數。
[57] 《漢書》第八冊,頁 2518-2519。
[58] 蘇輿,鍾哲校點:《春秋繁露義證》(北京:中華書局,1992),頁 191-195。

以建亥之月（十月）為歲首，不在子、丑、寅三正之列，所以不能作為一個王的統。三統說的黑（夏，其德為忠）、白（商，其德為敬）、赤（周，其德為文）三色，是比附植物根部在子丑寅三個月裡的顏色而來的。

董仲舒十分重視道德理性的建立，認為天是根據國君的道德情況決定對其天命的予奪的。他的三統說的特點是：其一，引孔子話為根據，以三統代五德；其二，這種三統說以夏、商、周三代的忠、敬、文三德為標誌，取代了五行說以自然界五種物質為標誌的辦法，使歷史理性離開自然理性而與道德理性靠近一步；其三，三統的相續是生長過程中的延續，並不像五行相勝說那樣地是後者戰勝或消滅前者，後代之繼前代不是為了克服或制勝前者，而是為了救弊；其四，否認秦為一個統，以漢直接繼周，因為秦未能救周之弊，反而發展了周末之弊，從而也就不具有獨立的一德的資格。這樣，董仲舒的歷史理性裡就充滿了道德理性的成分。

漢武帝接受了董仲舒尊儒術的建議，但未採用其三統說。至武帝太初元年，「夏五月，正曆，以正月為歲首。色尚黃，數用五，定官名，協音律。」[59] 太初曆以建寅之月為歲首，即取夏曆，但是色尚黃（非如董生所云夏尚黑），遵循的仍然是五行相勝說。

到西漢中後期，這種五行相勝說漸為五行相生說所代替。原五行相生說在《呂氏春秋》的十二紀中已有陳述，唯未用於解說歷史的發展。據《漢書・律曆志》載：「至孝成世，劉向總六曆，列是非，作《五紀論》。向子歆究其微眇，作《三統曆》及《譜》以說《春秋》，推法密要，故述焉。」[60] 按三統曆在曆法內容上沿襲了太初曆，為八十一分曆[61]，但是劉歆並未沿襲漢武帝定太初曆時所採用的五行

---

[59] 《漢書・武帝紀》第一冊，頁 199。
[60] 《漢書》第四冊，頁 979。
[61] 參閱朱文鑫：《中國曆法源流》，載氏著《天文考古錄》，《萬有文庫》本（上海：商務印書館，1939），頁 36-39。

相勝說，而是改用了五行相生說。據《律曆志》記載的劉歆所作《世經》，其所排古來帝王德的更迭，即依五行相生次序：太昊帝（炮犧氏），「為百王先，首德始於木」；炎帝（神農氏），「以火承木」；黃帝（軒轅氏），「火生土，故為土德」；少昊帝（金天氏），「土生金，故為金德」；顓頊帝（高陽氏），「金生水，故為水德」；帝嚳（高辛氏），「水生木，故為木德」；唐帝堯（陶唐氏），「木生火，故為火德」；虞帝舜（有虞氏），「火生土，故為土德」；禹（夏后氏），「土生金，故為金德」；湯（商、後稱殷），「金生水，故為水德」；周武王，「水生木，故為木德」；「漢高祖皇帝，著《紀》，伐秦繼周。木生火，故為火德」[62]。如此，周當木德（秦屬閏統不計），漢承周正為火德。後來王莽篡漢，自命以土德王，其五行相生邏輯是火生土；劉秀建立東漢，又恢復以火德王。以後曹魏篡漢，還是自命為土德王；司馬晉篡曹魏，則自命為金德王。於是五行相生說在中國歷史上流行了相當長的一段時間。

　　五行相勝說與五行相生說，就其實質而言，不過是同一個魔術的兩種不同玩法，其區別可以說無足輕重。如果一定要追究它們到底為何會有這樣的變化，那麼，我想其原因大概是：前者重相剋，力圖使歷史理性與道德理性背離，乃戰國時代法家學說與五行說結合之產物；而後者則重相生，力圖使歷史理性與道德理性儘量吻合，乃儒家學說與五行說相結合的結果，如此而已。

（三）公羊家的春秋三世說

　　《公羊傳》徐彥疏引何休著《文謚例》云：「三科九旨者，新周、故宋、以《春秋》當新王，此一科三旨也；又云，所見異詞，所聞異詞，所傳聞異詞，二科六旨也；又內其國而外諸夏，內諸夏而外夷狄，是三科九旨也。」[63] 又《公羊傳》隱公元年「所見異辭，所聞異辭，所傳聞異辭」句下之何休注云：「於所傳聞之世，見治起於衰亂之

---

[62] 《漢書》第四冊，頁1011-1023。
[63] 《春秋公羊傳注疏》，《十三經注疏》，頁2195。

中，用心尚麤糙，故內其國而外諸夏；先詳內而後治外，錄大略小，內小惡書，外小惡不書，大國有大夫，小國略稱人，內離會書，外離會不書，是也。於所傳聞之世，見治升平，內諸夏而外夷狄，書外離會，小國有大夫；宣十一年秋，晉侯會狄於攢函，襄二十三年，邾婁劓我來奔，是也。至所見之世，著治太平，夷狄進至於爵，天下遠近小大若一，用心尤深而詳；故崇仁義，譏二名，晉魏曼多、仲孫何忌，是也。所以三世者，禮，為父母三年，為祖父母期，為曾祖父母齊衰三月，立愛自親始。故《春秋》據哀錄隱，上治祖禰。」[64]

按「所見異詞，所聞異詞，所傳聞異詞」於《公羊傳》中曾三見（隱公元年，桓公二年，哀公十四年），原來是說《春秋》對於不同時期的事有不同的書法措辭。為什麼要三世異詞呢？何休對此作了富有創見的回答，即「所以三世者，禮，為父母三年，為祖父母期，為曾祖父母齊衰三月，立愛自親始。」這一回答所根據的是儒家所傳之禮，而儒家的禮是與儒家的核心思想——仁相表裡的[65]。仁是人之所以為人的最根本的愛，亦即把人當作人來愛的人類之愛。但是，這種愛不能是墨子所說的那樣無差別的兼愛，因為不符合人情之常，亦即人性的自然（Nature）。一個人之所以能夠作為一個具有社會性的人出現，這裡實際有兩個條件：第一，他必須是一個具有自己獨立人格的人，或者說他必須有個人人格的建立，因為不具有個人人格的自然人是不能成為真正的社會的一分子。第二，他必須建立起個人與所參與的社會的關係，而他自己正是這種參與的起點。因此，當個人人格建立起來，個人知道自尊和自愛的時候，他必須立即把這種自尊和自愛向外逐步拓展，這就是孔子所說的「己欲立而立人，己欲達而達人」[66]和「己所不欲，勿施於人」[67]的倫理原則：這個原

---

[64] 《春秋公羊傳注疏》，《十三經注疏》，頁2200。
[65] 參見拙作《先秦儒家仁禮學說新探》，載《古代中國與世界》（武漢：武漢出版社，1995），頁377-394。
[66] 《論語・雍也》，《諸子集成》第一冊，頁134。
[67] 《論語・顏淵》，《諸子集成》第一冊，頁263。

則的起點是己，而其終點是人；把自己同樣也把別人都當作人來親愛、來尊重，這就是仁，儒家的仁。惟其這種愛必須是循序漸進，由近及遠，從內向外地逐步推展的，所以，對於父母、祖父母、曾祖父母之喪服乃有等差。

何休對於《公羊傳》和公羊三世說的解釋，有許多精彩獨到的見解，也有很多非常異義可怪之論，這裡只想說他在使歷史理性與道德理性重新結合上的作用：其一，何休三世說不像五行相勝說或五行相生說那樣假自然理性的環節以為歷史理性的環節，也不象董仲舒那樣假三代三正之說（其中仍然沒有完全超脫自然理性）的環節以為歷史理性的環節，而是純粹以人倫的道德理性的展開作為歷史理性的展開的說明。其二，人倫的道德理性也並非憑空而生，它是以人之性情為根據的，或者說以儒家的人性說為依據的，而人性也是一種自然（Nature），不過它不再是外在於人或異己的自然，而是人的內在的自然。其三，何休三世說與鄒衍五行相勝說、劉歆五行相生說、董仲舒三統說具有一個很大的不同之點，即前三者都以為歷史理性的展開是循環的，而何休三世說則擺脫了這種循環，作為體系是開放的。其四，何休三世說雖以春秋二百四十二年分為三世作立論之憑依，但其實又不拘於也不限於此二百四十二年之歷史，他實際是為人類的歷史提供了一個縮小了的模型；因為他的三世說的內容具有可放大性，譬如，「天下遠近大小若一」，何休心中的模型只不過是漢帝國，而漢帝國遠遠不是「天下」，也更談不上「遠近大小若一」。

以上概述了歷史理性在中國古代的產生過程，說明了歷史理性在產生過程中與道德理性及自然理性的相互關係。這樣的情況在歷史學和哲學都相當發達的古希臘還不曾發生過。在古代西方，歷史不曾被作為理性來思考，這在弁言裡已有略說。在古代希臘，是邏輯理性而不是歷史理性得到了相當充分的發展，相應地是邏輯理性在與自然理性、道德理性的相互關係中的發展。在西方，歷史之被

真正地當作理性來思考,那是從義大利學者維柯(G. Vico)所著的《新科學》開始的,到了黑格爾(G. W. F. Hegel)的《邏輯學》和《小邏輯》裡,邏輯或理性本身也都變成歷史的了。這樣的歷史理性與邏輯理性的結合,是中國古代的歷史理性產生過程中所不曾出現的。

第十六篇

關於歷史發展的連續性與統一性問題
——對黑格爾曲解中國歷史特點的駁論

一、前言

　　這篇文章本來是《中西古代歷史、史學與理論的比較研究》課題的引論。因為它在一定程度上具有自己的獨立性，所以發表於此，藉以先向有關專家和有興趣的讀者請益。

　　「中西古代歷史、史學與理論的比較研究」，看起來似乎是一個內容過於龐大的問題，從而難於比較。不過，一切大問題都是可以分析為具體的小問題的；從一定的邏輯取向出發，具體研討問題的某些方面，比較的研究就會成為既可能又有效的方法。本研究所取的具體方向則是，著重從中西歷史發展的連續性與統一性的角度來對二者進行比較的探討。也許有人認為，中國歷史文化具有發展的連續性與統一性，這是中國與其他文明古國有別的重大特點，並且已經是幾乎人所周知的歷史事實，似乎不必再作深究。可是，事實決非如此簡單。例如，黑格爾（G. W. F. Hegel）也論述了中國歷史的連續性與統一性，但是他的論述與其說是說明，毋寧說是曲解。對於這樣的曲解，我們是有義務和責任予以辨析和駁難的。當然，要作這樣的辨析與駁難，就需要對有關從歷史事實到理論的一系列

的具體問題作分層的系統論述。關於具體問題，我們將在以下有關具體篇章中加以分析、批判。在這篇文章裡，我們將以馬克思主義的唯物史觀為指引，對黑格爾的一般論斷的本身，以及若干根本性的概念與關係（如歷史發展的連續與斷裂的概念、統一與分裂的概念以及這兩類概念之間的關係等等）進行分析與批判，同時提出我們自己的見解。當然，我們在與黑格爾作辯論時，一方面對於他的辯證法的積極內容都會儘量加以批判地理解和吸收，另一方面對於其唯心主義的獨斷思想也會儘量予以駁難與否定。總之，我們對他的論述所取的是批判和揚棄的態度。至於為什麼此項研究要從歷史、史學和理論三個層面來進行，這也是有原因的。請看下文的說明。

黑格爾在其《歷史哲學》中提出的問題是很值得我們加以分析與探討的。在此書第一部「東方世界」的引言裡，黑格爾概略地比較論述了中國、印度、波斯等古國的歷史，他以印度（多樣化）與中國相比，說中國是「永無變動的單一」（immovable unity, das bewegungslose Eine），以波斯（複雜的統一）與中國比，說中國的統一是「抽象的」（abstract, abstrakte），末段又說：「假如我們從上述各國的命運來比較它們，那麼，只有黃河、長江流域的那個中華帝國是世界上唯一持久的國家（the only durable kingdom in the world, das einzige Reich der Dauer in der Welt.）。」[1]

在「東方世界」的第一篇「中國」的開頭，黑格爾又說：「歷史必須從中華帝國說起，因為根據史書的記載，中國實在是最古老的國家……中國很早就已經進展到了它今日的情況；但是因為它客

---

[1] 黑格爾《歷史哲學》，王造時譯（北京：生活・讀書・新知三聯書店，1956）（以下簡稱中譯本），頁158、159、160。*The Philosophy of History*, trans. by J. Sibree, Dover, N. Y. 1956,（以下簡稱英譯本）pp.113, 114, 115, *Philosophie der Geschichte*, G. W. F. Hegel Sämtliche Werke, Band IX, Felix Meiner, Leipzig, 1923,（以下簡稱原文全集本）s.272, 274. 王造時譯本據英譯本轉譯，但曾託人據德文本校，故並列英譯本及原文本頁數，以便讀者覆核。原文《歷史哲學》還有一部分在黑氏全集第八冊中，出版社無異，出版年代為1920年。以下引用這些書時，只記頁數（原文全集本加冊數）。附帶說明，英譯本在字句甚至段落上與原文全集本頗有異同（或有無）之處，蓋因黑氏多次講演不同與編者有所取捨之故。以下引中、英文譯本而原文全集本所無者，即只注中、英文譯本頁數。

觀的存在和主觀運動之間仍然缺少一種對峙，所以無從發生任何變化，一種終古如此的固定的東西代替了真正的歷史的東西（every change is excluded, and the fixedness of a character which recurs perpetually, takes the place of what we should call the truly historical. so ist jede Veränderlichkeit ausgschlossen, und das Statarische, das ewig wieder erscheint, ersetzt das, was wir das Geschichtliche nennen würden.）。」[2] 在《歷史哲學》的「區分」（Einteilung, Classification of Historic Data）章裡，黑氏還把中國等東方國家的歷史稱為「非歷史的歷史」（unhistorical history, eine ungeschichtliche Geschichte）[3]。黑氏不僅對中國的歷史進程提出了這樣似是而非的論述，他對中國的歷史著作或史學，也有其近乎荒謬的說法。他一方面說：「中國『歷史作家』的層出不窮、繼續不斷，實在是任何民族所比不上的。」[4] 可是，他另一方面又說：「在中國人中間，歷史僅僅包含純粹確定的事實，並不對於事實表示任何意見或者見解（History among the Chinese comprehends the bare and definite facts, without any opinion or reasoning upon them. Imübrigen hegreift die Geschichte der Chinesen nur die ganz bestimmten Fakta in sich ohne alles historische Urteil und Räsonnement）[5]。

　　從上述引文可以知道，黑氏承認中國歷史非他國可比的長久連續性，但是他又把這種連續的歷史說成非歷史的歷史；他承認中國歷史的統一性，但是他又把這種統一性說成抽象的統一性；他承認中國歷史著作或史學源遠流長，但是他又把中國的史書或史學說成只重事實而「毫不寓有歷史的判斷和理性」（ohne alles historische Urteil und Räsonnement）。總之，在黑氏眼中，作為事實過程的中國歷史不過是一大塊內部沒有矛盾、沒有理性，從而結構單一、久

---

[2]　《歷史哲學》中譯本，頁 160-161。英譯本，頁 116。原文全集本，第 IX 冊，頁 275。
[3]　《歷史哲學》中譯本，頁 150-151。英譯本，頁 105-106。原文全集本，第 VIII 冊，頁 235。
[4]　《歷史哲學》中譯本，頁 160-161。英譯本，第 116 頁。原文全集本，第 IX 冊，頁 275。
[5]　《歷史哲學》中譯本，頁 179。英譯本，第 135 頁。原文全集本，第 IX 冊，頁 315。

經歲月而不變的頑石,而作為文字敘述的中國歷史也不過是一大堆不含歷史判斷與理性的、冗長的事件的流水賬而已。

由上文可見,黑氏在其《歷史哲學》中對中國歷史文化的根本性的誤解或曲解具有兩個特點:第一,他的全部論述與結論都是在歷史的比較研究中進行的;第二,他的錯誤並非僅僅表現在個別的、零星的問題上,而是涵蓋了歷史的、史學的和理論的(歷史哲學性的)三個層次,其本身就是一個三維結構的整體,因此,我們的回應,首先必須是以比較研究為基礎的,同時應該且必須在這三個層次上來依次展開。這就是我們的此項研究涵蓋著歷史、史學和理論三個層面的比較的根本原因。

二、世界歷史的架構與中西歷史比較的對應分期問題

在上一節說明我們研究的緣起與取向(或學術路數)以後,現在有必要說明的問題是:我們的此項研究為什麼在內容上只限於中國和西方,而在時間上只限於古代?為了回答這個問題,我們就不能不先簡略地分析一下黑格爾在其《歷史哲學》中為其所述的世界史或普世史(Universal history)建立的總體架構。

《歷史哲學》的歷史內容包括東方世界、希臘世界、羅馬世界和日耳曼世界四大部分。其緒論的「區分」章[6]說明這種四分歷史的基本思路,以下就依次具體分部論述四大世界。他對四大世界是按照他所設想的時空次序排列的。「世界歷史從『東方』到『西方』,因為歐洲絕對地是歷史的終點,亞洲是起點。」[7]東方是日出的地方,文明產生也最早、最幼稚;西方是日落的地方,文明產生最晚,也

---

[6] 《歷史哲學》中譯本,頁 148-155。英譯本,頁 103-110。原文全集本,第 XIII 冊,頁 232-247。

[7] 《歷史哲學》中譯本,頁 148。英譯本,頁 103。原文全集本,第 VIII 冊,頁 232-233。

最成熟。他還作了隱喻式的比較，稱東方世界為「歷史的少年時代」，希臘世界為「青年時代」，羅馬世界為「壯年時代」，日耳曼世界為「老年時代」；並補充說，「精神」的老年時代與自然界不同，它不是衰弱，而是「完滿的成熟和力量」[8]。

黑格爾此書中的這種歷史四分法在他自己已非新說，在他第一次講歷史哲學（1822-1823冬季）的前一年出版的《法哲學原理》裡就已經有了東方、希臘、羅馬、日耳曼四帝國的分期法。如果按照柯林武德在《歷史的觀念》中的說法，那麼他的這一分期法就更為陳舊，只不過是讓·鮑丹（J. Bodin）所批評過的中世紀慣用的四大帝國分期法的重複；而這種分期法又「並非是基於對事實的準確解釋，而是基於從《但以理書》中所假借來的一種武斷的方案」[9]。

就歷史事實而言，黑氏的東方、希臘、羅馬、日耳曼四大世界的區分方法包含了以下的基本錯誤。第一，就地理方位而言，如果說由東方而希臘而羅馬是由東而西，那麼由羅馬而日耳曼則違反了這一次序。第二，就時間先後而言，雖然東方、希臘、羅馬、日耳曼文明興起的大致次序無誤，但是，他在東方世界的篇章裡，首列中國，次列印度，再列波斯（在波斯部分中又先列古波斯人，再列亞述人、巴比倫人、米太人、敘利亞—巴勒斯坦人，最後是埃及人），於是文明興起先後次序完全顛倒錯亂。當然，其中有歷史條件的侷限，即黑氏未能見到埃及學、亞述學、印度河流域文明及愛琴文明發現的成果。這是我們不能苛求於前人的。第三，就時間、空間次序的關係而言，黑氏以為二者是一致的，即由東而西，前者逐一被後者所取代：希臘取代波斯（在黑氏看來的東方的最後代表），羅馬取代希臘，日耳曼取代羅馬。然而，東方事實上既未被希臘又並

---

[8] 此四個年齡段的比喻見於英譯本及中譯本，在全集本中則不完整。
[9] 何兆武、張文杰譯：《歷史的觀念》（北京：中國社會科學出版社，1986），頁65-66。R. G. Collingwood, *The Idea of History*, Oxford University Press, pp.57-58. 家和按：參見《舊約·但以理書》第二章，31-45節。

未被羅馬所滅亡,尤其是中國在世界歷史上長期佔有重要地位,這是黑氏所無法解釋的。

於是黑氏不得不採用另外一種解釋,即上文已經引述的說東方的歷史是「非歷史的歷史」(儘管你東方雖未離開世界歷史,但是你已經入了另冊,不算數了),相對而言西方的歷史當然是歷史的歷史了。所以,黑氏的世界區分法實際只是兩大世界區分法,即東西兩大世界的區分:非歷史的歷史與歷史的歷史之分。在他看來,在東方諸國裡,印度雖然存在,可是分裂了,波斯雖然統一過,可是又被滅亡了(古波斯帝國滅亡後,曾先後出現過安息帝國、薩珊波斯帝國,也都被他打入了另冊,不再算數),惟獨中國既未分裂又未滅亡,十分突出。他說:「中國是特別東方的(hilden das eigentlich orierr talische Prinzip);印度可以和希臘相比,波斯可以和羅馬相比。」[10]印度、波斯尚有與希臘、羅馬可比相通之處,而中國則與西方截然不同。所以,一言以蔽之,中國就是東方固有原則的代表,可以與西方相對待。我們的研究專門從中西相比的角度來進行,正是針對黑氏這一見解的。

那麼,為什麼我們的研究又只以古代這一時段的中西作為比較研究的對象呢?須知黑格爾的世界歷史不是各個國家自古及今歷史的總體,而是一些國家或文明先後接力跑的歷史,每個國家或文明跑完自己該跑的一段以後就是應該退場的。他欣賞歷史這樣的過渡:「埃及變成了波斯大帝國的一省,當波斯世界和希臘世界相接觸的時候,歷史的過渡就發生了。這裡,我們第一次看到歷史的過渡——就是一個帝國的覆亡。我們已經說過,中國和印度至今都還存在,波斯卻不存在了。波斯轉入希臘的過渡固然是內在的;但是這裡也變成了外在的,就是主權的轉移——這一種事實從這時起不斷發生。希臘人把統治權和文化拱手讓給羅馬人,羅馬人又為日耳曼人所征服。」[11]中國(還有印度)在跑完黑氏所規定的該跑的「少年」一段

---

[10] 《歷史哲學》中譯本,頁158。英譯本,頁113。原文全集本,第 IX 冊,頁 272。
[11] 《歷史哲學》中譯本,頁266。英譯本,頁221。原文全集本,第 IX 冊,頁 512,只說

歷史以後竟然沒有退場，這在黑氏的世界歷史框架裡自然簡直無法容身；他無法處理這種老而不死的文明，只好讓它永遠不長或永遠長不大，成為一塊頑石。

於是出現了一種奇怪的現象，在黑氏《歷史哲學》的比較中，一個無歷史階段區分的中國竟然成為與整個西方——從希臘、羅馬到日耳曼的對比項。所以，在黑氏的世界歷史框架裡，其「中國歷史」已非真正的中國史，只不過是他用來襯托其歐洲中心論的一個手段而已。黑氏出現的問題自有其文化與時代背景的侷限，此處不能細論[12]。

在黑氏講演「歷史哲學」的一個世紀以後，尤其兩次世界大戰以後，西方歷史哲學家的看法不能不有所變化。例如，湯因比（A. Toynbee）在其《歷史研究》（*A Study of History*，12卷本出版於1934-1961）中把世界歷史分為若干（先定為20個，後又增加到22、23個）「文明」（他也稱之為「社會」），其中西方文明之前有古希臘文明，遠東文明（以中國為主體，包括朝鮮、日本）之前有古代中國文明；甚至批評了西方人的「東方不變論」[13]。這樣就克服了黑氏對中國歷史不作階段區分的缺陷，但是湯因比所說的古代中國文明實際只上溯到春秋戰國時代。這樣，他也就不能真正地理解古代中國文明。直到他晚年出版的《歷史研究》單卷插圖本（出版於1972）還專門列出《希臘模式與中國模式》一章，認為「如把

到希臘被羅馬取代等等，未明提日耳曼。

[12] 黑格爾為什麼這樣看待中國歷史呢？原因不外兩點：儘管黑氏為了講中國而作了很多準備（據說他第一次講歷史哲學的時候，緒論和中國就占了全部時間的三分之一，以後才逐漸減少。見《歷史哲學》中譯本，緒論，頁52），但是他畢竟未能讀中國書，材料往往來自西方傳教士的道聽塗說，從而時常把中國古今材料混為一談。文化傳統隔閡，知識不足，此其問題之一。在19世紀20年代黑氏講歷史哲學之際，正是歐洲資本主義興旺發達的輝煌時期，所以他以為歐洲經過幾個階段正在到達歷史的終點，而中國（東方）已在歷史之外。黑氏說已過時，不過，其影響卻在諸如中國歷史停滯論、中國歷史的超穩定系統論等等說法中不時有所顯示。

[13] 《歷史研究》索麥維爾節寫本，曹未風等中譯本（上海：上海人民出版社，1997），上冊，頁42-43、45-48。又參見此書頁308-309。

這兩種模式相互聯繫起來加以觀察，它們則更加光彩奪目。希臘模式廣泛適用於各文明的早期階段，中國模式則廣泛適用於各文明的晚後階段。」[14] 他也有意於用廣義的希臘模式（即貫通古今的西方文明）與中國模式結合來說明他的文明發展理論框架，這實際也是一種中西的對比，不過他的方法很牽強，而且也未說明中國文明的連續性與西方文明曾經斷裂的區別及其原因。

又如，雅斯貝斯（K. Jaspers）在其《歷史的起源與目標》中也批評了黑格爾的偏見，說：「這是個陳舊的論點，即與西方相比，中國和印度沒有真正的歷史（keine eigentliche Geschichte, no proter history）。因為歷史意味著運動、本質變化和新的開端。」[15] 他在此書第一篇第二章《世界歷史綱要》[16]中把史前期以後的歷史分為四個階段，即古代文明期，包括兩河流域、埃及、印度河流域、黃河流域的上古文明，時間為從文明產生到軸心期前；軸心期（die Achsenzeit, axial Period, 或譯「樞軸時期」，意指根本性的大轉捩時期），包括西方（Orient-Okzident polarisierten Abendland, west-polarised in Orient and Occident）[17]、印度和中國三個軸心文明區，時間為西元前 800-200 年（許多地方未曾經過軸心期）；以後即為後軸心時期（包括西方開始的科技時代），一直至今。第二個軸心期尚未到來。雅斯貝斯在此書第一篇第一章《軸心期》中首先著重強

---

[14] 《歷史研究》單卷插圖本，劉北成、郭小凌譯（上海：上海人民出版社，2000），頁 39。

[15] *Vom Ursp rung und Ziel der Geschichte*, Piper, München, 初版於 1949 年，現參用 1983 年新版，s. 78；*The Origin and Goal of History*, trans. by M. Bullock, Yale University Press, 1953, p.52；魏楚雄、俞新天據英譯本轉譯的中譯本，華夏出版社，1989 年版，第 64 頁。此處中譯文略有改動，凡改動處皆注出原文及英譯文，下同。參閱原文本，頁 96，英譯本，頁 69，中譯本，頁 82。

[16] 原文本，頁 43-48，英譯本，頁 22-27。中譯本，頁 30-35。

[17] 這裡的西方世界（Abendland/Westernworld），是包含了東方（Orient）與西方（Okzident）兩極化了的。所謂 Orient 在此指地中海東部之亞非地區，Okzident 則指歐洲。具體地説即形成了西方文明基礎的猶太與希臘。而猶太則上承了兩河流域與埃及的古代文明（參見原文本，頁 44、48、77，英譯本，頁 23、27、52）。他甚至説：「西方世界不僅在自身與他者區別之間有著東方與西方的兩極對立，而且在其自身之中也有這種兩極對立」（原文本，頁 83，英譯本，頁 57）。

調的是「軸心時期」，而其特點是人類在精神覺醒上的「突破」。西方、印度與中國三個軸心文明區分別影響了其不同的周邊地區，影響到了其後的世界歷史格局。他認為，儘管西方近代所開創的科技時代也不能與軸心期相比美，而今後將出現的第二軸心期則應當是全球統一的人類歷史時期。對於我們來說，雖然雅斯貝斯的哲學理論體系（存在主義）是難以接受的，但是他的軸心期的突破說則對我們具有很大啟發性。

雅斯貝斯說：「我們可以把軸心期稱作兩個大帝國時代之間的一個間歇、一次自由的喘息之機（eine Pause für die Freiheit, a pause for liberty）、一次導致最清醒的覺醒意識的深呼吸。」[18] 按雅氏提出的軸心期介於兩大帝國時期之間之說，在歷史事實上顯得牽強。在希臘城邦時期之後有羅馬帝國，在印度列國時代之後有孔雀帝國，在中國春秋戰國之後有秦漢帝國，誠然是事實。可是希臘城邦時期以前有何帝國？愛琴文明已經滅亡並被遺忘，何況此文明也並非帝國；看來他是在以希臘遠紹上古近東帝國，此其間就並非直接繼承之關係。印度列國時期以前也無帝國可言。只有中國春秋之前有商、周王朝，勉強算作帝國，也非嚴格意義上的帝國。但是，如果不細究雅氏的具體論斷，那麼他的說法對我們是很富啟發作用的。第一，三個軸心期文明皆曾有「突破」，絕非只有西方才有突破性進展。第二，三個軸心期文明是各有自身特色的，不能以古代西方為尺規來衡量古代東方；於是，它們的特色如何，這個問題便有待進一步探討。

我們的此項研究就是要從歷史發展的連續性和統一性的角度來辨別中西文明的異同，因此，大體取西元前 11 世紀至西元 5 世紀（從中國殷周之際與希臘之荷馬時代起，至中國之漢、晉與羅馬之衰亡止）為研究時段，從而就兩個軸心文明的分裂—統一與斷裂—連續前因後果作一番較為系統的考察。

---

[18] 原文本，頁 76，英譯本，頁 51，參見中譯本，頁 62，譯文略有改動。

三、歷史的發展與文明的連續、斷裂問題

現在，我們有必要來探討文明的連續／斷裂與歷史發展的關係問題。

文明的連續與斷裂，看起來是一個可以直觀地加以解決的問題。譬如，對於中國文明的連續性，幾乎不須經過論證，人們憑直觀就是能夠予以確認的。這是因為中國文明的連續性具有比較充分而明確的證據。不過，在另一種情況下，文明的連續性問題就比較難以說明。譬如，人們通常都認為，上古近東（美索不達米亞、埃及等）文明是已經斷裂了的古文明。可是，過去西方的一些歐洲歷史（A General History of Europe）教科書，就是從古代近東一直說到近代歐洲的；英國的《劍橋古代史》也是從近東講到歐洲的。為什麼？因為編者看到了古代希臘、羅馬文明對於古代近東文明之間存在著繼承性。這種繼承性是否也算一種連續性呢？為了使問題本身更加清晰，這裡有必要對「連續」的概念給以明確的分析和說明。

亞里士多德在論述運動時已經對連續性作出了非常周詳而且富有啟發性的論述。他之所以把運動與連續性放在一起研究，那是因為「運動被認為是一種連續性的東西。」[19] 歷史的進程也是一種運動，因此他的論述對於我們認識文明發展的連續性問題是很有幫助的。

亞里士多德在《物理學》中說：「連續」是順接的一種。當事物賴以互相接觸的外限變為同一個，或者說（正如這個詞本身所表明的）互相包容在一起時，我就說這些事物是連續的；如果外限是兩個，連續是不可能存在的。」[20] 「順接」的意思是什麼？亞氏說這就是「事物順聯著，而又接觸著別的事物」。「順聯」的意思是什麼？

---

[19] 《物理學》200b，第3卷第1章。引文據張竹明譯本（北京：商務印書館，1982），頁68；參見苗力田主編本《亞里士多德全集》第二冊（北京：中國人民大學出版社，1991），徐開來譯本，頁57。按張譯本原作3章1節，今於章、節悉依苗編本改卷、章。

[20] 《物理學》227a10-14，引文據張竹明譯本，頁148，並請留意上注；參閱苗力田主編本《亞里士多德全集》第二冊，頁141。

亞氏說：「順聯的事物必然聯於某一另外的事物，並且本身是在後事物。」大體同樣的內容又見於《形而上學》[21]。

亞氏在《物理學》第 5 卷第 3 章說明了「在一起」、「分離」、「接觸」、「順聯」、「順接」以及「連續」等概念，其目的就是要說明什麼是「連續」，從而什麼不是連續？我們可以試用下面的圖解來給予比較直觀的說明。

圖 1：A ── B ── C
圖 2：A ── B、C ── D

在圖 1 中，BC 既順聯於 AB（即 BC 依次排在 AB 之後），又接觸著 AB，所以 BC 順接於 AB。而且 B 既是 AB 的終點，又是 BC 的起點，AB 對 BC 的外限是 B，BC 對於 AB 的外限也是 B。於是兩個線段的外限同時為 B，B 自身當然是同一個，是可以互相包容的。在這種情況下，這兩個線段是連續的。也就是說，直線 ABC 雖然中間有一個 B 作為一個分階段的標誌，但是它仍然是一條連續的直線。這是一種抽刀斷水水復流的川流不息的景象。

在圖 2 中，CD 既順聯於 AB（即 CD 依次排在 AB 之後），又接觸著 AB，所以 CD 也順接於 AB。可是圖 2 的順接是另一種不同於圖 1 的順接，也就是說，AB 對於 CD 的外限是 B，而 CD 對於 AB 的外限卻是 C，二者的外限儘管既相聯又相接，可是它們的外限不是同一個（一個是 B，一個是 C），自然也不能互相包容。在這種情況下，AB 線段與 CD 線段就是不相連續的，或者說，它們是斷裂的。

圖 1 與圖 2 所示在屬（genus 或譯種）上同屬於順接，而種（species 或又譯屬）差不同：前者是外限為同一個，而後者則是外限不是同一個（分別為二個）。從而，前者為連續，後者為斷裂。連續與斷裂區分的關鍵在此。

---

[21] 參見苗編全集本，第七冊，苗氏譯本，1993 年版，頁 266-267；吳壽彭譯，商務印書館，1996 年版，頁 235-236。

亞氏在一般地說明連續與斷裂的本質區分以後，又進而討論連續與「一個運動」的關係。亞氏在《物理學》（第5卷第4章）中說：「既然任何運動都是連續的，那麼無條件是一個的運動必然也是連續的（雖然任何運動都是可分的），並且，如果是連續的運動也必然是一個。因為，不是任何一個運動都能和一個另外的運動相連續的，正如決不可能在任何兩個偶然事物有連續性，只有那些其外限是同一的事物之間才能有連續性一樣。……因此，無條件的連續的並且是一個的運動必然在『種』（eidos, species）上是同一個，屬於一個主體，在一個時間裡——在時間方面沒有中途的停頓，因為運動中斷就必然是靜止。」[22]

根據亞氏的上述論述，我們來看中國古代文明史，那麼便可發現它既在「種」上是同一個，也在主體上是同一個，又在時間上是同一個。大家誰都不懷疑中國文明史的連續性，其邏輯根據即在於此。可是，當我們把視線轉向西方的時候，便又可以發現在古代美索不達米亞、埃及文明與波斯帝國之間，在波斯帝國與希臘之間，希臘與羅馬之間，在「種」上、主體上、時間上都不是同一個，彼此之間的外限都不是同一個。如果按亞里士多德的分類，它們之間一般說來是依時間先後順聯著的，最多也只是順接（既順聯又接觸）著，那麼，它們之間當然只能是斷裂的。所以，包括黑格爾在內也不否認它們之間是斷裂的。

這樣，我們就可以進一步來看連續性與歷史發展的關係。

既然要談歷史的發展，就不能不首先談「發展」一詞的本義。按「發展」一詞，在中國傳統文獻裡少見，而「敷展」、「開展」之類的詞與「發展」基本詞義相通。中國古代文書通常寫在紙卷（更早是在編好的竹簡）上，平時不用，可以卷起，以便收藏，用時發卷展紙即可。總之，「發（開也）展」，與「開展」、「敷展」講

---

[22] 《物理學》228a20-228b5，見張譯本，頁152-153，參見苗編全集本，第二冊，徐譯本，頁145-146。

的就是同一過程。「發展」在英文（來自法文）為 development（de〔意為「下脫」、「分解」〕＋ velop〔意為「包」、「裹」〕），在德文為 Entwicklung（ent〔意為「免除」、「揭去」〕＋ wickln〔意為「包裹」、「捲繞」〕），在俄文為 развитие（раз〔意為「打開」、「分解」〕＋ вить〔意為「編織」、「捲繞」〕），基本的意思都是把包裹或捲繞著的東西打開或展示出來。現在用「發展」對譯西文以上各詞，實在是很妥帖的。在法、英、德文裡，這個詞還可以用來表示攝影底片的沖洗或顯影，也就是說，具有從潛在到實現的意思，中國的「發卷展紙」實際上也是具有從潛在到實現的涵義的。亞里士多德在《物理學》第 3 卷第 1 章中說：「潛能的事物（作為潛能者）的實現即是運動。」（201a11）又說：「運動是潛能事物的實現，只是當它不是作為其自身，而是作為一個能運動者活動著而且實現的時候。」（201a29）[23] 看來，亞氏的這一說法頗有似於發展的概念。

以上是從詞義的層面對於「發展」的解說。現在，再來看黑格爾對於「發展」的論述。他說：「發展的原則包含一個更廣闊的原則，就是有一個內在的決定（Bestimmung，似乎加一個「性」字為好）、一個在本身存在的、自己實現自己的假定（Voraussetzung，似乎以譯作「預設」或「前提」為好）作為一切發展的基礎。」[24] 在這裡，我們更清楚地看到了黑格爾的發展概念與亞里士多德的 entelecheia（通

---

[23] 張譯本，頁 69、70。參見苗編全集本，第二冊，徐譯本，頁 58、59。在《形而上學》第 9 卷中，還有對於潛能與現實的更多論證。

[24] 《歷史哲學》中譯本，頁 95。原文全集本，第 VIII 冊，頁 131。英譯本，頁 54。按此段原文是：Das Prinzip der Entwicklung enthiilt daβ Weitere, daü eine innere Bestimmung, eine an sich vorhandene Voraussetzung zugrunde liege, die sich zur Existenz bringe. 英譯文是：The principle of development involves also the existence of a latent germ of being- a capacity or potentiality striving to realize itself. 試以中譯文與英譯文相比，看來英譯文簡明易解，那就是說，發展的原則包含著一種存有（being）的潛在胚胎的存在，這種存有就是力圖實現其自身的能力或潛力。所以，英譯文簡明地表達了原文的核心涵義，即發展即是存有從潛在到現實的轉化；不過，這樣的譯法淡化了原文的多重涵義。而此處中譯文更貼切於原文。按原文明確指出，發展所包含的更廣的原則，一則是一種內在的決定性，是潛在自身經由一條必然的因果關係鏈向現實轉化（而不僅是一般的「力圖」向現實轉化）再則是潛在自身就具備現成的前提條件，即自身就具備了自身展開的原因；三則是既然有了內在的決定性（因果必然性）與前提條件（因）作為發展的基礎，潛在自身就必然要轉化為現實。這些意思，在中譯文裡，儘管稍嫌累贅，都明確地展示出來了。

常音譯為「隱德來希」，依陳康意見當意譯為「現實」〉概念的近似；而 en-tel-echeia 原義是「達到了目的」[25]。

黑格爾對發展作了上述總的說明以後，就立即把作為發展的基礎的內在決定性歸結為「精神」（der Geist, Spirit）——以世界作為其舞臺、財產和實現自身的場地的精神。黑氏也認為，「發展同時也是有機的自然事物的一種本性。」不過他認為，發展在自然界是和平而寧靜地實現的。「然而關於精神方面，那就大不相同了。『精神』從它的使命到實現有意識和意志做媒介；這些意識和意志最初是埋沒在它們直接的自然生活當中；它們首先的對象和目的便是它們自然的使命的實現，——但是這樣的使命既然受著『精神』的鼓勵，所以也就擁有無限的吸引力、強大的力量和道德的豐富。所以精神是和它自己鬥爭著；它自己可以說便是它的最可怕的障礙，它不得不克服它自己。『精神』真正欲望的便是要達到它自己的概念[26]。但是它自己把那個概念遮蔽起來，而且傲然以與概念的隔絕為得意。精神的發展，並不像有機生活的發展那樣，表示那種單純的生長的無害無爭的寧靜，卻是一種嚴重的非己所願的、反對自己的過程。」[27] 他又說：「當『精神』脫卻它的生存皮囊時，並不僅僅轉入另一皮囊之中，也不從它的前身的灰燼裡脫胎新生，它再度出生時是神采發揚、光華四射，形成一個更為精粹的精神。當然，它向它自己作戰——毀滅自己的生存；但是在這種毀滅當中，它便把以前的生存作成一種新的形式，而每一個相續的階段輪流地變做一種材料，它加工在這種材料上面而使它自己提高到一個新的階段上。」[28]

從上述引文中，我們可以看到黑格爾的發展觀對於亞里士多德

---

[25] 見汪子嵩等著：《希臘哲學史》第 3 卷下冊（北京：人民出版社，2003），頁 811。
[26] 黑氏的《邏輯學》、《小邏輯》都可以說是這一句話的展開論述。
[27] 《歷史哲學》中譯本，頁 95-96。原文全集本，第 VIII 冊，頁 131-132。英譯本，頁 54-55。
[28] 見《歷史哲學》中譯本，頁 114。原文全集本，第 VIII 冊，頁 11-12。英譯本，頁 73。

的從「潛能」（dynamis）[29]到「現實」（entelecheia）的運動觀的出色的發展。儘管亞氏也在從「潛能」到「現實」的運動中看到了其中存在的矛盾（運動中的每一具體階段對於其前驅已成現實，而對於其後繼者則又為潛能，與上引黑氏文句中意思相通），但是，像他這樣鮮明而銳利地指出了事物內部存在的橫向矛盾正是其縱向發展的根本原因，而且正是由於事物在矛盾中的自我否定導致出發展中的質變[30]，的確顯現出了辯證法的精義，對於我們的歷史研究給予了極有價值的啟示。

令人遺憾的是，黑格爾把他的辯證法在嚴格的意義上只是運用在其所集中注意的精神領域。他把自然界的發展看成是缺乏內在矛盾和鬥爭、從而只有量的方面的平靜的發展。這當然有其當時自然科學進展程度的侷限（進化論尚未出現等），因此無足為怪。不過，當他說了「精神的發展，並不像有機生活的發展那樣，表示那種單純的生長的無害無爭的寧靜，卻是一種嚴重的非己所願的、反對自己的過程。」接著就說：「它不但表示那自己發展的形式，而且還表示著要獲得一個有確定內容的結果。這個目的，我們在一開始就決定了：便是『精神』，便是依照它的本質、依照『自由』的概念的精神。」[31]接著又說：「世界歷史表現原則發展的階程（Stufengang, gradation），那個原則的內容就是『自由』的意識（Bewusstsein, consciousness，最好譯為『覺醒』）。」[32]原來精神的本質與世界歷史發展的原則就是自由，於是他的歷史哲學就是按自由的發展來劃分階段的世界歷史的架構。他在《歷史哲學》「區分」章裡說：「東方從古到今知道只有『一個』是自由的；希臘和羅馬世界知道『有些』是自由的；日耳曼世界知道『全體』是自由的。所以我們從歷

---

[29] 黑格爾自己也談到了亞氏關於潛能與現實關係的見解，《歷史哲學》中譯本，頁 97，原文全集本，第 VIII 冊，頁 137-138，英譯本，頁 57。
[30] 關於這方面的分析更充分地見於其《精神現象學》、《邏輯學》中。
[31] 《歷史哲學》中譯本，頁 96。原文全集本，第 VIII 冊，頁 132。英譯本，頁 55。
[32] 《歷史哲學》中譯本，頁 97。原文全集本，第 VIII 冊，頁 135。英譯本，頁 56。

史上看到的第一種形式是專制政體,第二種是民主政體和貴族政體,第三種是君主政體。」[33] 接著就在此篇中把世界歷史分為古代東方(幼年時代)、希臘(青年時代)、羅馬(壯年時代)和日耳曼(老年時代)。其實這只不過是把他所謂的「知道『有些』是自由的希臘羅馬世界」——即作為「精神」本質的自由的發展第二階段——一分為二而已。

黑格爾把世界歷史解釋為精神的發展史,把它的原則內容解釋為「自由」,這樣看起來就在形式上解決了他的理論中的一個基本的困惑或難解的死結。

因為按照黑格爾對「發展」所作的理解,「發展」本身就不僅是一種連續性的展現過程,而且是一個具有內在必然性的連續過程。的確,連續性是發展的必要條件,沒有連續性就沒有發展可言。過程都中斷了,還談什麼發展?亞里士多德論連續性時對此早有說明。可是,黑格爾對於世界歷史的說法是:在東方世界的時期,世界歷史還是非歷史的歷史,只有從作為東方世界的末端的波斯轉入西方以後才開始成為真正的歷史(eigentliche Geschichte, proper history)。這樣就使人們產生一個印象,即真正的歷史是在波斯被希臘(馬其頓)征服、希臘被羅馬征服、羅馬被日耳曼征服等由征服造成的文明斷裂的過程中實現的。這樣,以連續性為必要條件的歷史發展是否還存在呢?這是否違背了黑氏本人的發展觀呢?

現在,以上所提的問題,對於黑格爾來說,已經被消解了。他可以完全不管世界歷史上某些文明斷裂或某些文明連續,把這些置於不屑一顧的位置[34]。因為他已經下了指令:歷史的主體是「精神」,

---

[33] 《歷史哲學》中譯本,頁149。英譯本,頁104。原文全集本,第 VIII 冊,頁 232-233 與英譯本對應的一段中未見此兩句文字。不過,在他說完世界歷史發展原則的內容就是自由的覺醒以後,也是談了自由進展的三個階段(見原文全集本,第 VIII 冊,頁136),所以前後的見解是一致的。

[34] 《歷史哲學》中譯本,頁 96-97。原文全集本,第 VIII 冊,頁 132-133,英譯本,頁56。

不管具體文明是連續還是斷裂，作為歷史主體的精神始終是同一個；發展或運動的內容就是「自由」，不管具體文明是連續還是斷裂，作為發展或運動的內容的「自由」在「種」上始終是同一個；東方、希臘、羅馬、日耳曼這些本來在歷史上是斷裂著的文明，一旦被解說為「精神」的幼年、青年、壯年、老年時代以後，不同年齡段之間的外限自然也就成為同一個（如幼年的終點同時也就是青年的起點等），於是在總的時間上也融為同一個。老黑格爾沒有犯任何一點邏輯的錯誤！完完全全符合亞里士多德關於連續的定義，一切都「完滿地」解決了。

當然，黑格爾在談歷史即精神發展時不計具體國家的文明之斷續，還可以有另外一種解釋，即黑氏所說的發展本身就是斷裂與連續的統一，或者說其中包含了發生質變的連續。可是，按照我們整理出來的亞里士多德的運動連續的公式：A－B－C，設令A為幼年階段，B為青年階段，C為老年階段，那麼三個階段之間是存在質變的，不過由於B為同一，所以這種質變實際是兼連續與斷裂而有之。中國古代文明史中也有A－B－C式的階段質變，而這種發展可以說其本身就是兼有這種連續與斷裂的辯證的發展；並非必定如同西方那種A－B、C－D的模式，只有從世界的範圍來看才是兼斷裂與連續的辯證的發展。當然，關於中國文明兼有斷裂與連續的辯證發展的具體歷程，那要留待以下有關篇章再作具體論述。

黑格爾的問題於是出現到了一個更為總體性的層面上。那就是，他的歷史哲學倒成了真正的非歷史的。正如黑氏自己所明晰地說明的那樣，德文裡的「歷史」也是包含著已經發生的歷史和書寫出的歷史兩重含義的，而且德文Geschichte（歷史）的字源本來就是geschehen（意思是「發生」或「出現」）[35]。黑格爾的歷史哲學實際是他的《邏輯學》的翻版，它是抽象的精神在邏輯展開過程中的先

---

[35] 見《歷史哲學》中譯本，頁101。原文全集本，第VIII冊，頁144-145。英譯本，頁61。

後次序，或名之曰邏輯與歷史的一致，但那不是現實世界裡實際發生或出現過的真正的歷史過程。何況黑格爾所說的以精神為主體的世界歷史是既有起點（東方、中國等）又有終點（西方、日耳曼世界）的。且不說文明時代以前還有漫長的原始時代，我們當下所生活於其中的現實世界又何嘗終結於黑氏所定的日耳曼世界？黑格爾的歷史哲學裡的歷史並非已經發生和正在發生的歷史，因此，可以說，他的歷史哲學倒成了真正的非歷史的。

四、歷史進程中的橫向矛盾與縱向發展的關係問題

既然黑格爾的「歷史哲學」不能解決文明實際發展中的連續與斷裂問題，那麼我們就只能從現實世界裡實際發生或出現過的真正的歷史過程去探討它。當然，黑格爾所提出的從事物橫向矛盾中探索其縱向發展的辯證法，對於我們的歷史研究仍然具有重要的啟示作用，不過我們的立足點則確實需要從他的唯心主義轉到唯物主義的方面來。

馬克思、恩格斯在《德意志意識形態》（第1卷第1章，費爾巴哈）中說：「一當人開始生產自己的生活資料的時候（……），人本身就開始把自己和動物區別開來。人們生產自己的生活資料，同時間接地生產著自己的物質生活本身。……而生產本身又是以個人之彼此間的交往（Verkehr）為前提的。這種交往的形式又是由生產決定的。」[36]

馬克思和恩格斯的這一段話說明了這樣一個事實：人類世界的歷史只能從人類的生活開始，而人類的生活又只能依靠生產而繼續；人類既然要生產，就不能不同時形成多重交往或關係，即人與自然的交往或關係（生產力）、人與人的交往或關係（生產關係）以及人與自然的關係對人與人的關係之間的交往或關係（生產力與生產

---

[36] 《馬克思恩格斯選集》卷1（北京：人民出版社，1995），頁67-68。

關係之間的關係）。這樣多重的交往或關係在多層次上表現為矛盾統一的結構。當然，這些交往或關係以及作為承載它們的結構，並非是不著實際的抽象概念，而是實實在在地體現在不同時期、不同地域、不同規模與組織程度的社會群體（如氏族部落、民族（Volk, people）、村社、城市國家、地區王國、跨地區帝國等等）之中。因此，在人類理想裡的世界大同出現以前，就必然地還有另外一重交往或關係，即這些不同社會群體之間的矛盾統一的關係。這種關係自然也體現為一種結構，即不同群體之間矛盾統一的結構。我們所要探討的文明發展中的統一性問題就是這一領域裡的關鍵問題。

人們在橫向的交往中形成社會，而歷史就是人們社會生活的連續發展。所以馬克思和恩格斯又說：「歷史不外是各個世代的依次交替。每一代都利用以前各代遺留下來的材料、資金和生產力；由於這個緣故，每一代一方面在完全改變了的環境下繼續從事先輩的活動，另一方面又通過完全改變了的活動來變更舊的環境。然而，事情被思辨地扭曲成這樣：好像後期歷史是前期歷史的目的，例如，好像美洲的發現的根本目的就是要促使法國大革命的爆發。……其實，前期歷史的『使命』、『目的』、『萌芽』、『觀念』等詞所表示的東西，終究不過是從後期歷史中得出的抽象，不過是從前期歷史對後期歷史發生的積極影響中得出的抽象。」[37] 馬克思和恩格斯的這一段話，告訴了我們一個重要的道理：作為縱向發展的歷史中的每一個時代，其結構（包括「材料、資金和生產力」等）都是前代遺留下來的，這是縱向發展對於橫向結構的作用；同時，每一個世代又是在改變了的條件下繼續前代的事業，所以又不得不或多或少地改變原有的結構，並遺留給其下一代，這又是橫向結構的變化對於縱向歷史發展的作用。人類歷史的客觀進程，就是這樣橫向矛盾與縱向發展的不斷相互推演的結果。馬克思和恩格斯的辯證唯物主義的歷史觀，可以說是包括了對於亞里士多德的從潛能到現實的

---

[37] 《馬克思恩格斯選集》卷1，頁88。

連續觀和黑格爾的發展觀的實實在在的批判:既批判了他們的目的論,又批判了他們的唯心論。

以上一段文字,只是著重對於馬克思和恩格斯關於歷史進程中的橫向矛盾與縱向發展的關係的理論,說明了本文作者的理解。以下,我們還可以看到,馬克思和恩格斯還是憑藉這一理論分析論述了世界歷史的形成過程。

正如馬克思在《政治經濟學批判・導言》中所說:「世界史不是過去一直存在的;作為世界史的歷史是結果。」[38] 最初出現在歷史上的不是什麼看不見、摸不著的「精神」,而是散落在地球表面的遠古人類的群體——由氏族、部落而民族(Volk, people)、小邦等等。世界歷史的逐漸產生、發展與形成,都是各個群體在橫向上的不斷分合所產生的縱向結果。

又正如馬克思和恩格斯所說:「各個相互影響的活動範圍在這個發展進程中越是擴大,各民族的原始封閉狀態由於日益完善的生產方式、交往以及因交往而自然形成的不同民族之間的分工消滅得越是徹底,歷史也就越是成為世界歷史(Weltgeschichte)。例如,如果在英國發明了一種機器,它奪走了印度和中國的無數勞動者的飯碗,並引起這些國家的整個生存形式的改變,那麼,這個發明便成為一個世界歷史性的事實(Weltgeschichtlichen Faktum);……」[39] 又說:「它(指大工業—引者)首次開創了世界歷史(Weltgeschichte),因為它使每個文明國家以及這些國家中的每一個人的需要的滿足都依賴於整個世界,因為它消滅了各國以往自然形成的閉關自守的狀態。」[40] 迄今我們所生活於其中的世界仍然如同馬克思和恩格斯所說的式樣發展著。

---

[38] 《馬克思恩格斯選集》卷2,頁28。
[39] 《馬克思恩格斯選集》卷1,頁88-89。
[40] 《馬克思恩格斯選集》卷1,頁114。以上兩段引文中的德文字,中譯本原所未注;因為引者覺得在此引用很重要,而據原文全集本添加的。

馬克思和恩格斯以大工業的出現為真正世界歷史出現的開端，這無疑既是無可否認的歷史事實，又是顛撲不破的道理。因為，只有大工業才開拓出了各國、各民族之間深層交往的基礎。那麼，在這以前難道就完全沒有任何世界性的歷史事實？並非如此。馬克思說「作為世界史的歷史是結果」，這就指明，在嚴格意義上的世界歷史出現以前，還有一個漫長的世界歷史的準備時期。為什麼？因為，在「作為世界史的歷史」出現以前，如果完全沒有任何作為世界歷史的潛在因素或者為世界歷史所作的準備（如絲綢之路的開通、新航路的發現等等），那麼，世界歷史如何能夠作為「結果」而出現呢？難道無中真的可以生有？從抽象的、絕對的無中的確不能生有，可是只要我們回到人間世，一切的有便都是具體的，都是從另外一種有經過質變轉化而來的。因此，根據馬克思所說的「作為世界史的歷史是結果」，我們完全可以推導出在嚴格意義上的世界歷史出現以前必須、也必然有一個準備階段的結論。如今若干中外歷史學家都把 1500 年作為近代歷史或真正世界史的開端，這是因為新航路的發現在為世界歷史出現的準備中起了重大的作用。在此以前，所有局部地區之間的交往，又可以被認為是世界歷史的形成的更早階段的準備。準此原則繼續上推，則各個民族或國家的統一又是作為真正世界歷史的更早期、更基本的準備。作為世界歷史的縱向發展，完全是建立在橫向的交往或關係的不斷擴大上的。

因此，世界歷史，並非像黑格爾所設想的那樣只是作為「精神」體現的「自由」原則由東而西的單線的推行與進展（尤其決非如他所設想的到了日耳曼時代已經達到終點），而是東西方諸文明在長期的現實的交往中的發展結果。

其實問題也可換一個方式來說明，即全球性的世界原來就是由不同層次的小世界相互作用而成的。按「世界」一詞，不見於先秦儒家經典，亦不見於先秦子書。看來漢語「世界」一詞來源於佛教經典之翻譯（梵文之 Loka），其原意包括時空二者（世指時間，界指空間）；而且「世界」並無現在所說「全世界」之意。故佛經有

小千世界、中千世界、大千世界之說。猶如現在俄文裡的 мир，就其狹義言之，意指農村公社或社會某一群體；就其廣義言之，則意指人世或全世界。英文裡的 World，也是一個包含廣義與狹義的不同內容的辭彙。黑格爾所說的世界也有廣義、狹義之分。他用 Welt（即 World）一詞，既可指稱全世界，又可指稱「東方世界」、「希臘世界」、「羅馬世界」、「日耳曼世界」。如果一定要在中國古典中找出相當於「世界」的詞，那麼它似乎應該是「天下」。真正的天下，即普天之下，那當然是指全世界。可是夏、商、周三代王朝的君主皆稱天子，其所統治的領域就叫做「天下」，而各諸侯所統治的領域則稱邦國或方國。三代以下，秦、漢等等王朝，其君主皆稱天子，其直接統治與影響所及的領域皆稱天下。所以，夏、商、周、秦、漢等等的「天下」，大體相當於黑格爾所說「東方世界」、「希臘世界」、「羅馬世界」、「日耳曼世界」的這一概念層次上的「世界」。其所指範圍基本上就是包括了若干邦國並居於邦國概念上位的「文明」。湯因比所劃分的「文明」（或「社會」）的個數，先後有所不同。按其 1972 年的晚年定論，文明被作了三階分類：第一階是分為充分發展了的文明與失落的文明，第二階是充分發展了的文明，又被分為獨立的文明與衛星文明（如他把中國鄰國朝、日、越等文明說為衛星文明，即曾經受到其他更早的文明的橫向影響的文明），第三階是獨立的文明，又被分為與其他文明沒有親屬關係的文明（如中美洲文明、安第斯文明）、不從屬於其他文明的文明（包括蘇美爾—阿卡德文明、埃及文明、愛琴文明、印度河文明和中國文明，實指原生古文明）和從屬於其他文明的文明（如印度文明從屬於印度河文明，敘利亞文明從屬於蘇美爾—阿卡德文明、愛琴文明等，希臘文明從屬於愛琴文明，西方文明和伊斯蘭文明又從屬於敘利亞文明和希臘文明，實指次生古文明與再次生的近代文明等，即曾經受到其他更早的文明的縱向影響的文明）[41]。且不論湯因比的文明劃分標準

---

[41] 《歷史研究》（修訂插圖本），中譯本，頁 52-53。

與分類結論是否完全準確,但是有一點是非常值得我們注意的,即他看到了世界原來是由若干個「小千世界」契合成一個「中千世界」,然後再由若干「中千世界」逐漸向一個「大千世界」契合中。當然,在三個階次的橫向契合與縱向發展中,有若干文明的失落;有若干文明的斷裂與瓦解,在五個原生古文明中,只有中國文明未曾斷裂、瓦解[42];又有若干文明在文明交往過程中作為次生者以至再次生者不斷呈現。在湯因比以後,美國學者 S. P. 亨廷頓於其《文明的衝突與世界秩序的重建》一書中基本肯定了湯氏的設想,並在參考多家之說的基礎上又有所發揮[43]。這一切,在具體歷史事實層面上雖然問題與爭論甚多,但是作為世界史形成過程的速寫或素描,克服了黑格爾的「精神」由東而西的單向、單線發展的錯誤,應該說是基本如實的。

由此可見,從「小千世界」而「中千世界」到「大千世界」的過程,既有縱向的文明連續與斷裂的方面,又有橫向的融合與分解的方面;歷史的發展本身就包含著縱橫兩個方向的發展,而且縱橫兩個方面的發展是相輔相成的。按照馬克思和恩格斯的說法,那就是人類社會裡橫向之間的交往(Verkehr)決定了縱向的歷史發展,而縱向歷史發展又成為橫向的每一個社會的前提。人類社會的橫向交往與縱向交往,正是歷史發展交響曲的兩個交互作用的主題。

---

[42] 在文明的區分與劃段上,湯氏的修訂插圖本《歷史研究》與以前的《歷史研究》對於中國文明的說法有所變化:原先的《歷史研究》把中國文明分為兩個連續的階段,即古代中國社會與以中國文明為主體的遠東社會,而新的修訂插圖本《歷史研究》則把從商代開始直至清王朝滅亡的全部歷史統稱為「中國文明」。這反映出湯氏對於中國文明的連續性有了新的進一步的理解。二者對比,參見曹未風等譯《歷史研究》(節本)上冊,頁 27-28,以及中譯《歷史研究》(修訂插圖本),頁 50-51。

[43] S. P. 亨廷頓(S. P. Huntington)於其《文明的衝突與世界秩序的重建》(*The Clash of Civilizations and the Remaking of World Order*, 1996. 周琪等中譯本,北京:新華出版社,1998)綜合、分析了多約 20 家關於文明論述之後,曾經把當今世界分為:1)中華(Sinic)文明,2)日本文明(不過認為日本文明是中國文明的後代),3)印度文明,4)伊斯蘭文明,5)西方文明,6)拉丁美洲文明,7)非洲文明(有爭議);並且引用了 C. 奎格利所作的《東半球的文明》的形成的關係與系統的示意表。(見中譯本,頁 28-33,表見頁 34。)

在當今世界存在著的無爭議的主要文明包括中華文明、西方文明、伊斯蘭文明、印度文明等等。就以本項比較研究所設定中華文明與西方文明來說，二者之間有同有異。其所同在於：二者都是人類社會的橫向交往與縱向交往交互作用的結果。其所異在於：一方面，當代西方文明在世界歷史上已經屬於第三階（或期）的文明，按照湯因比所說，西方文明從屬於敘利亞文明和希臘文明。而敘利亞文明又從屬於美索不達米亞文明與埃及文明，希臘文明則從屬於愛琴文明；所以其文明主體已經至少變異兩次，也就是說其間一再斷裂。至於中華文明，它在歷史上實際也是有質變與階段之分的，湯因比早期把中國文明分為兩期而後來又不分期，雷海宗先生贊同湯氏的兩期說，並且在抗戰時期就熱情地期待著中國文明第三期的到來[44]；這就是說，中國文明有歷史階段之變（不同階段之間的外限是同一的），而文明主體並無根本之變，也就是文明未曾斷裂。這是中西文明發展中的區別之一。另一方面，當代西方文明，就其所承受的文化遺產或淵源而言，的確是多元的；且就其主要淵源而言，希臘文明有基本統一之文化而無統一之國家，羅馬承希臘之後雖曾一度蔚為大國（跨歐亞非之帝國）而終歸於分裂，日耳曼人從未統一而結果形成近代歐洲諸國，就其民族與語言而言，雖有親緣關係而終非一體。如今分布在不同國家中講英、法、德、西、葡等主要西方語言的人口，在數量上大體與以講漢語為主的中國人口相當[45]。西方文明未能始終連續，顯然與其未能形成統一的文明主體（或載體）有直接之關係。至於中華文明，它的淵源本來也是多元的，早在先秦時期不僅有夷夏之分，而諸夏之淵源也非一；可是到了秦漢統一時期，先秦時期的夷夏基本融為一體即漢人，區分則表現於胡、漢之間；經過魏晉南北朝分裂時期的漢人胡化與胡人漢化的漫長過程，隋唐統一時期的中原漢人實際已經是先前胡漢民族的共同後裔；以後雖有元、清

---

[44] 見雷海宗：《此次抗戰在歷史上的地位》，載《伯倫史學集》（北京：中華書局，2002），頁 197-202。
[45] 參見《文明的衝突與世界秩序的重建》中譯本，頁 50。

兩代少數民族君主統一中國，其結果不僅是中國之幅員大為擴展，而且是中國之人口也在民族熔融中急劇增加。尤其值得注意的是清代雍正帝的以下一大段話：「且自古中國一統之世，幅員不能廣遠，其中有不向化者，則斥之為夷狄。如三代以上之有苗、荊楚、獫狁，即今湖南、湖北、山西之地也。在今日而目為夷狄可乎？至於漢、唐、宋全盛之時，北狄、西戎世為邊患，從未能臣服而有其地，是以有此疆彼界之分。自我朝入主中土，君臨天下，並蒙古極邊諸部落俱歸版圖，是中國之疆土開拓廣遠，乃中國臣民之大幸，何得尚有華夷中外之分論哉！」[46] 雍正的這一段話，雖然處處都在為清廷的統治做辯護，但確實無異於在鴉片戰爭百餘年前（1729）就宣告了多元一體並以統一國家為基本載體的中華民族的存在，且其所論之根據基本皆沿襲傳統的中華經典。原來如今擁有十三億人口之中華民族是這樣長期聯合與融合中逐漸形成的，而中華文明也是在同一過程中不斷連續的。這就是中西文明發展中的區別之二。當然，這裡已經論述到了歷史的晚近時期，不過，晚近時期的情況為何會如此呢？其淵源仍然在於本研究所關注的古代，其具體內容則將於以下有關篇章具體論述。

我們從事中西文明的比較研究，其目的並非要一般性地評論其間的高下優劣。因為，中國文明和西方文明也像其他文明一樣，都在不同方面、不同程度上作出了自己對人類文明史的貢獻。都對人類文明史作出了自己的貢獻，是其所同；各自在不同方面、不同程度上作出了貢獻，則是其所異。中國文明以其連續性與統一性的相濟為自己的特點，而這一特點對於未來的多元一體的世界文明的形成看來是會有其借鑒的作用的。

作為《中西古代歷史、史學與理論的比較研究》研究項目的引論，以上文字作了比較廣泛的一般論述。不過，中西文明特點的具

---

[46] 《大義覺迷錄》，見中國社科院歷史研究所清史研究室編：《清史資料》第四輯（北京：中華書局，1983），頁5。

體形成過程與內容,則規模十分浩瀚,非本研究群體力之所能及。所以,本項目仍以中西古代歷史、史學與理論的比較為限,力圖在上述三個層面上析論中西文明在其源頭上的事實原委以及其所以然。限於各種主客觀緣由,我們所作的工作只能是初步的;其間難以避免許多缺陷與失誤,尚請方家及諸位讀者有以教之。

附錄一
對歷史的敬意
——劉家和先生訪談錄

　　一個早春下午，我和吳懷祺同志訪問了北師大的劉家和教授，就歷史方面的一些問題向他請教。

　　郭：當前我國史學正處於陣發性的困窘狀態，個別學校的歷史系被撤消或為了生存而改頭換面，大多數院校的歷史系生源困難，第一志願報考歷史學的考生為數很少，系領導被創收搞得焦頭爛額，挖空心思尋找生財的門路，以穩定教師隊伍，改善教師生活。歷來被統治者和社會重視的歷史學現在受到了冷落，面臨著人們常說的危機。不知先生怎樣看待這種現象？

　　劉：這些問題我也感覺到了，並做了一些思考。我想藉著你們的來訪，談談應該對歷史保持敬意的問題，不知是否合適。還是先從我個人對這一點的初次認識談起。

　　我的少年時代是國難當頭的時代，東北已經淪亡，日本全面侵華在即，國際形勢於中國非常不利。那時的孩子差不多都知道中華民族正處於危亡關頭，都對歷史上的民族英雄，比如岳飛、文天祥有一種特殊的敬重。隨後就是「七七」事變，我的家鄉變為淪陷區，我耳聞目睹日本占領者的專橫與凶暴，對日本人與膏藥旗產生了一

種本能的反應。當時的日本占領者喋喋不休地自我宣傳,無非是大日本如何偉大光榮,戰無不勝。但他們越宣傳我的反感越強烈,越感到中國歷史文化的可愛和重要。有次英文課,老師講的課文是《最後一課》(*The Last Lesson*),班上的同學都流下了眼淚。

高中畢業之後進入大學,先生們有分量的教誨有許多,最令我難以忘懷的就是要求我們應對中國的歷史文化持有敬意。這話是怎麼說的呢?是在一次中國古史課上講的。

郭:您還記得是誰講的嗎?

劉:是錢穆先生講的。當然對他的歷史觀可以見仁見智,但他講的有關對中國歷史持有敬意的看法我認為非常正確。他說外國人研究中國歷史文化是把它們當做死文化來研究的,當作古董、化石來研究的,就像他們研究巴比倫和古埃及歷史文化一樣。在他們看來,現代的活文化還要數西方文化。他們對我們的文化沒有敬意。我們自己也有人對自己的文化缺乏敬意,宣傳西化太過。在這種情況下,如果我們自己對本國的歷史、本民族的文化毫無敬意,誰還能對我們的歷史及我們的現在會懷有敬意呢?對這些話我很容易接受。

大學畢業之後,我最初想搞中國史,結果卻陰差陽錯,入了外國史的殿堂。搞外國史後,起初是研究希臘史,研究來研究去就逐漸產生了新的認識,即感到對希臘史,對外國史也應懷有同等的敬意。為什麼這樣講呢?因為既然我們對中國的英雄懷有敬意,為什麼就不能對外國的英雄表示尊重呢?比如對希波戰爭中為國捐軀的英雄。敬意是可以越出國界的,不能太狹隘。這樣我就對歷史有了一種美好的感情。

這種感情在「文革」中發生了改變,或者確切地說,發生了質的飛躍。在「文革」中好壞善惡的標準都翻轉過來了。比如在《毛澤東選集》中分明寫著「從孔夫子到孫中山,我們應當給以總結,繼承這一份珍貴的遺產」[1]。但「文革」中把這推翻了。孔夫子非說

---

[1] 《毛澤東選集》卷2(北京:人民出版社,1952),頁496。

是孔老二、復辟狂不可。又如宋江在《中國革命和中國共產黨》一文中還是作為農民起義領袖被提及的[2]。可是到「文革」中宋江變成了叛徒。過去不可尊敬的變成可尊敬的了，過去可尊敬的變成了不可尊敬的了。在這種情況下，中國歷史上還有哪些東西是好的呢？我感到有一些迷惘，茫然若失。我疑問，對中國歷史還要不要抱有敬意？後來我認識到「四人幫」的這一套就是對歷史毫無敬意，而且他們對歷史的不敬和破壞是空前的。

郭：記得有人說過歷史是位殘酷的繼母，她報復起來是不顧一切的。四人幫不敬歷史，但歷史最終報復了他們。

劉：對。你說的歷史是歷史定義中的客體的歷史，而客觀歷史過程是檢驗史學真理的唯一標準。在它面前，我們一切人、一切認識都經受著考驗。我對敬意的敬字有了新的理解。原先只是一種美好的感情，現在上升到理性的理解。「敬」字在《說文解字》裡的解釋是「肅也」。「肅」字在此的解釋又是「持事振敬也」，「戰戰兢兢也」。《釋名・釋言語》：「敬，警也。恆自肅警也」。「敬」既表示尊敬的感情，又表示嚴肅的態度，這就比原來的了解複雜了些。過去我上中學時，大家只對中國史有敬意，對日本史、日語不屑一顧。這使我聯想到對曾經欺負、侵略過我國的民族該採取什麼態度的問題。隨之又聯想到對我國歷史上的那些糟糕的事、陰暗的記載應該怎樣看。我感到對日本侵略者憎惡的感情是無可指摘的，但這不應妨礙我們對於日本的歷史懷有敬意，尤其在研究日本歷史的時候敬意是不可缺少的。懂得這個道理之後，敬在我眼裡就有了兩種含義：一種是感情上的尊敬，一種是理智上的肅敬。肅敬就是要我們對事物採取實事求是的科學態度。最近我進一步想到帶感情色彩的尊敬和帶理性色彩的肅敬之間的關係。

我們在治史時不可避免地會帶有感情，徹底超越感情而達到太

---

[2] 同上書，頁 496。

上忘情的地步是絕然不可能的。像劉知幾在《史通・惑經》篇中批評孔子作《春秋》時帶有感情色彩，未能做到像明鏡照物一樣「妍媸必露」，像虛空傳響一樣「清濁必聞」。這種批評便有些過，人非禽獸，孰能無情？司馬遷在《太史公自序》中明確地表示，他作《史記》是發憤的結果。「昔西伯拘羑里，演《周易》；孔子戹陳蔡，作《春秋》；屈原放逐，著《離騷》，左丘失明，厥有《國語》；孫子臏腳，而論兵法；不韋遷蜀，世傳《呂覽》；韓非囚秦，《說難》、《孤憤》；《詩》三百篇，大抵聖賢發憤之所為作也。此人皆意有所鬱結，不得通其道也，故述往事，思來者。於是卒述陶唐以來，至於麟止，自黃帝始」。如果沒有感情的作用，那麼《史記》這一部偉大的不朽史著就不可能出現。

郭：所以實證主義史學所強調的那種在歷史研究中擯棄情感、純客觀地求真求實是不可能的。

劉：小凌的話有道理。實證主義史學要求史學家擯棄感情，純客觀地求真實，這是以十分嚴肅的態度表述了一個比較天真的思想。為什麼說這種思想是天真的呢？因為一方面，這種思想把複雜的問題看簡單了，顯得不夠成熟；另一方面，這種思想有其純真無邪的內容，有其科學的或合理的內核。

郭：那麼我們將如何避免重蹈其簡單幼稚的覆轍，而又能汲取其合理的內容呢？

劉：我正想和朋友們探討這個問題。現在談些想法，請指教。

郭：您太客氣了。

劉：我以為，一位嚴肅的歷史學家在從事一項歷史研究或撰述之前，必定在精神上處於孔子所說的憤悱狀態。「憤者，心求通而未得之意；悱者，口欲言而未能之貌」。（《論語・述而》篇朱熹注）憤悱是因某種外在和／或內在因素的刺激而產生的一種感情狀態。不過，這已經不是由本能而生的低級感情，而是出於求知欲的高級

感情。人們通常把這種高級感情稱為理智感,因為理性的因素已經潛蘊於其中。在這個階段,一個嚴肅的歷史學家必定對自己持有敬意。這種敬意也包括兩個方面:一方面,對自己的憤悱狀態保持尊敬。這尊敬,不是個人的狂妄自大,而是對於自己作為史學工作者提出問題(憤悱處於欲知未知之間,實際是醞釀問題和／或是提出問題的階段)的權利和義務的尊重;沒有這樣的尊敬,就沒有史家人格的建立。另一方面,對自己的憤悱狀態保持肅敬。這肅敬,就是要對自己的憤悱狀態、對自己醞釀和提出的問題保持慎重和嚴肅的態度;沒有這樣的肅敬,同樣就沒有史家人格的建立。這可以說是事情發展的第一階段。

在第一階段中的史家人格的建立,切不可庸俗地理解為自封為史學家。恰恰相反,第一階段肯定中即已包含了否定的因素。因為在第一階段中,問題的提出是建立、是肯定,而問題的本身就包含了質疑、否定的因素。在第一階段中,史家人格的建立,只表明一個人對於史學工作產生了自覺的責任感或使命感;至於他是否能夠盡到自己的責任或完成自己的使命,那就要依他對於史學問題解決的客觀後果來論定。所以,到了事情發展的第二階段,前一階段居於主導地位的感情必須經由理智感的渠道而讓位於理性。在這個階段,一個嚴肅的史學家必然明白,歷史學上的真理絕非可由自己的主觀來確定的。對於歷史的敬意,對於歷史學上的真理的客觀性的敬意,在這一階段必須居於主導地位。一個忙於搜集材料來論證自己某些初步見解的人,一個誤以為用一切方法來維護自己某些初步見解便是維護自己史家人格的人,在客觀上往往不能維護其作為史家的人格。因為他已經拒絕了對於史家真理的進一步探討,他已經自以為成熟而自我封閉起來。在這個階段,一個人的史家人格,一個史家對自己的敬意,毋寧用勇於對自己初步見解的證偽(falsification)和一切唯真理是從的理性精神來表現。不能自我證偽,不能自我否定,怎能擺脫前此的錯誤和侷限(侷限的危害甚於錯誤)而達到更高的階段?怎能維持自己作為史家的人格?《老子》(第七章)說:「是

以聖人後其身而身先,外其身而身存。」看來從史家人格的建立到確立,中間也少不了一個「後身」與「外身」的否定階段。

郭:在這裡我們可以看到與實證主義史學的客觀精神的相同或相似之處。

劉:正是這樣。您說「相同或相似之處」,說得好,也很有意思。實證主義史學片面強調客觀精神,否認史家作為主體的能動作用(包括感情因素的作用);形象地說,他們的思路是一條直線。我們注意史家感性因素與理性因素的對立統一關係,注意史家的主觀能動性與客觀精神在研究的不同階段的不同作用;形象地說,我們的思路是一條曲線。如果數學這一門神聖的學問也可以暫時借用來打個比方,那也許可以有一個更簡要的說明。

郭:實證主義史學的客觀精神用一個一次的或線性的方程式來表示就可以了,而我們的思路,則非有多次的或非線性的方程式來表示不可。二者之間顯然有著層次的不同。不過,那是否只能說二者之間有相似之處,而不能說有相同之處了?

劉:當他們的直線和我們的曲線相交的時候,在交點上,二者重合,可以說是相同;如果結合兩條線的整體來看交點上重合的那兩點的各自運動方向,二者又是不同的,只能說是相似。小凌把相同或相似都說了,所以我覺得很有意思。

現在話歸正題。經過第二階段的富有客觀的、理性精神的研究,歷史上的真偽和是非問題弄得更清楚了。於是事情的發展進入了第三階段。這時候,史家的自信在一個更高的層次上油然而生,作為史家的人格經過否定階段以後重新達到肯定階段,達到了確立。史家對於自身的敬意,既包括了對自身成績的喜悅與自重,又包括了導致這種成果的嚴肅的、客觀的精神,達到了尊敬與肅敬、感情與理性的統一。史家對於歷史的敬意,表現在對歷史事實的崇真黜偽上,表現在歷史價值的是是非非或善善惡惡上。是非善惡的感情以

理性的判斷為基礎，而理性的判斷明確規定了更高一層次的感情。這也是感情與理性的統一。總之，我們的史學研究在開始時難以無情，深入時又不能不重理，而最終則要求情理結合。我的理解如此，二位以為如何？

郭：以上帶有理論性的分析或推導，是不難理解的。但最好結合史學上的實例來談談，比如說，以上談到了司馬遷決心著書時的發憤之情。現在我們讀《史記》，也還能清楚地感觸到太史公筆端的感情。那麼，他又是怎樣處理感情和理性的關係問題的呢？

劉：司馬遷鄭重說明自己由發憤而著書，這發憤之情首先值得分析。他已是刑餘之人，人格遭到極大的屈辱。但是，他又意識到了自己不能有辱家世史官的使命，並有強烈的成一家之言的欲求。在這種劇烈的感情衝突中，他終於決心著書。如果他的激情不再或者意志不強，那就不會有《史記》之作了。他決心著書，表現了他的自我尊敬之情，也表現了他的「究天人之際，通古今之變」的理智感與不辱家世史官使命的道德感，也就是對自己史家人格的肅敬之心。這標誌了他史家人格的建立。在司馬遷著書的過程中，他面對上古傳說中那麼多的真偽雜陳的材料，不得不理性地予以甄辨取捨；面對古今那麼多是非善惡難以用好或壞兩個字來判斷的人物和事件，不得不理性地如實記載。非如此，他便不能維護其作為史家的人格。然而，正是出於對自己史家人格之敬意，他不能不對歷史本身具有真誠的敬意。他對自身之敬，於此外化為對史之敬。

郭：您可否舉些實例呢？

劉：請以太史公對秦始皇的態度為例。秦始皇是歷史上的一個大人物，也是一個大複雜人物。在《秦始皇本紀》中，司馬遷對秦始皇的陰險、暴戾、刻削、貪婪的性格，對他以殘暴得天下並於得天下後又殘民以逞的行為，都一一記載清楚。他還引了尉繚、侯生和盧生的話，作為對秦始皇的描寫的點睛之筆。從這些文字裡可以清楚地看到司馬遷對秦始皇的憎惡之情。那麼他對秦始皇就是單憑感

情用事了嗎？並不如此。《秦始皇本紀》中，司馬遷把秦始皇遊巡各地時刻石頌德的文字都記載下來了。司馬遷和班固不同，不是愛在本紀或傳記裡記錄文獻的人。他在漢《高祖本紀》中，都未收錄一篇高祖詔書（《漢書》則盡收之），為什麼偏偏要收錄對秦始皇歌功頌德的文字？而且收錄得那麼齊全。我對此曾經多年迷惑不解。後來反覆細讀一篇篇的銘文，才理解到銘文中原來也記了一些重要的歷史事實。不論秦始皇如何殘暴，也不論銘文中有多少阿諛之詞，但銘文所記秦始皇做的一些有利於人民的事情，也是不能憑感情而予以一筆抹煞的。司馬遷引用尉繚、侯生、盧生的話時，用的是「寓論斷於序事」的方法，以否定秦始皇；在引用刻石之文的時候，用的也是「寓論斷於序事」的方法，以肯定秦始皇。在這裡，我們可以明顯地看到太史公的實事求是的客觀精神，看出他作為史學家的卓越理性。

說到這裡，二位也許會問：太史公對於秦始皇是否理性上予以肯定而感情上予以否定呢？事情也非完全如此。如果完全如此，太史公豈非得了史學精神分裂症？他又何以能成一家之言？

郭：問題很有意思，願聞其詳。

劉：史學家在研究歷史的過程中，尤其在上述的第二階段，常常不免發生感情與理性的衝突。不能發生這種衝突的史學家，大抵所見淺陋，不能達到事物深層的矛盾處，故其書亦往往平淡無奇，不堪傳世。可是如果讓這種衝突敞開口子，那麼其書必能引起讀者的驚心動魄或徹底深思，往往可以成為一部文學傑作。《史記》之所以能夠作為文學巨著，看來與其中的這種衝突劇烈有關。

但是，司馬遷決不僅僅是出色的文學家，而更主要的是偉大的史學家。因為他沒有止步於表示自己感情和理性的矛盾。他把秦始皇放在歷史過程中看，所以說「秦取天下多暴，然世異變，成功大」。（《六國年表・序》）他給秦始皇以歷史的肯定。他又把秦始皇放在歷史過程中看，所以又說「鄉秦之禁，適足以資賢者（指漢高祖

為驅除難耳」。(《秦楚之際月表・序》)又給秦始皇以歷史的否定。那麼司馬遷至此就真的只認定歷史的客觀性，而自己就漠然無情了嗎？也並非如此。他對秦始皇的論述深有憎惡之情。那麼他又是感情用事了嗎？亦並非如此。平心靜氣地讀《秦始皇本紀》，就可以發現，凡司馬遷對秦始皇憎惡處，大抵皆人民所難忍處，也即秦不能不自我否定之處。歷史理性既已表明，秦之自我否定為不可免，司馬遷針對秦之自我否定之理而寄以否定之情。這樣他就達到了情理圓融的史學研究發展的第三階段。這樣他才算成了一家之言，他的史家人格才得以在歷史上確立。

郭：但善和惡的標準是由人定的，不同的人群有不同的標準，有沒有超時代的永恆的標準呢？如果沒有，有情不就成了偏見嗎？

劉：具體的人，歷史學家也是一樣，都生活於具體的歷史時期的群體之中，由此而得到了他的規定性（從肯定方面看），也由此而得到了他的限定性（從否定方面看）。人非上帝，孰能無限？

郭：人既非上帝，不能無限；人又非禽獸，不能無情。這樣看來，要避免偏見就很難了。

劉：不過人為萬物之靈，其傑出之處在於能意識到自己的有限性。所以對於一位嚴肅的史學家不能要求無感情、無偏見，而只能要求他以理性來洗練感情從而不斷克服一己偏見。我們只能在不斷否定自己的弱點和缺點中前進，永遠只能如此。

郭：先生是否可以扼要地談談對歷史的敬意應體現在哪些方面？

劉：我正想轉向這個問題。我認為，對歷史的敬意首先應體現在對歷史的客觀性懷有敬意。剛才我們已提及這個問題，不過為了把問題弄得更清楚一些，還有以下一些問題需要稍加討論。

第一，什麼是對歷史的客觀性持有敬意？這就是承認以往的歷史過程是客觀的、不以人的意志為轉移的。對於歷史學者來說，就是要在史學研究中力求如實掌握客觀的歷史過程，在歷史著述中力

求如實再現客觀的歷史過程。

第二，有何必要對歷史的客觀性持有敬意？這要從兩方面來看。一方面如您剛才說過的，歷史會報復對它不敬的人。也許有人會問，歷史是過去的事，歷史上的風流人物也早作古人，古人怎能報復今人？要古人報復今人，豈非要關公出戰秦瓊？不過我想，您所說也是人們常說的「歷史報復」，其「歷史」是通古今以為一的歷史，是活生生的歷史長河。在這個活生生的長河中，古人是前浪，今人是後浪，前浪引起後浪，後浪接續前浪，其間有割不斷的生命聯繫。因此顛倒並玩弄歷史者，往往就是企圖顛倒並玩弄其時代之人。這種人自然會受到時代的唾棄，或早或晚地沒頂於歷史的長河之中。這是人們對歷史的客觀性不能不持敬意的原因之一。另一方面，對於歷史學家來說，他還需以研究歷史之真實與表述歷史之真實為使命，這真實只能是客觀的或不以其意志為轉移的。如果歷史學家不以客觀真實的歷史為研究對象，而任意馳騁想像，那他就不能成為一個好的歷史學家，甚至不能成為一個歷史學家。他由對於歷史的客觀性不敬而導致對自身史學人格的不敬，就是走向了自身的反面。這是人對歷史的客觀性不能不持敬意的原因之二。

第三，有無可能對歷史的客觀性持有敬意呢？

郭：這就涉及相對主義史學的問題了。

劉：正是這樣。歷史相對主義認為，人不可能真正地掌握客觀的歷史；如果認為可能，那就只能是一個「高貴的夢」。美國史學家俾爾德（C. A. Beard）1935 年發表的《那個高貴的夢》（*That Noble Dream*），就是這樣說的。如果俾爾德所說為真，那麼我們對歷史的客觀性的敬意便無依托之所，當然這種敬意就只能作廢了。可是歷史相對主義恰恰在否定歷史的客觀性這一點上是站不住腳的。

歷史相對主義史學在上世紀末、本世紀初曾經盛行一時。歐洲的哲學家如狄爾泰（W. Dilthey）、李凱爾特（H. Rickert）、克羅齊

（B. Croce）等還曾為歷史相對主義提出過一些知識論上的證論。總地說來，歷史相對主義者們的論證大體有三方面：其一，歷史的記載和著述永遠不可能像客觀歷史過程那樣完全和清楚；其二，歷史記錄和著述中的歷史過程的秩序和連續性（因果關係、必然聯繫）是經過人的理解塑造出來的，不等於客觀過程本身；其三，對於歷史事實的解釋和評價取決於歷史學家這個主體，而主體對歷史過程的解釋與評價受制約於他所處的時代，而不取決於已經消失的那個客觀過程的那個時代。其中的第一條比較簡單，俾爾德這樣的史學家很強調它，而克羅齊等哲學家則不提它。因為不能知（甚至不知）其全體，並不等於不能知其部分。我們只要能知歷史客觀過程的一部分，這就是能知（儘管不全）而非不能知；這樣，我們對於歷史客觀性的追求和敬意，就不再是「夢」，而是一種理想，一種高貴而不易達到（但非不能達到）的理想。關於歷史相對主義，美國史學理論家曼德爾鮑姆（M. Mandelbaum）在其《歷史知識問題》（*The Problem of Historical Knowledge*, 1938）一書的第一部分中已有了回答。從此以後，相對主義史學的盛世基本也就過去了。現在我手邊沒有曼德爾鮑姆的這本書，只能憑過去瀏覽的印象說點粗枝大葉。如果說人對歷史客觀過程的知識必然受到自身所處歷史條件的限制，那麼人對自然的知識同樣如此。人們既不能用人的知識的歷史限制來否認自然科學的客觀性，那也就不能用它來否認歷史科學的客觀性。特別值得注意的是，歷史記錄和著述中的事實性的敘述不等於解釋性的判斷；儘管二者之間有密切的關係，但總是有差別的二，而非無差別的一。敘述與客觀相對應，判斷與主觀認識相對應。而且，歷史學家不能憑空解釋，憑空判斷，而只能根據已有的事實敘述來解釋和判斷。因此，一個歷史學家，可以有錯誤的解釋、錯誤的判斷，甚至可以歪曲了歷史事實，但是他不可能消除歷史學的客觀前提、不可能消除歷史的客觀性。我說這些，如果有符合曼德爾鮑姆的見解之處（相信會有的），那是受了他的啟發，不敢掠美；如果說走了題，或者與他不同而有錯誤，那應由我負責，因為我的記憶或理解錯了。

郭：那麼相對主義史學是否就一無是處，一點歷史的價值也沒有呢？

劉：我倒也不這麼看。因為相對主義史學是相對於實證主義史學而產生的。《那個高貴的夢》就是批評那些躊躇滿志的實證主義史學家的。實證主義史學家們承認並尊重歷史的客觀性，這是正確的，是值得尊敬的。但是他們把真理講過了頭，問題就發生了。這就是他們只強調歷史的客觀性、科學性，而否認史學家的主觀能動作用。這可以舉出十九世紀法國著名史學家古朗日（Fustel de Coulanges）為例。當時有一種說法認為，法國的政治自由是早先的日耳曼人（德國人）帶進高盧的。法國知界對此極為反感，古朗日就是其中的代表人物。有一次，他正給學生講早期法國制度，學生們忽然報以熱烈的鼓掌。他忙說：「諸位，請勿鼓掌，這不是我說的，是歷史通過我的嘴說的。」分明是一位既有見解又有愛國心的歷史學家，忽然變成了為歷史傳聲的簡單的話筒。他這樣做，一方面是太謙虛了，謙虛到了不尊重歷史客觀事實（他作為傑出歷史學家的事實）的程度，自己的行為與自己的理論發生矛盾；另一方面，他又太驕傲了，驕傲到了把自己作為客觀歷史的代表或化身，而如果有人敢於反對他，那麼就不再是反對他作為史家的主觀，而是反對歷史的客觀性了。他完全未意識到，他這樣做，從尊重歷史客觀性出發，走到了極端，便達到自己的主觀與歷史的客觀不分的程度。這又何等可驚可怪。英國著名實證主義歷史學家伯里（J. Bury）曾堅持說：「歷史不多不少恰好是一門科學（History is a science, no less and no more）。」他對歷史作為科學十分自信，自信到了認為它「不多不少」正是的程度。這樣就發生了兩個問題：第一，歷史做為科學，既不多也不少，那就過去不曾有所損益或發展、將來更不可能有損益或發展。於是歷史變成了一門無發展也不能發展的科學，也就是說歷史變成非歷史的科學。至少，它到伯里那裡已經到了終點。第二，歷史作為科學，既已不多不少，那就與科學的一般臻於同一，那也就是說不再有作為具體學科的特色和個性。世界上哪有一門沒有自己的特色和

個性的科學呢？否定了歷史科學的特色和個性，豈不是也就否定了歷史之作為科學？順便說一句，狄爾泰、克羅齊等人都是以強調歷史學科的特色和個性來攻擊實證主義史學，並宣揚相對主義史學的。所以，歷史地說，相對主義史學對於批判實證主義史學的缺點和錯誤來說是合乎史學自身發展的規律的。因此，它在史學上的地位不能一筆抹殺。

郭：不過，歷史相對主義對歷史的客觀性沒有敬意，這一點和我們是不同的。

劉：的確如此。但是，經過相對主義史學對實證主義史學的批判，我們對歷史的客觀性的認識不致再像實證主義史學家們那樣簡單而極端。我們知道，歷史的客觀性總是在和史家的主觀在打交道的。因此，我們在發揮史家的主觀能動性的時候必須經常而加倍地對歷史的客觀性持有敬意。

郭：對於歷史客觀性應有的敬意已經談得不少了。這才是第一點。

劉：對，現在該談第二點了。不過，第二點可以少談一些。第二點是，敬意還應體現在尊重歷史的價值上。現在歷史的價值不清，不少人認為歷史無用，當然這裡的歷史仍是歷史認識，也就是史學。我們首先應尊重歷史的有用性，史學不可能沒用，認為歷史無用的人是對歷史的無知，也是對人類本身的無知。現在認為有用的知識就是看能有多少含金量。歷史最好能像救心丸醫治心臟病發作。但它既不能吃也不能穿，又不能使人成為萬元戶，使國家一下子增加稅收和外匯，在這種要求下，歷史自然就無用了。實際上歷史的作用不在於立竿見影，馬上解決問題。關於歷史的價值問題，許多同志都已談到，我同意他們的觀點。我對此補充一點，這就是無用之用。老子講：「三十輻共一轂，當其無，有車之用。埏埴以為器，當其無，有器之用。鑿戶牖以為室，當其無，有室之用。故有之以為利，無之以為用」。（《老子》第十一章）我們通常容易看到有之以為利，

而忽視了無之以為用。

歷史的用處不亞於陽光、空氣和水，一旦失去歷史，人也不成其為人了。我們可以假設一下，我們三人，小凌、吳懷祺和我突然得了健忘症，我們互相不認識，不知道自己是誰，對方是誰，那將是一種多麼可怕的情景。如果我們一切從現在開始，不要歷史，那還有什麼人類的文明！？

郭：是啊，我們就返回到一無所知的原始時代。可是就連數起數來到不了五的原始人也有歷史意識，存在諸如祖先崇拜、圖騰崇拜。

劉：我們現在講熱愛祖國，割斷了歷史，還怎麼愛祖國。試看美國，他們歷史那麼短暫，但史跡卻保存得那麼好，每個城市、每個小鎮，都有自己的博物館、歷史展室，到處能看到保存完好的歷史遺跡，如葛德斯堡，林肯紀念堂，而且多數歷史博物館都是免費的，總能看到一隊隊的學生，這點小凌可能也有體會。

郭：的確深有體會。美國人表面上不講政治教育，也沒有政工人員，「宣傳」在那裡是貶義詞，但他們創造了愛國主義、大美國主義的教育氛圍，國家捨得把納稅人的錢花在歷史遺跡的保存和整理上，也許他們的古蹟少，物以稀為貴嘛。但他們的確抓住了歷史教育，把它當作培養公民意識的有效工具。

劉：在耳濡目染、課上課下的教育中，美國人走到哪裡都知道自己是美國人。現在不少人愛國心不強，我覺得一個原因就是過去亂批歷史的結果。歷史上沒有幾個好人，我們還愛什麼？我們都讀過文天祥的正氣歌。他詩中的人物起初大概都是無心看到、無心記住的。可是一旦到了「時窮節乃見」的時候，歷史人物便一齊湧上他的心頭，使他自信為正氣的化身，使他超凡入聖。這就是無用之用，形似無用之大用。

郭：我也認為歷史的主要價值恐怕還是精神的而不是物質的，

是隱性的而不是顯性的。確如劉先生所說是陽光、空氣，是蛋白質和維他命。他是人的一種必備的修養，不管有意識沒意識，人們都在歷史中生活，用歷史的方式進行思考。歷史是參照，賦予人們起碼的判斷能力。

劉：歷史不是萬能的，不能強加一些價值給史學。歷史不是一堆大洋錢，不是一個任人打扮的小姑娘。它本身的價值應該也能夠得到充分的發揮，它本身沒有的價值也不能硬給它安上。我們常拿歷史來論證我們不能論證的東西，結果起不了好作用。「文化大革命」時「四人幫」就是這樣做的。其實凡是有用的東西都是具體的、有限的。比如收音機，可聽播音，但不能錄音，因此不能當錄音機使。我們只能按照歷史的特點去論證，對歷史萬不可取實用主義的態度，否則起不了好作用。現在許多人對歷史不信任，很大程度上是「四人幫」濫用歷史的結果。所以我們既要看到歷史的價值，又要看到它的有限性，不要指望它治百病。以為歷史能治百病，非把歷史庸俗化為萬金油不可。史學改革我十分同意，但歷史的科學性不能放棄。我覺得對於史學工作者來講，對史學具有敬意就是要在暫時困難的條件下不管別人怎麼看我們的工作，我們自己應對我們的工作始終充滿敬意。

宋朝的程頤說：「所謂敬者，主一之謂敬；所謂一者，無適之謂一。」理學家的敬就是控制自己，心無二用。我們對歷史的敬意，多少也應該有點這樣的精神。不過，古文字學大師段玉裁說宋儒釋敬不對。這也沒關係。《說文》：「忠，敬也。盡心曰忠。」無論怎樣，我們作為史學工作者對史學的科學性要盡我們的忠心。我個人的一點願望就是對史學秉持這種盡心之敬。

（訪問人：郭小凌）

附錄二
「豈非天哉」的三重解讀

漢高祖劉邦出身布衣，毫無憑藉，在秦末大起義中，竟然三年亡秦，五年滅楚，而得天下。《史記・秦楚之際月表・序》評論他說：「故憤發其所為天下雄，安在無土不王。此乃傳之所謂大聖乎？豈非天哉，豈非天哉！非大聖孰能當此受命而帝者乎？」[1]

早年讀到這一段話，不覺得有何難解之處。「豈非天哉，豈非天哉！」就是司馬遷歌頌漢高祖的話，是他把劉邦稱為「大聖」的自然結果。劉邦既然是「大聖」，當然就必受天命；兩個「豈非天哉」，自然是歌頌之辭。這樣的理解，可以說是見到了《史記》文章所展現的第一個層面，也就是其直接的層面。

稍後，在讀《史記》的《高祖本紀》、《項羽本紀》等篇時聯想到了這一段話，心裡就產生了問題。這裡主要列舉《高祖本紀》（個別地方據《項羽本紀》）中對劉邦的一些記載，看看他到底是怎樣一個「大聖」。

「（劉邦）不事家人生產作業。及壯，試為吏，為泗

---

[1] 《史記》第三冊（北京：中華書局，1973），頁760。以下引《史記》皆此本，只記冊數頁數。

上亭長,廷中吏無所不狎侮。飲酒好色。」[2]

「高祖常繇咸陽,縱觀,觀秦皇帝,喟然太息曰:『嗟乎,大丈夫當如此也!』單父人呂公善沛令,避仇從之客,因家沛焉。沛中豪傑吏聞令有重客,皆往賀。蕭何為主吏,主進,令諸大夫曰:『進不滿千錢,坐之堂下。』高祖為亭長,素易諸吏,乃紿為謁曰:『賀錢萬。』實不持一錢。謁入……蕭何曰:『劉季固多大言,少成事。』高祖因狎侮諸客,遂坐上坐,無所詘。」[3]

在起兵以前,劉邦就是這樣一種派頭,如此貪婪,如此無賴,能算大聖的風度嗎?迨反秦兵起,「(沛)父老乃率子弟共殺沛令,開門迎劉季,欲以為沛令。……蕭(何)、曹(參)等皆文吏,自愛,恐事不就,後秦種族其家,盡讓劉季。諸父老皆曰:『平生所聞劉季諸珍怪,當貴,且卜筮之,莫如劉季最吉。』於是劉季數讓。眾莫敢為,乃立季為沛公。」[4]他雖無賴,卻也有膽。

在楚漢相爭時期,劉邦之父太公曾落入項羽之手,項羽曾「為高俎,置太公其上,告漢王曰:『今不急下,吾烹太公。』漢王曰:『吾與項羽俱北面受命懷王,曰:〔約如兄弟〕,吾翁即若翁,必欲烹若翁,則幸分我一杯羹。』」[5]為爭權位,雖父子之親也無動於衷,不在話下。

在打敗項羽而當上皇帝以後,及「未央宮成。高祖大朝諸侯群臣,置酒未央前殿。高祖奉玉卮,起為太上皇壽,曰:『始大人常以臣無賴,不能治產業,不如仲力。今某之業所就孰與仲多?』殿上群臣皆呼萬歲,大笑為樂。」[6]以無賴而能得天下為私產,他哪能

---

[2] 《史記》第二冊,頁342-343。
[3] 《史記》第二冊,頁344。
[4] 《史記》第二冊,頁350。
[5] 《史記》第一冊,頁327-328。
[6] 《史記》第二冊,頁386-387。

不躊躇滿志、得意忘形？如果說這樣的情況也能算是大聖，那麼豈不成了沐猴而冠的「大聖」？

司馬遷所記下的漢高祖的大聖的形象就是如此，那麼，「豈非天哉」就很難與大聖人受天命掛得上鉤了。這樣，「豈非天哉，豈非天哉」就可以理解為司馬遷對漢高祖的挖苦諷刺，說他當上皇帝完全不是憑藉其道德才能，而是碰上了好運氣的結果。司馬遷還敘述漢高祖病重時的一段對話：「醫入見，高祖問醫。醫曰：『病可治。』於是高祖謾罵之曰：『吾以布衣提三尺劍取天下，此非天命乎？命乃在天，雖扁鵲何益！』遂不使治病，賜金五十斤罷之。」[7] 這就又藉漢高祖自己的嘴道出，他得天下不是憑藉人力，不是憑藉自己的道德才能，而是靠了運氣（天命）。

當我理解到這個程度的時候，我感到司馬遷真是一個罵人不帶髒字的文學高手。這樣的理解，大概可以說是見到了《史記》所展現的第二個層面，也就是問題的背面。

又經過一段相當長的時間，我反覆閱讀《史記》之餘，覺得司馬遷用「天命」解釋歷史時並非為了諷刺挖苦某個歷史人物。例如，《魏世家・贊》：「說者皆曰魏以不用信陵君故，國削弱至於亡，余以為不然。天方令秦平海內，其業未成，魏雖得阿衡之佐，曷益乎？」[8] 唐代歷史學家劉知幾在《史通・雜說上》中批評司馬遷此說時說：「夫論成敗者，固當以人事為主，必推命而言，則其理悖矣。」[9] 劉知幾的話說得對，不過他沒有看出司馬遷更深一層的意思。

按《史記・六國年表・序》也曾說：「秦始小國僻遠，諸夏賓之，比於戎翟，至獻公之後常雄諸侯。論秦之德義不如魯衛之暴戾者，量秦之兵不如三晉之強也，然卒併天下，非必險固便形勢利也，蓋

---

[7] 《史記》第二冊，頁391。
[8] 《史記》第六冊，頁1864。
[9] 浦起龍：《史通通釋》卷16（上海：世界書局，1935），頁7。

若天所助焉。」[10] 為什麼說秦「蓋若天所助」呢？只要細看《六國年表》就可以知道，六國為了各自的利益，相互之間戰鬥不休，而結果不是實現了六國的利益，而是在客觀上為秦滅六國掃清了道路。正如孟子（《孟子・萬章上》）所云：「莫之為而為者，天也；莫之致而至者，命也。」[11] 六國互鬥，本來是為各自的利益，沒有人是為了秦的統一才這樣做的，而結果卻招致秦滅六國。這就是莫之為而為、莫之致而至的天命。

秦滅六國以後，不再封建諸侯，本來是為了鞏固帝國的統治，而客觀後果是為後來者掃清了道路。正如司馬遷所云：「秦既稱帝，患兵革不休，以有諸侯也，於是無尺土之封，墮壞名城，銷鋒鏑，鉏豪傑，維萬世之安。然王跡之興，起於閭巷，合從討伐，軼於三代，鄉秦之禁，適足以資賢者為驅除難耳。」[12] 秦廢封建，本來是為了自己統治的利益，而結果在客觀上卻為漢的興起掃清了道路。這也是莫之為而為、莫之致而至的天命。「豈非天哉，豈非天哉」也正是接著上面所引的這一段話而來，所以這裡的天命就是指不以人的主觀意志為轉移的客觀發展趨勢。

原來司馬遷所講的「豈非天哉」，本來的意思是要說明，歷史發展的客觀趨勢，有時並非人的主觀所能決定或意料。劉知幾的認識未能及此，所以就批評他要離開人事而談天命。殊不知司馬遷講的都是人事，只不過這種人事的後果是人的主觀所始料不及的；而這種始料不及的現象正好像是莫之為而為、莫之致而至的，所以也就可以稱之為「天命」或「天」了。

上文說到「豈非天哉」可以作為劉邦得天下靠運氣來解釋，那麼這一份好運為什麼偏偏落到了劉邦的頭上呢？對於這一點，司馬遷未作解說，大概也不便解說。這裡只能談談個人的理解了。劉邦

---

[10] 《史記》第二冊，頁 685。
[11] 焦循：《孟子正義》，《諸子集成》第一冊（北京：中華書局，1986），頁 382。
[12] 《史記》第三冊，頁 760。

之所以能交上這一份好運,還得從時代的特點與他個人的特點的關係的角度來考慮。綜觀中國古史,戰國秦漢之際正值歷史巨變時期,先秦的舊貴族在這個時代大潮中先後紛紛落馬,他們的舊貴族習氣適應不了新時代;在劉邦身上簡直看不出任何舊貴族習氣的影子,也許可以說他的流氓習氣就是他能制勝的條件——別人作不出來的事他都能作得出來,他毫無顧慮。如果從這個角度看,司馬遷所講的那些像是諷刺挖苦劉邦的話,那不就是說明他最沒有貴族習氣嗎?我們不妨把司馬遷的那些話當作是對劉邦的諷刺挖苦,同時也不妨把那些話看作正是對劉邦之所以為「大聖」受「天命」的解釋,只要我們不抱著腐儒之見理解「大聖」,而從時代精神來看問題,似乎這也不是不可以的。清代學者趙翼在其《廿二史箚記》裡寫了「漢初布衣將相之局」一條,很有意思[13]。他也是以「豈非天哉」來作為其文章的結語的。我的管見也可以說是受了趙翼的啟發的[14]。

這樣的理解也就是我對司馬遷所用的「豈非天哉」的認識的第三個階段。也許可以說這是見到了《史記》所展現的第三個層面,也就是司馬遷成其為「一家之言」的層面。

這樣的認識是否有當,尚祈大家指教。

---

[13] 王樹民:《廿二史箚記校證》(北京:中華書局,1984),頁36-37。

[14] 拙作《史記與漢代經學》也曾論及於此,可參閱。見《古代中國與世界》(武漢:武漢出版社,1995),頁456-459。

國家圖書館出版品預行編目（CIP）資料

史學與思想／劉家和著. -- 初版. -- 新北市：
華藝學術出版：華藝數位發行, 2013.04.
面；　公分
ISBN 978-986-88916-9-2（平裝）
1. 史學 2. 比較研究 3. 中國

601.92　　　　　　　　　　　　102007191

史學與思想

作　　者／劉家和

責任編輯／古曉凌

美術編輯／薛耀東

發 行 人／陳建安

經　　理／范雅竹

發行業務／楊子朋

法律顧問／立暘法律事務所　歐宇倫律師

出　　版／華藝學術出版社（Airiti Press Inc.）
　　　　　地址：23452 新北市永和區成功路一段 80 號 18 樓
　　　　　電話：(02)2926-6006
　　　　　傳真：(02)2231-7711
　　　　　服務信箱：press@airiti.com

發　　行／華藝數位股份有限公司
　　　　　銀行匯款帳號：0174-440-019696（玉山銀行　埔墘分行）

ISBN ／ 978-986-88916-9-2

出版日期／2013 年 4 月初版

定　　價／新台幣 500 元

版權所有・翻印必究　　Printed in Taiwan
（如有缺頁、破損或倒裝，請寄回本社更換，謝謝）